本书的出版得到广西金茂钛业有限公司大力支持
特此鸣谢！

藤中魂

藤县中学百年华诞系列（1913-2013）

教师论文集

上

Tengzhong Hun Jiaoshi Lunwen Ji

主编 范永荣

GUANGXI NORMAL UNIVERSITY PRESS
广西师范大学出版社
·桂林·

图书在版编目（CIP）数据

藤中魂：教师论文集：全2册 / 范永荣主编.
桂林：广西师范大学出版社，2014.2
ISBN 978-7-5495-4538-4

Ⅰ. ①藤… Ⅱ. ①范… Ⅲ. ①中学—教学研究—藤县—文集 Ⅳ. ①G632.0-53

中国版本图书馆 CIP 数据核字（2013）第 259665 号

广西师范大学出版社出版发行
（广西桂林市中华路 22 号 邮政编码：541001
网址：http://www.bbtpress.com）
出版人：何林夏
全国新华书店经销
桂林日报印刷厂印刷
（广西桂林市八桂路 2 号 邮政编码：541001）
开本：880 mm × 1 240 mm 1/32
印张：20.125 字数：470 千字
2014 年 2 月第 1 版 2014 年 2 月第 1 次印刷
定价：60.00 元（上、下）

序 言

悠悠历史，斗转星移，藤县中学将迎来百年华诞。在建校100周年校庆即将到来之际，我们组织编选出版《藤中魂——教师论文集》，以此作为献给母校百年华诞的一份礼物，展示我校教师的研究成果。入选的论文质量上乘，题材广泛，内涵丰富，充分反映了藤中人在教育教学各领域所作的艰辛付出以及卓有成效的探索。

论文集体现了学校"以德治校""以研兴校"的思想，注重育人实践和理论探索的有机结合。教师的专业发展是学校可持续发展的关键，是学校核心竞争力的最集中体现。学校大力鼓励老师撰写教育教学论文，注重教师高水平、高层次的专业成长。近年来，我校的教育教学质量和社会声誉获得快速提升，这也是我校重视教师队伍建设，贯彻"科研兴校"的必然成果。

翻阅此论文集，佳构之页，字里行间，我们感受到了作为师者的钻研精神与浓浓的教育情思，感受到新时代的教育思想、教育理念正在藤中这片沃土里孕育。在这里，你可以领略到许多先进的教学方法和手段，感悟到大胆探讨与尝试新的教育理念与教学策略的智慧；在这里，你会发现鲜活的素材、生动的描述、鲜明的见解、真挚的情感，感受到老师们对教育教学工作的认真和执着。

论文集内容涉及学科教研、德育工作、学校管理等。这些论文不仅仅是教师实践工作的及时反映，不仅仅是单纯的工作总结、工作反思的过程记录，它更是我校教师教育教学智慧的结晶，它凝聚了藤中教师辛勤教育、潜心研究的点点心血；它展示了藤中教师的自信、深沉和睿智，它展示了藤中人教书育人的风采，它更是学校的一笔宝贵财富。

论文集结集出版，一方面是为了加强优秀论文成果的交流与推广，另一方面也是为了感谢老师们的辛勤付出，同时也能营造更加浓厚的教研氛围，鼓励更多教师积极地、深入地开展教育教学研究，让更多人养成总结与反思的习惯，更好地促进教师专业水平提升，真正推动学校持续发展。

“涉浅水者得鱼虾，涉深水者得蛟龙。”只要我们善于学习、勤于总结、深入思考，就能有所发现；只要我们敢于实践、质疑，就能有所创新。我们将踏踏实实地结合本校实际，以“求索、奋进、创新”的精神去继续探究、总结。我们有理由相信，藤中教师将在更广阔的领域、更深的层面，奉献出更新、更多的科研成果。

诚然，尺有所短，寸有所长。论文集反映的只是我校老师们的积极实践和大胆探索，行文之间或有纰漏之处，敬请阅者雅正。

黄际光

2013 年 10 月

目　录

上篇　教学教研篇

语　文

数　学

英　语

物　理

化　学

政　治

历　史

地　理

生　物

信息技术

体　育

心理辅导

上　篇

教学教研篇

语　文

农村高中校本课程开发面临的问题及对策

■ 黄蔚玲

【内容摘要】随着课程改革的深入，农村高中校本课程开发中面临的问题也越来越突出：办学条件无法满足校本课程开设的需要，缺乏课程意识和课程观念，高考升学压力的负面影响，原有课程与校本课程之间存在“矛盾”等，本文结合当地实际情况对此进行了思考并提出了对策。

【关键词】农村　高中　校本课程

校本课程即以学校为基地而开发的课程。它基于这样的理念：设计课程最适宜的空间，是教师与学生进行教与学活动的地方——学校。校本课程的含义有三层：一是就课程开发者而言，应该包括学校中的部分教师、全体教师或者是学校与其他机构的合作；二是就涉及的课程范围而言，校本课程既可涉及部分课程，也可涉及学校的全部课程；三是就开发的程度而言，除了新编课程，学校或教师选择、改编的课程，也属校本课程之列。

应该说校本课程的开发给普通高中的校长和教师提出了一个

崭新的课题，它打破了国家课程一统课堂的局面，赋予地方和学校一定的课程自主权，为实施素质教育提供了操作的载体，为系统地体现学校办学特色、拓展学校办学自主权、发挥学校教育的能动性和创造性，起到了导向性、推动性作用。但由于地域性不同以及现有师资水平、办学设施的限制，与城市校本课程开发相比，农村高中校本课程开发的能力就显得较弱，校本课程的开发并未能达到课程改革的预期目的。本文结合当地实际状况提出了农村高中校本课程开发中面临的问题及对策，以引起大家的关注。

一、农村高中现有条件无法满足校本课程开设的需要

由于农村特殊的地理位置，学校的硬软件设施相对落后，经费投入、硬件建设尚不到位；再加上教师处于相对封闭落后的文化环境中，难于接受外部的信息，教师外出进修的机会又相当少，而教师队伍素质的高低直接影响着课程开发的成败。从总体上说，我国农村高中教师的科研能力和科研素质相对较低，难以适应校本课程开发要求，并且在日常教学活动中，教师大多数情况下是靠一个人的力量解决课堂里面时刻变化的种种问题，他们的课堂活动相互隔离，不知道如何参与课程，如何去利用当地和学校的课程资源从事校本课程开发。

二、农村高中教师缺乏课程意识和课程观念

多年来，普通高中习惯于执行指令性课程计划，形成依赖和服从于国家课程计划的观念。课程意识缺乏、课程观念淡薄是农村高中教师存在的普遍问题。首先是人们对校本课程开发的认识不到位，真正知道校本课程含义的人并不多，有意自编教材并愿意担负任意选修课、活动课教学的教师更是少之又少。其次是长期以来，我们形成自上而下的中央集权制的管理体制，上到课程编制、教科书和教学计划，下到课时的规定都是国家一手包办的。在课程运作过程中，教师的权利被扭曲和异化，造成教师角色的错位，教师逐步习惯于灌输式的知识教学，成为知识传输的终结，教师对知识的限定只是处理、准备“药剂”，并按照配方的“剂量”分配知识。长期以来形成的依赖心理，使教师难以形成课程意识和课程观念。最后是校本课程开发处于“低层次”状态。为了迎合形势发展的需要，大多数学校都是为了“开发”而“开发”，不是按学生兴趣特长而开设，而是按教师“特长”而开设。教材编写往往是“师自为本”。谁有特长谁来开，学生围绕教师转，因人设课普遍存在，学生不得不选修，这样就失去了校本课程真正的意义。

三、高考升学压力对校本课程开发有负面影响

因升学竞争压力等因素的客观存在，加之高考科目的设置无法全面反映和衡量高中学生各种素质，而升学率是学校的生命线，为了保证学校的生存，让学生能在千军万马中挤过高考这座独木桥，许多学校都不得不围绕着高考而安排课程，课程计划往往在具体执行中被扭曲。任选课、活动课只存在于课程表上，校本课程的课时计划成了高考科目的拓宽和加深，甚至为了增强高考竞争力，农村高中不得不提前分出文理科侧重班，以适应高考“3＋X”的科目设置。总之，就目前农村高中的现状看来，作为新生事物的校本课程，在高考的冲击下或被淡化，或被异化成高考科目的补充和强化，穿新鞋走老路的现象普遍存在。学生方面为了前途，对高考有用的课程就努力地学，与高考关系不大的往往就把其打入“冷宫”，校本课程在高考面前难以展现它的魅力。

四、原有课程与校本课程之间存在“矛盾”，影响校本课程的开发

课程改革的目的是要达到“少课时、轻负担、高质量”，减少原有课程的比例，给学校一定的课程自主权，开发校本课程，办出学校特色，培养学生个性特长，使学生在高中阶段得到全面发展。但实际上新教材并没有从根本上把要求和内容减下来，编制大纲和教材的各学科专家，都不同程度地存在“科本位”思想，都在为自己的学科争课时、加内容，都是为培养本学科的专业人才而编制课程计划和教材，学生学习的负担从根本上减不下来。比如语文科，旧的内容没减多少，新的内容又要加进去，尤其是加大了古文分量，使教师教起来费时，学生学起来费劲，不但没有减负，反而增加了学习的难度。国家课程减不下来，校本课程处于起步阶段，其开发的滞后与开发条件的不成熟，也就注定它难以在国家课程占主阵地的课程结构中占有一席之地。另外，长期习惯了中央统一课程体制的学校，教师和学生又都过分拘泥于统编教科书。这种制度和思想上的习惯势力与校本课程的现实需求之间存在着强大的反差和矛盾，它对校本课程的发展带来的阻力是不容忽视的。

鉴于目前农村高中校本课程开发存在的这些问题，笔者试图寻找一些对策使课程改革也能在农村高中这块领地上发出异彩。

五、加大力度改善农村高中的办学设施

目前在有些地方，政府不但没有拨出经费支持学校的建设，反而还要学校每年在自己有限的经费中拿出一部分上交给当地财政部门，这严重影响了学校自身的建设与发展，使得学校的硬软件设施严重滞后，无法适应教育形势迅猛发展的要求，这在落后的农村地区尤为突出。因此作为政府部门应该考虑如何支持和帮助学校谋求发展，为提高学校的办学质量开设绿灯，给予适当优惠的条件，帮助学校改善办学设施，激活学校的内部机制，想方设法提高教师队伍的师资水平，为农村高中课程的开发创造有利的条件，促进学校做好办学机制的改革和课程改革。机制的改革对外是为了优化办学环境，争取社会资源的充分利用；对内是为了激发活力，为学校的持续发展和课程改革提供可靠保障。课程的改革则包括了国家课程的科学实施和校本课程的开发研究，因此，面对时代的发展和未来的挑战，要想学校全面实施素质教育，真正做到对国家、民族负责，对学生终身负责，对家长、社会负责，就必须抓好学校实施的课程整体优化，特别是应注意在科学实施国家课程的前提下，努力开发建设好具有地方特点、学校特色的校本课程。

六、提高农村高中教师的综合素质，缩短城乡之间的差异

首先，加强校本培训，提高教师的课程意识和课程观念。即以教育专家为指导，以教师的教学能力提高为主要目标的一种培训方式。通过培训，使教师加深对课程理论和自身角色的认识，明确自己在校本课程开发中的地位和作用，从而自觉结束长期以来消极被动的“教书匠”形象，代之以积极主动的新形象，成为校本课程开发的主体。同时通过培训使教师在课程制度观、课程价值观、课程类型观和课程开发观等方面形成正确的观念，这样才有助于教师参与校本课程开发。可以预计，校本课程开发指导教师的培训不久将提上师资培训的重要议程。对教师的培训，应实现三个基本目标：其一，具备初步科学研究的能力，掌握科学研究通常的步骤，教育科研能力是校本课程开发的重要因素，校本课程是实践在教育科研基础之上的；其二，能对1—2门校本课程开发进行较有成效的指导，这方面师资培养、培训的力度将直接关系校本课程开发的实际水平；其三，建立一支专兼职指导教师队伍，结合校本课程开发内容，在社区内聘请一些学有专长的人士，以某种组织的形式，建立一支队伍，为校本课程的开发提供师资保障。

七、建全评价制度，缩小高考与课改的距离，真正体现出校本课程开发成效

在目前通过高考选拔人才的考试制度下，只有打破传统封闭的学科观念，加大应用型、能力型试题的考查，加大跨学科的综合能力考查，才会为校本课程的开发带来积极的推动作用，才会推进普通高中对学生创新能力的培养，推进普通高中全面实施素质教育。只有加快我们国家的高校建设，为更多的学生创造升学的机会，面向社会开放高等教育，拓宽高校招生渠道，为办特色学校、培养有专长的学生开辟一条升学的"绿色通道"，使普通高中摆脱执行课程计划的困扰，减轻学生的高考重负，校本课程开发才会真正得到学生和家长的欢迎，才能拥有一个宽松和谐的发展空间。

八、协调好国家课程与校本课程之间的关系，把"矛盾"减到最少

我国长期以来实行的是一种计划教育管理体制，国家课程一直占据主导地位，学科系统性比较完整，知识结构逻辑性亦较强，但学科内容偏多、偏深、偏难，有某些内容"学不致用"，与实际脱节。新课改方案的实施应给校本课程定位，制定合理的评价制度，从源头上把师生的负担减下来，逐步实施综合课程。只有这样，才能给校本课程留下足够的时间和空间，才能保障校本课程开发的顺利开展。

总之，校本课程开发是一个在实践中逐步完善的过程，其目的是为了更好地适应具体的社区和学校环境，突出特色，培养特长，更好地贯彻落实国家的教育方针，更有效地促进学生个体和社会的持续、健康发展。

【主要参考文献】

1. 朱士雄等:《校本课程的研究与实验:课程与教学理论和课程与教学改革》,桂林,广西师范大学出版社,1999。

2. 李朝辉:《影响农村校本课程开发的教师因素分析》,载《教学与管理》2002 年第 8 期。

3. 代建军:《课程运作中教师的权利》,载《教育理论与实践》2001 年第 6 期。

4. 张永宜:《校本课程开发的困惑与思考》,载《教学与管理》2000 年第 6 期。

5. 吴刚平:《校本课程开发的定性思考》,载《课程·教材·教法》1999 年第 7 期。

6. 王鉴军:《研究者:一种教师观》,载《教育研究信息》1997 年第 7—8 期。

7. 傅建明:《校本课程:教师的准备》,载《高等师范教育研究》2001 年第 9 期。

高三阅读讲评课中的读写结合教学实践

陈　景

【内容摘要】当前，新课改下高中语文“读写结合”的教学理念备受关注，传统的读写分离教学模式逐渐被摒弃，各式各样的读写结合教学尝试如雨后春笋般欣欣向荣。笔者尝试在高三年级现代文大阅读专题讲评课中进行读写结合教学实践，试图从现代文阅读的各种题型与学生写作的联结点出发，从读学写，读写结合，以读促写，从而提高学生的写作水平。

【关键词】阅读　写作　结合　联结点　提高

“阅读任何文章，主要在得到启发，受到教育，获得间接经验等等。而在真正理解的同时，咱们对文章的写作技巧必须有所领会，可以作为练习写作的借鉴……”著名教育学家叶圣陶先生的这番论述，明确地指出了阅读与写作的密切关系。语文教学切不可随意割裂阅读与写作教学的关系，而应把二者有机地结合起来，做到从读学写，读写结合，以读促写。这样的教学方式，既能提高学生阅读的能力，又能帮助学生解决积累了众多作文素材但仍不懂写作文的难题，减轻学生写作文的恐惧心理。

高中语文课本里的文章丰富多彩，都是经过专家精选、具有典范性和时代性，并且切合了学生的认知水平和感悟能力，我们语文教师如能在教学过程中紧扣课本中的文章巧妙地进行读写结合，让学生及时进行写作训练，学生的写作水平必然会有所提高。但是在高三年级备战高考的总复习阶段，高中六册课本都已讲授完毕，课堂教学主要以专题讲评教学为主。这时，教师该如何开展读写结合教学呢？笔者认为，把现代文阅读专题讲评课与作文教学相结合，是一种行之有效的读写结合教学方式。

榜样的力量是无穷的。现代文阅读专题中的选文多是名家名篇、惊人力作，无论在立意构思、谋篇布局上，还是在语言表达、手法运用上，都堪称学习写作的范例。因此，教师在现代文阅读讲评课中，不能只以“教会学生如何读懂文本，如何辨题型，如何答题”为目标，单纯地为了讲题而讲题，而要从写作出发，更深层次地寻找出各类阅读题型与作文写作技巧的联结点，让学生在掌握好现代文阅读解题技巧的同时，学会更多的作文写作技巧，提高写作能力。

一、概括主旨类阅读题与作文的选材、立意和突出中心相联结

解答现代文中的概括主旨类题型，学生往往要通读全文，从全文出发找出能表达文章中心的语句，进而把握文章的主要内容，透析作者的写作目的。而一篇文章的主要内容和作者的写作目的，一般来说是学生开始写作前对文章进行选材和立意的前奏。教师在讲评此类阅读题时，可将二者相结合，引导学生总结、归纳选材和立意的方法方式，养成动笔写作之前，先明确写作目的的习惯，并学会在作文中如何根据自定的主旨来扣题突出文章的中心。

俗语云：“花香蜂自来，题好文一半。”一篇好的作文需要一个好的题目，一个好的题目可以美化一篇好的文章。但是作文拟题的功夫是靠长期训练而来的，靠平时的灵光一闪是不现实的。许多现代阅读文的题目就是高三学生学习拟题技巧的范例。因此，教师在讲解、归纳题目类阅读题解题方法的同时，应引导学生掌握审题和拟题的方法，从而提高学生在写作过程中对命题、话题作文的审题能力以及作文的拟题能力。现代阅读文题目类题型的常考方向是题目的含义和题目的用意。因此，学生可通过理解文章的题目来审清写作的对象、范围，如《静虚村记》、《魂系壶口》、《岳桦》、《彩色的荒漠》、《秋天的心》，还可通过引导学生了解文章中作者这样拟题的好处（或揭示文章的主要内容、点明文章题旨：《木车的激情》、《寂静钱钟书》；或是文章的行文线索：《那一缕清香》、《书房的窗子》；或运用比喻、双关等修辞手法；或富有诗意文采），进而让学生懂得如何拟好作文的标题，挖掘出作文的闪光点。

二、谋篇布局类阅读题与作文的安排思路、结构相联结

现代文阅读中，谋篇布局类题目的考查点包括线索、结构和文眼三方面，这与学生作文中的结构安排是相对应的。“构思精巧，结构严谨”是高考高分作文的一大亮点。因此，教师可以将二者相结合，在引导学生理清文章脉络、把握作者写作思路的同时，要注意把学生习作中结构不清晰、内容详略不当的毛病对比起来讲解，让学生充分认识到自己文章的缺点。例如，阅读文《静虚村记》中的一道题目：“联系全文，作者主要从哪个方面描写静虚村？”层次分明，详略得当，是这篇散文的一大艺术魅力。作者贾平凹从村子的地理位置、内部环境以及村民生活习俗三方面描写出静虚村拙朴的特点，但作者对这三方面的描写又是有详有略的，详写了村民的性格和生活方式。教师在讲题过程中，可以通过对题目的分析引导学生学习文章的结构方式，要求学生把握好材料组合方式的分寸，纠正结构不清晰、内容不分主次、详略不得当的写作毛病，从而慢慢提高学生的写作能力。

三、表现手法类、引用类及换词类阅读题与作文的遣词造句、增加文采相联结

换词类阅读题往往针对动词、形容词和副词设题。阅读文中准确的用语既可以让学生积累到越来越多的词语，又可以让学生感受和领悟到准确用语的魅力。教师可以在讲评此类型题时，不断强化学生准确运用词语的意识，养成写作要推敲字词的习惯。

表现手法类阅读题是高考现代文阅读的常考题型。文学作品中的表现手法是丰富多彩的，其作用也异彩纷呈。例如：象征的表现手法能使抽象事物具体化，激发联想，增强感染力；拟人的修辞手法能化物为人，新颖别致，生动形象等等。引用类阅读题主要考查文章引用诗词歌赋、名人警句等的作用——在记叙文和散文中，能丰富文章的内容，增强思想魅力，使文章更加生动有趣；在议论文中，能增强说服力，使文章有理有据。学生掌握了这两类题型的解答方法，也就对表现手法及引用的运用有了深层次的认知，懂得了别人是如何把句子写得准确生动的、如何为文章增添色彩。讲题过程中，教师可以让学生反复体味，并安排学生进行仿写、写随感等等相关的训练，引导学生由模仿而实践、创新，从而笔下生花。

四、环境描写类阅读题与作文中描写环境相联结

现代文阅读中对环境描写的考查，主要是对环境描写作用的分析。教师在分析环境描写的作用的基础上注意引导学生欣赏、感悟阅读文中环境描写的方法，学习作者描写环境的方法，并学以致用。

总而言之，读是写的前提，是写的准备过程，写是读的深化，是读的结果。要真正使“读写结合”在实践上有所提高，还需大家共同探讨,使其完善、实用,从而提升学生学习语文的能力。

(此文获2010年梧州市教育学会一等奖)

【主要参考文献】

1. 吴效锋:《新课程怎么教Ⅱ——课堂教学问题与对策》,沈阳,辽宁大学出版社,2005。

2. 叶圣陶:《评〈读和写〉,兼论读和写的关系》,北京,商务印书馆,1980。

3. 潘耀中:《浅谈阅读和写作教学的结合》,载《安徽教育》1997年第11期。

4. 2010年普通高等学校招生全国统一考试大纲。

先秦诗文的语文教育价值探讨及文言文教学中的"读写结合"的实施

陈　萍

【内容摘要】学好先秦诗文，关系到高中阶段学生对文言文兴趣的培养，关系到文言文的传承。而培养学生对文言文的兴趣，就要改变传统的"填鸭式"教法，把"听""说""读""写"结合起来，让学生主动积极投入到学习中来，真正把握文言文的丰富内蕴。

【关键词】先秦诗文　人教版高中语文教材　教育价值　探讨

一、先秦诗文的语文教育价值探讨

教材中先秦诗文的思想内容和艺术特色具有极大的教育价值，对学生的教育、成长具有很大的作用。

1. 有助于培养学生的爱国情感。

第一册的历史散文中，第三册的《秦风·无衣》、《离骚》(节选)等课文中，均蕴含着深厚的爱国情感。

《烛之武退秦师》主人公烛之武在面对秦晋两国大军压境，国家处于危难关头之时不计个人得失挺身而出，孤身进入敌军大营对秦王晓以利害、层层深入，最终成功劝说秦王，使其撕毁秦晋联盟而与郑国结盟、班师回国，最终使郑国转危为安。《勾践灭吴》中越国大夫文种在越国被吴国逼得军无斗志、伤亡惨重、走投无路之际向越王勾践进言并出使吴国成功求和，使越国终于东山再起。《邹忌讽齐王纳谏》中邹忌从妻妾客三人对“吾与城北徐公孰美”这样的家庭小事出发，以小及大，推己及人积极向齐王进谏阐述“王之弊甚矣”的道理。《触龙说赵太后》中触龙不顾个人得失，在赵太后盛怒之时巧妙迂回进谏，最终使长安君质于齐。《秦风·无衣》中秦国子弟兵在国家危难之际同仇敌忾、悲壮出征，展现出“赳赳老秦，共赴国难”的风采。《离骚》(节选)更是充分彰显屈原的忧国忧民，情愿为国家鞠躬尽瘁之心。

教师通过对文章的分析，引导学生了解人物形象的同时，可以适时地引导学生体会这些主人公的爱国情感，增强学生的爱国意识。

2.有助于学生了解古代各个学派百家争鸣的思想，体会古代灿烂而多样化的文化。

先秦诗文中展现了百家争鸣的学派思想，教材中儒家学派的文章居多，也选入了道家庄子的两篇文章。

《子路、曾皙、冉有、公西华侍坐》通过记述孔子和四个弟子“言志”的一次谈话，反映了儒家“富国强兵”“先富后教”“礼乐治国”的政治思想及孔子循循善诱、因材施教的教育方法。《劝学》选自《荀子》，是一篇劝导人们不断去学习，不断去充实自己的散文。这里节选三段，文章语言朴素却饱含哲理，以物喻人，旁征博引，说理为主，反映了先秦儒家在教育方面的一些观点，也体现了作为儒家思想集大成者的荀子文章的艺术风格。《寡人之于国也》、《齐桓晋文之事》、《庄暴见孟子》、《孟子见梁襄王》等四篇文章中记载孟子与齐宣王、梁襄王等君主的对话，展现孟子民贵君轻，以民为本，心怀仁政，以德治国的思想。在孟子的雄辩中阐释出只有实施仁政才能不战而屈人之兵，终至“王天下”的道理。

《秋水》（节选）通过河伯由川入海的见闻和感悟这样的寓言故事来阐明天外有天、人外有人而不可闭塞视听的哲学思想。《逍遥游》借助鲲鹏等传说中的飞鸟大鱼推出作者最高理想“逍遥游”的人生境界，丰富奇特的想象里富有浓厚的浪漫主义色彩。

这些文章不同程度地展现儒家和道家学派的一些思想，教师可以适时地加以深化，引导学生深入了解该学派的文化或思想，加深印象。或者可以让学生在课后自己查阅有关书籍、信息，体会我国古代灿烂的文化，过后组织学生进行交流探讨，增强学生的知识面和理解力，培养学生对中华文化的浓厚兴趣，使他们能积极去追寻民族之根。

3. 文章刻画出栩栩如生的人物形象可以影响学生对自我的塑造。

通过教材的描绘或者主人公的辞说，我们可以从中窥出鲜明的人物形象和性格特点。中学阶段的学生都会拥有一些模仿或崇拜意识。通过对教材的学习理解，文中的一些英雄人物的形象深入人心，会不自觉的融入学生的意识里，让他们不由产生出一种向这些人物学习的想法，这种潜移默化的影响会使他们在今后的一些行为中展现出文中人物的影子，对他们性格的形成、自我塑造的完善产生极大的积极作用。

烛之武对秦王的劝说艺术始终以秦国为主题，围绕郑国存亡对秦国的不同利害，丝毫不提郑国的利益，再加上从晋国背信弃义的角度旁敲侧击，最终使秦王下定决心割断秦晋联盟转而与郑国结盟。从烛之武的辞说中正面勾画出了佚之狐口中能使处在灭亡关头的郑国转危为安，充满智慧、擅长辞令的大才形象。触龙在群臣进谏受阻之时，不顾被“唾其面”的羞辱，冒死面见盛气凌人、固执任性的赵太后。从问起生活起居，到谈深爱幼子，最后谈已亡诸侯的继承问题，步步为营，大打心理战，最终得到赵太后同意长安君“恣君之所使之”的完美结果。这样就把一个“志谋深算而又热情真诚的谋臣形象极为鲜明地活现在读者眼前”①。从烛之武和触龙劝说的言辞中闪露出的辞说智慧相信会倾倒不少学生，特别是那些热衷辩论、理想是做外交官的学生。而孟子在会见梁襄王、齐宣王等人时所运用的雄辩术也会深刻影响学生，类比推理、层层逼近、一气呵成、气势磅礴的雄辩特点令不少学生大呼过瘾。他们会通过对文章的分析了解学习在不同情境下如何劝说，成功达到目的。也许古人的示范作用会令他们感悟更多，寻得捷径。而邹忌从“比美”这样的小事出发，推己及人，能推想到齐王身上，上升到国家的角度，展现出他谨小慎微，敏于事物，勤于思考，善于发现问题并解决问题，从这一方面就能推算为何他历经三朝却始终为相的传奇经历。学习邹忌，回想自己，学生会有所感。平常学习不也正需要勤于思考吗？不是要善于发现问题并尝试着如何去解决问题吗？做事情特别是考试的时候不是要谨慎小心不能马虎吗？邹忌的这些特点正是切合学生当前的实际，相信会引起反响。

二、当前高中语文教学中如何实现先秦诗文的教育价值

高中阶段对学生来说正是思想、意识等各个方面逐步走向成熟、完善的过程，通过对古人思想精华的吸收内化，可以提高学生的思想认识水平和知识获取能力，提高综合能力，语文的教化作用可以促进其健全人格的培养。我认为，应该尝试从以下几个方面着手。

---

① 魏君海：《烛之武与触龙人物形象的比较》，http://www.eywedu.com/wenxuejiaoyu2/wxue2007/wxue20071278.html。

1. 培育学生学习文言文的兴趣，首先要让学生学会“听”。

教材中的先秦诗文是记录当时社会政治经济文化等各个方面的资料，是我国传统文化的结晶，包含着优秀的文明成果，其中一些文章包含着丰富的处世哲学。而在多媒体较普遍的情况下，老师可以从网上下载最恰当的朗诵范本，让学生听。学生可以从范本朗读中，揣摩说话人的语气和态度，然后从文章中提炼出作品内涵，内化吸收。

例如《烛之武退秦师》中，在最后一段描写晋文公部下子犯请求攻击背弃盟约的秦军之时，晋文公本人说出了这样一段话：“不可。微夫人之力不及此。因人之力而敝之，不仁；失其所与，不知；以乱易整，不武。吾其还也。”让学生从朗读里揣摩说话人的语气，认真听说话内容，通过文章注解可得知，在晋文公的话中，主要包含的内容就是仁、知、武这三点，即仁、智、义。

教师这时便可以提出问题：《左传》是历史散文，为什么着重记录晋文公所说的这三点呢？用问题引导学生去增加课外阅读，自己去找相关的内容来读，然后在学生阅读后，老师便可以引导学生去理解先前提出的问题：西汉董仲舒提出的著名的“三纲五常”中的“五常”论，即仁、义、礼、智、信。当时董仲舒提出的这个“五常”论是通过儒家思想用以调整或规范君臣、父子、兄弟、夫妇、朋友等人伦关系的行为准则的，把它作为一个限制人身权利的社会规范。如果以今日的现代视野去审视，除了批判这个“五常”论为封建束缚思想外，还应该继承其积极的因素。仁、义、礼、智、信依然还是可以维护社会关系的行为准则，但是在今天它所覆盖的范围已经不只是局限在从属支配的关系上了，而应扩大化，把它作为一个普世的社会价值、社会行为规范。学生对普世性的价值规范有着深刻了解的话，相信对他们的成长更有促进。

2. 在文本解读中注重学生个性化的发展，让学生主动“说”，大胆质疑。

“我们要让学生通过教育，了解到自己的人生与社会需要的切合点。通过教育，让学生产生个性化的人生观念，最后形成自我决断、自我选择、自我造就的信念和勇气。教育的结果不是知识，不是道德，而是一种自我的能力，就是说，要让学生用自己的脑子去选择自己的生活方式，选择自己的职业，选择自己独特的人生道路。语文教育应该在这个过程中发挥独特的作用。”①

只有个性化，才能展现智慧的火花，才能培养学生的自主创新。教师对文本的解读很重要，但更重要的是学生对文本的领悟。教学的目的不只是完成课标及教学大纲的任务计划，还需对学生负责。从“一切为了学生，为了学生的一切，为了一切学生”的理念出发，培养学生个性化的发展，培养学生自主创新的精神是语文教学的主要任务之一。

人文精神的传承需要个性化的发展，学生独立自主的意识也需要个性化的培养。让学生敢于提问，敢于让学生质疑文本，面对似乎已成为“真理”的定论，让学生勇于质疑、积极提出自己的见解，让同学们在课堂上积极讨论，这些都是很好的途径。

3. 提炼出作品中包含的人文精神，陶冶学生高尚的情操，让学生动手“写”。

“语文应该贯彻爱的教育、善的教育、美的教育等价值内涵，丰富学生的情感，让学生对人生有更丰富的体验，了解什么是善，教会他们理解亲人之爱，故乡之爱，给他们对自由的渴望，对道德生

---

① 申洪营:《中学语文教育中人文教育的重要性》，载《教育与教学》2008 年第 6 期。

活的向往，教会他们用勤劳的双手去获得自己更加幸福的美好生活，教会他们用同情、怜悯、爱的眼光看待世界。语文教师应该教学生以爱美的心，对自由、对幸福、对人生进行理解，把语文教育和文学教育贯通。”①

《卫风·氓》通过一位弃妇的自述叙述她和氓恋爱、结婚、受虐、被弃的过程，表达了她悔恨的心情与决绝的态度，深刻反映了古代社会妇女在恋爱婚姻问题上受压迫和损害的现象。《邶风·静女》描绘了一对男女约会的场景，男青年抓耳挠腮、焦灼不安的情态，刻画出他憨厚朴实的性格，表现出他对姑娘的深挚情义和迷恋程度。同时描绘了姑娘调皮逗乐的行为，突出她活泼聪慧的性格，表现出她的多情率真。

但是语文课中对这两首诗的解读往往是单一化的。讲解《卫风·氓》时大多只注重对封建社会妇女在婚姻不平等关系的揭露，反映妇女受压迫的现象，而没有分析该弃妇在恋爱之初泣涕载笑之甜蜜焦虑。而对《邶风·静女》也不敢大胆分析少年的焦灼与少女的多情率真。大多教师都担心把握不好会引起反作用。其实所谓的“早恋”问题在高中阶段虽屡经打击却毫无作用，根本没必要担心引起学生误解。青春期是叛逆的，但也是成长的。学生“早恋”除了是身心的成长外还有对情感的好奇，这些不是禁止就能遏制的。真诚讲解，回归文章原意，解读爱情的美好，让学生认识更多的、更完整的爱恨情仇，领会感情的真挚美好，感受什么才是真正的爱情价值观，其作用可能会更积极，由此才能让学生对课本的某个问题，某种情感，敢于写出自己的真话，敢于写出真实感受，学

① 申洪营:《中学语文教育中人文教育的重要性》，载《教育与教学》2008年第6期。

生才会抛开“假”“大”“空”，写出真情实感的作文来。

除此之外，对那些展现爱国情感的篇章，还应该多加宣传，让学生在学习中感受爱国精神，学以致用。这样的思想启迪和情感陶冶才能展现出语文的教化作用。

三、结语

人教版高中语文的先秦诗文教材闪露着古人的智慧光芒，涵盖丰富的人文精神。对此，我们应该引起重视，在教学中，要积极的支持学生去感悟教材、体会教材，让学生在熏陶中吸取精华，感悟文明，并以开放的教学方法去渗透人文精神，丰富人文教育，培育和健全学生人格，不断提高学生的各项素质。

【主要参考文献】

1. 陈玉秋：《语文课程与教学论》，桂林，广西师范大学出版社，2004。

2. 徐学莹、唐德海、唐荣德等：《教育学——行动与体验》，桂林，广西师范大学出版社，2008。

3. 陆薇薇：《高中语文文言文教材研究》，载华东师范大学研究生学位论文，2001。

4. 李文华：《对中学语文文言文教学的研究》，载《考试周刊》2008 年第 39 期。

5. 赵晗志、翟素梅：《浅析文言文在现代语文教学中的几点思考》，载《安徽文学》2009 年第 11 期。

6. 黄章省：《文言文中德育因素的挖掘与利用》，载《衡阳师专学报》1999 年 2 月。

7. 申洪营：《中学语文教育中人文教育的重要性》，载《教育与教学》2008 年第 6 期。

夯实高中生议论文写作的基础

——关于高中议论文教学的几点建议

梁锦才

【内容摘要】在高考的新形势下，议论文的重要地位越来越凸显出来。基于这样的思考，本文认为要从态度上、课时安排上、学生心理上、学生积累上四个方面予以重视和训练，切实打好高中生议论文的写作基础。

【关键词】高中语文　议论文　作文教学　基础

近几年来，高考作文没有规定写作的文体，可以是记叙文、议论文或说明文等，但一般诗歌体裁除外。这样，考生有较大灵活自由的选择，更有利于考生发挥自己的写作特长，写出高水平的作文来。从这个趋势以及议论文与其他文体的关系来看，议论文的教学训练对高中生写作能力的培养具有十分重要的意义。

一、议论文训练具有重要意义

对高中生正在形成的写作能力来说，议论文的写作训练具有十分重要的意义。它能培养和提高学生的理论思辨能力、逻辑推理能力和论辩能力。人常说“文如其人”,虽不尽然,但也确实有许多例子与之相吻合。在中学阶段,相对来说,理科生的数理逻辑能力要比文科生强一些,但文科生的语言表达能力、语言辩说能力要比理科生更突出一些,所以,加强他们的作文训练——尤其是议论文的写作训练,是大有好处的,也是十分可能和可行的。因为,就议论文本身而言,它的概述能力要求比记叙文高,它的论据、论证的选择对议论文成功与否的影响很大,议论文的结构层次还能显示学生的理论思辨能力的许多方面。比如,在议论文中,采用平列式的结构与运用层进、步步深入的议论方式,可见出其作者不同的思维模式与思维的缜密度。虽然这两种方式本身没有高低优劣之分,但在具体的运用上,一般还是能看出作者理论思辨的高低。一般来说,平列式的论证,可以说明问题的多方面,也可以把问题说得比较全面;不过,运用层进式的论证结构,步步为营,步步深入,可以把问题论证得更深入,更深刻,也更透彻,别人也比较难驳倒它。这样,在作文中展现了其理论能力与思辨能力。

二、议论文写作是架起从中学到大学的桥梁

就现在的中学语文教育来说,中考、高考的作文在整个考试卷面分数中,差不多占了半壁江山。作文的训练尤其是议论文的写作训练,是架起从中学到大学的桥梁。

对大学生(首先是本科生)而言,议论文的写作是必不可少的,也是最重要的一项基本功。如果你的议论文写作功夫很好,理论思辨能力很强,在学习上就如虎添翼。在大学的教育中,从平时的课程论文到学位论文甚至是科研,结果一般都要求以论文的形式呈现出来。而这些课程论文、学位论文、科研论文,实质就是一种议论文,论文的根还是从议论文中来的,没有根的深又怎么会有枝叶的繁茂呢?所以,中学的议论文教学实际上已经在为高中生踏进大学做准备，而中学作文教学也应该架起这座桥梁。

三、对议论文写作训练的几点建议

从上文的论述中，我们知道了议论文写作的重要性，可是如何进行训练呢？笔者在这里提出几点建议。

1. 要十分重视议论文的写作训练。

语文教师首先要认识作文教学尤其是议论文教学在整个教学中的重要位置。语文教师认识到这一点还是不够的，还要让学生也认识到它的重要性和重要意义，才能更好地实现这个目的和意图。这是教学相长的道理。

2. 作文教学在语文课堂中占有相应的课时。

语文教师要安排相应的课堂作文教学，让学生在课堂上感受到作文的重要性，并在课堂上进行练习。这样做不仅能提高他们的认识，更重要的是提高了他们作文训练的能力。因为考场的气氛远比课堂的来得紧张，而课堂上的练习，如当堂练习当堂完成并上交，也给学生营造一种实战的氛围。

3. 要让学生从害怕作文的怪圈中跳出来。

怎样实现学生从害怕作文到喜欢作文这一关键的转变呢？在此之前，已经有许多教育专家、特级教师、教育研究者进行了精辟的论述，提出了许多有益的、可行的方法，如特级教师魏书生的“三步作文教学法”。不过，笔者仍然认为，让学生从心理上消除害怕作文、作文难写的阴影是至关重要的。所以，语文教师的作文教学仍要以鼓励为主，多些鼓励，少些批评，往往更能培养学生对作文训练的自信心与兴趣。兴趣是最好的老师。当学生从害怕作文的怪现象中跳出来，进入“我喜欢作文”时，作文训练就成功了一半。

4. 让学生在课内外时间自觉搜集作文素材。

学生喜欢作文，这只是作文成功的开始。要使学生的作文写作真正成功，还要让他们的作文“有料”。学生害怕作文很重要的一个原因就是无话可说，没有东西可写。因此平时有意识地搜集作文素材就显得尤为重要和必要，特别是议论文的论据方面。所以，语文教师应十分重视学生在这方面的工作，建议并敦促他们坚持做这些基础性的工作。比如，要论证“成功”的观点，有哪些事实（事例）论据，有哪些名言警句，还有什么样的材料可以证明它，这样有意识地积累素材。还可以让学生把所搜集到的材料进行分门别类地整理，这就像拥有电脑中的数据库，条分缕析，用到时也比较容易提取。这样，一篇材料充实的作文很快就会写出来了。

【主要参考文献】

1. 倪文锦：《高中语文新课程教学法》，北京，高等教育出版社，2004。

2. 黄麟生：《中学语文教学论》，桂林，广西师范大学出版社，2001。

3. 陈玉秋：《语文课程与教学论》，桂林，广西师范大学出版社，2004。

4. 胡家曙：《让学生成为作文评改的主体》，载《中学语文教学》2010 年第 4 期。

5. 孟向玉：《修改：促进学生对议论文体的把握》，载《中学语文教学》2011 年第 5 期。

6. 夏云陶：《中学生写作意识的几处误区》，载《语文教学通讯》2010 年第 11A 期。

试论钱梦龙的语文教育思想

■ 王小冰

【内容摘要】在我国当代杰出的中学语文教师中，钱梦龙是很有教学个性的老师之一。他在长期的实践和经验总结中，提出了“三主”、“四式”语文导读法的理论设计和结构模式。钱先生的探索几乎触及到了中学语文教学理论和实践的每一个角落，积累了丰富的教学经验，形成了自己独特的教学风格，对语文教改产生了广泛深刻的影响。

【关键词】钱梦龙　三主观点　统一　教学

钱梦龙是上海嘉定县实验中学校长，是一位自学成才、名声卓著的语文教学改革家。他在教育实践中富有开拓和创新精神，在40多年的教学实践中，辛勤耕耘，不懈努力，逐渐形成了独具特色、自成一派的语文教学思想和理论体系，在中国教育史上大放光彩。他在教学上，提出了“三主”、“四式”的主张：语文教学以学生为主体，以老师为主导，以训练为主线（简称“三主”）；以“自读式、教读式、练习式、复读式”四种基本课式（简称“四式”）作为组织教学的基本程式。[1] 他提出的这一“语文导读法”以其丰富的教改实践和勇敢的理论探索引起了教育领域的关注。钱先生“从理论和实践上找到一条从‘教’通向‘不教’的桥梁，以便使学生最终能够摆脱对老师的依赖，让学生成为不仅在学习上能够自立，而且在观念、意志以至整个人格上都能够真正自立的人”[2]。

钱先生所说的“学生为主体，教师为主导，训练为主线”，这三句话是相互统一的整体。其中最根本的、对其他两句话具有决定意义的是“学生为主体”。教师的主导作用只是为作为主体的学生而存在，训练则是师生协同活动从而使学生获得更好发展的一种必要的形式。因此，钱先生认为教学观的立足点就是学生观。

一、为什么“学生为主体”位于钱先生教学观点的核心地位

关于学生的主体地位，钱梦龙引用一位国外教育家的话说：“教学过程是教师借以摆脱学生的过程。”他认为，如果不确认学生在学习过程中的主体地位，教师就永远不可能摆脱学生。

1.“学生为主体”的学生观是语文导读法的理论核心，也是钱梦龙教学思想的立足点。抓住这一点，就抓住了导读思想的根本。他确认学生在教学过程中是认识和发展的主体，是具有独立意识和认知潜能的实践者，学生是认识的主体。语文教学是让学生通过对语文教材的阅读和理解，提高语文素养，认识世界。这一过程如果由教师单纯讲授完成，就无形中剥夺了学生思考的空间，以教师的结论代替了学生的认识过程；只有把学生置于主体地位，指导学生通过自己的阅读实践来完成，才能锻炼和发展他们的认识能力。因此，确认学生是认识的主体，可以从根本上改变长期以来教

---

① 张鸿苓：《简明语文教育辞典》，长春，吉林教育出版社，1992。

② 吴伟昌：《试论钱梦龙、魏书生的语文教学艺术》，载《中学语文教学》1995年第5期。

师向学生“奉送真理”的状况，而把“发现真理”的主动权交给学生。同样，确认学生是发展的主体，有助于改变现实语文教育中灌输知识、越俎代庖的教学方法，使语文教学在促进学生健全人格的形成方面，真正发挥潜移默化，熏陶渐染的作用。

2. 钱梦龙善于让学生正确确立自我角色，唤醒主体意识。教育过程中的学生，主体意识还比较薄弱，带有很大的盲目性和被动性，称之曰“潜在主体”①。教师应将其蕴含的丰富潜能从“潜在”不断地变成现实，实现其主体性发展。他主张凡教师可放手的地方，尽量放手让学生自己独立阅读，自求理解；留下较多空白，让学生自己去感知和领悟，使其思维始终处于积极活跃的状态。

3. 钱梦龙认识到，教师无论为学生的学习创设什么条件，最根本的一点是要想方设法唤醒学生长期被抑制的“认知欲”(或“求知欲”)和“审美欲”，它们在学生的学习过程中被某种诱因引发，可以转化为巨大的学习动机。倡导以学生为主体，激励学生自主学习，是提高学生学习兴趣的关键。首先，提高学生学习兴趣可以通过创设问题情境。钱梦龙曾风趣地将“提问”比作课堂教学中的“常规武器”，认为“提问就是有目的的设疑，‘疑’设得好，就能把学生引入‘问题情境’，激发他们探索的欲望”②。因此他讲究“问的艺术”，其一是欲擒故纵，巧妙设疑。在课堂上设置一点悬念，引人入胜，让学生得到“豁然开朗”的“顿语”体验；设问宜“曲”，置疑有方，变换提问的角度，让思路“拐一个弯”，从侧翼寻找思维的切入口；机敏应变，随机点拨，调整学生不正确的思路，适时指导，以问导之，活跃思维。其二是激情引趣策略。有人评价钱梦龙的教学：

---

① 张天宝：《主体性教育》，北京，教育科学出版社，1996。

② 王寿山：《钱梦龙老师的提问艺术》，载《中学语文教学参考》1984年第5期。

“他追求的是‘活而实’的教学方法，并在其教学实施过程中注意‘情趣’。他因人因课设法，术多也。”①

二、“教师为主导”的“导”字要用在点子上

关于教师的主导作用，钱梦龙认为，“主导”就是要因势利导，“导”是有条件的，“利导”的前提是“因势”，“因”就是按照、顺着的意思，“势”就是学生的心理特点、学生的情况、学生的思维走向等。教师要顺着学生的种种特点向有利的方向加以引导。主导的作用就是强化学生的主体地位，凡是经过引导后，学生的主体地位就会得到加强。

有些人误解为，“主导”等同于“主宰”。既然教师是课堂教学的主宰，那么何来学生的主体地位？因此认定以“学生为主体，教师为主导”是矛盾的，而在教学中是不可能成立的。其实，“主导”并不是角色定位，而是就该角色的功能、作用而言的。我们认为，钱先生的“教师主导”的提法虽然采用了旧有教育学的术语，但从他的教师主导论的内涵看，他实际上是从教师作为施教行为的主体出发，提出教师应如何引导学生阅读的问题，即是说“教师主导”是以承认教师是施教主体为前提的。因为如果从认识论意义上再提教师主体并没有任何实际意义。他的“教师主导”论就明确把教师的角色定位于教学活动的组织者、启发者、指导者、辅导者。

具体而言，钱先生主要从四个方面来说明老师的主导作用：

(1)教师是整个教学过程的组织者，使学生的求知活动始终围绕主要目标进行并收到最理想的效果。

(2)教师是学生求知过程中的启发者，引导学生不断向知识的深度和广度进行探索。

---

① 吴伟昌：《试论钱梦龙、魏书生的语文教学艺术》，载《中学语文教学》1995年第5期。

(3)教师是学生学习的指导者,随时给学生以鼓励、督促和进行学习目的、学习方法的指导。

(4)教师是知识的传授者,在学生求"知"不得的时候,教师的讲授还是必不可少的。

因此,是组织者,就不能"放羊";是启发者,就不能"填鸭";是指导者,就不能代庖;是传授者,就不能当讲不讲。由此可见,不管从哪方面考虑问题,教师的着眼点都应放在学生身上。教师越是"导之有方"、"导之得法",学生的"主体"作用越能充分发挥,所以教师必须潜心研究"导"艺术。明白了这一点,我们就能理解钱先生提出的教师主导,就是要求教师通过自己的施教行为,充分发挥学生的学习主体作用,自觉地促使学生由"需要教"向"不需要教"转化。指出这一点,对正确理解和处理"主体"与"主导"这两者关系不无帮助。在这个过程中,教师的主导作用不断转化为作为学习主体的学生的能力,随着学生的学习能力由小到大的发展,教师的主导作用在量上发生了相反的变化,最后学生的学习完全独立,教师作用告终。可见,教师是为学生服务的,因此,发挥教务的指导作用,更能体现"学生为主体"的理念。

下面列举的一个片断就非常典型地体现了"学生主体"和"教师主导"的辩证关系:

有学生在自读课文《少年闰土》后提问:"'我'家的灰堆里的碗碟究竟是谁埋的?"学生有的说是杨二嫂埋的,她想诬陷闰土。有的说是老太太埋的,她心肠好,好让闰土在运灰时拉走。有的说是闰土自己埋的等等。课堂里非常热闹。钱先生在肯定学生各抒己见的积极性的同时,要求他们既要言之成理,又要言之有据,要在课文中寻找根据。如果缺乏根据,可以存疑。最后的结果,学生对这一问题的结论是"这是历史的悬案",因为作品并没提供解决问题的根据。这就避免了学生缺乏根据的胡思乱猜。这就是教师主导,这就叫教学的艺术。它不仅是指点解决问题的途径,更是读书方法的指导。

这是在阅读教学实践中,教师为促进学生发展,长期营造一种平等、自由的课堂氛围,充分尊重学生在阅读中的独特感受和体验,鼓励学生不满足一种结论,提倡多角度地探索事物本质的结果。这也正如钱先生自己曾总结过的那样,"语文导读法"的特点,具体表现在四个方面:

(1)教学的人道化。学生的独立人格受到尊重,师生情感能够融洽交流;

(2)教学的民主化。强调学生的参与,教学过程成为师生合作的过程;

(3)教学的科学化。认为教学是一个有规律,可控制的过程,重视导读过程的可操作性;

(4)教学的艺术化。因此,强调教师"'导'的艺术是学生实现其主体地位最重要的条件"①。

三、训练的重要性

钱梦龙认为:"语文教学的内容是各种训练,学生要掌握语文这门基础工具课,也要靠训练。训练应该贯穿教学过程的始终。"②在语文教学领域,有不少教师奉行"题海战术",以单调的程式化的"训练"(严格地说,这种刻板的操练不能叫"训练")取代了对文本的阅读和思考,这一违背语文教学规律的做法,引起了语文教育界的普遍声讨。近几年,则似乎又走向了另一个极端,人们谈

---

① 钱梦龙:《导读的艺术》,北京,人民教育出版社,2000。

② 钱梦龙:《论"训练为主线"——"主体·主导·主线"再探之三》,载《教育研究》1988年第10期。

语文教学，大多讳言“训练”，似乎“训练”已经“落伍”了。

钱先生认为：“训练”的过程，其实是一个师生互动的过程，“训”指教师的教导、指导、辅导，“练”则指学生为获得某种特长或技能而在教师的指导下进行的操作实践。“训练”是教学过程中作为“训方”的教师和作为“练方”的学生相互合作的一种必要的形式，是教学过程中学生在教师指导下获取知识、应用知识、培养能力、发展智力、提高素质的各项学习活动，其基本形式为以思维训练和语言训练为核心的听、说、读、写训练，是教师课堂组织教学的主线，它当然与平时的“练习”不是一回事。只有把学生组织到一个以“训练”为“主线”的教学结构中，才能完全实现学生主体地位和教师主导作用的和谐统一。强调“训练为主线”，就是在整个教学过程中都要把读、写、听、说的主动权教给学生；同时又要加强教师的指导，以保证学生的读、写、听、说实践更加目标明确而有效。

因此，钱梦龙的“主体·主导·主线”，其中最根本的对其他两者具有决定意义的是前者，即“学生为主体”。但这并不意味着贬低“教”的巨大作用。学生在教学过程中的认识活动，不是在孤立、封闭的状态下进行的，而是以教师的存在为外部条件，教师起主导作用。两者有一种辩证关系：学生的主体地位制约着教师只能“主导”而不能“主宰”；而教师的“善导”又启引着学生的“善学”，从而可以使学生真正成为认识和发展的主体，使教师提高“导”的质量，最终形式教学相长、师生共进的良性循环。“主体·主导”要和谐地统一在一起，就要把学生组织到一个“善练”的科学序列之中。“训练为主线”是“主体”与“主导”相互作用的必然归宿，“在‘三主’思想指导下的‘三式’，实质上是三种不同方式的训练”，“‘三式’作为一个教学模式中的三个因素，构成一串‘训练’的基本动作；而‘三式’与‘三主’的结合，使整个教学过程呈现出鲜明的‘导读色彩’”。

重视书法训练，促进语文教学

■韦冬梅

【内容摘要】书法作为中国文化孕育的一朵独特的艺术奇葩，有着悠久而灿烂的历史和广泛的社会文化基础。书法不仅是中华文明的语言载体，而且是最高的艺术体现，是中国人接受审美教育、陶冶灵魂的最直观、最普遍的载体。书法在中国人文教育中处于不可或缺的地位。书法学习绝非可有可无的东西，亦非权宜之计。在中学课堂中开展书法教学是继承中国传统文化的重要举措。书法基础训练对语文教育的促进作用，值得我们深入探索。

【关键词】书法　艺术　促进　语文教学

一、书法教学对语文教育的重要影响

语文课程标准要求语文教学应培育学生热爱祖国的思想感情，还应重视提高学生的品德修养和审美情趣，使他们逐步形成良好的个性和健全的人格，促进德、智、体、美的和谐发展。语文教学还要求培养学生听说读写的能力，而将书法教学渗透到语文教学中去则可负载语文教学的多项任务。

书法教学在语文教学中的作用和功能，具体来说，主要体现在以下两个方面：

（一）书法教学的养成功能。

培养学生养成良好的习惯，是学校教育的重中之重。在语文教学中渗透书法教学，有利于培养学生良好的学习习惯和顽强的意志力，能够较好地提高教学效率和学习效率。

1. 书法培养良好的书写习惯、良好的学习习惯、良好的修养和性情。学生书写好坏，反映出学生的学习态度、学习习惯和学习能力的优劣，因此，拥有良好的书写习惯对学生的学习习惯养成起到潜移默化的作用。书写是学习的基础，是学习的基本功，同时字迹的端正优劣也直接影响了语文成绩。书写同时也考验一个人的耐性，必须要有“静下心来，沉入下去”的良好性情。因而，各科特别是语文学科要重视和抓好学生的书写习惯，这无论对学生的现在和将来都有重要的意义。

2. 书法能锻炼意志，培养坚持不懈的精神。坚持不懈的练习书法，有利于培养学生的毅力、恒心、意志和韧性。教师通过讲述书法史上王羲之“临池学书，池水尽黑”、隋朝智永和尚“秃笔三千成笔冢”等生动故事，启发学生，使他们懂得做任何事，包括学习，都要像练习书法一样持之以恒，不能一曝十寒。在这个过程中，会经历练习的枯燥和失败的磨炼，练习的过程同时也是“练性”的过程。在这个过程中，能够使学生养成坚韧的品格，并将此迁移到自己的学习中，从而促进其他科目的共同进步。

（二）书法教学的提升功能。

1. 书法教学有利于提升语文成绩。在书法练习中，学生会接触到大量的文学作品，通过书法了解和理解这些作品，并通过书法作品的内容与形式的完美结合，激发对文学作品阅读和写作的兴趣，从而提高整个语文的学习效果。近年来，在升学试卷的评分标准中特别增加了一项：书写端正美观的可以加分，书写错误潦草的适当扣分。书法对考试作文的意义更加突出。如果书写恶劣，必然影响教师对作文的评审，甚至造成对作文的偏审或误审。而一手漂亮美观的钢笔字，无疑给作文打分赢得优势。

书写认真、严谨的同学对待语文学习必然也是一丝不苟，精益求精的。这样的学习态度也决定了语文成绩的优劣。

2. 书法教学有利于提升学生的审美情趣。俗话说“文如其人，字如其形”，优美的书写就像是学生的脸，体现着学生的自信和认识能力，学生可以从中区分怎样书写才是美观的字，学生也能在自己的书写中得到美感。同时，学生在学习书法、赏析美的字体、临摹优秀书法大作时，感受书法透过点画、结体、章法等具象构成的蕴涵美、生活美、自然美、点画线条美、结构造型美、语言美，能不断提升自己的审美能力，在优美的作品感染熏陶下，得到美的教育，从而培养和提高自己的审美能力和审美情趣。

3. 书法教学有利于提高学生的道德情操。鉴赏历代名家手迹、墨宝，可增强学生对中华民族几千年传统文化的亲切感、自豪感，从而激发求知的欲望。新编初、高中语文教材的封面和彩页，都配有书法作品。从王羲之的《兰亭集序》到苏轼的《赤壁赋》到文征明书写王勃的《滕王阁序》及毛泽东的《沁园春·长沙》，这些作品有利于学生从感性上获得美的享受。奇诗美文，结合飘洒俊逸或典雅庄重的书法作品，足以使人流连于五彩缤纷的文学艺术之宫。可以说书法学习过程就是陶冶情操的过程。

4. 书法教学提升学生的空间思维能力。中国的文字是方块结构。如何书写才美，一笔一竖该如何安置，怎样将一个字的每一笔都书写得恰如其分，书写者需胸有成竹。脑海中的画面是立体的，是抽象的，书写过程也是思维的过程。

总之，写一手漂亮的汉字，懂得一些有关书法的知识，能从审美的角度审视汉字，是语文学习重要的基本功之一，对学生的影响不可低估。

二、书法教学现状与困境

书法基础教育在语文教学中意义不可估量。然而，目前书法教学的基础和现状又如何呢？

（一）“将来我们的学生还会写字吗？”

书法是中华民族传统教学中不可或缺的组成部分和宝贵财富，理应在现代大力弘扬传统文化的大背景下给予大力提倡，然而现在的语文教学由于受到“应试教育”和“电脑文化”的影响，忽视了“写字教学”。

有些学校仍然难以跳出应试教育的怪圈，语文教师在教学中只求“速效”、“高效”出成绩，重分数，一味追求短期效应，普遍对书法不重视，在高中阶段开展与书法相关的教学实践活动，成为一项奢侈的教学内容。即使开设书法教学课程，内容也大都停留在写好字阶段，一切为考试服务，降低了书法艺术的训练，减少了对学生审美能力的培养和提升。甚至有些教师认为，未来电脑会代替笔，写字教育丝毫无价值，无前途可言。因此，他们不仅不提倡书法教育，甚至鄙视书法教育。

学生不喜欢写字，教师板书不规范，已经成为令人担忧的事实。由于高中阶段作业量大，不少学生认为写得多写得快，字写得难看就在情理之中，他们也就“心安理得”了。而更令人焦虑的是，一些学生由此对民族传统文化也“敬而远之”了。有相当一部分高中生不善写字，错字别字不计其数，字迹歪斜，笔划不清，姿势不正，甚至有些学生在写字时，为了做到“整齐”，竟然在纸上横放尺子，然后沿着尺子写字，以求整齐。

在中学生群体中，这里仅谈了硬笔书法的情况，传统书法的情况更加糟糕。现在至少有80%—90%的学生基本没有用过毛笔，而能正确使用毛笔的人，就更少了。这些情况值得我们深思。高中生求知欲、模仿能力极强，如若不打好基础，对将来的学习乃至性格、审美情趣都会产生很大的影响。书法教学必须面向普及，在基础知识、基本理论和基本技法的教学上下功夫，否则，书写不好的状况将愈演愈烈，值得整个中华民族骄傲的书法艺术，将有后继乏人的危机。

（二）书写差给高考考生带来的忧虑。

近几年的高考很明显的把书写技能列入考察的范围。在高考中，书写尤其重要，电脑阅卷会让很多书写不规范的学生吃了哑巴亏，零分作文屡见不鲜。教师、学生必须把书写能力提高到新的高度来认识。在2009年梧州市第一次模拟考后，我对在考学生的书面得分进行抽样调查。卷面分每生5分，分满分、负分两个档次。具体调查情况如下：

班级	调查人数	卷面总分	满分人数	满分人数所占比例	负分人数	负分人数所占比例
理科快	605	5	110	18.2%	99	16.3%
理科慢	820	5	103	12.5%	251	30.6%
文科快	150	5	73	48.7%	26	17.3%
文科慢	455	5	98	21.5%	93	20.4%
合计	2030		384	18.9%	469	23.1%

调查数据显示，学生书写状况极差，在所调查的试卷里，有的学生可谓是潦草之极，教师几乎无法辨认其写的是什么字。俗话说：字如其人。学生的书写态度令教师们心寒，且不说学生的成绩如何，看字就隐约可见学生的性情、态度。我们不会要求学生的答

卷像书法大师的作品，但是也不至于因为书写而影响学生的得分。所以在书写这块，我们语文老师的目标是：给阅卷老师一个良好的印象，让学生的书写博得阅卷老师的好评，从而能在写作时有卷面优秀分。

由此可见，书法教学在语文教学中的作用日益重要，书法教学已经成为了高考备考的一个部分。因此，在语文教学的过程中一定要渗透书法教学，这是语文教师必须明白的一个问题。

（三）书法教学，“怎一个难字了得”。

中国书法博大精深，内容浩瀚而精彩。现在国内只有少数院校有书法专业的硕士、博士点。而更多的高校，包括一些著名院校的中文专业（甚至是教育方向）都没有正式开设书法课程，书法教师缺乏成为令人担忧的事实。由此，高中阶段如何装得下，语文教师如何担得起书法教育的重担？于是折而衷之，明知应继续学习，但又选择“一笔带过”，套用古人的一句话，叫做“怎一个难字了得”。

然而，高中阶段学习不能因书法内容丰富博大就将其“搁置”，反而应当大力提倡，着眼于普及与入门，择其基础与实用者，以中国书法基础的形式提出，并以之纳入语文课堂的教学内容。面对书法教学师资不足的问题，我们绝不能因噎废食，反之，我们应当立即采取种种办法培养各学段的师资队伍。重视就会出师资，教学就会出师资。教学相长这一特点在书法教学中比其他学科更为突出。教师在教学过程中会不断提高自己，同时提高教学水平。

总之，普及意义上的书法教育现状令人忧虑，而要开展起来困难会比想象还要大，正因为如此，中学语文教育更应加强中国书法教学的力度。古人说，取法乎上，得其中；取法乎中，得其下。如果要求的力度不够，则难以改变目前语文教学中书法教学的现状，也更难以发挥书法教学在语文教育中的作用。

三、语文教育中开展书法教学的几点设想

语文教师不应墨守成规，做应试教育的机器，而应肩负起传承、弘扬中华民族传统文化的重任。为了提高中学生的审美意识，提高人文素养，作为一个语文教师应该重视书法教育，将书法教学作为语文教育的一项主要内容，使语文教学和书法教学有机结合，融为一体。把书法指导引入语文课堂，把书法与语文教学整合起来，这是一条提高老师的写字指导水平，提高学生书法水平的有效途径。

1.转变教学理念，把书法教学纳入中学课时计划，编写简洁实用的书法培训教程，并配备相关专业指导教师来教学。学校应根据当前高中生的书写现状及时代教育的要求，把书法当做一门学问、一种艺术引进课堂，从平时的日常教学抓起，从平时练习作业中一点一滴抓起。书法品质、书写习惯的培养非一日之寒，这是一个常抓不懈的教学小环节。

2.语文教师应有一定的书法修养。语文教师虽不能做到像古人一样琴棋书画样样精通，“六艺”之道，无一不精，然而写一手好字，总是应该的。教师在日常教学工作中要随时随地注意自己的书写习惯，譬如课堂板书、练习批改、作文点评等。因为学生极喜欢模仿教师的书写风格，教师要在这方面给学生正确的示范和指导。

3.除了在课堂上授予学生书法理论知识外，还可定期举办书法讲座报告会。用报告会的形式介绍中国古代书法家的故事，借助多媒体(投影仪)让学生欣赏古代书法作品；介绍当代社会中书法家练习书法的感人事迹；有条件的学校还可以聘请社会上知名书法家到学校作演讲及即兴书法表演等，通过多种渠道来培养学生对书法的兴趣和爱好，提高他们的艺术修养。

4.学校成立书法兴趣小组或短训班来培养学生的书法品质和书写习惯。定期开展书法比赛（软笔和硬笔）、“我与书法（家）”征文活动及优秀练习作业展，为学生提供一个展现才华和个性的平台，从而激发学生对书法艺术的热情。

5.带领学生去参观历史博物馆或名楼古刹或古墓碑刻，教会学生辨别墨宝真伪，欣赏其风格特征。让学生从中领略中国汉字、中国书法的艺术魅力，以便他们在学习工作中把书法这种特长发挥得淋漓尽致。这样，不仅使学生受到美的教育，同时，还可帮助学生扩大视野，开阔心胸，使他们感悟到自己知识的不足，从而激发求知欲望和学习兴趣。

书法是中华民族语文教学的一大奇葩，书法与语文教学的整合，也是教学的回归，是对好的传统教学方法的继承与发扬。书法教育在高中阶段仍大有可为。

把中国书法的教学纳入高中语文教育，拿起毛笔——这一老祖宗传给中华民族子孙的接触美、认识美、体味美的独特而神奇的书写工具，这是所有语文教育工作者伟大而艰巨的任务。这不仅意味着我们要教学生写好汉字，提高语文教学质量，也意味要通过书法教学提高整个民族的文化审美素质。必须看到，要完成这一任务，尤其是在普及的层面上，难度是相当大的。我们任重道远，我们别无选择。我们所需要的是加大力度，认真学习研究，并制定出具体的书法教育实施细则，进而付诸实践。这样，我们才无愧于中华民族空前繁荣的伟大时代，才能为中华民族的伟大复兴作出我们应有的贡献。

古典诗词在人文教育中的点滴作用

■伍智恒

【内容摘要】古典诗词作为我国历史文化的精髓，不仅浸润着自然、民俗和地理知识，蕴含着哲理和智慧，还培养着人的胸襟、气节和情操，是成就学生人文素质的杰出养料之一。学生学习、背诵其中的优秀篇章，用它们打好文化的底子，在将来的人生旅途中将受用不尽。只要教师用感情去教，用心灵去育，学生必能从中得到感染，自觉地去诵读、咀嚼、体会、感悟诗词中的韵味，从而净化自己，提升自己。

【关键词】古典诗词　感悟　欣赏　精髓

“科教兴国，教育为本”，可以说，教育决定着一个国家的希望。那么，什么样的教育能够适应时代的要求呢？是以工具价值为主体的知识教育，还是以人格培养为目的的人文教育？笔者认为，后者优于前者。纯粹的知识教育已在一定程度上束缚着人类自身的发展，既然教育的对象是人，那么教育的灵魂也应该是人文精神。只有把两者结合起来，并强化后者，才能完成新时代赋予的神圣使命。

基于这一认识，我们认为，在一个人价值观、人生观形成的关键时期，人文教育尤其要摆在突显位置。那么，如何在学生中实施人文教育？笔者认为，应当吸取三方面的资源：现实生活、优秀的历史文化、西方文化。而古典诗词作为我国历史文化的精髓，不仅浸润着自然、民俗和地理知识，蕴含着哲理和智慧，还能培养人的胸襟、气节和情操，是成就学生人文素质的杰出养料之一。学生学习、背诵其中的优秀篇章，用它们打好文化的底子，打好做人的底子，一定会底色亮丽，在人生旅途中受用不尽。

一、自然的画卷美丽学生的心灵

"绿树村边合，青山郭外斜"的和谐单纯，"明月松间照，清泉石上流"的清幽宁静，"细雨鱼儿出，微风燕子斜"的自然闲适，"暧暧远人村，依依墟里烟"的安宁祥和，"忽如一夜春风来，千树万树梨花开"的烂漫开阔，"稻花香里说丰年，听取蛙声一片"的欢乐畅快，"大漠孤烟直，长河落日圆"的苍凉悲壮，"天苍苍，野茫茫，风吹草低见牛羊"的辽远温馨……一幅幅自然美的画卷，教师可让学生闭上眼睛去想象、描绘，或是调动各种教学手段，如画面展示、配乐朗诵等，让学生在充分享受美的同时，也更加自觉地去追求美和探索美。同时，著名诗词以敏锐精妙的感觉点醒了山川亭阁的灵魂，形成了全国各地人文亮点的"诗词地图"：李白笔下"相看两不厌"的宣州敬亭山，张继笔下"夜半钟声到客船"的苏州寒山寺，苏轼笔下"大江东去，浪淘尽，千古风流人物"的黄州赤壁，崔颢笔下"白云千载空悠悠"的武汉黄鹤楼，杜牧笔下"玉人何处教吹箫"的扬州二十四桥，柳永笔下"三秋桂子，十里荷花"的杭州西湖……这些山川亭阁都是诗情画意的文化载体，诗中歌，词中唱，教师让学生时常吟咏这类诗词，不仅开阔他们的视野，让他们了解浸透祖国山山水水的历史，还可点染他们用感恩、关注、欣赏、珍爱的心去对待自然的每一个创造、每一份赐予。

二、哲理的情思启迪学生的心灵

古代许多优秀的诗词作家能够在写景抒情中深刻地揭示生活的规律或表达出普遍的人生体验，使诗词具有高度的哲理性，让学生读之，可愉悦情趣，培养品质，启迪人生，获益匪浅。陆游的“山重水复疑无路，柳暗花明又一村”转喻出逆境中当有转机的辩证法，凡事锲而不舍，就会豁然开朗、发现新境；杜甫的“感时花溅泪，恨别鸟惊心”暗示人的感情会影响人的认识；刘禹锡的“沉舟侧畔千帆过，病树前头万木春”隐含着新生事物一定会战胜旧事物的道理；白居易的“试玉要烧三日满，辨材须待七年期”阐明了实践是检验认识是否正确的唯一标准；王之涣的“欲穷千里目，更上一层楼”很好地印证了站得高才能看得远的道理；杨万里的“却有一峰忽然长，方知不动是真山”警示全面、深入、细致地观察分析事物，才能辨清真伪，不被假象迷惑。诗词的哲理诉诸悟性，成于妙语，教师无需生硬地说教，适时的点拨便可让学生在如沐春风中体验到智慧的喜悦，领悟人生真谛，从而涤荡自己的心灵。

三、淳厚的人情滋润学生的心灵

骄傲自满，唯我独尊，是当今许多青少年的通病。他们愤世嫉俗、牢骚满腹。他们对父母的关爱，麻木不仁；对老师的关心，视而不见。因此，培养学生美好情感，启发他们去发现并尊重生活中的美乃当务之急。古典诗词中到处有人情，老师要用多情的心，用多情的嘴去感染学生：“举头望明月，低头思故乡”的思乡情；“谁言寸草心，报得三春晖”的母子情；“遥知兄弟登高处，遍插茱萸少一人”的兄弟情；“相顾无言，唯有泪千行”的夫妻情；“新竹高于旧竹枝，全凭老干为扶持”的师生情；“桃花潭水深千尺，不及汪伦送我情”的朋友情；“晓来谁染霜林醉，总是离人泪”、“执手相看泪眼，竟无语凝噎”，奔流着亲人分别的无限依恋之情；“但愿人长久，千里共婵娟”、“江南无所有，聊赠一枝春”，寄托了对离人的深深祝福。这些诗句感情健康真挚，充满着浓郁的人情味，应让学生反复吟诵，让他们从中学会理解和关怀，学会发现生活中的美，感动于生活中的美，并且积极地去创造美。

四、英雄的赞歌熏陶学生的心灵

千百年来，很多古典诗词铸造着民族的脊梁和骨气，成就着光辉的个性和人格，使民族在天崩地拆中奋然前行。涵养性情，锤炼人格，是古典诗词的又一功能。

龚自珍以落花自许“落红不是无情物，化作春泥更护花”，这种甘作人梯的胸襟何其磊落；文天祥坦言“人生自古谁无死，留取丹心照汗青”，这是怎样强烈的爱国情怀；于谦“粉身碎骨浑不怕，要留清白在人间”，激荡着坚贞不屈的浩然正气；杜甫“朱门酒肉臭，路有冻死骨”，闪耀着光辉的对人民的爱和同情；岳飞“待从头，收拾旧山河，朝天阙”，又是多么慷慨的雄心壮志；李白“安能摧眉折腰事权贵，使我不得开心颜”更是如许的自尊正直；谭嗣同“我自横刀向天笑，去留肝胆两昆仑”唱起了怎样的铁骨铮铮！吟这些诗，诵这些词，学生爱国之情怎能不强烈、不深厚！精神境界怎能不升华、不崇高！奋斗意志怎能不顽强、不坚韧！

五、节俗的风情厚实学生的心灵

中国是世界上历史最悠久的国家之一，有着丰富而独特的民俗风情，岁时节俗是其中主要的部分。对于节日，人们赋予其丰富的文化意义，以表达中国人的情感和信仰。古典诗词中就有很多描绘岁时节俗，具有浓郁人文气息的篇章。学生在朗读鉴赏的过程中，不仅可以了解丰富多样的节日风俗，还可从中获取很多人文滋养。王思任的“莫只平山看跌博，且来法海放风鸢”，既写了清明放风筝的习俗，又劝勉好男儿当搏击长空；韦应物的“雨中禁火空斋冷，江上流莺独坐听”，让学生明白古时寒食须禁火三日的同时，更加仰慕介子推；孟浩然的“待到重阳日，还来就菊花”，让学生在了解重阳可赏菊、喝菊花酒的同时，体悟朋友之间的诚挚；杜甫的“三月三日天气新，长安水边多丽人”，让学生知晓唐代上巳节官民郊游的欢乐，也同情丽人们平时长锁宫中的哀怨。教师让学生常诵常学，民风教育与精神滋养同步进行，学生的心灵会更加厚重朴实、健康向上。

总的来说，诗词中蕴含的世事风情、思想精华和情感魅力，举不胜举。教师应当有意识地搜集诗词养料，对学生进行精神哺育，在他们心田撒播文化的种子，撒播做人的良种。在热爱诗词的前提下，教师用感情去教，用心灵去育，学生必能从中受到感染，自觉地去诵读、咀嚼、体会、感悟诗词，从而净化自己，提升自己。从这个意义上来说，人文教育的目的已经达到了。

教与学中的“读”和“写”初探

■武月荣

【内容摘要】本文论述了在中学语文教学与学习中，老师指导下的“读”、“写”的特殊地位和重要性，尤其是通过重视“读”、“写”可改变学生的学习方式，提高学习效率，凸现了语文学科的基础性和重要性。

【关键词】读　写　语文　地位　学习方式

语文教学是我们的母语教学，是我们一生学习中投入最多，对一个人的影响最大，但收效最不明显的学科，换言之：投入大，产出少，特别是高中阶段。在这个阶段的语文教学和学习中一直存在着一些问题，如教学内容多，课时有限，班级人数多，学生水平参差不齐，在过去以“教师为中心”的课堂教学法下，学生学到的东西不多，效率不高，实用性不强，能力不高，不会读也不会写，不易激发学生对语文学习的兴趣，母语的工具性和基础性不突出。而读写能力是学生的基本素质，因此，中学语文教学要重视读和写。

一、“读”、“写”在新课标下对老师的教和学生的学提出了新的要求

目前教学中存在的最大问题是，学生读的能力也就是口头语言表达能力和写作能力严重下滑，培养出来的只是高考机器，学生到了社会上既“说”不好也“写”不好，用人单位也很不满意。故有人在《羊城晚报》说“误尽苍生是语文”，话虽有些难听，也有些偏激，但多少道出了语文教学的效率和质量不高的实情。

在语文的教和学中，“读”不单单是要让学生会念字，读出文章，更主要的是要通过“读”更好地理解文章的内容，读出情感，读出共鸣，提高语言感悟能力和运用能力（包括运用语言进行交际的能力）。这个“读”可以是有声朗读，也可以是默读，甚至可以扩展到一般的阅读。

语文课程标准从全面提高学生语文素养的实际需要出发，制定了整合“三维”（知识和能力、过程和方法、情感态度和价值观）的课程目标，但是多年以来，在传统的教学模式下教师往往关心的是“一维”（知识能力）的教育目标，现在要重视“三维”的教学目标。

目前语文教学投入时间多，但效率不高，突出的问题是不能让学生有更多“读”的过程。如在教学的开始，往往忽略了让学生经历“读通”这一阅读感知的基础，往往是教师的解读代替了学生的“读懂”过程，教师把自己“读”的结果机械地传授给学生，变成学生思想的过程，更没有理会学生“读会”这一环节。这就是“在传统应试教育中以学生静听为基础的教学，是教材中心、课堂中心、教育中心的教学，其结果，学生只能是被动的、吸收的、依附于教师的”①。因而在教学过程中学生的主体作用以及自主读书学习的兴趣、方式与能力受到了严重的影响。

其实，在新课标下，已经颠覆了传统的“以教师的‘教’为主体”

---

① 吴柳：《素质教育理论与基础教育改革》，桂林，广西师范大学出版社，1999。

的理念，而是“双主体”，教师的教和学生的学都是主体。其中教师的“主体”主要体现在“教师是学习活动的组织者和引导者”（《语文课程标准》），没有教师的“组织”与“引导”，学生就没有必要来学校求学；同样，学生在学习过程中没有发挥自己的主动性这一个“主体”功能，学校与老师再好也没有用，故学生这个“主体”又涉及学习方式改变的问题。单是老师的“教”，那是传统的“灌”，单靠“灌”只能机械地接收有限的知识，而且往往是一些“死”的知识，而外面的世界却瞬息万变，知识更新很快，学生只有掌握了摄取知识的能力才能很好地迎接时代的挑战。因此学生在学校学习中一定要发挥主动学习的主体作用。

到了中学阶段，学生已经有了一定的“读”的基础，可以在老师的引导与指导下完成对经典的文学作品的读书工作，不但能在课堂上“读”，也可以培养自己在任何地方任何情况下都能读好的能力。目前的社会，良好的表达能力，应该是一种基本素质的表现。我们要在重视基础知识学习的同时，还要提高学生的基本素质。基于此，“普通高中课程内容应致力于为每一个高中生的终身学习、毕生发展奠定知识、能力和态度的基础”①。我们的课堂教学就应该在完成教学任务（或者说要合理调整教学任务）的同时，要想办法多给学生读和写的机会。

而现状是学校里的早晚读时间往往被压缩或被变相压缩，有的是时间变短，有的是要安排时间给非语言学科来读，这样在时间上就根本不可能给学生更多读的机会。有时候我们想一想，古人为什么能出口成章，这跟他们多读有着非常大的关系。如今在学校里固然不可能给学生那么多的时间去读书，但我认为也应该尽

---

① 魏国栋、吕达：《普通高中新课程解析》，北京，人民教育出版社，2004。

最大的可能多给他们读的时间与机会，这对他们掌握基础知识和提高语文素养会有很大的帮助。

会不会读，读得好不好，会影响到能不能说好普通话，能不能感悟文学作品的韵味以及影响到与人交际，而会不会写，则直接影响人们的工作与学习。目前还有人想入党却不会写入党申请书，令人想起当年高玉宝通过画画方式写入党申请书的趣事。发生在很久以前倒还情有可原，可是事情发生在今天就有些令人吃惊了。不过深思一下，却也发现毫不意外。且不论这（些）人在读书时是怎样读的，单是反思我们的教学就能让人汗颜：我们给了多少时间让学生去写，练习写的又是什么东西，还不是应试的带套路的新“八股”，形式不新鲜，内容空洞，语言枯燥乏味，即使是带些文采，也是机械地套用别人的话，毫无新意。写人记事，既不传神又无真情实感；写议论文，又无法做到以理服人，只是一味的堆砌事例……至于让他们写调查报告，写一篇有分量的总结，写一篇实验报告，写一篇科技发明论文，那么对不起，要么说没学过，要么就是乱写一通。所运用的语言，不讲词法语法，不讲表情达意，不讲得体连贯，生搬硬套。还有那写出来的字，让人不敢相信是当代高中生写的……这就是目前学生“写”的现状。

为了改变目前学生不会写、写不好的状况，我们的语文课程有必要安排适当的时间给学生练习“写”；学生也应该明白“写”的重要性，不能只靠课堂上老师给的写作练习，而要按照老师的指导积极主动地多写，这种与传统做法不一致学习方式对学生的影响与作用是会很大的。先撇开语文素养这个层面，单是在应试方面，注重写也同样有重大意义，尤其是文科科目，像语文的作文题、阅读题、语言运用题，如果不会写或者写不好，这个学科肯定拿不了高分，甚至会非常糟糕。可见，我们强调“写”不但对提高学生的整体素养有作用，而且对提高考试成绩也有极大的帮助。

二、在“教”与“学”中如何做好“读”与“写”呢

教师在教学计划上要安排学生有读与写作的内容，它包括课内和课外两部分。在“读”方面，可以有课堂上的课文内容的朗读、课前语文活动的小演讲，可以有课外的演讲、朗诵、表演等内容；在“写”方面，小到堂上记笔记大到文学小创作都能培养学生的写作兴趣与能力。

先说“读”。古人读书乃真正的“读书”，读得朗朗上口，读得滚瓜烂熟，读到出口成章，甚至倒背如流，也确实创作出了很多的千古名篇，出现了很多的大师级人物，也就是说，古人已经尝到“读”的甜头。而今，时代不同，要求不同，课程也比过去多了许多，学生绝不可能像过去那样一整天摇头晃脑地去读书，那既不可能，也不现实，更没有必要。如今我们主张注重“读”，不是只想通过读来掌握知识本身，我们“更应呼唤人文情感的教育，关心人的完整的心态人格的教育，而不能仅仅局限于科学教育，以及与科学教育密切相关的知识教育和能力教育”①。学生在阅读中通过作品来体验世间冷暖，间接接触社会，“在阅读中产生更多、更高水平的洞察力、认知能力、道德推理能力以及更深入的理解力、更敏锐的批判性思维和更深的记忆”②。当然还有情感的熏陶。

我的看法是，早晚读学生可以选择课文（尤其是经典作品和背诵诗文）、字音、成语以及经典文章或者他们自己喜欢的文章来读，允许并提倡学生应该有自己喜欢的作家、艺术家以及文学作品。在课堂上，结合不同的作品，让学生或读熟或背诵，或分角色表演

① 吴柳：《素质教育理论与基础教育改革》，桂林，广西师范大学出版社，1999。

② 吕达：《普通高中新课程解析》，北京，人民教育出版社，2004。

或演讲，让学生在亲近作品中感受作品和作家崇高人格的无穷魅力。同时，结合教学大纲的要求，给学生提供一些阅读书目，让他们合理利用一些课外时间，拓展阅读，“现在有许多学生，除了教材以外，不再接触什么书，这是不对的，为养成阅读习惯，非多读不可”①。

再说“写”。目前，写字、组词、造句这些小学的“写”在中学依然是学习内容之一，这反映了语文在各个阶段的学习目标是不明确的，因此，高中阶段的“写”还是要包含许多基础性的东西。我认为，这个阶段的“写”主要是需完成课程要求的写作任务，这个任务其实不重，每期 8 篇大作文，一些课后小练笔，一些古文翻译等。另外让学生多写一些读后小感受，读书笔记，用我手写我心，写出他们自己的内心感受。此外，我们还应该鼓励一些学生，特别是一些语文有特长的学生去尝试文学创作，可以从写感受开始，从仿写开始，不一定要追求成功，让学生有一种阅读和写作的兴趣和习惯就可以了。时间有的可以安排在课堂上，如写一段赏析文学作品的文字，写一段感受或者仿写一段文字之类；也可以安排在课后，特别是一些略为复杂的内容，需要查找资料，需要和同学进一步合作探讨的东西。

特别值得注意的是，高中阶段课本已经没有安排应用文的教学内容，而高考以及在社会上却又经常要用。旧版教材曾有“简报”、“总结”、“调查报告”等内容，如今却没了。不管怎样，实用的应用文，必须要让学生学会写。学写应用文不能无病呻吟，不能闭门造车，应尽量结合学生的生活来写。如让学生调查社会的或者学生的一些问题，然后再学写调查报告；还可以写阶段性总结、专

① 叶圣陶：《叶圣陶语文教育论集》，北京，教育科学出版社，1980。

题总结等等。

三、读和写的关系以及所带来的教学和学习方式的改变

读和写往往是密切相连的，无论是课堂上的，还是课后的。先读后写，写后再读，读写相结合都是常见的形式，也是古人读书写作修改的好方法，它们不是截然割裂开的。读和写都带有两个方面的特性，一是在老师的指导下读和写，二是学生自己掌握一定的基础后的读和写，这充分体现了师生双主体、双互动的格局。如果说，老师的“教”（或者说是指导）是引入门，那么学生自己的“学”则是潜力发展必经之路。每一个学生的基础与潜力都不一样，如果都只听从老师的指导而不去自我发展，那到头来就会成为流水线生产出来的标准件。因此，学生的学习方式必须是在老师的指导下，充分发挥自己的主动性和积极性，通过自己的探索和与老师、同学的合作学习来构建自己的知识体系。

总之，在高中语文的教与学中一定要十分注重“读”和“写”，在读写中掌握基础知识，培养语感与情操，提高思维能力和写作能力等，同时在引导学生进行读写结合中应改变传统的教学和学习方式，不断提高语文的学习效率和学习效果。

（全国教育科学“十一五”规划2009年教育部重点课题——“新课程改革中转变学生学习方式研究”子课题）

浅谈文学教育与审美素质的培养

陈祖松

【内容摘要】目前,我们的教育正逐步摆脱应试教育,以培养受教育者的整体素质为目的,提倡并实施素质教育,且审美教育又是素质教育的重要内容,而文学教育则是审美教育的一个不容忽视的重要途径。教师应从感悟文学艺术形象、发挥想象力和品味语言等方面来培养学生的审美素质。

【关键词】文学　教育　审美

我们知道,审美教育是通过文学艺术以及自然美、社会生活美对人的影响,培养人们具有正确的审美观念、高尚的情操以及感受美、鉴赏美、创造美的能力的一种特殊教育,其目的是"达到陶情淑性、美化人生"①。其中文学教育是审美教育的一个重要途径,而文学教育在中学教育中占有极其重要的地位,故我们在对中学生的文学教育中要强化审美教育,提高其审美素质,这也是对学生进行素质教育的一个重要环节。

---

① 彭立勋、曾军:《审美教育与语文教育》,载《语文教学与研究》2001年第1期。

一、培养学生的审美素质是时代发展的需要

长期以来，中学语文教育总是忽视文学教育，忽视在文学教育中培养学生的审美素质。20世纪30年代重视语文的工具性，“学习国文就是学习本国的语言文字”①，50年代的“汉语、文学分科实验体现的也是一种语言本位的语文教学观”②，60年代提出“不要把语文课上成文学课”又使文学教育、审美教育受到严重削弱，80年代起，表面上虽说既重视语文的工具性，又重视其文学性，但实际上文学教育并没有得到应有的重视。近几年的高考已出现了文学鉴赏的题目，但在文学作品的实际教学中，许多老师大讲特讲，架空分析，其实是“为了应付高考，把纯技术性、操作性的训练强调到压倒一切的地位”③，这是不符合文学教育中的阅读和鉴赏的审美规律的。现在人教版高中语文新教材选文已有了很大的变化，“文学作品课文约占课文总数的60%，高二全部是文学作品，高三2/3是文学作品，学生在对文学作品的阅读、欣赏、研讨中，培养健康的审美情趣，提高审美能力，丰富精神世界”④。目前，我们已开始实施素质教育，它包括文化教育、思想教育、审美教育等，以培养学生整体素质为目的。其中审美教育潜移默化的作用日益为人们所重视，故在文学教育中培养学生的审美素质，是素质教育的要求，更是时代发展的需要。

二、如何利用文学教育来培养学生的审美素质

既然审美教育是素质教育的内容，文学教育又是审美教育的

---

① 叶圣陶：《叶圣陶语文教育论集》，北京，教育科学出版社，1980。

② 李海林：《20世纪语文教育、回顾及前瞻》，载《语文学习》2000年第7期。

③ 彭立勋、曾军：《审美教育与语文教育》，载《语文教学与研究》2001年第1期。

④ 顾振彪：《新编高中语文教材简介》，载《语文教学之友》2000年第7期。

重要途径，那我们就要充分利用这个途径。美的本身具有抽象性，然而作为审美对象的文学作品却是一种客观存在，是可以感知的，它集自然美、社会美、艺术美于其中，是培养审美素质的载体和沃土。文学作品的美及审美价值在于形象美、意象美，在于情感美、语言美之中。我们在进行文学教育时要充分调动学生的感知、联想、想象、体验等心理能力，了解不同时代、不同民族、不同国度的审美情趣、审美要求和审美理念这些极其丰富、极其深刻的审美内容，不断培养学生的审美能力，提高其审美素质。

（一）以教材中的选文为例子，广泛阅读经典名作，体验作品艺术形象的审美意义。

课文中的选文荟萃了许多古今中外的名篇佳作，尤其是新版教材，所以我们完全可以以此作为最佳例子来指导学生进行文学鉴赏和审美教育。叶圣陶说过："语文教材无非是例子，凭这个例子使学生能举一反三。"在这些作品中有的歌咏山水、花草，有的歌咏平凡、伟大，有的歌咏善良、纯真；有的抨击吝啬、虚荣，有的抨击邪恶、丑劣……教师在教学中，应以"教师是主导、学生是主体"为原则，重在指导学生鉴赏，让学生在阅读学习中去感受美。在掌握了一定的阅读鉴赏能力情况下，教师还应动员和指导学生广泛阅读课外文学名著，但对作品的艺术形象、意义不作定性结论，让他们自己去品赏、感受。接受美学的文本理论认为，任何文本都具有未确定性，作品意义的实现是要靠读者通过阅读使之具体化，就是以读者的感知经验将作品中的空白处填充，使作品中的未定性得到确定，最终实现文学作品的审美价值。由于文学作品不是科学，故读者在对其感知、鉴赏过程中就自然会有不同的理解，没有严格而标准的唯一答案。有人说"一千个读者就有一千个哈姆雷特"，说的就是这个道理。如阅读《荷塘月色》，有人品赏到"淡淡的喜悦，淡淡的哀愁”，也有人品赏到“像一支情思依依的小调，荡漾着风月淡雅的幽思”①。阅读《长江三峡》有人读出“江山之多娇”，也有人悟到“激流勇进”。在《巴黎圣母院》中，有人看出封建教会的黑暗，也有人看到吉卜赛少女的真善与纯美。学生在文学的熏陶下会逐步形成良好的审美情趣，学会欣赏自然美、社会美和艺术美。

（二）培养学生的想象能力，通过丰富的想象来培养和提高审美素质。

对美的自由联想、想象极为重要。联想和想象是作品艺术的翅膀，作者借助它，就能浮想联翩，创造出生动的形象、感人的意境。读者在阅读文学作品时也要发挥丰富的想象力，才能完成对作品的审美过程，没有想象，就无所谓审美。莱辛在《拉奥孔》中说：“凡是我们在艺术作品里发现为美的东西，并不是直接由眼睛，而是由想象力通过眼睛去发现为美的。”从中我们可以看出，想象对于美的欣赏和美的创造同样重要。因此，老师在教学中应该对学生进行想象力的训练。欧·亨利的《警察和赞美诗》中的主人公苏比以前故意“犯罪”没被抓，后来在教堂外受到赞美诗的感染，决定要凭自己的双手来重新过正常生活时，却被警察抓了。文中最后写道，“第二天早上，警察局法庭上的推事宣判道：‘布莱克威尔岛，三个月。’”对此老师应让学生展开想象：为什么会这样？苏比以后的命运又会怎样？对这个“空白点”任由读者发挥想象力来填补、来感受。如果教师越俎代庖作各种推测分析，学生就得不到想象的训练和审美的教育了。

---

① 曾晓峰：《语文教育与审美素质的培养》，载《语文教学与研究》2000年第1期。

除了小说以外，其他文学作品一样可以启发、训练学生的想象力，尤其是具有高度概括性的诗歌。如“野渡无人舟自横”会使人想象“是没有旅客，还是没有船夫？”“春风又绿江南岸”更是传诵千古，其令人赞叹不绝的在于一个“绿”字。教师可指导学生想象："绿"好在哪里？用“吹”“到”之类的词有什么不好？学生通过想象、对比，能感受到“绿”的妙处，在于一字便绘出春风过处，绿草茸茸、溪水潺潺、鸟语花香的充满生机活力的春景图，把迷人的景象展现在人们的眼前，使人如见其景，如闻其声，感受到春天的美好。这样，学生在学习中不但锻炼了想象力，而且也得到了美的熏陶。

为了提高学生的生活体验，提高想象力，还应把文学教育延伸到生活和大自然中，因为“语文学习的外延与生活的外延相等”①。指导学生多途径地参与社会生活，丰富人生的体验，这对于提高文学鉴赏能力是大有裨益的。教师可以鼓励或者带学生到大自然中，让学生在大自然中观察、研究各种各样的自然现象，领会自然美，并在大自然四季不同的景色中自由尽情地驰骋美的想象，获取更多美的体验。

（三）利用作品中优美的语言来培养学生的审美素质。

语言是文学作品塑造形象，反映社会生活，表达情感的手段，文学作品中各种美的形态都要通过语言来体现，它是文学美的主要特征之一。在教学中，教师应该指导学生从作品中找出那些描写自然景物、社会风情，刻画人物形象，渲染美的意境，体现人的思想感情等各方面优美的语言，通过阅读、品味的途径实现审美教育。鲁迅也曾说过，语言有三美：意美以感心，音美以感耳，形美以

① 崔澍编译：《英国的学生英语等级证书考试》，载《语文学习》2000年第7期。

感目。可见在文学鉴赏中，要充分发挥语言美的特点和魅力，让学生从中获得特殊的审美体验。

对于优美的语言，我们应提倡多读，尤其是表情朗读，这样可以帮助学生理解作品的词句篇章，领会语言的感情色彩，重现作品的艺术形象，并把学生深深地吸引到作品的意境中。我在教《春江花月夜》时，经过简单的点拨之后，便指导学生进行朗读、背诵："春江潮水连海平，海上明月共潮生……"那些充满诗情画意的诗句颇受学生的喜爱，他们深深陶醉其中，也激发了他们无限的想象：春江、沙滩、月色、原野、枫林、花木、船只、旅客……那迷人的气氛，一往情深的情调，使学生为诗中情绪所萦绕，久久不能消失。学习《欧也妮・葛朗台》时，我让学生找出并品味能充分体现葛朗台对金钱执着的精彩语句，如"老头儿身子一纵，扑上梳妆匣，好似一头老虎扑上一个睡着的婴儿"等等。通过学习这些语言，学生能准确地分析守财奴的形象：贪婪、吝啬、冷酷、残忍，与此同时，也会生成一种对拜金主义者厌恶愤恨以及树立正确的金钱观的审美情趣。

通过对作品中语言的鉴赏，会使人产生或喜或怒，或哀或乐的审美情感，这不但加深了学生对作品的理解，对人生的领悟，而且逐渐地提高了学生的审美素质。

总之，我们在文学教育过程中，不能忽视对学生审美素质的培养。当然，审美素质培养的方法是多种多样的，我们要在感悟艺术形象、发挥想象力和品味语言这些方法的基础上，不断探索，不断实践。只有这样，文学教育才能发挥其应有的作用，审美教育才会逐步发展，审美素质才会不断提高。

小小说化：当记叙文写作无路好走的时候

江壮生

【内容摘要】本文主要探讨高中记叙文写作的出路问题。全文就记叙文写作的惨淡现状，小小说化的有利条件及如何进行指导等几个方面进行了阐释，突出说明高中生记叙文写作小小说化的必要性和可行性。

【关键词】高中　记叙文　小小说化

笔者是一个多年从事高三毕业班教学的语文老师，也曾两次参加高考作文的阅卷工作，可以说对毕业班学生的作文略有了解。那些作文，有90％以上都是议论文，而且多数是滥用比喻、排比开头和结尾，中间几乎一律都是两个正面一个反面的论据。这样的作文看多了，常有一种麻木窒息的感觉。现在，回到高一，学生作文主要是写记叙文，本来，以为告别了高三的老面孔，迎来了鲜活灵动的新脸蛋，所以产生了苦尽甘来的期待。但是，当真正接触学生的记叙文，遭遇到的同样是异化了的痕迹——“立意雷同，结构一致，选材重复"①，让人犹如迎头被泼了一盆冷水，冻得手脚冰凉，呼吸困难。

面对学生记叙文这样的现状，我一时陷入了"山重水复疑无路"的困境，但是经过较长一段时间思考、摸索和实践，我终于发现记叙文小小说化是解决眼下困境的有效途径，这真让人产生"柳暗花明又一村"的喜悦之情。

一、高中生记叙文写作的惨淡现状

一个年级的作文，大体情况差不多。下面是其中一个班第一学期期考作文的统计情况(全班 70 人)：

选材	写学习考试、小时候经历的有 60 人	写其他题材的有 10 人
立意	模糊不清的有 50 人	立意较为明确的有 20 人
行文结构	平铺直叙的有 60 人	其他的有 5 人

具体来说大体有以下三个方面比较突出的问题。

题材千篇一律，千人一面。一个班几十个学生，取材局限于生活的真实，习惯于"用'照相式'实录的方法，不能采用'合成'、'嫁接'等方法将人物、事件写得充实、丰满"②，写真实的学习考试、小时候经历竟有 90%左右，写其他方面的居然寥寥无几。常见的是学习考试中出现了问题，然后是老师、同学谈心与帮助，或通过自己努力，后来成绩赶上去了。也有写小时候如何玩乐的，残留了低幼化的痕迹。选材面极为狭窄，整天看到这样的作文，仅仅是通读全文也需要极大的耐心。

① 赵仲春：《看作文如何被高考异化》，载《中学语言教学》2010 年第 9 期。

② 王尔楷：《"合成""点穴"，训练的初步尝试》，载《中学语言教学》2011 年第 2 期。

立意模糊不清，没有一个明确的中心，更谈不上有一定思想深度，给人思考或启迪。这也是在学生作文中看到的常见现象，甚至有些作文不知所云。这些作文往往会有一个完整的写人叙事，但是，通观全文，所写的人所叙的事，目的究竟是什么，让人横竖看不出来。

行文结构基本是平铺直叙，多数人喜欢概括叙述的写法，缺少具体的故事情节，更无感人的细节。这个方面的问题尤其严重，几乎都是按“发生——发展——高潮——结局”的模式行文，详略安排、描写议论，这些都是随意而为，并无很明确的目的。

上面这些绝不是个别班级的问题，在阅卷过程中，我们发现，这类问题普遍存在，有些情况更为严重。《高中语文教学大纲》指出：“高中语文教学，要在初中的基础上，进一步提高学生正确理解和运用祖国语言文字的水平。”①记叙文是高中语文教学的一个重要任务，所以我们应该想方设法让学生的记叙文写作在初中的基础上有明显的提高。

二、小小说化：当记叙文写作无路好走的时候

传统的记叙文教学，一直以来，都是强调写真人真事，排斥虚构、合成、嫁接，这就难怪学生在取材时目光只能停留在自己身上，并且主要是学习考试和小时候的经历。强调时间、地点、人物、事件、过程、结局等要素的齐全清楚。既然如此，就不要对普遍是平铺直叙的作文感到吃惊。至于缺少一个有一定思想深度，给人以思考和启迪的主题，这也很正常，因为这是学生的阅历和心智使然，何况有些学生尚未真正认识什么叫中心。这些就是学生记叙文写作水平普遍低下的内在原因，这也是记叙文的写作进入了一

① 出自《高中语文教学大纲》(试验修订版)。

个瓶颈阶段，难以得到有效的突破的根本原因。当我们就记叙文写作想了很多办法作了很多努力也没有什么路好走的时候，我们就应该设法作出一些改变，而记叙文小小说化就是一个不错的选择。

什么是小小说？小小说跟我们教材中出现的短篇小说有何关系？作家汪曾祺在《小小说是什么》一文中曾指出："短篇小说的一般素质，小小说是应该具备的。小小说和短篇小说在本质上既相近，又有所区别。大体上讲，短篇小说散文的成分更多一些，而小小说则应有更多的诗的成分。小小说是短篇小说和诗杂交出来的一个新品种。它没有叙事诗那样的恢宏，也没有抒情诗那样强的音乐性。它可以说是用散文写的比叙事诗更为空灵，较抒情诗更具情节性的那么一种东西。它又不是散文诗，因为它毕竟还是小说。"①

应该说，汪曾祺先生对小小说这个概念作出了精辟的解释。"记叙文小小说化"就是记叙文写作向小小说转变，让学生的作文具有小小说的特点，从而为文章注入一些不同的元素，从而脱胎换骨，旧貌换新颜。当学生的记叙文写作山穷水尽无路可走的时候，转入一个柳暗花明豁然开朗的世外桃源，这就是下面要探讨的问题。

现在谈谈记叙文小小说化的一些有利条件。

1. 先行者：春江水暖鸭先知。

苏轼在《惠崇春江晚景》中道："竹外桃花三两枝，春江水暖鸭先知。"鸭子敢于尝试，勇于实践，所以它们先人一步享受春江美景和水暖畅游的乐趣，我们一些考生敢当这样的鸭子，成为我们常说

---

① 出自《汪曾祺作品全集》。

的“先吃螃蟹的人”。纵观近年的高考高分作文，除了一些老面孔议论文外，出现了许多精彩的小小说，比如《赤兔之死》、《谁是打虎英雄》、《才子》、《如此常识》、《奶奶的心事》等，这些文章之所以能够从海量的文章中脱颖而出，赢得评卷老师和广大读者一致叫好，一个重要原因是这些文章不是千篇一律的议论文，而是小小说，“它可以说是用散文写的比叙事诗更为空灵，较抒情诗更具情节性的那么一种东西”，它具有散文、叙事诗和抒情诗的特征，更注重情节和形象，通过特定的情境来表现主题。这些考生就是敢于先吃螃蟹的人，他们的成功也为我们树立了良好的榜样，他们的成功也让我们明白小小说也是可以有所作为的。

2. 小小说与记叙文：暗香疑是故人来。

小小说与记叙文，虽然前者是文学体裁，后者是文章体裁，但是，二者就像故人一般，关系是很密切的。

在选材立意方面，由于受篇幅的限制（一般是1000字左右），小小说选择的题材不仅要求真实和典型，而且要求是高度典型的题材。小小说正是靠着这样高度典型的选材，来容纳它简约而不简单的审美信息，在创设的特定艺术时空中形成对读者的“力与美的刺激”，并刻画形象揭示主题。同样，记叙文的选材，是写好记叙文的重要因素。要在800多字的文章里感染读者，必须选择最典型、最有意义的材料，否则是很难在众多同题作文中脱颖而出的。好些同学写作时会出现模式化的材料，一写到母亲，就是“头上长出了白发，额角布满皱纹，行动迟缓，习惯唠叨”；一写到老师就是“带病上课，熬夜改作业，耐心做学生的思想工作”；一写到好人好事，就是“帮助值日生扫地，帮忙一位老人上坡推车子，上车让座”……真是千人一面，千篇一律，用这样的材料写成的文章怎能打动读者呢？用小小说的要求就不同了，这时的选材，追求“在单纯中实现性格描写的丰富圆满”，追求独特而典型。小小说往往只刻画一个主要人物，只描写一个人物的一个性格侧面，只突出这一个性格侧面的一个性格元素，却可以让这一个性格元素概括出人物的整个性格特征，并让它凝聚着丰富的内涵，从而实现性格描写的丰富圆满。比如大家熟悉的《赤兔之死》这篇考场作文，情节新奇，立意高远，语言老到，编撰了赤兔马为诚信而殒身的感人故事，作者将赤兔马拟人化，让它在同伯喜的对话中，显示对关羽与董卓、吕布两类人物的褒贬。整篇文章取材典型而集中，不枝不蔓，突出表现了“真英雄必讲诚信”的主题。这也是此文让众人拍案惊奇、叹为观止的一个重要原因。

情节构思方面，小小说受篇幅的限制，决定了它的构思必须精巧。记叙文要想吸引眼球赢得青睐也必须讲究构思。如果平铺直叙那就容易成了“记流水账”，因此应有意识地适当运用一些技巧，如欲扬先抑、制造悬念、巧设伏笔、铺陈误会、倒叙或插叙、联想对比，着力突转、意外结局等，使文章波澜起伏，引人入胜。记叙文与小小说在构思方面的要求大致相同，这让我们更容易指导学生进行小小说创作。

语言表达方面，小小说的语言具有以下特点：大容量、快节奏的叙述语言，特征突出、形象鲜明的白描语言，包含潜台词和兼有动作性的对话语言。高中生应该能写出语言规范、准确、连贯、得体的记叙文，但是要想脱颖而出，还必须做到语言洗练、纯熟，自然而流畅，幽默而含蓄，而这些都是小小说所应有的语言特点，因此，我们可以学习其构思和行文时字句的凝练，语言成熟、简练和精美。学生记叙文的语言，叙述、描写往往随意而为，很少注意详略、浓淡、自然等这些要求，所以文章的质量一般不高。融入小小说的语言，就更容易提升文章的档次。

3. 小小说：天下谁人不识君。

其实，短篇小说、小小说对学生而言是挺面熟的。我们的语文课本里，有不少经典小说作品，如鲁迅的《祝福》、《药》、《阿Q正传》，孙犁的《荷花淀》，高晓声的《陈奂生上城》，欧·亨利的《警察与赞美诗》等等，这些典范之作学生接触得多，因而对小说中的一些基本问题，比如三要素（人物、情节、环境）、人物个性化、“欧·亨利式”结尾等一些文体知识，认识还是比较充分的。加之教材附录有几篇小小说，一些同学自己买的书报杂志上也会有小小说，我们的学生对小小说应当是不陌生的，这为我们指导学生写作创造了很好的条件。

三、高中生记叙文写作如何小小说化

指导学生写作，让学生的记叙文写作向小小说转变，这是一个循序渐进的过程，千万不能急于求成。

1. 读写结合，采得百花方成蜜。

记叙文小小说化，有一个工作绝对是少不了的，那就是阅读感知短篇小说和小小说，这也是让学生成为学习主体的具体体现。可以利用课本、《小小说选刊》、《微型小说选刊》和其他书报上的文章进行阅读分析，也可以适当选择一些高分作文进行研究，总之，只有量的积累才能产生质的飞跃，在阅读写作中同样如此。在这里尤其强调对课文中一些经典范文的研究，像鲁迅的短篇小说《祝福》，在人物刻画，情节安排，环境处理等等方面都值得好好学习。当然，在指导阅读分析的同时，必须加强训练，这样，读写结合，才能让学生对小小说的认识从感性的认知上升到理性认知，同时让知识得到迁移，能力得到提升，并通过不断的反复，慢慢地，学生就能写出较为像样的小小说了。

2. 有的放矢，浓妆淡抹变华章。

我们指导学生写小小说要有的放矢，循序渐进，不要眉毛胡子一把抓。这个“的”最好就是学生的作文，我们应该站在学生原有作文的基础上进行，而不能搞什么“一步到位”，要知道，一蹴而就的事情在学习中几乎是不存在的。比如学生写《我的母亲》，平时很多学生会先就外貌、性格作一番概括性的介绍，然后写母亲的真实经历或做的一两件事。这是很常见的写法，对学生而言，也是轻车熟路的惯性行为，毕竟小学、初中一直是这样写。现在我们指导学生向小小说转变，要指导学生弄清楚：“我”、“母亲”都是作品中的人物形象，文章主要通过刻画母亲的某个方面的性格来揭示主题，所以“我”、“母亲”这样的艺术形象，是可以在真实的基础上进行加工的，也可以完全是虚构的，但是必须合理的、自然的，在现实生活中有可能存在的，同时，必须集中而突出地表现某一主题。比如写母爱这个主题，选材构思主要围绕着母亲如何爱孩子这方面；比如写母亲博大的胸怀，则主要写母亲对家庭对他人如何不计得失，任劳任怨；比如写母亲乐于助人，则主要写母亲如何关心帮助他人（不能是家庭成员）。构思、语言等方面也如此这般指导，什么地方该浓妆，什么地方该淡抹，针对性强，有的放矢，这样就能得到不断的改进和提高了。

3. 虚构想象：插上翅膀飞九天。

小小说是一种文学体裁，而文学讲究虚构和想象。我们指导学生的记叙文写作小小化，就肯定要突出指导如何进行虚构和想象。常见的方法有“穿越时空，超级链接”、“张冠李戴，偷梁换柱”、“发挥想象，添枝加叶”、“集中共性，移花接木”①等等，目的就是嫁

① 孙英霞、解波：《记叙文“虚构”摭谈》，载《语言教学通讯》2011 年第 6A 期。

接与合成，用鲁迅的话说是“杂取种种人，合成一个像”①，而西班牙作家塞万提斯说：“虚构愈切近真实愈好，情节愈逼真、愈有可能性，就愈使读者喜欢。”②我们指导学生学习小小说的写作，一定要说清楚这个问题：必须是以自己熟悉的生活、以一定的生活体验为基础，合情合理地提炼、概括生活。虚构和想象，都是源于生活又高于生活，这就是它们的魅力所在，这也是小小说魅力的一个体现。学会虚构和想象，作文质量才能像插上翅膀那样不断飞升。

4. 文无定法，贵在得法。

记叙文写作，有一些人作出了很多的思考和尝试，也取得了不小的成就，但是很多人在实际教学中觉得，记叙文写作越来越走向狭窄逼仄，走向“容易写但难写好”，这是一个不争的事实，笔者结合自己的教学实践，就记叙文写作的现状，记叙文写作小小说化的有利条件以及如何指导写作，作了一些述说，希望能带给大家一些启发和帮助。

① 出自鲁迅《且介亭杂文末编》中《〈出关〉的“关”》。

② 出自《塞万提斯谈艺术虚构》。

数　学

论高中数学课堂的创新教学模式

■ 梁永宁

【内容摘要】随着课程改革的深入，研究性学习已经走进了数学课堂。因此，在实施素质教育的过程中，着力培养学生的创新素质，应是我国教育改革和发展应该做和最急需做的一件事。文章从问题的提出、研究的意义、研究内容的范围、研究的内容与方法、研究的初步成果、后续研究的思考等方面阐述了高中数学课堂的创新教学模式。

【关键词】创新教学　创新素质　教学模式

一、问题的提出

(一)创新教育呼唤课堂教学模式的创新。

21 世纪是创造的世纪。在这样一个时代，创新是一个民族的灵魂，是一个国家不竭的动力；在这样一个时代，后发国家“要么迎头赶上，要么更落后”；在这样一个时代，文盲是不会学习、创造的人；在这样一个时代，人们生活在信息的海洋之中，人们消费着自然资源转化的产品，更消费着人类智慧创造的精神产品。正如江泽民同志所指出的那样：“教育是知识创新、传播和应用的主要基地，也是培养创新精神和创新人才的摇篮。"因此，在实施素质教育的过程中，着力培养学生的创新素质，应是我国教育改革和发展应该做和最急需做的一件事。

（二）数学学科的特点要求课堂教学模式要创新。

正如张楚廷先生在《数学与创造》一书中，充满激情地说："数学是一部传奇史，它最重要的特色是充满诱人的创造活动。"作为数学教师，如何将数学的这种特色让学生感到并能激起他们的创造欲望，这需要我们在每节课的课堂上下功夫，探索出一种融各家之长的富于创新的课堂教学模式。这就要求教师要进行创新性的教学设计，有机地将各种教学方式中优秀的成分兼容并包用于自己的课堂教学实践，使数学课的教学成为开放型的教学，这包括营造开放型的教学氛围（物理和心理两方面的），选择开放型的教学内容，设置开放型的问题，形成开放型的教学风格等。只有这种民主和谐的氛围、平等宽松的研讨环境才不会扼杀学生的创造力，才能促使学生自觉地去发现、创新，学生的创新意识就会更强烈，创新思路就会更宽广。本文提出创新教育这一课题——高中数学课堂的创新教学模式。

二、本课题研究的意义

（一）有利于青年教师的成长和强大教师队伍的形成。

教学模式理论是教育学中的应用理论，它是沟通教育理论与实践的重要桥梁，因此可以通过对课堂创新教学模式的研究推进教师对创新教育理论的学习，促进教师教育观念（教育观、学生观）的转变，从而快速形成一支专业理论水平高、业务实践能力强的教师队伍。另外，从实践角度看，对课堂创新教学模式的研究可以推动教师不断学习，积极更新知识结构。特别是在终身学习日益为人们广泛认同的今天，教师不断地自我完善是必不可少的。这一研究一定会使教师更加善于分析教材、深刻理解教学大纲，从而使以下五方面能力得到不同程度的提高：(1)按要求进行教学设计的能力；(2)驾驭课堂的能力；(3)教学组织、方法培训，课外活动指导能力；(4)教科研能力；(5)掌握和运用现代教育技术的能力。

(二)有利于培养具有创新意识和实践能力的人才。

江泽民同志曾说过："创新是一个民族的灵魂，是一个国家兴旺发达的不竭动力。"随着时代的发展，社会对创新人才的培养提出了迫切要求，自尊、自信、自强，不盲从权威，不迷信书本是这种人才的特点。课堂教学是学生进行创新学习的主渠道，是教师开展创新教学的主阵地，因此通过对课堂创新教学模式的研究，让学生成为课堂上真正的主人，使他们从知识的被动接受者转变为知识的主动发现者和探索者，而教师则是他们的引导者、组织者、合作者，在这种教学模式下，让学生树立起独立意识和自我人格，才能充分发挥课堂教学的主渠道、主阵地的作用，从而更加有效地为培养他们的创新精神和实践能力奠定基础。

(三)当前课程改革和信息技术的整合研究也需要创新课堂教学模式。

随着课程改革的深入，研究性学习已经走进了数学课堂。这是一种积极的学习方式，它通过学生对日常生活中和其他学科中出现的问题进行研究，来主动获取知识、应用知识和解决问题，它更注重学生的主动探究、自主学习、亲身体验、合作交流。因此教师如何在课堂教学中开展研究性学习，如何更加有效地利用现代化信息技术，引导和激励学生主动地发现问题、提出问题，主动地去探究问题，都是需要我们认真研究的。这当然要求我们去努力创新课堂教学模式，营造合作式、开放式的课堂教学环境和氛围，以适应课程改革的需要。

三、课题研究内容的范围

本课题研究的是“高中数学课堂教学中创新课堂教学模式”，研究的主要目标是探索在高中数学课堂教学中实施创新教育有效途径和方法，总结出具有推广价值的研究成果。我们将通过对高中数学重点章节的创新课堂教学设计和创新教学方式两方面的研究和实践，进一步对培养学生的创新精神和实践能力的重要性、内涵、实质、途径和方法进行研究，从而总结出一些有价值、可操作的创新型的教学模式。课堂教学是学科教学的主要渠道，更是培养学生创新意识和实践能力的主要途径，在数学学科教学中培养学生的创新思维、创新能力已经成为教学中的重中之重。所以我们要从创设观察情境、想象情境、求异情境、合作交流情境入手，培养学生学会发现问题、提出、分析问题并用数学知识解决实际问题的创新能力。

四、课题研究的内容与方法

（一）研究内容。

1. 端正教育思想，转变教育观念。从思想上实现由应试教育向素质教育的转变，深刻认识应试教育的危害，自觉摒弃片面追求高分数的“短视”行为。坚信学生有发展的原动力和潜在能力，从根本上改变教育观，深刻认识实施素质教育的必要性和紧迫感。

2. 树立“大数学”教育观，优化并充分利用数学教育环境。数学与生活紧密联系，生活有多么广阔，数学的教育天地就有多么广阔。要变“死”为“活”，由封闭走向开放，探索和构建课内、课外结合，学校、家庭、社会沟通的数学教育途径。教师要善于指导学生，把课堂教学中学到的知识、掌握的方法，运用到广阔的数学天地中去，促进知识的迁移、数学能力的提高。

3. 优化课堂教学过程是改革的重点。坚持从教材实际和学生实际出发，探索学生主动学习的教学模式，探索由不懂到懂，由学会到会学的过程。

(1)注重启发诱导，使教的过程变为导的过程，变为学生自主探索发现的过程。在教学过程中不断地千方百计地挖掘学生的学习潜能，调动学习的积极性和主动性，使学生不仅喜欢学习数学，而且在主动学习的过程中不断获得成功的愉悦。

(2)组织教师认真学习《大纲》以及《新课程标准》，认真钻研教材，准确把握教学要求。突出明确每篇课文、每堂课教学重点：理解的重点，语言训练的重点，能力培养的重点。根据重点、难点精心设计教学结构，优化教学过程。

(3)重视数学教学的整体性。在理解能力上，加强对语言文字感受力的培养，改变重思想内容的分析，忽视对语言文字的感受、品味的状况。在读中启发学生揣摩、思考，鼓励学生发表独立见解。在表达能力上也加强训练的整体性，放手让学生去说去写。

4. 热爱学生，尊重学生。充分发扬教学民主，重视教学活动中的多向交流，珍视学生的智慧萌芽，让学生在学习活动中得到生动活泼的发展，使课堂上充满和谐欢快的气氛，充满丰富多彩的精神生活，充满生命的活力。

5. 重视数学课堂教学评价的研究。主要研究四个指标：(1)教学目标是否明确、准确；(2)教学过程是否优化，学生的创造性思维和能力有没有得到发展；(3)教学效率有没有提高；(4)学生的主体地位有没有确立，情感、意志、个性品质有没有得到良好的培养和发展。

(二)研究方法。

本课题是一种教育革新，即根据一定的目标，对教育实践进行有意识有计划的尝试。主要采用理论研究的方法以及行动研究法，适当采用调查法、问卷法结合研究。

五、研究的初步成果

本课题在全体课题组成员的努力下，经过近一年来的不断探索和实践，已形成了初步成果。经过总结归纳，具体分为以下几方面。

（一）摸索了创新型课堂教学的操作模式。

通过第一阶段的研究工作，两个子课题组都初步形成了课堂教学的操作模式，如“促进学生自主学习，构建活动参与的教学模式”，这一课题组形成的操作模式是“设计活动——学生参与活动——交流活动感受”，从而实现发展学生个性的目的；又如，“引导学生小组合作学习，构建合作的教学模式”，这一课题组形成的模式是“出示自学题——小组合作交流——大组合作交流”。虽然我们确立了这两个子课题，但我们研究的内容并不是截然分开的。在促进学生自主学习时，我们也可安排小组合作学习的活动；在引导学生小组合作学习时，我们也可安排学生自主学习的活动。

（二）体现了学生的主体性。

创新型的课堂教学模式营造了一个和谐民主的课堂氛围，为学生提供了主动参与的机会。每位学生都有平等的机会在各种各样的学习活动中讨论并解答问题，变原来的单纯旁观者为积极参与者。学生们在研讨中自由发言，当一个同学对问题的理解遇到困难时可以请求其他同学帮助，学习别人的优点，开展互学、互练、互查、互评活动，使学生在检查对方的过程中学会检查自己，在评价对方的过程中学会评价自己。这种方式把学生从单一的不平衡的师生交往和狭小的生生交流中解放出来，给学生均衡、平等的学习锻炼机会，真正体现了面向全体，使全体学生获得了更多的自我表现和认识的机会，使思维真正活跃起来，使课堂不再出现被遗忘和冷落的角落，其自主学习能力在参与课堂教学的过程中得到培养和锻炼，促进学生生动、活泼、主动地学习，使其全面发展。

（三）培养了学生的创新能力。

学生自主学习、合作学习最大的特点就是变“教”的课堂为“学”的课堂，每个学生在自主学习、小组合作学习的过程中，都必须运用已有的知识去寻求新的问题的答案，有时没有决胜的把握就需要大胆的设想，这时，学生的思维受环境的影响，常常会冒出绚丽的火花，然而他们的思维又常常是稍纵即逝的，但这往往能给别人以顿悟。或许一个富有创意的设想，一个出乎意料的答案便由此而产生。因此，新的课堂教学模式为学生提供了一个安全、融洽、自由的环境，为学生积极的思维创造了条件。

（四）增强了学生的合作和竞争意识。

合作意识是现代人必须具备的基本素质，合作将是未来社会的主流，而新的教学模式中的小组合作学习是培养学生合作意识的重要方式。学生在小组合作学习中，必须得做到互相帮助，互相监督，其中的每个成员都要对其他成员的学习负责，体现出人人为我，我为人人的意识要求。通过小组讨论、互相评价、互相反馈、互相激励、互帮互学、互为师生等合作互动的活动，最终达成思想上的共识。他们的合作意识潜移默化地得到了培养。虽然合作学习强调的是学生间的合作，但并不排斥培养学生的竞争意识。而这种竞争恰恰又是建立在集体的荣誉之中，小组成员为着共同的目标和期望，会最大限度地发挥自己的潜能。经常的、合理的评价可以激发各组奋勇争先的积极性，形成组间明争暗赛的竞争局面，增强了个人进取向上的竞争意识；也使每个学生都有竞争对象，有追赶的目标，使学生始终处于竞争状态中，不断强化其竞争意识。

六、后续研究的思考

目前，我们虽然对这一课题作了一些扎实、有效的研究工作，也取得了一些成绩，但是，我们都清晰地认识到在已经做的工作中，还有很多问题值得反思和总结。如在第一子课题的研究中，该怎样丰富学生活动的内涵，才能使我们在教学中创设的活动行之有效而不是徒有形式？该如何正确而有效地引导后进生积极主动地参与到学习活动中去而不放任自流？在第二子课题的研究中，"重合作、轻个性"，"重结果、轻过程"，"重主体、轻主导"，"重课内、轻课外"等问题都是我们后续研究的重点。我们相信，在课题组每一位成员的共同努力下，在上级领导和专家的支持、帮助下，这一课题定会在我们数学课题组内开花结果。

（此论文获得广西壮族自治区二等奖）

【主要参考文献】

1. 陈立新：《创造性课堂教学模式的实践与探索》，载《教育实践与研究》2006 年第 9 期。

2. 贾晓静：《促进学生发展的课堂教学评价》，载《成人高教学刊》2006 年第 5 期。

3. 郭法奇：《"学生参与"：一个历史与现实的话题》，载《高等师范教育研究》2006 年第 3 期。

4. 汪霞：《转变课程观：来自杜威和怀特海过程理论的启示》，载《教育理论与实践》2005 年第 3 期。

5. 陈真真：《新型课堂随想》，载《天津市教科院学报》2000 年第 6 期。

6. 孙艳萍：《在创新型课堂上培养创新思维》，载《江汉大学学报（人文社会科学版）》2001 年 S1 期。

7. 彭晓泉：《新课程理念下如何进行课堂教学的评价》，载《中国教师报》2005 年 6 月 8 日。

浅谈中学数学实验教学

■成　维

【内容摘要】数学教学是教学活动的教学，是师生之间、学生之间交往互助与共同发展的过程。在中学数学教学过程中运用数学实验，可以创设学生自主学习的问题情境，通过实践、思考、探索、交流，获得知识，形成技能，发展思维，学会学习；运用数学实验能够打破沉寂的课堂教学氛围，让课堂教学有声有色，可以提高学生学习的兴趣，激发学生的探索精神，培养学生应用数学的意识和创新能力。因此数学实验是提高数学质量，落实素质教育，培养探索精神的一条重要途径。

【关键词】数学实验　中学数学　课堂教学　创新精神

数学家G.波利亚指出："数学有两个侧面，一方面它是欧几里德式严谨的学科，从这个方面看数学像一门系统的演绎科学；但另一方面，创造过程中的数学看起来却像一门实验性归纳学科。"这要求数学课堂教学既要充分体现它的内容形式化、抽象化的一面，又必须重视数学发现，数学创造过程中具体化、经验化的一面。在贯彻《基础教育课程改革纲要》的形式下，面对目前的数学教学，更应关注后者。数学实验是一种以数学知识素材的形成、发展和应用为任务，利用算具(或空间模型实物)作为实验工具来推演(或模拟)的，并且以一定的数学思想方法作为实验原理的一种实验形式。数学实验可使学生在创设的问题情境中探索，在操作、观察、讨论、交流、归纳、猜想、分析和整理过程中，理解数学问题的提出、数学概念的形成、数学结论的获得与验证以及数学知识的应用，对形成参与实践、自主探索、合作交流、积极主动的学习方式创造了有利的条件。因此，数学实验正在以其独特的教育功能，受到广大数学教育者的特别关注。

一、运用数学实验，创设问题探索情境，激发学生学习兴趣

爱因斯坦说过："兴趣是最好的老师。"而学生的兴趣又是依赖于传授知识的情境。所以在新知识引入时，能否激起学生对新知识的学习兴趣和求知欲望，充分调动学生内在的学习动机，营造一个良好的探索情境，是一节课成败的关键。教师巧妙地通过实验设置问题，使学生"疑中生奇"、"疑中生趣"，急于想知道其中原因或道理，出现学习新知识的最佳心理状态。

案例1：教学"对数运算"一节时，教师先问学生：世界最高峰是什么峰？它有多高？一些同学就会积极地回答：是珠穆朗玛峰，高8844.43米。

然后教师出示一张白纸，对学生说：这张白纸厚0.083毫米，现在对折3次，叠加的厚度不足1毫米，要是对折30次，请同学们估计一下它的厚度为多少呢？学生交头接耳，猜想估计，课堂气氛骤然活跃。片刻，教师说：可以计算出这厚度将超过10座珠穆朗玛峰的高度。学生表露出惊讶和怀疑，于是列式：0.083×2^{30}。然后教师引导：计算2^{30}要花费多少时间呀，如果我们学会对数运算，便很快得出结果。

实施素质教育已成为我国教育、教学改革的主旋律。实施素质教育关键的一点是有效的提高课堂45分钟的效率。心理学家认为课堂设疑最容易引起学生定向探究反射，有了这种反射，思维就被激活。设疑、创设问题探索情境为课堂教学活动创造了一个兴奋点，“水荡成涟漪，石击显灵光”。运用实验使设疑得体，往往能把学生带入一个问题世界，激发其探索欲望。然而通过实验对问题探索情境的创设必须注意真实性、趣味性、激励性和导向性。要遵循“激趣—启疑—导思—诱发—提问—创新”的发展过程。孔子曰：“不愤不启，不悱不发。”因此教师要善于运用实验，创设使学生处于“欲知而不得，欲说而不能”的“愤”、“悱”状态。

二、通过直观、熟悉的数学实验，归纳出抽象的数学原理，培养学生的观察、合情推理能力

数学的高度抽象性常常使学生认为数学是脱离实际的，其严谨的逻辑性又使学生缩手缩脚，应用的广泛性更使学生觉得高深莫测，望而生畏。如此种种，阻碍了学生学习数学的主动性，并容易产生畏难的心理及厌学的情绪。那么怎样改变这一境况呢？我认为应对症下药，标本兼治，其中一条重要的途径就是不让学生感到数学太抽象、太难，要降低数学的门槛。灵活的运用课堂实验，引导学生对其现象多加观察及合情推理，从实验中轻松的学习和研究数学问题。

案例2：在“等比定理”的学习中，学生对这个抽象的定理的理解和掌握有一定的难度，但如果教师运用数学实验来让学生有直觉领悟，效果就大不一样。开始实验：

先准备一大瓶糖水和几个大小不一的杯子。把糖水分别倒入各个杯子中，则这些杯子里的糖水的甜度（浓度）是相同的。

(1)把其中的三杯糖水倒在一起。

(2)把所有杯子的糖水倒在一起。

问学生:在(1)、(2)实验中混合后的糖水甜度(浓度)是否改变?通过实验学生很容易知道将任意多杯甜度相同的糖水倒在一起后,糖水的甜度不变。据此类比,若将$\frac{a}{b}$、$\frac{c}{d}$…$\frac{m}{n}$看作倒前各杯糖水的甜度,则倒后糖水的甜度为$\frac{a+c+\cdots+m}{b+d+\cdots+n}$,即由$\frac{a}{b}=\frac{c}{d}=\cdots=\frac{m}{n}$,可得$\frac{a+c+\cdots+m}{b+d+\cdots+n}=\frac{a}{b}=\frac{c}{d}=\cdots=\frac{m}{n}(b+d+\cdots+n\neq0)$。

上述的实验虽然看似花了不少的时间,但让学生亲历了“等比定理”的发生、发展过程,因此能够帮助学生更深刻地理解知识的本质含义,使他们知其然,更知其所以然。事实表明,当一个人对某种东西陌生时就会觉得很难,反之,熟悉的就会觉得比较简单。数学教师的责任就是把数学有血有肉地表现出来。因此,教师要注意挖掘数学知识的现实背景,再现数学的抽象过程,适当地运用数学实验,借助学生生活中熟悉的素材来讲解数学知识,增加其趣味性,化难为易,化抽象为具体,培养他们的合情推理能力,从而收到事半功倍的效果。

三、经历“观察—尝试—体验”的数学实验过程,培养学生创新思维和能力,提高学生的主体地位

传统的课堂教学是以教师为中心的教学,教师只把教学重点放在传授知识的结论、教学的结果上,而忽略了知识的来龙去脉,还在有意无意间压缩了学生对新知识学习的思维过程,只让学生重点背诵“标准答案”。这种以教师“讲”为中心的教学,忽视了学生的主体性发展。学生只是被动的学习,机械的训练,而内在的探索和创新的潜能得不到开发。因此灵活的运用数学实验,展示思维过程，引导学生步步深入，激发学生勇于探索，培养他们的创新思维和能力，切实提高他们的主体地位。

案例3：在推导“圆锥侧面积”的计算公式时，教师先把学生分成若干小组，每一组发一个圆锥形纸帽子和一张长方形的纸片。

先要求学生将长方形纸片折叠成圆锥形帽子。学生通过观察、讨论，尝试实验，引起认知冲突，这样激发了学生的求知欲和探索精神。接着让一位学生将圆锥形帽子剪开，学生通过观察，体验到要制作这种圆锥形纸帽子必须先画一个扇形。而画扇形又必须知道它的圆周角。已知圆锥的母线长和底面半径，怎样求出扇形的圆心角呢，这再一次激起学生的探索和创新精神。

继续实验，教师把剪开的扇形卷成圆锥，又把圆锥展成扇形，重复几次，让学生观察分析圆锥的母线长、底面周长与扇形的半径、弧长。有些同学悟出了圆锥底面周长等于扇形弧长。这样，可以放手让学生猜想、推证圆周角的求法，而圆锥侧面积的求法也“不攻自破”了。最后让学生亲手制作一个圆锥形的纸帽子，并计算出它的侧面积。

这样通过多层次的数学实验，引导学生进行观察、分析、猜想、推证等一系列思维活动，不断地探索，主动建构了新知。现代建构主义认为：数学学习并不是一个被动地接受过程，而是一种复杂的心智活动过程。数学知识不能从一个人迁移到另一个人，必须基于个人对经验的操作、交流，通过反省来主动建构。教师分析得再好，讲得再精彩，也只是停留在教师层面上的认识过程。传统教学注重“一桶水灌一碗水”的方式。而“授人以鱼，不如授人以渔”说明了方法的重要性。新课程标准则更强调学生对新知识的探求和创新。“观察—猜想—验证—证明”，这正是数学家们思维活动的浓缩。因此，恰当地运用数学实验，让学生积极参与，加强合作交流，对问题亲自动手探求、体验，培养他们的创新思维和能力，从而提高他们的主体地位。这样学生获得的不仅是知识，更重要的是掌握今后的发展中用这种手段去获得更多的知识的方法。这是一种“教师教给学生寻找水的方式”或“给学生一杯水使学生能找到一桶水甚至更多的活水”的求知方式。

四、运用数学实验探求实际数学应用模型，增强数学应用意识，提高解决实际问题的能力

数学首先来自于人们生产、生活的实践，是人类实践经验的总结。它源于现实，寓于现实，高于现实，因此又必须返回去服务于现实。现在的中学数学涉及了一些对实际生活问题的考察，而这种问题的特点是生疏隐晦，看上去不像数学问题，其中数量、位置关系不明显，让人一筹莫展。对此，应设法对问题加以提炼，根据对应同构原理，并进行恰当赋值，构造出一个对应的数学模型而使之清晰具体化，再利用新获得的数学结构，找到有效的解题途径。数学实验与建立数学模型息息相关，通过走出课堂去实验，理论联系实际，组织学生到大自然和社会去搜集实物和数据样本。学生的好奇心和渴望揭开奥妙的心理使他们兴趣盎然，从而达到探索与获取数学模型的目的。

案例 4：在课堂内学完《数列》一章后，布置实践问题。要求同学们根据自己的兴趣爱好和研究对象组成若干小组，到附近的银行去存款、取款，了解储蓄的常见方式及单利、复利计息、利息与本利的计算等等；也可去附近的房地产公司和购房户家中去调查分期付款的问题。

数学建模的目的是为了解决实际问题，培养他们的数学应用意识，掌握数学建模的方法，为将来工作打下坚实的基础。因此，教师适当地运用数学实验培养学生从看起来杂乱无章的现象中抽象出恰当的数学问题的能力，即培养学生把客观事物的原型与抽象的数学模型联系起来的能力。

五、运用计算机进行数学实验，培养学生的形象思维能力，增强数学教学的灵活性

我们常常可以听到许多学生埋怨数学难、数学枯燥无味，不喜欢上数学课。为什么呢？因为与物理相比，数学课上听不到滴答的秒表声，听不到仿真马达的咔哒声。而与化学相比，数学课上看不到斑斓的色彩，看不到翻动的泡沫，更看不到令人兴奋的五彩火焰。有的大多是那冗长的计算，苍白的证明，枯燥的推理。数学似乎成了聪明者的游戏。的确，长期以来我国的数学教育大多数仍然沿用着“一支粉笔，一把尺子，一块黑板”的传统教育技术。但是随着科学技术的发展，新的教学技术和教学手段及教学模型不断出现，运用计算机进行数学实验，为学生创造一个数学实验的环境，并使得数学实验有了质的飞跃。借助计算机迅速的计算和图像能力，为抽象思维提供直观模型。数学关系的静态结构表现为时空中的动态过程，数学问题的难度大大降低了。

案例 5：立体几何的直线与平面垂直的判定定理的证明，传统讲授先后要添加 8 条辅助线，加上原来的线共 11 条。在黑板上表示让学生眼花缭乱，效果不好。但借助计算机制作相应的课件：

先显示基本图像，采取线条逐步添加并通过调色板对涉及的点、线、面、角等作特殊颜色画出，并分别先后闪烁显示，思考到哪里，就突出到哪里。不明白的或需要重点强调的还可以点击“返回”。这样强化了认知，使教学更轻松、高效。

利用计算机演示来实验，使教学内容真正“活”了起来，学生看到了“动”的数学，通过这样的实验演示了知识的发生发展过程，强化数学教学的直观性，增强数学教学的灵活性，化解了教学的难点。不仅培养了学生的形象思维能力，更能从“动”的数学中去发现数学内容的内在联系，大大提高了教师的教学效率。

数学的意义在于创新和应用。数学有其自身的价值，它的价值是能否为科学技术的发展提供有效工具。数学离开为科学技术服务，就成了符号游戏，成为无源之水。中学数学教学里开展数学实验，不在乎这种所谓的“实验”是否完全符合一般科学实验的形式的标准，重要的是两者之间内在本质的相通。创新思维来自于创新意识，创新意识来源于创新的实践，实践的创新需要实践空间的拓宽。数学实验正是数学实践空间拓广的一种重要形式。随着现代科技的发展，计算机进入课堂，教学手段呈现出多样化、现代化、多媒体化，数学实验的内容和方式也更加丰富起来。教育者也越来越认识到数学实验的重要性。因此数学已经成为一门更具探索性、动态性的实验学科，而中学数学实验的教学价值也将更全面地体现出来。

（此论文获得广西壮族自治区二等奖）

【主要参考文献】

1. 窦金强:《数学实验教学的实践与思考》，载《中学数学》2003年第9期。

2. 王光生:《例说数学实验教学》，载《中学数学教学参考》2001年第6期。

3. 方绍平:《积极引导，激发学趣》，载《中学数学教学》2002年第5期。

4. 杨学枝:《谈数学“问题创新”教学法》，载《中学数学教学》2001年第6期。

二项式解题中常用的构造策略

■黄　荣

【内容摘要】在数学解题中，构造法是一种很重要的数学方法。构造法是数学解题中最富有活力的数学转化方法之一，如能恰当地运用，不仅能把问题变繁杂为简明、变隐晦为直观、变离散为集中、变抽象为具体，达到难题巧解的目的，而且还能大大丰富学生的想象能力和信心，培养学生解题的整体意识和创造性思维能力。

【关键词】二项式　构造　模型　想象能力　情境

在数学解题中，分析题中的条件和结论，构造一个与原问题相关的辅助，通过对辅助模型的研究达到解题目的，这种转化方法称之为构造法。构造法是数学解题中富有活力的数学转化方法之一，如能恰当地运用，不仅能把问题变繁杂为简明、变隐晦为直观、变离散为集中、变抽象为具体，达到难题巧解的目的，而且还能大大丰富学生的想象能力，培养学生解题的整体意识和创造性思维能力。

一、联想问题背景

有些数学问题，孤立地运用题设条件难以求解时，不妨把问题置于特定的背景下，构造问题的原型，寻求解题的入口。

例 1　设 n 为正整数，证明：$\frac{2^{2n}}{2n}\leqslant C_{2n}^{n}\leqslant 2^{2n}$

分析：变换组合数 C_{2n}^{n}，通过演算得出结论，繁难。联想问题的背景，C_{2n}^{n} 为二项式系数，于是显现出解题入口，构造二项式来证明。C_{2n}^{n} 为 $(x+y)^{2n}$ 展开式中的最大的二项式系数，令 $x=y=1$，则有 $(1+1)^{2n}=C_{2n}^{0}+C_{2n}^{1}+\cdots+C_{2n}^{n}+\cdots+C_{2n}^{2n}$，在此大背景下，问题立即获证。

二、构建恒等式

有的问题，不能从已知条件中作局部调整就可导出结论，必须从要求的结论出发，作整体设计，构造某一恒等式，经推理、运算、多次转化，才能凑配出解题所需的条件。

例 2　求证：$(C_{n}^{0})^{2}+(C_{n}^{1})^{2}+\cdots+(C_{n}^{n})^{2}=\frac{(2n)!}{n!\cdot n!}$

分析：构造恒等式 $(1+x)^{n}(1+x)^{n}=(1+x)^{2n}$。

左边展开式中 x^{n} 的系数是：$C_{n}^{0}C_{n}^{n}+C_{n}^{1}C_{n}^{n-1}+\cdots+C_{n}^{n}C_{n}^{0}=(C_{n}^{0})^{2}+(C_{n}^{1})^{2}+\cdots+(C_{n}^{n})^{2}$，

右边展开式中 x^{n} 的系数是：$C_{2n}^{n}=\frac{(2n)!}{n!\cdot n!}$，即命题成立。

（也可构造集合，有 n 个白球和 n 个黑球，从这 $2n$ 个球中取出 n 个球的方法有 C_{2n}^{n} 种；另一方面，又可以这样分类：这 n 个球的取法可分为取个 i 白球和 $n-i$ 个黑球，取法为 $C_{n}^{i}C_{n}^{n-i}$ 种 $(i=0,1,2,\cdots n)$，由加法得。）

三、构建集合模型

集合是数学的基本概念之一。它为数学提供了一种广泛的理论基础，利用集合论方法，我们可以看出表面上彼此很不相近的数学问题的共性。因此，很多问题可建立“集合模型”解决。

例 3　求证：$C_n^0+C_n^1+C_n^2+\cdots+C_n^n=2^n$

分析：$C_n^0+C_n^1+C_n^2+\cdots+C_n^n$ 是集合 $A=\{a_1,a_2,a_3,\cdots,a_n\}$ 的子集的个数，而子集无非是由元素组成，确定 A 的子集的个数可以分为如下几个步骤：

第一步：确定子集中是否包含 a_1，有 2 种；第二步：确定子集中是否包含 a_2，有 2 种；……第 n 步：确定子集中是否包含 a_n，有 2 种；根据乘法原理知，A 的子集个数共有 2^n，故原等式成立。

四、构建排列组合模型

排列、组合在中学数学中占有重要位置，其分析问题、解决问题的方法独特，利用这种方法，建立使用“排列组合模型”，可使一些问题得到较为新颖的解法。

例 4　求证：$(1+m)^n=1+mC_n^1+m^2C_n^2+\cdots+m^nC_n^n$，$m,n$ 都是自然数。

分析：本题可建立这样的模型：n 名旅客到 $(1+m)$ 家旅馆投宿，问有多少种不同的投宿方法。这个问题可以这样解决：一方面逐人考虑，安排 n 名旅客分 n 步骤，每名旅客都有 $(1+m)$ 种投宿方法，由乘法原理共有 $(1+m)^n$ 种方法；另一方面按到某家旅馆可能的人数 $0,1,2,\cdots,n$。考虑安排分为 $(n+1)$ 类，从 n 名旅客中任选 r 名到某家旅馆投宿有 C_n^r 种选法，剩下的 $(n-r)$ 名到另外的 m 家旅馆投宿有 m^{n-r} 种方法，根据乘法原理到某家旅馆投宿为 r 的分配方法有 $m^{n-r}C_n^r=m^{n-r}C_n^{n-r}(r=0,1,2,\cdots,n)$ 种；再由加法原理共有 $1+mC_n^1+m^2C_n^2+\cdots+m^nC_n^n$ 种分配方法。两种考虑方法，结果一样，所以等式成立。

五、构建复数模型法

复数模型法，就是将所求命题的元素用复数来表示，然后用复数的性质求解命题。

例 5　若 $(1+x+x^2)^{1000}$ 的展开式为 $a_0+a_1x+a_2x^2+a_3x^3+\cdots+a_nx^n$，求 $a_0+a_3+a_6+\cdots+a_{1998}$ 的值。

分析：令 $x=1$ 可得 $3^{1000}=a_0+a_1+a_2+a_3+\cdots+a_{2000}$；令 $x=\omega$ 可得 $0=a_0+a_1\omega+a_2\omega^2+a_3\omega^3+\cdots+a_{2000}\omega^{2000}$；(其中 $\omega=-\frac{1}{2}+\frac{\sqrt{3}}{2}i$，则 $\omega^3=1$ 且 $\omega^2+\omega+1=0$)

令 $x=\omega^2$ 可得 $0=a_0+a_1\omega^2+a_2\omega^4+a_3\omega^6+\cdots+a_{2000}\omega^{4000}$。以上三式相加可得 $3^{1000}=3(a_0+a_3+a_6+\cdots+a_{1998})$，所以 $a_0+a_3+a_6+\cdots+a_{1998}=3^{999}$。

六、构建组合对偶式

配偶是解题的一种重要策略，它能使原来较难的问题得以巧妙地解决，有着变繁为简、化难为易之功效。在教学中，有意识的注意这方面的训练，使学生较好地掌握这一解题策略。对于培养学生的思维品质、解题能力的提高无疑是有益的。

例 6　设 $n=1990$，求 $\frac{1}{2^n}(1-3C_n^2+3^2C_n^4-3^3C_n^6+\cdots+3^{994}C_n^{1998}-3^{995}C_n^{1990})$ 的值。

分析：将所求式子变形为

$$A=\frac{1}{2^n}(1-\sqrt{3^2}C_n^2+\sqrt{3^4}C_n^4-\sqrt{3^6}C_n^6+\cdots+\sqrt{3^{1998}}C_n^{1998}-\sqrt{3^{1990}}C_n^{1990})。$$

显然它是 $\frac{1}{2^n}(-1+\sqrt{3}i)^n$ 的展开式的部分之和，即复数的实部。不妨取展开式的其余的项的和为 A 的对偶式

$$B=\frac{1}{2^n}i(-\sqrt{3}C_n^1+\sqrt{3^3}C_n^3-\sqrt{3^5}C_n^5+\cdots+\sqrt{3^{1997}}C_n^{1997}-\sqrt{3^{1989}}C_n^{1989})。$$

则 $A+B=\frac{1}{2^n}(-1+\sqrt{3}i)^n=\omega^n=\omega^{3\times 663}\omega=\omega=-\frac{1}{2}+\frac{\sqrt{3}}{2}i$，所以 $A=-\frac{1}{2}$。

七、构建基本不等式

基本不等式是证明不等式的常用手段，有的二项式问题可转化基本不等式来求。

例 7　若 $n\in N$，且 $n\neq 1$，求证：$\left(\frac{n+1}{2}\right)^n>n!$

分析：左边的"n 次幂"与右边的"n 个数的积"是一个和谐因素，考虑到解题的突破口将问题改述为求证：$\frac{n+1}{2}>\sqrt[n]{1\cdot 2\cdot 3\cdots n}$，显见，"和">"积"，再将问题改述为求 $\frac{n(n+1)}{2}>n\sqrt[n]{1\cdot 2\cdot 3\cdots n}$，即为 $\frac{n(n+1)}{2}=1+2+3+\cdots+n$，这样由基本不等式公式得"$1+2+3+\cdots+n>n\sqrt[n]{1\cdot 2\cdot 3\cdots n}$"。命题成立。

（本题也可构造特殊配偶形式分析：$n!=1\cdot 2\cdot 3\cdot\cdots\cdot(n-1)\cdot n$，倒排配偶 $n!=n\cdot(n-1)\cdot\cdots\cdot 3\cdot 2\cdot 1$，

则 $(n!)^2=(1\cdot n)[2\cdot(n-1)]\cdot\cdots\cdot[(n-1)\cdot 2](n\cdot 1)<\left(\frac{n+1}{2}\right)^2\left(\frac{n-1+2}{2}\right)^2\cdot\cdots\cdot\left(\frac{2+n-1}{2}\right)^2\cdot\left(\frac{1+n}{2}\right)^2=\left(\frac{1+n}{2}\right)^{2n}$，命题成立。）

八、构建组合数性质

应用组合数理论，对有关自然数命题的证明可达到意想不到的效果。

例 8　是否存在常数 a、b、c，使得等式 $1\cdot 2^2+2\cdot 3^2+\cdots+n(n+1)^2=\frac{1}{12}n(n+1)(an^2+bn+c)$ 对于一切自然数都成立，并证

明你的结论。

分析：这是一个特殊数列求和问题。初看难求其和，但根据其各项的特点，逆用组合数公式进行探求，$n(n+1)^2=n(n+1)[(n+2)-1]=n(n+1)(n+2)-n(n+1)=6C_{n+2}^3-2C_{n+1}^2$根据组合数性质，原式左边$1\cdot 2^2+2\cdot 3^2+\cdots+n(n+1)^2=(6C_3^3-2C_2^2)+(6C_4^3-2C_3^2)+\cdots+(6C_{n+2}^3-2C_{n+1}^2)=6(C_3^3+C_4^3+\cdots+C_{n+2}^3)-2(C_2^2+C_3^2+\cdots+C_{n+1}^2)=6C_{n+3}^4-2C_{n+3}^3=\dfrac{1}{12}n(n+1)(3n^2+11n+10)$，对照右边可知存在常数$a=3,b=11,c=10$，满足题设要求。

九、构建倒序相加

构造一些特殊的对偶形式(如倒序)，再加以挖掘、显示或稍加变形即可应用，就能探求最佳解题方案。

例9　设a、$b\in R^+$，且$\dfrac{1}{a}+\dfrac{1}{b}=1$。求证：对于一切自然数$n$，有$(a+b)^n-a^n-b^n\geqslant 2^{2n}-2^{n+1}$

分析：令$P=(a+b)^n-a^n-b^n$作为本体，则$P=C_n^1a^{n-1}b+C_n^2a^{n-2}b^2+\cdots+C_n^{n-1}ab^{n-1}$倒序排序得孪体$P=C_n^{n-1}ab^{n-1}+C_n^{n-2}a^2b^{n-2}+\cdots+C_n^1a^{n-1}b$相加得：

$2P=C_n^1(a^{n-1}b+ab^{n-1})+C_n^2(a^{n-2}b^2+a^2b^{n-2})+\cdots+C_n^{n-1}(ab^{n-1}+a^{n-1}b)\geqslant 2C_n^1\sqrt{a^nb^n}+2C_n^2\sqrt{a^nb^n}+\cdots+2C_n^{n-1}\sqrt{a^nb^n}$

$=2\sqrt{a^nb^n}(C_n^1+C_n^2+\cdots+C_n^{n-1})=2\sqrt{a^nb^n}(2^n-2)$，$P\geqslant(2^n-2)\sqrt{a^nb^n}$

又知$\dfrac{1}{a}+\dfrac{1}{b}=1$，$ab=a+b\geqslant 2\sqrt{ab}$，$ab\geqslant 4$，故$P\geqslant(2^n-2)\sqrt{4^n}$，即$P\geqslant 2^{2n}-2^{n+1}$

十、构建分组或图形

分组思想，其核心是根据问题的实际情况，以分组后组与组之间的共性更利于分离和显示为原则，以分组后更便于简化运算、运用有关概念和结论。

例 10　求证：$1!\cdot 2!\cdot 3!\cdot\cdots\cdot n!=\dfrac{(n!)^{n-1}}{(3\cdot 4^2\cdot 5^2\cdot\cdots\cdot n^{n-2})}$

分析：只需证明 $1!\cdot 2!\cdot 3!\cdot\cdots\cdot n!(3\cdot 4^2\cdot 5^3\cdot\cdots\cdot n^{n-2})=(n!)^{n-1}$，针对一端 $n-1$ 个 $n!$ 之积的特点，将它分组而拆项，有 $[(1\cdot 2)\times(3\cdot 4\cdot 5\cdot\cdots\cdot n)]\cdot[(1\cdot 2\cdot 3)\times(4\cdot 5\cdot\cdots\cdot n)]\cdots[(1\cdot 2\cdot 3\cdot 4\cdot 5\cdot\cdots\cdot n)]=2!\cdot 3!\cdot\cdots\cdot n!(3\cdot 4^2\cdot 5^3\cdot\cdots\cdot n^{n-2})=(n!)^{n-1}$。即命题得证。

（图形法）

	$1\cdot 2\cdot$	$3\cdot 4\cdot 5\cdot\cdots\cdot n$
	$1\cdot 2\cdot 3\cdot$	$4\cdot 5\cdot\cdots\cdot n$
$(n-1)$行	$1\cdot 2\cdot 3\cdot 4\cdot$	$5\cdot\cdots\cdot n$
	……	……
	$1\cdot 2\cdot 3\cdot 4\cdot 5\cdot\cdots\cdot(n-1)$	n

十一、构建一个中间目标

建立一个与初始条件和最终目标都比较接近的中间目标，以中间目标作为跳板从初始条件过渡到最终目标。

例 11　已知 i、m、n 是正整数，且 $1<i\leqslant m<n$，求证：$(1+m)^n>(1+n)^m$。

分析：如何建立中间目标呢？先找到组合数与 2^{n-1} 之间的关系。想到 $(1+m)^n=\sum\limits_{i=0}^{n}m^iC_n^i$，$(1+n)^m=\sum\limits_{i=0}^{m}n^iC_m^i$ 展开式中的 $m^iC_n^i$

$=m^i\dfrac{P_n^i}{i!}$，$n^iC_m^i=n^i\dfrac{P_m^i}{i!}$，构造中间目标 $m^iP_n^i>n^iP_m^i$ 是否成立（$1<i\leqslant m$），由 $m<n$ 得 $mn=nm$；$m(n-1)>n(m-1)$；$m(n-2)>n(m-2)$；…；$m(n-i+1)>n(m-i+1)$，即中间目标 $m^iP_n^i>n^iP_m^i$ 成立，所以 $m^iC_n^i>n^iC_m^i$（$1<i\leqslant m<n$），因此 $\sum\limits_{i=2}^{n}m^iC_n^i>\sum\limits_{i=2}^{m}n^iC_m^i$。又 $m^0C_n^0=n^0C_m^0=1$，$m^1C_n^1=n^1C_m^1=mn$，所以 $\sum\limits_{i=0}^{n}m^iC_n^i>\sum\limits_{i=0}^{m}n^iC_m^i$，即 $(1+m)^n>(1+n)^m$ 成立。

总之，上述几例旨在解题教学中，教师要有意识地给学生创设构建的新异情境，鼓励学生不依常规，不受教材或教师传授内容的束缚，善于从新的角度去探索数学问题，追求奇特、新颖的解法，这样，对造就一大批探索创造型人才大有裨益。

（此论文获得梧州市一等奖）

浅谈数学教学中如何培养学生的创新能力

■ 蓝荣升

【内容摘要】数学课堂教学是培养学生创新能力的主阵地。在数学课堂教学中创设教学的民主自由氛围，为培养学生的创新能力提供良好的心理环境；同时诱发以需要为核心，以兴趣、情感为基本内容的心理动因，为学生创新能力的发展，提供良好的条件。本文从数学教师的创新意识、适时改进数学课堂教学、改变评价方式、增加学生的实践经验等方面探讨了培养学生的创新能力。

【关键词】创新意识　创新精神　创新能力　启发

1997年诺贝尔物理学奖获得者朱棣文教授在谈到教育问题时曾说："美国学生的成绩不如中国学生，但有创新及冒险精神，所以往往创造出一些惊人的成就，美国的许多学校崇尚标新立异的创新精神，教育者要鼓励学生勇敢地怀疑、反驳、否定前人的理论，提出自己的见解，哪怕这种见解显得幼稚了一些。"当今时代科学技术日新月异，社会对人才评价标准发生了变化，不但要求人们知识渊博，而且要求人们具备创新意识、创新精神和创新能力。学校教育肩负了培养21世纪新型人才的历史重任，能否培养出具有丰富的知识、聪敏的智慧、开拓的精神，完善的人格，在德、智、体、美、劳诸方面充分发展的一代新人，关键取决于学校教育。因此学校教育应把培养学生创新精神和创新能力摆在突出地位，这便对学校的教育教学尤其是基础教学提出了挑战。数学是基础教育的主要内容，它有着多方面的功能，但其核心功能最终必须定位在促进学生创新，为培养创新精神和创新人才奠定基础。数学学科的教学，数学的内容、概念、原理和方法、数学问题的解决等都是培养创新能力的最好材料，由于其学科的特点和功能，决定了它对培养学生的创新能力具有得天独厚的作用。

一、数学教师的创新意识是培养学生创新能力的首要条件

教育本身就是一个创新的过程，教师必须具有创新意识，改变以前那种以知识传授为中心的教学思路，应以培养学生的创新意识和实践能力为目标，从教学思想到教学方式上，大胆突破，确立创新性教学原则。

（一）克服对创新认识上的偏差。

一提到创新教育，有些老师往往想到的是脱离教材的活动，如小制作、小发明等等，或者是借助问题，让学生任意去想去说，说得离奇，便是创新，可是这走入了一个极端。其实，每一个合乎情理的新发现，别出心裁的观察角度等等都是创新。一个人对于某一问题的解决是否有创新性，不在于这一问题及其解决是否别人提过，而关键在于这一问题及其解决对于这个人来说是否新颖。教师完全能够通过挖掘教材，把与时代发展相适应的新知识、新问题引入课堂，与教材内容有机结合，引导学生去主动探究，让学生掌握更多的方法，了解更多的知识，培养学生的创新能力。

（二）建立新型的师生关系，创设宽松氛围，营造创造性思维的环境。

罗杰斯提出："有利于创造活动的一般条件是心理的安全和心理的自由。"首先，要使学生积极主动地探求知识，发挥创造性，必须克服课堂上老师是主角，少数学生是配角，大多学生是观众、听众的旧的教学模式。因为这种课堂教学往往过多地发挥教师的主导作用，限制了学生创造性思维的发展。教师应以训练学生创新能力为目的，尊重学生的爱好、个性和人格，以平等、宽容、友善的态度对待学生，使学生在教育教学过程中能够积极参与，做学习的主人。其次，班集体能集思广益，有利于学生之间的多向交流，取长补短，课堂教学中要有意识地搞合作教学，使教师、学生的角色处于随时互换的动态变化中，设计集体讨论、分组操作等内容，锻炼学生的合作能力。学生在轻松环境下，敢于发表独立的见解，或修正他人的想法，或将几个想法组合为一个更佳的想法，从而在学习过程中培养创新能力。

二、适时改进数学课堂教学，培养学生的创新能力

单调的定理，复杂的数字直接构成了枯燥乏味的数学课堂。作为数学教师应如何调动学生学习的积极性和主动性，提高学生发现问题、分析问题和解决问题的能力，增进课堂效果，从而培养学生的创新能力呢？

（一）根据教材内容，创设情境，培养学生创新学习的兴趣。

兴趣是人的情意领域中最活跃的成分。爱因斯坦说："兴趣是最好的老师，它永远胜过责任心。"夸美纽斯说："兴趣是创造一个欢乐和光明的教学环境的重要途径之一。"布鲁纳曾指出："学习的最好刺激乃是对所学内容的兴趣。"因此培养学生的创新能力不仅需要以知识和潜能为基础，而且需要培养学生的情感和兴趣。创新兴趣对创新能力的形成及发展有启动、导向功能。只有当学生在学习中产生一种迫切探求新知识的欲望时,他们的创新能力才能得以发挥。在教学中,因为有些数学知识单靠老师的讲解学生会感到乏味,难以理解,所以在数学课堂教学中,要想方设法点燃学生心中探求新知识的思想火花,激发他们的创造兴趣。若能创设一种情境进行教学,可变静为动,变单调为生动,变难懂为易懂,激发兴趣,那么学生就会对所学的知识产生浓厚的兴趣。因此老师可以通过实验,展示实物,挂图,投影,唱歌等多种方法,调动学生的非智力因素,使他们以强烈的求知欲和饱满的热情学习新知识。如教学"直线、线段和射线"时,曾经有一位老师是这样创设情境的:首先在电脑上出示一个点,然后由这个点向两边引出一条白色曲线,再引一条方位不同的红色直线,并且画出屏幕。这时问学生:"你们发现了什么?"大家回答:"白色线是弯曲的,红色线是直的,而且都画出屏幕了。"对动态的好奇激起了学生的兴趣。这时这位老师说明直线定义。接着请同学设计由这个点引出的其他线。每说一种画法屏幕就显示一种。有的说:"可以上下画曲线、直线";有的说:"还可以斜着画这两种线。"有的说:"可以画一个圆。"还有的说:"可以由这个点向一方向画无数条直线和曲线。"老师说:"由一个点只向一个方向画的直线叫射线。"话音刚落,一个同学又说:"射线只能向一个方向延伸。"另一个同学说:"如直线的某一部分向两边不能延伸,怎么画呢?"有的同学提议:"做一个符号的标记。""对,两点之间的部分叫线段。"这时,该同学说:"我明白了,而且还发现直线没有端点,所以可以向两边无限延伸;射线有一个端点,就可以向一边延伸;线段有两个端点,所以不能向两边延伸。线段和射线都是直线的一部分。"另一个同学又补充说:"只有线段能测量长短。"通过动态教学的情境创设,学生就明白了直线、射线、线段的区别与联系，而且还大大调动了学生们的积极性，课后的习题不但主动去做，而且正确率也很高。这使学生尝到了探究的乐趣，成功的喜悦，激发了学生的学习情趣，也培养了学生的创新意识。

如《圆和圆的位置关系》的教学，教师可引导学生做实验，结合电脑演示等模式，让两个半径不等的圆的位置关系慢慢地发生变化：外离、外切、相交、内切、内含，引导学生观察、探索、发现各种位置关系，再让学生各抒己见：你认为用这些新知识可以解决什么问题？通过这样的教学，使学生积极主动参与教学的全过程，会动脑、动口、动手，理解知识的发生过程，会对知识、题型和解题方法进行归纳总结，并加以推广运用，解决实际问题，既可以创新性地学习新知识，培养学习的兴趣，又能在学习中认识并发掘自己的智慧和才能，亲身体验到再创造的乐趣。

另外，为了激发学生学习的兴趣，教学中还可以结合学习内容讲述数学发展的历史和历史上数学家的故事，如数学理论所经历的沧桑，数学家成长的事迹，数学中某些结论的来历，既可以了解数学的历史，丰富知识，又可以增加学生对数学的兴趣，学习其中的创新精神。

（二）指导学生善于质疑问题，培养学生的创新意识。

孔子曰："疑是思之始，学之端。"思维是由问题激发的，一个好的问题能使思维得以产生、维持和深入。具有创新精神的人无不具有强烈的问题意识，能够主动地带着怀疑的眼光去观察世界，发现问题。创造出解析法的笛卡尔就这样认为："决不把任何我没有明确的认识其为真的东西当成真的加以接受。"因此在教学中我们始终需要将问题的主动权交给学生，要鼓励学生质疑问题、敢于提出问题。"学起于思，思源于疑"，创新意识的培养要从问题开始、鼓励学生发现问题，大胆质疑。

例如：在“集合”的教学中，有位爱动脑筋的同学对“空集”的有关问题提出质疑，为什么要把“不含任何元素的集合叫做空集”？这是老师始料未及的。此时若老师简单地用“这是规定”来解释，实际上就是一种搪塞，学生决不会满意的，也失去了一次发展学生思维的良机。因此老师就放手让学生去争论，并在争论中给予启发、提示，结果，学生联想到许多有关的问题。再如，在“椭圆”的教学中，有些不同意用比值$\frac{c}{a}$，而执意用$\frac{b}{a}$作为离心率来刻画椭圆的扁平程度，并振振有词的说：“b、a 分别是椭圆的短半轴和长半轴长，用它们来刻画椭圆的扁平的程度多么直观形象！”此时，老师并没有将自己（即课本）的意志强加给学生，而是让他们在以后的学习中慢慢领悟。在学习了整个圆锥曲线后，学生们不但自然接受了为什么要如此定义离心率，还深刻地理解和掌握了这个定义的意蕴。

对于教学中遇到的疑点或难点以及比较含蓄或潜在的内容，老师更不能急于给出结论，而应启发学生思考讨论，在思考讨论的过程中，逐步解疑，在探索讨论中有所发现和创新。我们教师在教学活动中，可以把要提的问题简单化、目标化，使学生在轻松的环境中学到更多的知识。对于一个问题教师应给予学生思考的空间，但不局限，学生就可能尽其所能，把自己能够想到的方方面面全都展现出来，从而培养学生的创新能力。

（三）把结论性的问题改为探索性问题，使课堂教学成为学生探索性、创造性的学习活动。

数学教育目标的核心是培养学生的创造性思维和创造性精神，而学生的探索性学习活动是培养学生创造性思维和创造性精神的重要途径。因此在教学过程中应尽量避免以简单方式把“结论”告诉学生，而应根据教材内容，有目的地设计探索性问题或将教材中一些结论性的问题改为探索性问题，引导学生探索、整理、加工、归纳、猜想、证明，使课堂教学成为学生的探索性学习活动，从而让学生亲自感受结论产生、发展、形成的过程，以培养学生创新能力。

例如，对数函数是运用所学的函数知识去加以研究的一个重要初等函数，而对数的运算法则是学习对数函数、研究对数函数性质的基础和工具，因而是教学中的重点，同时也是一个难点，在教学过程中，有位老师有意识地把对数的运算法则设计为研究性课题，搞了一次数学实验，让学生 4 人一组，自定 M，N 的值，自主探究 $\lg M$，$\lg N$，$\lg M+\lg N$，$\lg M-\lg N$，$\frac{\lg M}{\lg N}$，$\lg M\lg N$，$\lg(MN)$，$\lg\frac{M}{N}$，$\lg(M+N)$，$\lg M^N$，$N\lg M$ 等之间的关系，并要求小组组长代表小组做汇报发言，向大家介绍小组的探究历程、交流实验心得、证明数学猜想。实践结果表明，学生们在数学实验中不仅兴趣高涨，而且通过计算、观察、归纳，发现了对数的运算性质，体现了数学发现、创造的历程，发展了创新意识。

例如：应用勾股定理进行猜想探索剪拼

(1)在用“赵爽法”证明勾股定理后，推出由两个边长不同的正方形连结在一起的“L”形纸片(如图 1)，现在请同学们剪两刀，再将所得图形拼成一个正方形。

学生动手操作，几分钟后猜想探索失败，期待教师帮助。

师：考虑今天所学的勾股定理及面积法，剪拼过程中什么没有变化？要得到的是正方形，应该先求什么？可怎样求出？

经几分钟猜想探索过程。

学生 A：可以这样剪(边剪边示范，如图 2)在 BF 边上找一点

H，使 $BH=EF$，再沿直线 AH、HE 剪开，再以 AH、HE 为边拼起来即可（如图 3）。

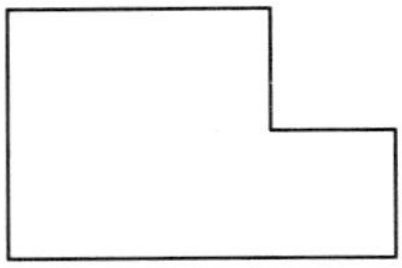

图 1

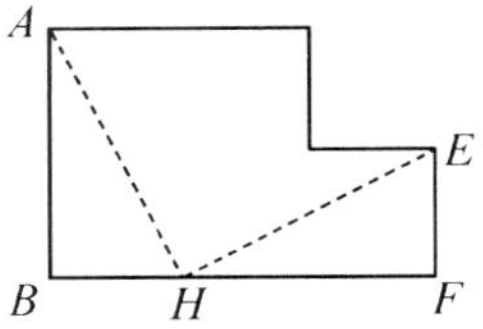

图 2

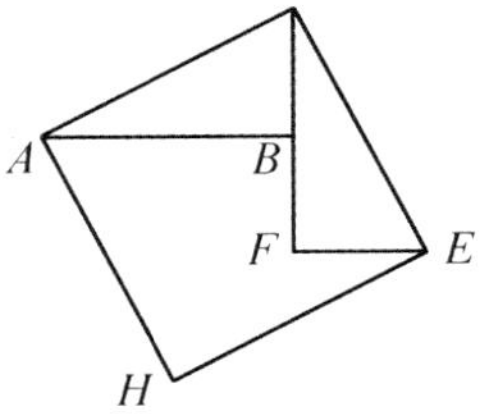

图 3

师：为什么可以这样剪，你是怎么想到的？

众生：我知道了，因所剪图形前后面积没有变化，设两个正方形边长分别为 a，b，则面积和为 a^2+b^2，所以所拼正方形边长应为 $\sqrt{a^2+b^2}$，要得到 a^2+b^2，以 a，b 为直角边构成直角三角形即可。

师：很好！正确的方法和结论不是随便能找到的，要凭借一定的依据去猜想探索，而且常需要经过反复猜想、试探、验证才能求得正确的结论，故同学们得坚持。

通过学生的动手、动脑猜想剪拼，从而牢固掌握定理及应用方法，并激发了兴趣。

（2）请大家再将下图（如图 4）剪两刀拼成一个正方形，谁能最先猜想到呢？又凭什么呢？

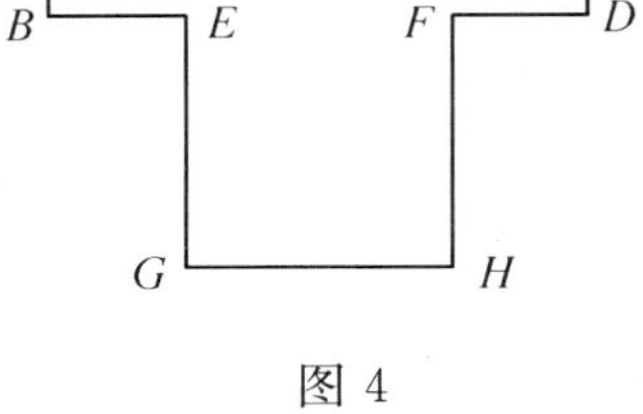

图 4

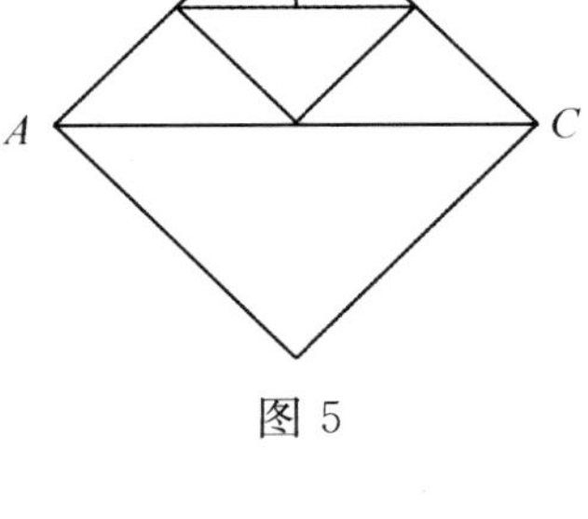

图 5

学生B:所求正方形面积为8个小正方形面积之和,边长为$2\sqrt{2}$,对角线为4,所以AC应为所求正方形的对角线,故剪线应为AEH和GHC,然后将剪下的5个三角形在AC的上方即得正方形(如图5)。这里值得指出的是:为什么剪线AEH和GHC分别为三点共线?这需要严格补证的。

通过类比、猜想探索,掌握了问题解决的一般方法,发展了创新能力。

事实证明,对于改造后的探索性问题,学生自己通过"探索、猜想、证明"的探索性学习活动,不仅锻炼了坚韧与顽强的意志,积极进取、勇于探索的精神,而且激发了学生的创新欲望,培养了学生的创新意识,提高了学生的创新能力。

(四)激发学生的好奇心,培养学生创新思维能力。

好奇心、求知欲与创新思维是紧密相连的,它们是创新思维的起点。好奇心可以唤起创新的意识,激发创新的动机,推动人们进行创新思维活动。爱因斯坦说:"思维世界已发展,在某种意义上就是好奇心的不断摆脱。"培养学生的创新思维能力,要以激发学生的好奇心和求知欲为主旨,以教师设疑、释疑为主导,以学生质疑、解疑为主体,鼓励学生独立思考,敢于标新立异,从多方位,多角度探讨问题的答案及知识之间的联系。

例如:适合等式$\frac{1-\cos x+\sin x}{1+\cos x+\sin x}+\frac{1+\cos x+\sin x}{1-\cos x+\sin x}=2$成立的最小正角是(　　)

(A)$\frac{\pi}{4}$　　(B)$\frac{\pi}{3}$　　(C)$\frac{\pi}{2}$　　(D)π

通过课堂讨论,学生得出通分法(二项通分法化简)、简化法(化简其中一项,另一项为其倒数)、代值法(将选项中的具体值代入等式验证)三种不同的解法。面对已取得的成果,不少学生志得意满，这时老师抓住以上学生解法中得到倒数 tg $\frac{x}{2}$ 提出问题：能否快速得出结论？老师的问题使学生思维的涟漪又掀起了波澜。经过联想、探究、讨论，又得出了下面两种解法：代换法、利用等比定理法，这两种解法较为简捷、独特，这就是创新思维的结果。

例如：求已知圆 $x^2+y^2-2x=0$ 关于直线 $x-y+1=0$ 对称的圆方程。通过分析，学生用常规方法得出了所求圆的方程为：$(x+1)^2+(y-2)^2=1$ 之后，老师让学生观察方程 $x-y+1=0$ 变形为 $x=y-1$ 和同时代换 $x^2+y^2-2x=0$ 中的 x、y 即可得到所求的方程。于是老师进一步提出：把对称直线改为 $y=2x+1$ 还能这样做吗？不论是怎样的曲线，可以使用这种方法吗？这时学生的思维比较活跃，好奇心很强，迫切地想知道答案。接着师生进一步探索，求已知曲线 c_1：$F(x,y)=0$ 关于直线 l：$y=kx+m$ 对称的曲线 c_2之方程。通过师生共同研究得出：当 $k=\pm1$ 时上述方法是正确的。对于这种解法很多学生都认为是偶然的巧合，但仔细研究，发现这一思路恰恰抓住了问题的实质。教师通过诱发好奇心并解决了问题，既推广了知识，又大大激发了学生的创新意识，发展了学生的创新思维能力。

三、改变评价方式，是培养和保护学生创新意识的手段

苏霍姆林斯基曾说过："在人的心灵深处都有一种根深蒂固的需要，这就是希望自己是一个发现者、研究者、探索者。在学生的精神世界中，这种需要特别强烈。"这就告诉我们：创新是人的本质特征，是自我发展、自我显示的需要。而长期以来学生都处于被考、被检测的地步，每次考试都处于一种"被动挨打"的局面，思想上一直处于紧张抑制状态。这种不恰当的气氛约束了学生创新思维的发展，在很大程度上扼杀了学生新思想的产生。因此在教学中，老师要改变对学生的评价方式，对学生出现的“标新立异”的现象，老师要用一些简短而又有激励性的语言，如“你讲的真好！”“你真聪明！”“这个见解很独特！”或“不要紧，慢慢说”，“你再想一想”，“老师相信你的能力”等来加以激励，使他们真正体验到求异的价值，产生更强烈的创新意向。同时，可以适当的改变考试方法，例如可以让“学生自考”，即学生自己出题考自己，这样既可以让学生感觉自己真正成了学习的主人，又可以让学生在自己出题的过程中对所学的知识进行全面统一的复习和掌握，更重要的是学生可以在构思、选题、组合的过程中品尝到创新的乐趣，创新的思想在这样的过程中会悄然萌发。另外，除了用书面考试来考察知识外，还需要采用另一种方式来考察学生的创造潜能。在《平面图形的密铺》一节时布置作业，可以让学生用学过的图形设计图案进行密铺，涂上颜色，并说明所表达的意义。事实说明，有一些平日成绩不太好的学生设计的图案非常漂亮，寓意深刻，充分显示了他们的思想和创造力。因此，这样的作业也是评价学生的一种方式。

四、开展课外活动，增加学生的实践经验是培养学生创新精神的有效途径

在传统的教学中，很多数学知识都只局限于在课堂上获得，其实我们的数学知识是与生活密切联系的。弗赖登塔尔指出：“数学来源于现实生活，也必须寓于现实生活，并且要用于现实生活。”既然数学与社会生活密切联系，大量的信息不可能都在课堂上获得。因此开展课外活动，加强学生实践经验的积累是有效地补充。课外活动具有丰富性、多样性等特点，而且在课外活动中学生没有约束，思维可以更灵活、更敏捷，这些都有利于创新精神的培养，创新能力的提高。新教材中有“一百万有多大”，“平面图形的密铺”，“简单平面图形的重心”等教学内容，个别老师认为讲这些内容会浪费大量时间，但正是在这些活动课中，学生的各方面能力才能得以充分的提高。例如，“一百万有多大”一节课中，学生就想出了多种方法来估测一页纸的厚度，有先测一本书的厚度，再除以这本书的张数，从而得到一张纸的厚度；有的先测一百张纸的厚度，再除以100……通过实际动手操作，学生的创新能力得到了很大的提高。再例如，讲“打折销售”和“教育储蓄”时，教师可以组织学生到商店、银行作调查，通过调查，学生不仅掌握了各种术语之间的关系，而且增强了社会实践能力。如在学习用基本不等式求最值时，可以让学生到市场上调查各种易拉罐的形状，并用数学知识说明设计的合理性。那么由于问题具有开放性，因此有利于学生创新精神和实践能力的培养。

因此，组织学生参加各种活动，可以促使学生用自己所学的数学知识解决实际问题，学生在探究实践中巩固了所学知识，发展了学生的创新能力，而且把学生的精神和兴趣引导到健康向上、探索创新的活动中，还可以将学校、家庭和社会的教育作用有机地结合起来，增强教育功能，这也是培养学生创新精神的一种有效途径。

总之，以学生发展为本，教师是教学活动的组织者、指导者、参与者，教师要保护学生创新能力发展。对学生创新能力的培养，需要教师以现代教育教学理论为指导，综观全局，充分协调教学中的各种因素，创设民主氛围，确保学生心理自由，采取教学技法，激活思维能力，运用人格力量，弘扬学生个性。惟其如此，学生创新能力之花，才能在数学课堂教学这块沃土上结出丰硕之果。

（此论文获得梧州市一等奖）

【主要参考文献】

1. 施菊仙:《数学教学中培养学生创新能力的策略》,载《中教研究》2006 年第 2 期。

2. 季文琴:《关于初中数学"猜想探索"教学模式》,载《数学教学》2003 年第 12 期。

3. 陈敏:《浅谈中学数学教学中学生创造能力和素质的培养》,载《数学通报》2001 年第 7 期。

4. 卢荣辉:《解题教学中创新思维的激发与培养》,载《黄石教育学院学报》2005 年第 2 期。

5. 叶炳金:《浅谈数学教学中培养学生的创新能力》,载《文教资料》2005 年第 16 期。

6. 李铁烽:《数学课堂教学要着眼于创新能力的培养》,载《数学通报》2001 年第 9 期。

小组合作学习在高中数学课堂中的运用

陈玉秀

【内容摘要】开展分组合作教学有利于提高高中课堂教学的实效。本文认为在高中数学课堂教学时，开展分组合作教学应在实施科学分组，明确教学目标，激发学习兴趣，创设和谐氛围，强化实践操作等方面下功夫。

【关键词】小组合作学习　高中数学　课堂教学　运用

高中数学是高中阶段一门基础性必修学科。《新课程标准》指出：数学教学应该向学生提供充分的从事数学活动和交流的机会，帮助他们在自主探索和合作交流的过程中，真正理解和掌握基本的数学知识和技能、数学思想方法，获得广泛的数学活动经验。教学实践证明小组活动不失为一种较好的、简便易行的教学形式，能够给学生提供更充分的时间和空间进行思考和交流，使他们有机会在相互讨论、相互帮助、相互竞争、相互鼓励的合作氛围中共同学习，共同进步，从而促进学生掌握所学知识，真正成为学习的主人。那么，教师为学生提供从事数学活动和交流的机会，成为了高中数学教师经常关注的问题。

一、把握基本流程

小组合作教学就是把一个班的学生分成若干小组，在教师的指导下，合作学习，共同达成学习目标的教学活动。虽然，小组合作学习是一种比较常用的教学方式，但是具体到高中数学课堂中，也需要一定的技巧。根据高中数学的教学内容特点，高中数学教学活动中，小组合作学习要把握以下几个基本要点：

一是科学分组。首先是确定分组办法。一般主要采用三种分组方式：第一种是自由组合，由老师定小组人数（一般为 3—6 人/组），学生自由选择，组合成学习小组；第二种是抽签定组，由老师定小组数和每组人数，组员由学生抽签而定；第三种是老师编排，由老师根据学生学习能力和特点来编排小组。然后根据教学内容的难度、学生的意愿和学习形式（课内与课外），选择分组办法。不管是哪种分组办法，每次活动，每个小组都要安排一名小组长，负责组织学习活动。

二是实施步骤。基本步骤依次是：第一，目标定向。教师提出学习目标，布置学习内容。第二，组内学习、交流。首先是学生个体自主学习、独立思考，然后再进行组内交流。教师轮流参与各组的谈论、交流。第三，组际交流。各小组选派代表汇报小组学习结果，然后根据不同的结果进行讨论。第四，教师小结。根据各组的讨论情况，教师进行小结，并引导学生进行知识归纳。第五，课外学习。教师布置课外学习任务，主要是由小组合作完成的探究性作业。

三是多元评价。教学评价的目的不仅是对学习目标达到程度的评价，更重要的是，通过评价激励学生参与协作学习的过程。为此，在评价内容上，既注重学习目标的检测，又注重对学生的学习态度、参与程度、合作性、创造性等方面的评价。在评价方法上，采取学生自评、互评和教师评相结合，突出学生在评价中的主体地位，尊重学生的评价。每次合作学习活动结束都进行评价，但评价结果只让学生进行自我纵向比较，不进行同学间的横向比较。

二、明确教学目标

在确定运用分组合作教学之前，也要结合高中数学课的特殊性，要根据数学教学规律来提出教学目标任务，避免教学盲目性，使学生明确学习目标。这样，不仅教学效果可以得到及时反馈，而且还能让学生在整节课当中始终处于积极兴奋的状态，同时还能给每位学生留有一定的发展空间。定理是数学的重要概念。定理的证明是定理教学的一个重要环节。在教学“正弦定理”，教师首先给学生指明一个方向，即我们先通过特殊例子检验$\frac{a}{\sin A}=\frac{b}{\sin B}=\frac{c}{\sin C}$成立，如图 1：

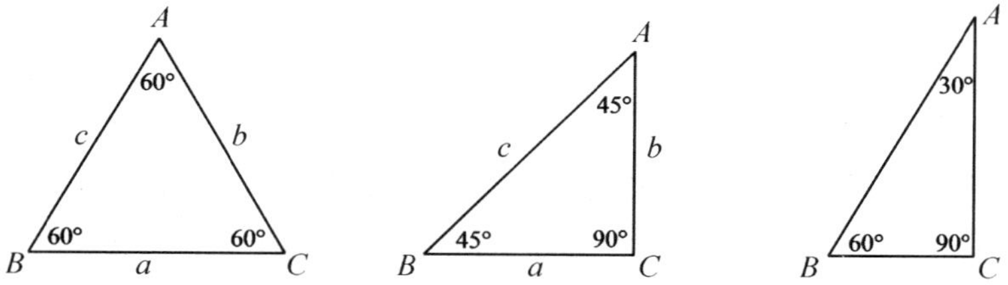

图 1

验证之后，老师提问任意三角形是否有$\frac{a}{\sin A}=\frac{b}{\sin B}=\frac{c}{\sin C}$呢？让学生分组讨论，进行互动，每组画一个三角形，度量出三边和三个角度数值，通过实验数据计算，比较$\frac{a}{\sin A}$、$\frac{b}{\sin B}$、$\frac{c}{\sin C}$这几个数的近似值。同时，教师借助多媒体演示，随着三角形任意变换，$\frac{a}{\sin A}$、

$\frac{b}{\sin B}$、$\frac{c}{\sin C}$的值仍然保持相等。这时，我们猜想：$\frac{a}{\sin A}=\frac{b}{\sin B}=\frac{c}{\sin C}$。通过证明这一猜想，得出定理：在一个三角形中，各边和它所对角的正弦的比相等，即$\frac{a}{\sin A}=\frac{b}{\sin B}=\frac{c}{\sin C}$。我们把这条性质称为正弦定理。为了深化认识，再启发同学运用其他方法证明这一定理。通过分组运用"作高法"、"等积法"、"外接圆法"等平面几何方法证明正弦定理，使学生成为正弦定理的"发现者"和"创造者"。在教学"余弦定理"时，也同样要在新授课前，明确教学目标，引导学生从平面几何、三角函数、向量知识、坐标法等方面进行分组讨论，让学生自己推导出公式 $c^2=a^2+b^2-2ab\cos C$。

三、激发学习兴趣

兴趣是最好的老师。教学可以通过从学生日常生活中的实际问题引入，激发学生思维，激发学生的求知欲，调动学习的积极性。在教学"等比数列的前 n 项和"时，我们首先引入"棋盘上的数学"的例子：在古印度，有个名叫西萨的人，发明了国际象棋，当时的印度国王大为赞赏，对他说：我可以满足你的任何要求。西萨说：请给我棋盘的 64 个方格上，第一格放 1 粒小麦，第二格放 2 粒，第三格放 4 粒，往后每一格都是前一格的两倍，直至第 64 格。国王令宫廷数学家计算，结果出来后，国王大吃一惊。为什么呢？此时教师提问：同学们，你们知道西萨要的是多少粒小麦吗？引导学生写出麦粒总数 $1+2+2^2+2^3+\cdots\cdots+2^{63}$。带着这样的问题，学生很快就会动手算起来，他们想到用计算器依次算出各项的值，然后再求和。然而，学生运用这一传统的计算方法，很快出现了学习的障碍，繁难的情境激起了学生的求知欲，迫使学生急于寻求解决问题的新方法。接着，老师让同学们分组合作学习，并且提问：是什么数列？有何特征？应归结为什么数学问题呢？共同探究问题：设$S_{64}=1+2+2^2+2^3+\cdots\cdots+2^{63}$，记为(1)式，如果我们把每一项都乘以2，就变成了它的后一项，$2S_{64}=2+2^2+2^3+\cdots\cdots+2^{63}+2^{64}$记为(2)，让学生充分地比较。经过比较、研究，学生发现：(1)、(2)两式有许多相同的项，把两式相减，相同的项就消去了，得到$S_{64}=2^{64}-1$。同时，在教学时，我们还插入了一样的故事“远望巍巍塔七层，红光点点倍加增，共灯三百八十一，请问尖头几盏灯？”启发学生思考这首中国古诗的答案是多少。得出这样的结论之后，顺势引导学生将结论一般化，设等比数列$\{a_n\}$，首项为a_1，公比为q，如何求前n项和S_n？指导学生进行分组合作学，然后通过分组得出$S_n=\dfrac{a_1-a_1q^n}{1-q}$。这样学生在教师的指导下，从特殊到一般，从已知到未知，步步深入，让学生自己探究公式，这一公式探索过程有效地培养了学生思维的深刻性、敏锐性、广阔性、批判性，培养了学生解决问题的能力，也充分感受到成功的情感体验，增强学习数学的兴趣和学好数学的信心。

四、创设和谐氛围

民主和谐的课堂氛围里有利于培养学生自主学习、合作交流的学习习惯，有利于培养学生勇于探索、不断创新的思维品质。民主和谐的课堂气氛表现为师生共同参与。在教学“圆锥曲线定义的运用”，我们可以通过练习题为例：

设点Q是圆C：$(x+1)^2+y^2=25$上的动点，点$A(1,0)$是圆内一点，AQ的垂直平分线与CQ交于点M，求点M的轨迹方程。若将点A移到圆C外，点M的轨迹会是什么？如图2：

教师提出问题，激发学生积极思考，引导他们运用已有的知识经验，利用合理的推理来自行获取新知识，通过分组讨论，集体修

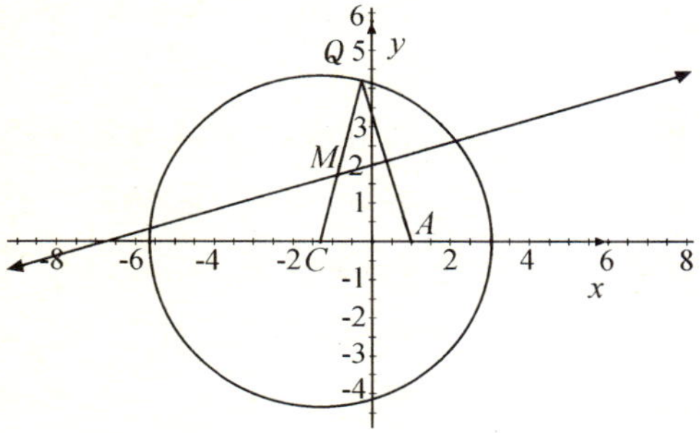

图 2

正，最后，将根据学生解决问题的情况进行小结，概括出问题的正确答案，并指出学生自己解题方法的优缺点。又如，在教学“等差数列的前 n 项和”时，在师生共同参与下，通过类比 Causs 配对求和方法，借助几何知识，启发学生独立思考，小组讨论交流，对问题进行层层递进的探究，使学生从不同的思维角度掌握了等差数列的前 n 项和公式，从中深刻领会推导过程所蕴涵的逻辑推理方法和数学思维方法，培养了学生思维的深刻性、尖锐性和批判性。学习 Causs 配对法之后，我们合作学习小组和老师一起，共同了解其实质是等差数列的重要性质——等距性（即 $m,n,k,l\in N^*$，$m+n=k+l$，则 $a_m+a_n=a_k+a_l$）的应用。共同解决这一类的问题：数列 $\{a_n\}$ 是等差数列，求 $S_n=a_1a_2+a_2a_3+\cdots+a_na_{n+1}$（由等差连续项或连续项倒数）组成的数列求和问题，这就深化了学生对相关问题的理解。

五、强化实践操作

“实践出真知”，高中数学尤其离不开实践操作。数学实践中要重点注意这些方面：一是强化知识训练。通过数学知识强化训练，为同学们更好解决实际数学问题打下坚实的基础。二是注意培养独立思考能力。在平常的数学教学中，教师应该多指导学生解决数学问题的要领和方法，培养学生独立解决问题的习惯。教学实践表明，通过培养良好的习惯，还能促进小组合作学习的顺利开展。三是引导正确交流。交流是小组合作学习中的重要表现形式，交流的过程也是个体从狭隘走向广阔的过程。在教学“抛物线及其标准方程”时，在新授课前简单回顾求曲线方程的方法，接下来启发思考：试试推导抛物线的方程？让学生分组讨论，进行集中探索，展示学生探讨的结果。如图 3：

(1)以 K 为原点，定直线所在的直线为 y 轴建立平面直角坐标系，此时得方程为：$y^2=2px-p^2(p>0)$；(2)以 F 为原点，过 F 且垂直于定直线 F 的直线为 x 轴建立平面直角坐标系，此时得方程：$y^2=2px+p^2(p>0)$；(3)以垂线段 KF 的中点为原点，KF 所在的直线为 x 轴建立平面直角坐标系，此时得方程：$y^2=2px(p>0)$。

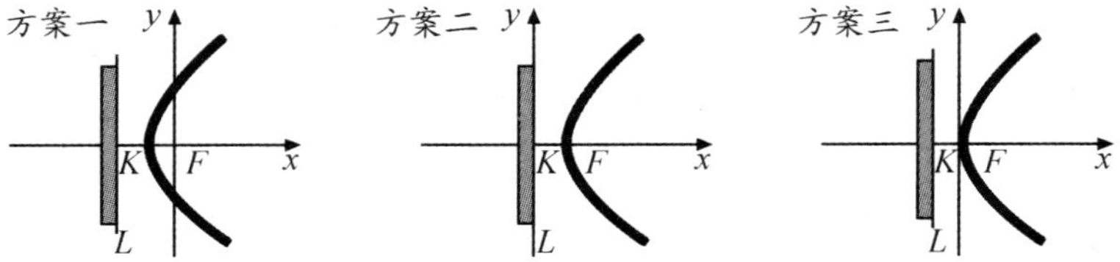

图 3

结果展示后，让学生评价哪一种方案好。很显然方案三好。这时老师明确：我们就把它叫做抛物线的标准方程，注意这里标准的规范是顶点在原点，图象关于 x 轴对称。以原来的四人小组为单位，讨论建立直角坐标系的方案，一段时间后，各组交流，对可行的方案进行验证。接下来我们运用上述所学到的知识来解决一些问题，如：已知抛物线的标准方程是 $y^2=-12x$，现在请学生说出它的焦点坐标和准线方程，即方程是关于 x 的一次项，系数是负的，所以焦点在 x 轴上，开口向左，所以焦点坐标是$(-3,0)$，准线方程是 $x=3$。为了进一步强化。老师进一步设问：已知抛物线方

程是 $y=12x^2$，请说出它的焦点坐标和准线方程。即焦点坐标是 $\left(0,\frac{1}{48}\right)$，准线是 $y=-\frac{1}{48}$。

小组合作教学是高中学生喜闻乐见的一种教学形式。在高中数学课堂，实施小组合作教学，为学生创造了宽松愉悦的学习情境，提供了在课堂上互帮互学的客观条件，提供了自主学习的机会。在这种人人参与的学习过程中，人人有机会发言，人人有机会参与竞赛，人人做学习的主人，学生的主体能动作用得到了充分的发挥。

（此论文获得梧州市一等奖）

【主要参考文献】

1. 司学杰：《数学课堂教学中小组合作学习的优势》，载《中学教学参考》2009 年第 35 期。

2. 朱粉女：《对数学教学中小组合作的思考》，载《素质教育论坛》2009 年第 12 期。

3. 满秀梅：《如何在教学中实施小组合作教学》，载《读与写（教育教学刊）》2009 年第 10 期。

4. 孙丽娜：《浅谈数学教学小组合作教学》，载《金卡工程（经济与法）》2011 年第 3 期。

浅谈日常教学中素质教育的运用

周运飞

【内容摘要】素质教育的实施,倡导以人为本。从人的发展角度,数学教学应从学法上去引导学生数学素质的发展。本文从数学素质的含义与特征,数学素质教育的内容,实施数学素质教育的几点原则三方面论述日常教学中素质教育的运用。

【关键词】素质　数学素质　数学教学

中华民族的伟大复兴离不开年青一代茁壮成长,离不开具有高素质的年青一代,所以国家提倡素质教育,从小学到中学全面提倡素质教育,特别是中学阶段,中学阶段是人生一个重要的学习阶段,是智力得到发展并为将来打下扎实基础的关键时期。尤其数学是诸如物理、化学、计算机等学科的基础。所以在中学阶段,激发学生兴趣,牢固的掌握并灵活的运用数学知识已成教师的共识。现在越来越多的教师正在摈弃以往"灌输式"、"填鸭式"的过时教学方法。在不断的教学改革与探索研究中,诸多有效的新教学方法取得了不少的成绩与进步。不过笔者认为,目前许多研究与改革大多还停留在研究如何"教",偏重于"教师教"而忽略了"学生学”方面。教学过程是教师教与学生学的双重互动过程，而教学质量在于学生是否成功地掌握了所学知识。所以应从研究学生入手，尤其是学生学习的相关各方面，如学习的智力发展、学习的思维过程与思维能力、学习的非智力因素等。

一、数学素质的含义与特征

素质是指人的自身所存在的内在的、相对稳定的身心特征及其结构，是决定其主体活动功能、状况及质量的基本因素。数学作为一种客观抽象出来的自然科学，属于社会素质的范畴。人的数学素质是人的数学素养和专业素质的双重体现，按照当前数学教育界比较一致的公论，数学素质大致含义有以下四个表现特征。

1. 数学意识。即用数学的眼光去观察、分析和表示各种事物的数量关系、空间关系和数学信息，以形成量化意识和良好的数感，进而达到用数理逻辑的观点来科学地看待世界，人的数学意识的高低强弱无时无刻不反映出来。如数学教育家马明在观看电视转播的世界杯排球比赛时，从场地工作人员擦地一事想到，如果用一米宽的拖布把整个场地拖一次至少要走多长路程的问题，并用化归法原理把所走的路程（长度）转化成了场地面积来计算，这是一般人很少注意或不屑一顾的事，却是数学家运用数学的良好机会。足见一个高素质的数学工作者具备不失时机地应用数学的意识。

2. 数学语言。数学语言作为一种科学语言，它是数学的载体，具有通用、简捷、准确的数学语言是人类共同交流的工具之一。

3. 数学技能。数学的作图、心算、口算、笔算、器算是数学最基本的技能，而把现实的生产、生活、流通乃至科学研究中的实际问题转化为数学模型，达到问题解决，形成数学建模的技能，这是数学的创造，在数学技能解释、判断自然或社会现象及预测未来的同时也发展与创造数学本身。众所周知的欧洲17世纪哥尼斯堡七桥问题无解的结论就引出了一个新的数学分支——图论。

4. 数学思维。数学是思维的体现，抽象、概括、归纳与推理等形式化的思维以及直觉、猜想、想象等非形式化的思维，都是数学思维方法、方式与策略的重要体现，数学直觉思维、数学逻辑思维、数学辩证思维都是人的高级思维形式。

综上所述，数学意识是数学素质的基本表象，数学技能是数学知识和数学方法的综合应用，数学思维与数学语言存在于数学学习和运用的过程之中。数学素质的个体功能与社会功能常常是潜在的，而不是急功近利的，数学素质具有社会性、独特性和发展性。时至今日，数学的知识和技术有逐步发展成为人们日常生活和工作中所需要的一种通用技术的趋势，这是因为现代社会生活是高度社会化的，而高度社会化的一个基本特点和发展趋势就是定量化和定量思维，定量化和定量思维的基本语言和工具就是数学。由此可见，未来人的数学素质将与人的生存息息相关。

二、数学素质教育的内容

数学教学大纲规定的数学教学目的是使学生掌握数学基础知识与基本技能，形成数学能力，发展个性品质和形成科学的世界观。由于长期应试教育的影响，数学教育与整个普通教育一样偏离了素质教育的轨道，因而使学生的数学素质停留在低层次上，削弱了数学素质在人的综合素质中所占的成分。因此，在确定数学素质教育内容时，要从整体教育观上，挖掘专业素质教育的内涵与外延，使其既有理论指导意义，又具实际操作意义。

1. 思想道德素质教育。数学素质教育应把提高学生的思想道德素质放在显要位置，培养学生良好的学习生活习惯，促进全面发展。

由于数学是人类实践活动的结晶，是无数劳动者所创造的精神财富，所以在学生接受科学家特别是我国科学家在数学领域的杰出成就的过程中，要吸取其科学献身精神，增强爱国主义和民族气节。要利用数字美、图形美、符号美、科学美、奇异美以培养学生的心灵美、行为美、语言美、科学美。要使学生在学习解题时，学会冷静、沉着、严谨的处事品格，形成独立创新意识。从数学的发展史观上领会辩证唯物主义和历史唯物主义的基本观点。

2.科学文化素质教育。数学素质教育要把文化素质与专业素质教育结合起来，构成数学素质教育的核心。数学基础知识、数学思想方法、数学综合能力是数学素质教育的核心和本质的要素，是课堂教学的中心内容。

(1)要改革数学基础知识的教学。过去的应试教育导致的题海战术的教学模式，强调学生的机械识记，忽视了知识的形成过程和学生的认知结构，素质教育应加强数学概念和数学命题的教学，注重概念形成过程和定理、公式的推理过程，重视数学知识的形成、发展与问题解决的过程，教师力求讲精、讲透、讲活，使学生在掌握数学知识结构的过程中形成良好的数学认知结构。

(2)加强数学思想方法的教学。首先要重视数学思想的教学，数学思想即数学的基本观点，是数学知识最为本质的、高层次的成分，它具有主导地位，是分析问题和解决问题的指导原则，中学阶段着重要领会的数学思想有化归、函数与方程、符号化、数形结合、集合与对应、分类与讨论、运动与变化思想等。其次要加强数学基本方法的教学。数学思想方法是数学思想的具体化，也是解决问题的工具，如配方法、待定系数法、分解与合成法等恒等变换方法，换元法、对数法、判别式法、伸缩法等映射反演方法。最后要加强数学思维方法和数学逻辑方法的教学。要使学生学会学习，形成再学习的能力，它是思考问题的方法，也是解决问题的手段，在数学中要运用的主要思维方法有分析法、综合法、比较法、类比法、归纳法、演绎法等。

(3)培养数学能力。现在公认的数学能力主要是运算能力、分析问题与解决问题的判断推理论证能力、抽象与概括能力、数学学习与再创造能力等四种能力，根据现代科学需要，各阶段学生都要有学习使用和应用计算机等信息科学的技能。

3.生理、心理素质教育。人的心理素质是由人的心理活动所反映的，它包括了智力因素和非智力因素两个方面，心理素质的发展必须与生理发展相适应。

(1)智力素质是心理素质教育的主体，在数学教育教学中着重是培养学生的观察力、注意力、记忆力、思维力与想象力，其中思维力是数学素质教育的核心所在。在中学数学教学的各阶段，都应把发展学生的思维能力放在重要位置，使学生逐步形成良好的思维品质，在培养思维的广阔性与深刻性、独创性与批判性、灵活性与敏捷性、逻辑性与形象性等诸方面下功夫，完善从直觉思维、形象思维到逻辑思维、辩证思维转变的思维方式，学会思维策略的辩证应用。

(2)非智力素质(动机、兴趣、情感、意志、性格等)是数学家素质教育不可缺少的，实践证明导致学生两极分化的重要原因就是非智力因素的发展存在差异，因而在数学教学中要从培养兴趣、激发动机、建立情感、增强意志等四个方面进行非智力素质培养。重点要设计好的教学情境，增强学习兴趣的主动性，还可从组织竞赛、巧解习题的过程中促进学生的心理平衡发展，此外还可尝试一下学生应变力培养与挫折教育训练，以适应未来发展的需要。

三、实施数学素质教育的几点原则

数学素质教育要成为提高全体国民的现代教育，全面发展的教育，公民身心发展的教育及挖掘个人潜能的教育，要在教育思想观念、教育教学方法有大的更新。

1. 认识数学素质教育发展的阶段性。数学素质教育的实施与受教育者掌握的数学知识结构以及所形成的数学认知结构相吻合。在教学内容方面，一是传统的经典数学知识(算数、几何)要进行必要的学习；二是随着科学技术发展，要逐步普及与提高现代数学，如矢量代数、统计初步、离散数学等都是社会经济发展的信息化所需渗入到中学的内容。同时，对所有内容增减不能违背学生的思维发展规律，要抓住思维发展的最佳期进行素质教育，借鉴国外数学教育发展中起起落落的教训，走出具有我国特色的数学素质教育的新路子。

2. 明确数学素质教育的指向性。过去几十年单一的教育模式，一度造成“千军万马过独木桥”的应试教育局面，培养不出社会需求的各类各层次人才。

要根据社会需求的一般劳动者、科技工作者、数学工作者对数学的不同取向，实行数学教育不同的素质要求与标准，具体地说，在普通教育阶段要按照学生的分流制定多种教学大纲，组织分类分层的数学教学体系。

3. 坚持数学素质教育的实践性。一般来说，知识可以由言传口授的方法传递给另一个人，而素质则不能用传递再接受的方法去传授和掌握，要通过学生的主体活动促进其主体素质的形成，理论与实践相结合的观点是指导数学素质教育的基本观点，20 世纪 80 年代以来，国际数学教育界掀起的以数学建模力为特征的数学教改模式正好能弥补我国数学教育重理轻实的缺陷，是素质教育值得提倡的。

在教学中要以问题解决为主导,通过日常生活、实际情景和其他学科的问题发展和提出数学模型来解,适当地走出课堂、走出校园也是必要的。

4. 力争数学素质教育评价的科学性。一个人数学素质的高低是不宜单纯用考试分数高低来评价的,它是通过观察人的实践活动表现来评价的,因此在对数学素质教育效果作评价时,应重点监测教育过程中是否贯彻了数学素质教育的内容、方法与原则,更重要的是对受教育者作跟踪检测,即使是在沿袭现有的考试制度的时候,也要在试题的题型、内容上做大的变革,在出活题、考能力上下功夫。

(本论文被中国高教学会、高师教育研究会、数学教育会教育学院工会评为“第五届全国数学素质教育论文一等奖”)

拓宽学生思维能力初探

何延锋

【内容摘要】如何减轻学生学习数学的负担？如何提高我们高中数学教学的实效性？本文通过对高中学生数学思维障碍的成因及突破方法的分析，希望对拓宽学生思维能力的探究起到抛砖引玉的作用。

【关键词】数学思维　数学思维障碍

高中数学的数学思维虽然并非总等于解题，但我们可以说，高中学生数学思维的形成是建立在对高中数学基本概念、定理、公式理解的基础上的；发展高中学生数学思维最有效的方法是通过解决问题来实现的。然而，在学习高中数学过程中，我们经常听到学生反映上课听老师讲课，听得很“明白”，但到自己解题时，总感到困难重重，无从入手；有时，在课堂上待我们把某一问题分析完时，常常看到学生拍脑袋：“唉，我怎么会想不到这样做呢？”事实上，不少问题的解答，学生学习有困难，并不是因为这些问题的解答太难以致学生无法解决，而是其思维形式或结果与具体问题的解决存在差异，也就是说，学生的数学思维存在着障碍。这种思维障碍，有的是来自于我们教学中的疏漏，而更多的则来自于学生自身，来自于学生中存在的非科学的知识结构和思维模式。因此，研究高中学生的数学思维障碍对于增强高中学生数学教学的针对性和实效性有十分重要的意义。

一、高中学生数学思维障碍的形成原因

根据布鲁纳的认识发展理论，学习本身是一种认识过程，在这个过程中，个体的学习总是要通过已知的内部认知结构，对"从外到内"的输入信息进行整理加工，以一种易于掌握的形式加以储存，也就是说学生能从原有的知识结构中提取最有效的旧知识来吸纳新知识，即找到新旧知识的"衔接点"，这样，新旧知识在学生的头脑中发生积极的相互作用和联系，导致原有知识结构的不断分化和重新组合，使学生获得新知识。但是这个过程并非总是一次性成功的。一方面，如果在教学过程中，教师不顾学生的实际情况（即基础）或不能觉察到学生的思维困难之处，而是任由教师按自己的思路或知识逻辑进行灌输式教学，则会使学生自己去解决问题时往往会感到无所适从；另一方面，当新的知识与学生原有的知识结构不相符时或者新旧知识中间缺乏必要的"衔接点"时，这些新知识就会被排斥或经"校正"后吸收。因此，如果教师的教学脱离学生的实际；如果学生在学习高中数学过程中，其新旧数学知识不能顺利"交接"，那么就势必会造成学生对所学知识认知上的不足、理解上的偏颇，从而在解决具体问题时就会产生思维障碍，影响学生解题能力的提高。

二、高中数学思维障碍的具体表现

由于高中数学思维障碍产生的原因不尽相同，作为主体的学生的思维习惯、方法也都有所区别，所以，高中数学思维障碍的表现各异，具体可以概括为：

1. 数学思维的肤浅性。由于学生在学习数学的过程中，对一些数学概念或数学原理的发生、发展过程没有深刻地去理解，一般的学生仅仅停留在表象的概括水平上，不能脱离具体表象而形成抽象的概念，自然也无法摆脱局部事实的片面性而把握事物的本质。由此而产生的后果：(1)学生在分析和解决数学问题时，往往只顺着事物的发展过程去思考问题，注重由因到果的思维习惯，不注重变换思维的方式，缺乏沿着多方面去探索解决问题的途径和方法。例如在课堂上我曾要求学生证明：如$|a|\leqslant 1$，$|b|\leqslant 1$，则$ab+\sqrt{(1-a^2)(1-b^2)}\leqslant 1$。让学生思考片刻后提问，有相当一部分的同学是通过三角代换来证明的（设$a=\cos\alpha$，$b=\sin\alpha$），理由是$|a|\leqslant 1$，$|b|\leqslant 1$（事后统计这样的同学占到近20%）。这恰好反映了学生在思维上的肤浅，把两个毫不相关的量(a,b)建立了具体的联系。(2)缺乏足够的抽象思维能力，学生往往善于处理一些直观的或熟悉的数学问题，而对那些不具体的、抽象的数学问题常常不能抓住其本质，转化为已知的数学模型或过程去分析解决。例：已知实数x、y满足$\sqrt{2(x-1)^2+2(y-3)^2}=|x+y+1|$，则点$P(x,y)$所对应的轨迹为(　　)：(A)圆；(B)椭圆；(C)双曲线；(D)抛物线。在复习圆锥曲线时，我拿出这个问题后，学生一着手就简化方程，化简了半天还看不出结果就再找自己运算中的错误（怀疑自己算错），而不去仔细研究此式的结构$\sqrt{(x-1)^2+(y-3)^2}=|x+y+1|/\sqrt{2}$，进而可以看出点$P$到点(1,3)及直线$x+y+1=0$的距离相等，从而其轨迹为抛物线。

2. 数学思维的差异性。由于每个学生的数学基础不尽相同，其思维方式也各有特点，因此不同的学生对于同一数学问题的认识、感受也不会完全相同，从而导致学生对数学知识理解的偏颇。

这样，学生在解决数学问题时，一方面不大注意挖掘所研究问题中的隐含条件，抓不住问题中的确定条件，影响问题的解决。如非负实数 x，y 满足 $x+2y=1$，求 x^2+y^2 的最大、最小值。在解决这个问题时，如对 x、y 的范围没有足够的认识（$0\leqslant x\leqslant 1, 0\leqslant y\leqslant 1/2$），那么就容易产生错误。另一方面学生不知道用所学的数学概念、方法为依据进行分析推理，对一些问题中的结论缺乏多角度的分析和判断，缺乏对自我思维进程的调控，从而造成障碍。如函数 $y=f(x)$ 满足 $f(2+x)=f(2-x)$ 对任意实数 x 都成立，证明函数 $y=f(x)$ 的图象关于直线 $x=2$ 对称。对于这个问题，一些基础好的同学都不大会做（主要反映写不清楚），我就动员学生看书，在函数这一章节中找相关的内容看，待看完奇、偶函数、反函数与原函数的图象对称性之后，学生也就能较顺利的解决这一问题了。

3. 数学思维定势的消极性。由于高中学生已经有相当丰富的解题经验，因此，有些学生往往对自己的某些想法深信不疑，很难使其放弃一些陈旧的解题经验，思维陷入僵化状态，不能根据新的问题的特点作出灵活的反应，常常阻抑更合理有效的思维甚至造成歪曲的认识。如：$z\in C$，则复数方程 $|z-2i|+|z+2i|=4$ 所表示的轨迹是什么？可能会有不少学生不假思索的回答是椭圆，理由是根据椭圆的定义。又如刚学立体几何时，一提到两直线垂直，学生马上意识到这两直线必相交，从而造成错误的认识。

由此可见，学生数学思维障碍的形成，不仅不利于学生数学思维的进一步发展，而且也不利于学生解决数学问题能力的提高。所以，在平时的数学教学中注重突破学生的数学思维障碍就显得尤为重要。

三、高中学生数学思维障碍的突破

1. 在高中数学起始教学中，教师必须着重了解和掌握学生的基础知识状况，尤其在讲解新知识时，要严格遵循学生认知发展的阶段性特点，照顾到学生认知水平的个性差异，强调学生的主体意识，发展学生的主动精神，培养学生良好的意志品质，同时要培养学生学习数学的兴趣。兴趣是最好的老师，学生对数学学习有了兴趣，才能产生数学思维的兴奋灶，也就是更大程度地预防学生思维障碍的产生。教师可以帮助学生进一步明确学习的目的性，针对不同学生的实际情况，因材施教，分别给他们提出新的更高的奋斗目标，使学生有一种“跳一跳，就能摸到桃”的感觉，提高学生学好高中数学的信心。

例如：高一年级学生刚进校时，一般我们都要复习一下二次函数的内容，而二次函数中最大、最小值尤其是含参数的二次函数的最大、小值的求法学生普遍感到比较困难，为此我作了如下题型设计，对突破学生的这个难点问题有很大的帮助，而且在整个操作过程中，学生普遍（包括基础差的学生）情绪亢奋，思维始终保持活跃。设计如下：

（1）求出下列函数在 $x\in[0,3]$ 时的最大、最小值：① $y=(x-1)^2+1$，② $y=(x+1)^2+1$，③ $y=(x-4)^2+1$。

（2）求函数 $y=x^2-2ax+a^2+2$，$x\in[0,3]$ 时的最小值。

（3）求函数 $y=x^2-2x+2$，$x\in[t,t+1]$ 的最小值。

上述设计层层递进，每做完一题，适时指出解决这类问题的要点，大大地调动了学生学习的积极性，提高了课堂效率。

2. 重视数学思想方法的教学，指导学生提高数学意识。数学意识是学生在解决数学问题时对自身行为的选择，它既不是对基础知识的具体应用，也不是对应用能力的评价，数学意识是指学生在面对数学问题时该做什么及怎么做，至于做得好坏，当属技能问题，有时一些技能问题不是学生不懂，而是不知怎么做才合理，有的学生面对数学问题，首先想到的是套哪个公式，模仿哪道做过的题目求解，对没见过或背景稍微陌生一点的题型便无从下手，无法解决，这是数学意识落后的表现。数学教学中，在强调基础知识的准确性、规范性、熟练程度的同时，我们应该加强数学意识教学，指导学生以意识带动双基，将数学意识渗透到具体问题之中。如：设 $x^2+y^2=25$，求 $u=\sqrt{8y-6x+50}+\sqrt{8y+6x+50}$ 的取值范围。若采用常规的解题思路，u 的取值范围不大容易求，但适当对 u 进行变形：$u=\sqrt{(x-3)^2+(y+4)^2}+\sqrt{(x+3)^2+(y+4)^2}$，转而构造几何图形，则容易求得 $u\in[6,6\sqrt{10}]$，这里对 u 的适当变形实际上是数学的转换意识在起作用。因此，在数学教学中只有加强数学意识的教学，如“因果转化意识”“类比转化意识”等的教学，才能使学生面对数学问题得心应手、从容作答。所以，提高学生的数学意识是突破学生数学思维障碍的一个重要环节。

3. 诱导学生暴露其原有的思维框架，消除思维定势的消极作用。在高中数学教学中，我们不仅仅是传授数学知识，培养学生的思维能力也应是我们教学活动中相当重要的一部分，而诱导学生暴露其原有的思维框架，包括结论、例证、推论等对于突破学生的数学思维障碍会起到极其重要的作用。

例如：在学习了“函数的奇偶性”后，学生在判断函数的奇偶性时常忽视定义域问题，为此我们可设计如下问题：判断函数 $f(x)=2^x-\left(\frac{1}{2}\right)^x$ 在区间 $[2^{3-a}-6,2a]$ 上的奇偶性。不少学生由 $f(-x)=-f(x)$ 立即得到 $f(x)$ 为奇函数。教师设问：①区间 $[2^{3-a}-6,2a]$ 有什么意义？②$y=x^2$ 一定是偶函数吗？通过对这两个问题的思考学生意识到函数 $f(x)=2^x-\left(\frac{1}{2}\right)^x$ 只有在 $a=2$

或 $a=1$,即定义域关于原点对称时才是奇函数。

使学生暴露观点的方法很多。例如,教师可以与学生谈心的方法,可以用精心设计的诊断性题目,事先了解学生可能产生的错误想法,要运用延迟评价的原则,即待所有学生的观点充分暴露后,再提出矛盾,以免暴露不完全,解决不彻底。有时也可以设置疑难,展开讨论,疑难问题引人深思,选择学生不易理解的概念,不能正确运用的知识或容易混淆的问题让学生讨论,从错误中引出正确的结论,这样学生的印象特别深刻,而且通过暴露学生的思维过程,能消除消极的思维定势在解题中的影响。当然,为了消除学生在思维活动中只会“按部就班”的倾向,在教学中还应鼓励学生进行求异思维活动,培养学生善于思考、独立思考的能力,不满足于用常规方法取得正确答案,而是多尝试与探索,养成用最简单、最好的方法解决问题的习惯,发展思维的创造性也是突破学生思维障碍的一条有效途径。

当前,素质教育已经向传统的高中数学教学提出了更高的要求。但只要我们坚持以学生为主体,以培养学生的思维发展为己任,则势必会提高高中学生数学教学质量,摆脱题海战术,真正减轻学生学习数学的负担,从而为提高高中学生的整体素质作出我们数学教师应有的贡献。

(此论文 2006 年获中国高教学会高等师范教育研究会一等奖)

【主要参考文献】

1. 任樟辉:《数学思维论》,南宁,广西教育出版社,1990。
2. 郭思乐:《思维与数学教学》,北京,人民教育出版社,1991。
3. 顾越岭:《数学定向分析法》,北京,人民教育出版社,1995。

英　语

英语语感培养模式探究

■许世全

【内容摘要】本文根据本校全方位英语语感培养的实践，论述了中学教师培养中学生英语语感的实施方法，重点从校园英语氛围、课堂教学、课外活动等课堂内外各个方位，阐述培养中学生英语语感的具体措施。让学生快速形成良好的英语语感，最终在英语的学习和应用上获得极大的成功。

【关键词】中学　全方位　英语语感　方法

从多年的高中英语教学经验看，笔者认为培养学生的英语语感很重要，并且《普通高中英语课程标准》指出："……逐步培养学生用英语进行思维和表达的能力，为学生进一步学习和发展创造必要的条件。"因此笔者从以下两方面提出自己的观点。

一、做好教学现状的调查摸底，掌握第一手材料

从事了多年的高中英语教学，笔者看到的课堂教学多半是学生题海练习，教师满堂灌输、讲解理论、题目讲评。学生基本上整天埋头应试，很少参与英语情景活动。为了了解学校英语教学情况，笔者设计了一份微型问卷调查。

通过调查，得知学校英语教学存在以下问题：学生英语基础薄弱，觉得英语枯燥无味，根本没有找到“用英语进行思维和表达”的感觉。针对这些问题，笔者通过向学校提议，尝试把全方位英语语感培养贯穿于课堂内外的每一个环节中，目的在于验证该模式是否能提高学生的英语水平。

二、有针对性提出全方位培养英语语感的方法

（一）创设校园英语氛围，优化语感训练环境。

英语学习与汉语学习相比，存在着很大的差异，其最主要的是没有自然、稳固的语境。因此，学校和教师应积极创造条件，提供良好的语言环境和设备，创设良好的氛围，帮助学生形成初步的语感。创设校园英语氛围，不但能优化语感训练环境，而且使学生在天天生活的环境中感受英语、学习英语。

笔者认为，首先可在校园文化上做文章，学校是学生学习的主要场所，教师应大力开发学校隐性资源，多给学生创设一些识记和学习的环境。例如，将学校的一些主要走廊或通道以英语命名，类似的教室、教师办公室名称、环境布置、板报、展览、标志牌等都使用英语，在内容和形式上，充分体现时代性、科学性、系统性和实用性，需充分考虑学生的英语接受能力。在校园内的学生必经之处，设置每周一句（English Weekly），学校可办英语墙报、英语广播、英语角等。在学校内部创设出浓浓的英语学习氛围，学生自然而然产生想用英语交际的愿望，从而使学生在切身体会英语交际中进行感悟。

其次是设立校园英语图书室，如今，有很多图书、报刊、杂志非常适合中学生阅读。教师应该精心挑选一批这样的资料组建英语图书室供学生阅览，并定时更新资料。在扎扎实实抓好课堂教学的同时，充分利用好英语图书室，使学生在英语图书室中开阔视野，了解英语语言的最新动态。

（二）以课堂教学为基地，创设真实情境抓好语感训练。

语感的培养必须充分利用好优秀的言语中介——教材，并且与言语的对象——学生同步起来。这就要求教师要以课堂教学为基地，创设真实情境抓好语感训练。语感的培养离不开大量的语言材料和语言环境，中国学生缺少自然的英语环境。英语语感能力归根结底是认识个体在长期的英语语言反复“耳濡目染”的过程中培养出来的。教师的主要作用就在于采用多种教学手段，激发学生的学习兴趣，充分调动和发挥学生学习的主观能动性，使之主动参与，自觉投入，在现实的英语情景中切身感悟规律和意蕴，并使语言规律和意蕴“成为他们个性化的东西”。教师不能一说到底，而应为学生创造更多的语言实践机会，让学生自主学习，自行感悟。

第一，教师上课必须尽量用英语授课。从第一课开始，走进教室尽量少讲母语，兼用手势、眼神、音调、动作等作为辅助手段，让学生专心听，然后学着说。长期坚持下去，定会有收获。这种方法对创设英语氛围、培养学生用英语思维大有益处。当然作为英语教师，自己的英语口语必须尽量纯正地道，抑扬顿挫，使学生更好地领会享受。

第二，教师要进行有目的的语音词句会话训练，培养语感。在句子教学中，不是单纯强调句子语调的升降，句子重音，词语的连续等语法逻辑处理，还要加入人的思想情感。如教“Nice to meet you”除了要求读起来连贯、流畅并用降调外，还应加入自己的感受，要表现出与他人第一次见面时的喜悦与兴奋之情，从而深化语感。

第三，教师要充分借助现代化教学手段开展师生双边活动，特别是多媒体教室的声图并茂的动态教学，调动学生的感官，激发他们的听说欲望。上课时还可以通过英语值日生汇报、看图说话、复述课文、讨论问题等多种形式，培养学生大胆开口的习惯，提高口语能力。

（三）积极开展课外活动，引导自主学习习惯，随时随地训练语感。

要学好一门外语，就要形成良好的语感，我们要将有限的课堂时间向课外延伸。积极开展课外活动，创设更多的英语环境，可以极大地调动学生的积极性，提高他们的能力。平时鼓励学生课后多听英美人士朗读的磁带，多看英语电视节目；课间，同学之间、师生之间交谈尽量用英语进行；多参加英语角活动，内容有自由会话、趣味游戏、英语讲座或小品表演等；每学期还组织演讲比赛，英语歌曲演唱比赛等等，使学生有更多的机会接触使用英语，多为学生提供真实的语言交际情景，给学生语言训练和展示的平台，使学生接触地道的英语，增强语感。

还有，学生英语语感的形成，光靠老师的说教也是不够的，教师还要适当引导，教给学生自主学习英语的方法，让他们多听、多读英语，要教会学生善于积累。英语是实践性很强的语言，学生除了听老师讲英语，更要听原汁原味的地道英语，如每天坚持听半小时录音磁带或英语广播，听的内容可以是课文、歌谣、谜语、学生感兴趣的话题等等，让学生在听的过程中体验外语语音、语调的优美，使之对言语有切实的体会，从而加深领悟，形成语感能力。

三、结束语

全方位英语语感培养教学模式体现了学生在生活中、课堂上全方位、多方向英语语感感受，让学生在自然的英语应用情境中发挥主动性、积极性和合作精神，使学生觉得学有所用，英语学习不再是枯燥无味的累活。经过三学年的实践证明:全方位英语语感培养教学促进了学生学习英语的兴趣,激发了学习动机,增强了学生学习英语的主体意识和参与意识,提高了学生的英语听、说、读、写的表达能力以及对语言的感悟能力。学生基本上有了"用英语进行思维和表达的能力"。这充分说明了这种模式是可行的。

(此论文发表在《英语周报》教师版(2012—2013)第2期)

【主要参考文献】

1. 刘邵忠:《中学英语课程理念与实施》,桂林,广西师范大学出版社,2003。

2. 教育部:《普通高中英语课程标准》(实验),北京,人民教育出版社。

3. 王笃勤:《英语教学策略论》,北京,外语教学与研究出版社,2002。

高中英语听力高效互动课堂探究

杨华其

【内容摘要】目前很多学校普遍存在重读写，轻听说的现象，本文针对该现象并结合自身多年的实际教学经验，重点从听力课堂的组织形式及组织方法方面进行切实可行的探究。论述如何将高中英语听力课堂打造成以培养听力技能为主，辅以培养说、读、写等综合运用英语语言能力的高效互动课堂。

【关键词】高中英语　高效互动　听力课堂　形式步骤

《全日制高级中学英语教学大纲》指出全日制高级中学英语教学的目的是：在义务教育初中英语教学的基础上，使学生巩固、扩展基础知识，发展听、说、读、写的基本技能。近年的《普通高等学校招生全国统一考试大纲》对听力也提出了明确要求："要求考生听懂有关日常生活中所熟悉话题的简短独白和对话。"但是，很多学校普遍存在重读写，轻听说的现象，不懂得英语听力课怎么上，怎么才上得好。这无疑严重阻碍了学生能力的提高，无论是对于学生高考还是未来的发展都是极为不利的。针对这种现象，笔者多年来一直致力于将听力课堂打造成以培养听力技能为主，辅以培养说、读、写能力的高效互动课堂，在此笔者想谈一谈自己的一些观点与做法，用以抛砖引玉，就教于同仁。

一、当前听力教学的现状

根据多年对本校及本地区高中英语听力教学的调查观察，笔者看到听力课堂教学形式单一，听力课堂教学往往遵循同一模式：教师用广播循环播放听力材料，而学生则是坐着重复地听。师生缺乏互动，更不用说学生间的合作探究了。更有甚者，有的学校根本就没有听力课，那些听力材料直接扔给学生在课前课后自行播放。学生往往听过后一片茫然，导致听力考试屡次失分严重，学生们谈“听”色变，教师们也常常无从着手。很多学校不同程度地存在“哑巴英语”、“聋子英语”的通病。

二、英语听力高效互动课堂的组织形式及方法

（一）互动式听力教学的组织形式。

根据互动模式，笔者的听力教学类型有：师生互动、师组互动和生生互动三种类型。

1. 师生互动。

师生在教学过程中处于平等地位，教师不以权威者自居，而是以引导者出现，让学生自己思考、质疑。在互动式听力教学过程中，师生之间，生生之间共同探讨、构思、辩论和对话，通过观点的交流和思想的碰撞，最终达成思想上的共识。通过这种人际互动，学生的思想和智慧得到激发，从而提升他们的听、说能力和语言运用能力。

2. 师组互动。

全班学生形成以异质小组为基本形式，以小组成员合作性活动为主要内容，以小组目标的达成为标准，以小组总体成绩为评价和奖励依据的教学策略体系。在互动式听力教学中，学生以小组为单位，每组 4 到 6 人，相向而坐。每个成员必须有指定的任务，相互之间可以讨论。教师在各组同学听、说过程中巡视教室，哪个小组需要教师的帮忙，教师就给予指点。实际上，教师在整个听、说过程中充分发挥辅导者的作用。

3. 生生互动。

生生互动的类型是多方面的，如学生个人与个人之间的互动，学生个人与小组之间的互动，学生个人与全班之间的互动。笔者经常组织学生进行生生互动，具体形式有同桌讨论、自编自演、互相点评等。每次上课都应该根据听力的内容、授课学生的特长、教学计划等因素对各种课堂互动活动进行新的排列组合。互动主义教育观认为：有意义的学习是通过人际互动产生的。心理学研究表明：同龄人之间的心理沟通概率最高，心理沟通的作用最大。因此，充分有效的生生互动是提高课堂教学质量的重要保证。

（二）互动式听力教学的方法。

1. 座位设置。

我把学生的座位排成同桌型、小组型、椭圆型三种形式。

2. 材料的选择。

听力材料的选用要非常重视语言真实性和交际性的原则，语言材料一般来源于实际生活，围绕一个日常生活话题展开，涉及文化教育、人物、科普、时事等。对话的内容大都取材于日常生活，即衣、食、住、行、工作、学习、天气、生活环境等话题，可分为家、学校、医院、商店、餐旅馆、银行、机场等等。如：shopping，finding the way，doing one's homework，seeing a doctor，making a phone call，weather report，asking for different kinds of information 等。我们可以对这些材料做一个科学、合理的安排，确定每一节课有侧重地训练不同的内容。

3. 听力指导。

在互动听力过程中，笔者分别以师生互动和师组互动为主，进行听力指导。

第一步：确定主题。笔者所在的学校是每周一节听力课，教师一般提前一周与学生确定将要听的话题，并且引导他们收集与话题有关的词、句以及常见对话。

第二步：收集与话题有关信息。笔者就以判断 relationships 这个内容为例，初步的计划由学生以组为单位，找出与 relationships 相关的内容。例如：相关的单词、词组：doctor — patient， waiter/waitress — customer，secretary — boss，shop assistant — customer，driver — policeman，teacher/professor — student，husband — wife，receptionist — tourist，lawyer — client，salesperson—customer，colleagues，friends， classmates. 让各小组考虑这个问题：判断某 relationship 的关键词是什么？如材料中出现 term/exam，就有可能有 teacher/professor 出现，或者人物间有 teacher/professor— student 的关系；对话中提到 buy/change，就该有 salesman 或 salesgirl；夫妻对话会用 dear darling。结合一定的情景，学生通过相互探讨准备一个与该内容相对应的短对话，若遇到较困难之处时，教师给予帮助。

第三步：检查。短对话内容可以是学生在资料中找的，也可以是他们改编或自编的。检查所选短对话内容情景是否符合当前话题，所改编或自编的对话是否合理，语言是否通顺、得体、地道，单词拼写是否正确等。教师与学生互相斟酌，共同指出需要修改的地方，学生作出相应的调整。

第四步：对话表演。可以由小组中的学生相互进行，让他们有感情地对他们所选或所编的对话进行角色表演。

第五步:评价。师生一起对这些对话进行打分。从运用词语是否具有代表性、句子表达、语音语调、感情色彩等方面进行评判。肯定好的,委婉地指出不足之处,希望他们下次不要犯同样的错误。

4.互动听力训练。

第一步:题目分析与预判。教师把预先准备好的听力题目分发给学生,听力题目要与本节内容相关,可以是历年高考题、其他高考模拟题,也可以是自编试题。通过组内讨论,让学生熟悉题目,讨论确定题目关键词,理解题意,为下一步听音时准确把握解题需要的关键信息做好准备。

第二步:师组交流。教师把自己如何解听力题的方法和步骤讲授给学生。将听力丰富多彩的词语和句式充分地与学生交流,让学生不但学会解听力题,而且享受听力材料中精彩的日常用语,从而激起他们的听力热情。

第三步:课堂总结。记下本次听力中共同出现的问题,提醒学生汲取教训。重点把听力话题中出现的典型的表达方法,通过投影,展示给学生,然后进行评讲。最后归纳出该话题的典型词语。如图书馆话题用语:library card, book, due, return, renew 等。典型考法:

M:Excuse me, Madam?

W:Yes?

M:How long can I keep the book?

W:For one month. Please make sure you return the book before it's due.

Q:Where does this conversation probably take place?(2012 全国卷)

A. In a bookstore. B. In a classroom. C. In a library.

【答案】C

5. 能力升华。

能力升华也是听力训练中重要的环节。这个环节需要综合听力话题内容以及各组归纳出的精华词、短语、对话，笔者常采用以下方式。

(1)自我能力升华。

这是一个自我反思和自我批判的过程。教师先把本话题所用到的常用词、短语、对话展示给学生，然后由学生分析归纳出典型的词、短语、对话，对照、找错，进一步更正、完善。

(2)小组能力升华。

让小组的成员轮流阅读归纳出词、短语、对话，各人说出自己的看法，评议优劣，最后由组长将各成员的意见综合起来写成总批，并写上评定的意见。

(3)全班能力升华。

教师综合全班归纳出的词、短语、对话，通过师组互动，得出一个完善的有关该话题的材料，让全班学生熟读、熟记以便进一步熟练运用。例如：我们在学习数字记录与计算话题时，除了要快速记录多个数字，并用加、减、乘、除计算一些数据外，我们还归纳出该话题典型的好词及短语是：half, double, twice, one third, percent, a pair dozen score, dollar, pound, cent, penny, 10 each for 3 tickets, at a 30% discount(打七折), one third off the normal price (约六六折), more than, less than.

典型对话是：

W：How much is the red skirt?

M：These skirt sells for six dollars each, but it's 10 if you buy two.

Q: How much does the woman have to pay if she wants to buy just one?

A. 3.　　　　B. 6.　　　　C. 10.

【答案】B

三、结束语

英语高效互动听力课堂教学模式体现了以学生为主、教师为辅的师生多向交流互动方式，让学生在团结友好的环境中发挥主动性、积极性和合作精神，激发了学生自我完善、相互学习的动机。互动式听力教学是培养学生创新能力和实践能力的有效方法，是学生主动参与学习的重要方式，是实现学生在民主、和谐、融洽的氛围中获得知识技能的途径，是提高课堂教学效率，加大学习密度，拓展学生情感交流，培养学生综合素质的必经之路。经过几学年的实践证明：互动式听力教学促进了学生学习英语的兴趣，端正了学习态度，激发了学习动机，增强了学生学习英语的主体意识和参与意识，提高了学生的听、说能力以及对英语语言的运用能力，说明了这种模式是实用而有效的。

（该论文获梧州市一等奖，《广西文科》已决定采用发表）

【主要参考文献】

1. 2012 年普通高等学校招生全国统一考试大纲。

2. 国家教育部制订：《普通高中英语课程标准（实验）》，北京，人民教育出版社，2003。

3. 朱筱杭：《提高英语听力理解能力的策略和技巧》，载《中小学英语教学与研究》2008 年第 1 期。

4. 2012 届高考英语听力资料分类汇总。

浅谈农村地区中学英语语音教学

■ 韦瑞莲

【内容摘要】英语学习中语音学习是基础,我国目前广大农村地区的学生大部分从七年级(初中)开始学习英语。在中学,英语被列为重要科目。语音又是学习英语的重要组成部分,是掌握语言知识和获得语言技能的基础,因此,英语语音教学的好坏将直接影响学生的学习效果。本文主要就目前农村地区中学英语语音教学中存在的一些问题,以及就如何提高语音教学效果谈谈自己的一点看法供同行商榷。

【关键词】英语语音教学　问题及对策　农村地区

英语作为一门语言,是一种交际工具。语言首先是有声语言,而语音不仅是语言的本质,也是语言教学的基础。没有语音语言将失去它的魅力和交际作用,教学活动也会受到极大的限制。而作为学习语言的人如果发音不准,语音语调不正确,那么无论作为听话者还是说话者,在交际中都会有困难。目前广大农村地区的学生都是从七年级(初中)开始接触英语,即 26 个字母开始。对于初学者的他们来说语音教学显得格外重要。语音掌握得好不好将极大地影响他们今后英语学习的能力(包括自学能力)。然而目前农村地区英语语音教学的效果与教学目标相差甚远。相当一部分学生到了九年级初中毕业时,甚至上了高中还没有掌握基本音标和拼读规则。

一、农村地区中学生英语语音学习方面存在的问题

1.初学英语的七年级学生容易把英语的字母、音标与汉语拼音混淆。

中国学生在小学要求掌握汉语拼音的23个声母、24个韵母和16个整体认读音节。上了初中又学了英语的26个字母和48个音标。在汉语拼音先入为主的影响下,学习英语语音就容易混淆不清,音形分离。比如在学习元音音标时,很容易把/e/发成汉语拼音的e,把/i/发成汉语拼音的i,把辅音/w/发成汉语拼音的w等等。还有学生把音标和字母混淆,如/i/发成字母i的读音/ai/,把/e/发成元音字母e的读音/iː/。

2.许多学生学完音标后音标记不准,认不全。

也许对于语音学习不够重视,许多学生机械地学完音标后,由于害羞没有养成口语训练的习惯,也没有及时复习,很容易造成遗忘。因此音标记不准,读不准,这样就造成了拼读单词的困难。

3.学完音标后没有独立的拼读能力。

由于音标记不准,认不全,在词汇学习过程中就没有办法正确地拼读单词和有效地记忆单词。而如果没有正确地拼读单词的能力就相当于学习英语没有入门。碰到不懂的单词,学生就容易用汉语拼音来注音或者用方言来注音,形成恶性循环:单词记不住,或读不准,不会写,听不懂,看不懂,给英语学习带来了极大的障碍。

4. 记忆单词极其困难。

很多学生都觉得学习英语最难的就是记忆单词。其实单词难记忆，关键还是音标没有过关，没有掌握拼读规则。如果音标掌握牢固了，会拼读单词，会读单词基本上就能写出来了。但是现在农村的中学生为了能快速记忆单词，往往从七年级一开始学英语，就开始用死记字母顺序的方法记忆单词，比如 play，用机械记忆字母 p—l—a—y 的方法来记忆。这种方法在刚开始学习的词汇量少而且单词短小的时候看起来是很有效的，但是随着学习的深入，这种方法的弊端就暴露出来了，学生越学越吃力，因为词汇量越来越多，单词也变得越来越长。

5. 很多学生朗读时缺乏语流和音变，缺乏语感。

在语音教学中，大多数老师都重视音标的教学，而往往忽视了语流语调的教学。学生表现为在朗读过程中没有升调降调、重读、重音、节奏、停顿之分，念完就完成任务的感觉。比如在读比较长的复合句时，中间没有节奏和停顿，一直读到有句号结束时才停顿，学生读得很辛苦，这样的朗读没有办法表情达意，很难让学生在朗读过程中学习到英语知识，更不用说提高学习英语的乐趣。还有学生到了九年级，在读一般疑问句时，都用降调，没有语调的意识。

6. 方言和汉语的负迁移作用影响较大。

在农村地区，不同地方学生都有本地区特有的方言，尤其在偏远地区，尚有不少地方的小学还在用方言授课，也即是说学生要学习汉语和英语两门语言。学生要学习汉语，掌握汉语拼音，学好中文，而到了中学，他们就开始学习第二门外语——英语，所以对于学生而言，难度可想而知。一般来说语言学习者的母语语音系统对于其外语语音系统学习有积极和消极两方面的影响。而农村地区现在很少甚至几乎没有利用汉语拼音的积极影响来促进英语语音的教学和学习，也没有利用两者的不同之处来避免汉语拼音对英语语音学习的阻碍。（由于对各地方言不了解，在此不谈方言方面的正负迁移。）

二、农村初中英语语音教学问题的对策

1. 提高师生对语音学习重要性的认识。

语音教学是初级教学阶段的重要内容。掌握了语音，才好进一步学习读写，也才能进一步学习语法和词汇。因此，作为老师，要首先让学生过好语音关，也就是说声音洪亮，语音、语调基本正确、流利、自然，有一定的辨音能力。目前，农村地区许多老师很难做到这一点，也许是在考试指挥棒的作用下，很多时候语音教学没有得到足够的重视，走过场。学生也因为老师没有足够的重视而把语音学习当做课外作业来对待，随便学一学，记得多少是多少，而没有真正掌握英语语音的音标、语音语调、重读等语音基本功，因为中考基本不会直接把语音当做考试内容。作为老师，要改变应试教育的观念，提高思想认识，并把学生掌握语音与否作为一项重要的指标来评价自己的教学效果。

2. 教师应创造性地使用教材，让学生能连贯的学习英语语音，提高教学效果。

现行的中学英语语音教材教学内容安排比较分散，单音部分的教学过于分散，要学三个学期，即到八年级上册才能将48个音素和音标真正学完，其中包括读音规则、重音和连读等语音教学内容。如果学生没有完整的学好整套英语音标，就没有办法独立拼读单词，这样给学生在一开始的英语学习设置了很大的障碍，本来对英语学习很感兴趣，就因为没有掌握音标，记忆和拼读单词越来越难，兴趣被慢慢消磨殆尽。作为老师，应该整体和部分相结合，可以采取先整体再部分的方法，即先整体的把音标教学完，之后碰到部分的时候再教一遍部分的，这样可以减少学生学习的被动性，让学生从一开始就入门了，兴趣自然也就有了。

3. 教师教学方法要灵活，对于不同地方的学生要有不同的教学方法，因材施教。下面是几种有效的教学方法。

(1)归纳演绎法：把符合统一读音规则的词汇归类进行教学，目的是帮助学生掌握这些单词的读音，归纳之后再用演绎法进行操练。例如为了让学生掌握体会字母 a 在重读闭音节中的发音，先让学生举例：bag，cat，fat，map 等，然后让学生多读这些单词，认真领会其发音。学生就能体会它的发音了。接着，再列举一些学生没有学过的单词，要求他们按照同样的方法，就可以读出来了。

(2)对比启发法：让学生找出英语中音与音，字母与字母，单词与单词以及汉、英两种语言之间的联系，加强练习，加深理解，巩固记忆。找出容易混淆的内容，结合读、练，分清异同进行强化记忆。例如：关于字母 i 的读音规则，分组让学生去体会，一组是：big，pig，his，swim，fish 等；一组是 nice，like，white，bike，rice 等；另一组是汉语中的拼音 bi，pi，mi，di 等。同样是 i，它的两个主要的英语发音是什么，汉语中发的是什么，说一说英语发音规律，以及跟汉语发音有何不同，这样对学生以后记忆单词有很大帮助。

(3)绕口令练习法：语音学习往往很枯燥，不易引起学生的兴趣，绕口令这一练习活动可以练习特定的语音，用语音创造地开展游戏。对于农村地区初学英语的学生，教师可以有选择地借助一些英语国家传统的绕口令，也可以自己编制一些简单的，比较常用的词汇，这样学生才学得有兴趣。例如，可以用这个简单的绕口令，来让学生体会字母“p”的发音：Playing football is a popular sport in China. 又比如在学汉语拼音中没有的音素/θ/时，可以给学生练习这个绕口令：I thought a thought ，but the thought I thought wasn't the thought I thought I thought.

(4)纠正鼓励法：对于学生发音上的缺点要及时指导、纠正，教给他们正确的发音，要耐心的正面诱导，并给予鼓励；不能责怪和挖苦学生，也不要复述学生的错句、错音，以避免错误信息得到强化。要抓住时机，及时鼓励表扬，学生的学习信心才可以倍增。

另外还有游戏练习法，说唱练习法，积极利用多媒体技术等方法，提高学生学习的积极性和教学的效果。

在农村地区要加强普通话的学习和推广力度，充分利用汉语对英语的正迁移作用来提高语音教学效果。

在广大农村地区，许多学生还在把汉语作为一门外语来学习，因为还有很多地方，小学课堂还在用方言来授课，学生也用方言来朗读语文课文，这种习惯学生还带到初中课堂。在许多学生的英语课本上，还可以看到学生用方言来给英语单词注音，比如在说粤语的农村地区，学生用(考 d o u 脚 吐 s 故)来给 how do you get to school 这个简单的句子注音。即使到了九年级，有些学生写的句子用英语思维来理解，不能理解，再用汉语思维来理解，也不能理解，最后用本地方言来理解，才明白写的是什么意思。这一部分学生，汉语的学习力度不应次于英语。而我们知道英语和汉语同属语言，当汉语规则与英语规则相同的时候，汉语规则能够减轻英语学习的负担和障碍，促进学习。标准的普通话可以弥补方言语音中的缺位现象，消除方言对英语学习的负迁移作用。.

总之，英语语音教学的好坏直接影响到学生一生学习英语的能力，因此，在从七年级开始学习英语的广大农村地区，教师们要不断提高认识，提高自身教学能力和水平，把好第一关：语音关，为学生今后学习英语扫除障碍。

（此论文获得2012年度广西中小学外语教学教研优秀论文评选活动一等奖）

【主要参考文献】

1. 李庭芗：《英语教学法》，北京，高等教育出版社，1983。

2. 王桂珍：《英语语音语调教程》，北京，高等教育出版社，2002。

3. 周考成：《英语语音学引论》，成都，四川大学出版社，1996。

浅谈后进生的英语教育

蓝沛莲

【内容摘要】学生后进是在外部很多因素的影响下，通过内部心理因素造成的。要做好后进生的工作，就必须掌握其心理特点，遵循心理发展的一般规律，帮助后进生摆脱不良心理影响。同时，采取灵活多样的教学措施，提高他们的成绩。

【关键词】心理　表现　课堂　课堂外　英语教育

高三是学生高中生活中至关重要的一年，同时这一年又是任务繁重的一年，对于后进生来说更是艰难的一年。如何帮助后进生把握好这一年的时间，作为多年任教高三英语教学的教师，笔者不断地进行尝试和摸索，初步掌握了一套行之有效的教育方法。

要想使后进生摆脱不良心理，提高成绩，首先应该从了解后进生的心理着手。

一、影响后进生的三个方面的心理因素及其表现

1. 缺乏强烈的求知欲，学习能力较低。

后进生往往对英语没有明确的学习动机和学习目的，学习还没有成为他们的内在需要，多数是为了应付考试、应付家长、应付老师而学习，对自己没有什么大的要求。这种为考而学的状态大大削弱了他们学习英语的兴趣，同时也使学生无法产生学英语的动力。久而久之，他们对学习英语的信心大减，有些甚至放弃了。这表现为学生对英语学习缺乏主动性，懒于观察和质疑，习惯于死记硬背，特别是思维能力发展缓慢，在英语课堂上注意力不集中，不积极参与教学活动，缺少主动发言的热情或根本不愿意发言，变得“沉默寡言”了。另外，后进生也没能好好地利用英语自习和早晚读时间来学习。

2. 既自尊自傲又自卑自弃。

自尊之心，人皆有之，后进生也不例外。但是由于在他们的生活经历中，受到的指责多于赞扬。他们受到的不是批评、训斥或同学的讽刺、挖苦、嘲笑，就是家长的责备、打骂。因此，他们往往有较严重的自卑感，觉得比别人差一等，低一头，信心不足，自暴自弃，甘居下游，个别的甚至破罐子破摔，与老师、集体对立，采取粗暴无礼的反抗态度。另一方面，他们又很要面子，害怕和反对教师在大庭广众下的批评，特别对教师“翻旧账”、“揭老底”的做法十分反感。当他们因稍有进步而受到肯定和表扬时，就会兴奋不已，跃跃欲试；但当他们受到外因引诱重犯错误时，又会感到积重难返，难以自拔，出现自卑情绪。这种自尊自傲和自卑自弃的心理在后进生身上就这样复杂地交织在一起，并处于矛盾斗争之中。

3. 意志力薄弱，养成了不良的行为习惯。

后进生意志力薄弱具体地表现在正确的道德观念未能战胜个人不正当的欲望和要求上面。后进生虽然有时懂得什么行为是正确的或错误的，但当个人不正当的欲望和要求与道德观念发生冲突时，由于恶习较深，常会表现出不能控制和约束自己的行为。所以，意志薄弱的后进生往往能说不能做，要做不能坚持，没有恒心，缺乏毅力。而学好英语这门学科,却需要很大的意志和坚持不懈的努力。

总之,后进生的心理特点是复杂多变的,其表现形式和严重程度也不一样。因此对后进生的教育是一项艰巨、细致而又复杂的工作。后进生的思想尚未定型,可塑性很大。后进生在班上虽然人数不多,却是班上的消极因素,若没能做好转化工作,就会影响整个班级的班风。所以,能不能做好后进生的工作,不只是关系到一个学生的前途命运,还关系到一个良好的班风形成。

二、对于后进生的教育,笔者认为可采取以下四种措施

1. 从心理上着手。

(1)培养学习兴趣,提高学习成绩。

笔者认为兴趣是学好英语的前提。没有兴趣就没有动力,没有动力就没有信心。后进生普遍对学习缺乏兴趣,成绩不好。因此,要紧紧做好他们的思想工作,改变他们的落后状态。首先,要培养他们的自信心,使他们认识到自己并不比别人笨,自己一定能够学好。其次,作为班主任,要经常与科任老师、家长加强联系,了解他们其他学科的情况以及他们在家里的表现,指导他们学习的方法。当他们取得一点的小进步时,就要及时地表扬,这样就能增强他们学习的积极性,学习成绩也能逐渐地提高。

(2)保护自尊心,培养集体荣誉感。

自尊心和集体荣誉感是学生积极向上、努力克服缺点的一种内部力量。后进生既有自卑感,又有自尊心,两者交织在一起。如果教师嫌弃后进生,采取简单粗暴的方法,就会损伤他们敏感的自尊心,使他们产生不满和反抗心理,最终导致他们拒绝一切教育。因此,教师必须保护后进生的自尊心,善于发现他们的“闪光点”和微细的进步,及时给予肯定、鼓励、赞扬,使他们看到自己的长处和进步，从而克服自卑心理，重新点燃自尊心的火种，获得克服缺点的勇气和自信。同时，教师还必须培养后进生的集体荣誉感，鞭策他们珍惜荣誉、改正错误的行为习惯。

(3)锻炼意志，巩固新的行为习惯。

后进生的不良行为，总是由于某些不良的外部诱因转化为内部心理因素而引起的。所以，要转化后进生，既要控制外部不良诱因(如不良的场所、旧伙伴、迷恋的对象等)，又要重视消除后进生不合理的欲念、嗜好、兴趣等内部因素。我们都知道，英语试卷的第一卷都是选择题，总分是115分。有些同学认为学好英语就是碰运气，运气好，就能得高分。有这种不良观念的学生在英语学习上很被动，得过且过，根本没有端正自己的学习态度。因此教师要从心理上消除他们的歪念，还要告诉他们英语这门学科的特点，各个部分的考试都是互相联系的，学好英语，就得抓好基础。除了帮助他们改正错误，还要进一步促使他们形成正确的学习动机和习惯，并进一步帮助他们巩固新的正确的行为习惯。

2. 从教学上着手。

(1)利用课堂气氛，激起后进生的学习兴趣。

课堂上尽量创造愉快的教学氛围。后进生由于羞怯心理往往怕开口，我尽量用难易适度的问题去提问他们，叫他们到黑板上写出有把握的句子，朗读事先已读过多遍的课文。当他们回答正确时，我总是面带笑容地说："Very good!"他们往往因此而激动。后进生开口的习惯慢慢地养成了，这样一来，后进生的学习参与意识大大地加强，消除了畏惧心理。为了延长学习困难生上课专注的时间，我常结合课文做些游戏，教点歌曲，听听录音，讲些有趣的小故事等，引起学生的注意力，调节他们的情绪。尤其是在复习课上适当地使用多媒体，不但活跃了课堂气氛，而且提高了学生的参与热情。短、频、快的大容量课堂节奏能有效地吸引并集中学生的学习注意力，让学生无暇分心分神，最终提高了学生的听课效率，使他们在良好的班级学习气氛中容易获取知识，从而培养他们学习英语的热情。

(2)层次教学与辅导，通过分层次教学和辅导提升学生的成绩。

后进生上课时注意力往往不够集中。我将教材化难为易，化多为少，精讲多练，用短暂时间达到最佳效果。注意把同一个部分里的相同考点放在一起讲解。比如30道题选择中，有多少道考查定语从句的，有多少道是考查强调句的，有多少道是考查虚拟语气的。在进行教学设计时应考虑到让后进生每节课都能学有所得，对于一些难度较大或考到的频率很小的题目少讲或不讲。这样把相同知识点联系起来讲评分析，学生特别是后进生容易接受和理解。把知识系统化、简单化可以让后进生减少对英语学习的恐惧，同时增强他们学习的热情。对于基础比较差的学生，教师还要利用课外时间对其进行个别的辅导，让他们缩短与其他同学的差距，争取最大的发展，这也是因材施教的具体体现。

(3)及时有效地获取学情反馈，进行课前回顾，课堂小结，纠正错误使他们获取正确的知识。

比如，笔者每周布置一篇作文，要求学生在一定的时间内完成。有一篇图文结合的作文题目是“who do you turn to when in trouble?”在评改作文的时候，我特别注意大部分同学存在的问题和错误，适当地加以纠正，并且在每篇作文下面写上评语。在讲评作文的时候，除了挑出一些书写好、文章漂亮的同学作文投影给学生看，也拿一篇后进生的作文来评改，告诉学生，如果这篇作文在几个地方适当地修改也会成为一篇好的作文，以此来鼓励作文较差的学生。然后指出学生一般存在的问题和常犯的错误并加以纠正,例如,很多学生写这样一个句子"There are 26% students will tell their teachers and parents about their troubles."很明显在will 前加一个 who,既可以补充完整句子成分,又能运用上一个高级句子——定语从句。最后,点出这篇作文要求应该掌握的单词和短语:senior, survey, experience, believe in, communicate with, turn to sb. for help, be of the same age. 每次作文,都点出要求记忆的并在作文中出现频率较高的单词短语,这不仅利于以后的作文,又是一种帮助后进生分散记忆单词短语的途径。

另外,经过一段时间的培养和锻炼之后,老师应当及时地发现他们身上的细微变化,并对他们取得的成绩和进步给予表扬和鼓励,满足后进学生的主体存在心理需求和自我价值的实现欲望。这种阶段性肯定的姿态,可以起到充电的作用,使学生能够体会到老师的关心和爱护,促进他们自信心的树立,增强他们的主体自豪感,激励他们再接再厉,取得更大的成功与进步。在充分肯定后进学生取得进步的同时,针对学生自身尚存在的不良习惯,要进行适时的提醒,使他们既能够认识到自己的可喜变化,又能够感觉到自我更新的巨大潜力,自觉地加以改正。

3. 从课堂外时间着手。

(1)根据笔者的观察,后进生的早晚读热情不高。

认为读书没有用,有些同学利用这段时间来看练习,背语法,认为自己学不好英语是因为自己语法不过关,但他们没有意识到读书在英语学习当中的无形作用。笔者认为假如高三学生能提起高一、高二时的读书热情,那么英语成绩将有很大的改善。特别对于后进生来说,读书在英语学习当中起了不可磨灭的作用,为此,除了平常强调读书的重要性外,特别抓好早晚读这一关。为了改善一些同学不喜欢读书的坏习惯，笔者要求英语科代表在晚读时候领读一些单词或者短语，读完后就可以让学生自由读课文或者有目的地朗读背诵一些作文。或者利用早晚读的一些时间来听写单词或短语，这样就促使学生养成读书的习惯。总之，利用各种办法来改变早晚读的萧条状况和提高早晚读的质量，既可以让别的学生巩固复习知识，又带动后进生的学习。

(2)利用好自习时间。

为了避免一些同学毫无目的地学习，我在自习时间告诉学生第二天要学习或复习的内容，完成任务的同学可以自由地复习，但是强调针对自己的弱项进行学习或复习。或者利用自习课来写些限时作文，剩下的时间可以用来同学间的互相评改，让学生学会找出错误的地方，这样既可以让后进生和成绩好的同学加强交流，又可以使学生加深对知识的印象，感受别人的作文，认知自己在写作文的时候应该注意些什么问题，以便以后注意。而且鼓励学生在自习时间多问问题，通过问问题来提高自己的英语水平。

4. 从教师对学生的影响力着手。

身为教师，特别要注意自己的言传身教。课堂上要注意自己的言行举止，而且要注意师生间的互动，提高教师在学生心目中的地位，让学生从喜欢一门学科从喜欢一位老师开始。一方面笔者利用英语这一学科的特点，引用一些外国人风俗习惯和国内的不同来吸引学生，告诉学生这些知识都是平常自己在一些英语杂志上看到的，让学生认识到读课外书的重要性。在英语造句的时候，利用生活中的或者是班级里面的比较贴近学生的例子来吸引学生的注意力，活跃课堂气氛，让学生对英语课感兴趣。另一方面让学生知道，实际上老师平常是注意观察学生的学习生活的，而不是漠不关心的。还可以利用课间时间的闲谈来拉近师生间的距离，特别是教师与后进生之间的距离，增加彼此间的熟悉度，以便缓解课堂的紧张氛围。总之，教师要充分利用自己的影响力来增进学生对学科的学习热情。

通过以上的措施，后进生重新拾起原来学英语的热情和兴趣，课堂内外的学风也有了很大的改善，自觉性明显提高了，成绩也上了一个台阶。笔者相信只要后进生能摆脱不良的心理，保持现在这样的兴趣、热情和信心，并配合老师的各个教学环节，认真复习总结知识，在高考中一定能取得更大突破。

总之，在对后进生转化教育过程中，我们要尊重每一个学生，以创新的理念解决后进生问题，既要看到他们身上的闪光点，促进其自我转化内因的形成，而且要认识到后进生转化的长期性、艰巨性、挑战性，加强对后进学生的指导和严格要求，保证转化工作的顺利完成。

（此论文发表在《英语周报》高中教师版第3期，2008年7月）

【主要参考文献】

1.《外语教学研究》，国家基础教育实验中心，2006。
2.《中小学外语教学》，北京，人民教育出版社，2007。

中学英语学困生学习兴趣培养的研究

■周军莲

【内容摘要】本文在广泛研究教育教学相关文献的基础上，从英语学困生学情分析出发，结合多年来的教育实践，在用心感染学生，驾驭课堂；灵活多样的教学技巧，使各个教学环节增加趣味性；恰当的评价使学困生在成功的体验中获得乐趣；合作学习，培养学困生的自信心；融洽师生关系，维持学困生的学习兴趣等五个方面对中学英语学困生的学习兴趣培养进行探究。实践证明，培养学困生的学习兴趣是中学英语教学的关键，也是我们每个教师应该追求和探索的永恒话题。

【关键词】培养　学困生　兴趣　英语教学　合作学习　驾驭课堂　体验成功

在中学英语教学中，英语学习困难学生（以下简称学困生）普遍存在，而且随年级升高，数量越来越多，困难越来越大，后果越来越严重，甚至会把好些学生挡在高校或者名校的大门外。托尔斯泰说过："成功的教学所需要的不是强制而是激发学生兴趣。"在学习过程中，兴趣是最好的老师。许多学生不愿学英语，关键是他们对英语没有兴趣。但学生的学习兴趣不是先天就有的,心理学研究表明:学生的学习兴趣,是在学习的过程中,由于经常体验到学习的乐趣,多次获得成功的满足,逐渐形成的一种比较稳定的学习动机和求知欲望。"兴趣"是学好英语的前提,它能唤起学生的好奇心和迫切的求知欲。兴趣爱好比智力技能更能促进学生勤奋学习,它是学好英语的首要条件。因为只有"love what you do",才会"get what you love"。因此培养学生学习英语的兴趣是英语教学的生命,作为中学的英语教师,要在教学中为学生积极创造能够获得学习乐趣和成功的机会,从而激发和培养学生的学习兴趣,提高学生主动参与的积极性,提高学习的效果。那么,在教学中如何培养中学英语学困生学习兴趣呢?本文根据中学生兴趣的特点和英语学科的特点,结合笔者多年来的教育实践进行了摸索与探究。

一、英语学困生学情分析

笔者认为,英语学习困难学生指的是智力属于正常范围,而在英语学习兴趣、学习动机、知识水平、语言运用能力、自学能力等方面与同龄学生有一定距离,难以达到英语《新课程标准》所规定的基本要求,但通过有效策略和途径可以转化的学生。它是一个相对的概念,伴随学生群体存在,往往有鲜明的时代特征,因而也是一个动态的、发展的概念。

有人曾这样描述英语学困生的英语水平:"听起来云里雾里,说出来吞吞吐吐,读起来结结巴巴,写起来缩手缩脚。"对学困生的阶段性是这样描述的:"初一朵朵红花,初二两级分化,初三天上地下,高中无法再说。"如不采取有效的转化策略,他们就在"困难—不会学习—成绩差—更没学会—成绩更差"的轨道上形成恶性循环,在此过程中,伴随的消极情绪状态降低学生学习能力的同时,更为严重地影响着学生健康心理的发展,严重制约教育教学质量。

大部分学困生有学好的愿望,也下过决心要努力学习,但由于他们缺乏毅力,一旦短期内没有达到预期的效果,便丧失继续进取的信心,形成了想学好又怕吃苦的矛盾心理。有的同学在课堂上回答错了问题或发错音之后,其他同学都嘲笑他,久而久之他就对英语不感兴趣了。由于学习方法,学习习惯和非智力等各方面的原因,有些学生在学习过程中遇到了困难,即使努力了,也收获甚微,成绩不能提高;有的甚至还遭到了同学们的嘲笑、教师的批评,形成了自卑心理。

对于中学的英语老师来说,教学中遇到的一个大难题就是学困生对英语这门学科的感知和认识不清楚,以致学习兴趣往往受到学生个性和老师的组织教学形式的影响。如教学质量不高,学生的学习成绩不理想,水平各不相同,尤其是学生的口头表达能力普遍偏低,常用词汇量不大,这就增加了中学英语老师的教学难度。如何解决这一难题,我认为,应采取综合措施,培养英语学困生对英语学习的兴趣,提高英语老师的语言亲和力,采用多种诱发学生兴趣的手段。“Interest is the best teacher!”(兴趣是最好的老师!),学生只要有了兴趣,他才会乐于学、主动学,所以教师应努力创造一种轻松、愉快、和谐、平等的课堂学习氛围。课堂活动教学在吸收了传统教学的优点的同时,还应融入任务型教学活动,来进一步完善英语学科教学体系。

二、用心感染学生,驾驭课堂

课堂教学是学生学习英语最直接最主要的方式,采用灵活多样的英语教学技巧,把课堂氛围活跃起来,是教学的主动脉,教师首先要为学生创造轻松的学习环境,使他们不要在上课前就有恐惧心理。那么如何做到这一点呢?这就要求老师关心学生,用心去感染学生,建立良好的师生关系。要认真观察学生的情况,对他们的点点进步加以肯定，让学生们尤其是表现得不如别人好的学困生觉得老师是关心自己的，别人能做到，自己也一定能做到。中国有句谚语“好孩子是夸出来的”，赞扬会激起学生的学习热情及求知欲望，同时会增加他们的自信心，提高学习兴趣。即使学困生真的做得不好，老师都不要严厉的责怪、批评，而应鼓励他们。

另外，逐步使课堂教学英语化，教学表情化、动作化。学生学习英语缺乏英语语言环境，这就要求老师尽量用英语组织和进行教学，给学生提供浓厚的英语语言学习氛围。每节课我都使用英语教学，从简单的课堂用语开始，并逐渐增加句数。经过日积月累，学生基本上适应了英语授课，增强了学习英语的信心，觉得听说英语并不难，为实施素质教育打下了坚实的基础。现代师生之间具备的不应仅仅只是师生关系，同时应具有朋友的双重关系，教师通过言传身教，给学生树立人格榜样，学生就会崇拜他，会乐于与之交往。正所谓“亲其师而信其道”，就会对之所教学科产生浓厚的学习兴趣。一个合格的教师应该具备发现学生闪光点的素质，一个善意的点头、一个友好的微笑、一句微不足道的夸奖等都有可能拯救帮助一个学生，我们应尽可能让他们有种成功的体验。反之，则有可能会扼杀一个学生的前途。因此，只有不断从教学水平和性格等多方面完善提高自我，从而加强教师的亲和力，增进师生彼此间的了解与沟通，才能充分发挥情感教学的优势。

老师要驾驭课堂，课堂教学内容的深浅要适度。内容过深或过浅都会使学生丧失兴趣，要让不同学生能摘到相应的果子。通过引人入胜的导入，使学生对课文内容产生兴趣。联系时代和生活实际进行恰当地扩展或延伸课本内容。讲解语言知识的例句也要与学生的生活、时事热点、课堂现场相联系。介绍文化背景知识，如学习 Lovely weather, isn’t it? 时，告诉学生，在英国，人们见面时喜欢谈论天气。因为英国四面环海，终年多雨多雾，天气反复无常，常常谈论天气当然是情理之中的事了。顺便还可告诉学生，正因为英国天气变化无常，英国人出门常常雨伞随身，故有“雨伞之国”的美称。实际上，雨伞已成为英国人服饰的一部分，男士们在阳光灿烂的大街上手持一把像拐杖的黑雨伞是屡见不鲜的现象。这种长柄黑色雨伞已成为英国绅士的象征。

同时，每天上课前我都让学生坚持做课前一分钟演讲，内容从简单到复杂，话题广泛，形式多样，有猜谜、讲故事、唱歌、笑话、小品等等，生动形象，又具有趣味性。久而久之，学困生通过上台演讲体验到交际的成功感和愉快感，进一步激发了同学们学英语的兴趣，增强他们的自信心和毅力。此外，每天由一位同学在黑板的左上角写上每日一句，内容为格言、谚语或常用的口语表达，直观醒目，通过逐渐的积累，学困生的单词量扩大了，作文水平和口语水平也随之提高了。

三、灵活多样的教学技巧，使各个教学环节增加趣味性

教师在讲授课文时，可以穿插一些相关的英文小幽默，或者介绍一些外国的风土人情、文化艺术，或者介绍男生喜欢的体育明星、女生热衷的影视名人等，这样既可开阔眼界，又能缓解课堂气氛，调解学生的紧张心情，消除来自课程本身和教师的双重压力，引起他们的学习兴趣。

采用灵活多样的英语趣味教学法，是培养学生学习兴趣的重要途径，例如，音乐激发学习兴趣，在现代生活中都有一些很悦耳的英语歌，除此以外，教师也可以收集一些与教材内容相关的音乐，让学生在欣赏美妙的音乐之余，也感受到英语之美，达到爱屋及乌的效果。比如学生们都很喜欢 *We Are The World* 这一首激情洋溢的群星演唱的歌，演唱英文歌练习听、说，学生更觉容易掌握，并且从中培养学习兴趣。

首先教师要充分研究教材，认真备课，在各教学环节中增加趣味性，教师对学习材料和内容的处理，一般是由易到难，逐步深入，同时要考虑到对学生学习兴趣的一定刺激程度，使学生的思想始终处于积极状态，使他们的兴趣逐步升级。其次增加教学环节中的趣味性，教学手段的多样化也有助于学生兴趣的保持。呈现语言材料前，教师要想办法为学生创设新颖可信的情景，由此吸引学生注意力，再由该情景过渡到课本所展现的情景中，同时，合理地运用实物、图片、挂图、简笔画、现场录音、多媒体课件等，让所要呈现的情景更加直观而富有情趣。现在，多媒体辅助教学已由开始时的在优质课、示范课上的“表演”，正式向课堂教学迈进，尤其是向英语课堂教学注入了新鲜的血液。英语课堂上和谐高效的教学氛围的创设，学生主体性的更大发挥，使学生在积极参与、口脑并用中学习兴趣增强。经常引导学生联想和想象。如：我发现学生易拼错 present，parent，peasant，先分别划出 sent，are，ant，然后引导学生得出：“礼物”是“送”给别人，所以 present 以 sent 结尾；“双亲”是复数，所以中间是 are；“农民”在山地劳动，所以常看见“蚂蚁(ant)”。又如 hang 作“挂”解，可把 hang 视作一物，当然将 a 处挂于铁钉上更牢靠，由于该物太重，a 处上方裂开了，便成 u，所以 hang“挂过”就是“hung”，即过去式和过去分词是 hung。hang 作“绞死”解，是规则动词，其过去式和过去分词是 hanged，连写的 ed 可想象成一根绳在颈部绕了两圈，然后，吊在梁上，这样一琢磨，学生就容易拼写对这些词了。

对有些枯燥的内容，也要通过采用适当的教具或身势语，或者编些顺口溜等将其趣味化。如用“提出学会的打算，要求答应来帮忙；准备决定遭拒绝，敢于设法抱希望；未能做到莫假装，破釜沉舟要自强"来帮助学生记住后面只能接不定式而不能接动名词的动词:offer(提出)、learn(学会)、plan、intend(打算)、demand、ask(要求)、promise、agree(答应)、help(帮忙)、prepare(准备)、decide、choose、determine(决定)、refuse(拒绝)、dare(敢于)、manage(设法)、wish,、hope、want、expect(希望)、fail(未能做到)、pretend(假装)等。英语教师要善于利用卡通片、图案、图表、图片、简笔画、录音机、投影仪等教学设备及手势语言创设生动形象的情景,把游戏、扮演角色、表演对话、讲故事、演节目、唱歌、猜谜、绕口令等这些能够提高学生学习兴趣的方法运用到教学中来。

教育心理学研究表明,组织或引导学生主动参与学习活动能激发兴趣。活动就是指为学生提供运用英语的机会所开展的课堂活动和课外活动。徐胜三说:"实践活动是培养兴趣的基本途径。"因此,我们要尊重学生的兴趣,把握学生好新、好奇、好动、好玩、好胜、好表现的特点,设计出各种各样的课堂活动和积极开展丰富多彩的课外活动,吸引他们最大限度地参与语言实践活动,在运用中体验英语学习的乐趣。课堂活动是引发学生学习兴趣的主要途径。常见的课堂活动有:三分钟 Free Talk、值日报告、新闻报告、问答、对话、朗读、复述、角色扮演、情景会话、专题采访、辩论、讨论、想象、讲故事、猜谜、游戏、抢答等各类比赛等。组织学生参加课外活动,也是激发和培养其学习兴趣的重要途径。苏霍姆林斯基把课外活动称为"第二兴趣的发源地"常见的课外活动有:英语电影、英语歌曲、英语晚会、英语演讲比赛、阅读比赛、英语故事会、英语短剧、小品表演、英语角、英语节、交英语笔友、收集和辨认日用品上的英语等。当然,活动的设计和开展要有新颖性,无论哪一种活动都不可长期进行简单机械的重复,要以能吸引学生兴趣,调动学生参与的积极性为前提。

四、恰当的评价使学困生在成功的体验中获得乐趣

大量的事实证明:学习的成效与兴趣是成正比的。当学生在不感兴趣的学科上获得成功的体验时,就会孕育兴趣。所谓成功,就是达到了预期的目的或者得到了希望的结果。兴趣的大小往往取决于对成功结果的期望。因此,首先教师要帮助每位学困生制定一个恰如其分的目标,包括近期的和远期的。这个目标既是可以达到但又要有挑战性,并在学生实现目标的过程中,教师要给予指导和帮助,尤其是不断地鼓励。当学生达到了目标时,教师要给予及时的表扬;对一时未达到目标的同学,要帮助其分析原因,指导正确归因:或因努力依然不够,或者某些学习方法不当,或者考试没发挥正常水平,或者说这是黎明前的黑暗,胜利就在前面。其次是教师安排教学内容的多少深浅要恰当。要了解不同学困生的英语基础和兴趣特点,遵循因材施教的原则,按照维果茨基的"最近发展区"的理论和克拉申"i+1"的输入假设来安排教学内容,并注意以旧带新,前后联系,循序渐进,让每个学生每一天都"学有所得"。张正东教授就认为"稳定的兴趣来自'学有所得'"要培养学生对英语学习的浓厚兴趣,"关键在于保证学生学有所得并让他们看到自己的所得"。再次是作业的布置要有层次性,批改评分的要求要区别对待,课堂提问的设置也要注意因人而异,确保每个学困生都有成功的机会,都能品尝到英语学习的成功乐趣。最后是每次考试或测验之后,除了表扬总分优秀的同学外,一定要表扬成绩有进步的同学,还要表扬某一方面的"状元",如听力、语法、阅读、写作等各个项目的优秀者,让更多的同学受到激励,享受成功的喜悦,从而增强信心,产生兴趣。

苏霍姆林斯基曾说过:"成功的欢乐是一种巨大的情感力量,它能使学生产生好好学习的愿望。"所以,我们教师要做到深入钻

研教材，因材施教，使不同层次的学生都有所收获，都能体会到成功的快乐。当代中学生的表现欲望强烈，同学尤其是教师的激励和赞扬是他们实现持续自主学习、提高学习效率和学习兴趣的有效保障。尤其在实行了小组评价机制之后，小组长充分发挥带头领导和组织能力，让本小组的成员获得了更多的体验成功的乐趣。优秀个人奖励一个小红星，优秀小组奖励一面小红旗，这样每个人都会为荣誉而战，学习起来也更加带劲了。看着墙上小组评价栏中的小红星越来越多，红旗越来越红，成功的自豪感油然而生，同学们学习的积极性也会越来越高，适当的评价，及时有效地提高学生的学习兴趣。

教师在教育教学活动中，都会自觉或不自觉地、或显或隐地、或定期或不定期地对学生的言行作出判断，但要保证这种判断的客观性、准确性和实效性，这就要求教师掌握评价学生的技术和方法，提高对学生评价的能力和水平。教师对学生的评价也是对学生的教育，而且这种教育有时给学生留下的印象，甚至比一次教学和一次教育活动更为深刻、更为长久、更有意义。调查显示，教师对学生的每一次中肯的、恰如其分的评价，都会给学生一种满足、一种自信、一种觉醒、一种前进的方向。一位被调查者说："我在中学时，我的班主任同我的一次谈话使我终生难忘，因为从那时起，我清楚地认识了自己，正视了自己的不足，改掉了自己的毛病，发挥了自己的潜能和特长，取得了今天的成绩，实现了自我的飞跃。"因此只有学会对学生评价，其教育意义才能凸现出来。并且老师要多以鼓励的评价方式来激励学生，这样会起到事半功倍的效果。

另外，当学困生犯错误时，我总是正面鼓励，而不是处处纠错。因为学生是尝试着进行言语操练的，犯点错误是不可避免的。对这些学困生来说学习英语需要的是更多的鼓励与赞赏。适当中肯的话语对学生有积极的暗示作用，能激发学生改正错误、树立奋发进取的勇气和信心，从而发挥潜能。而直接生硬的话语对学困生则有消极的暗示作用。不分性质，见错就纠，会给学困生造成心理压力，增加他们怕出错的紧张感而失去信心，造成自卑、胆怯的心理。因此，在上课时我毫不吝啬我的表扬和鼓励，满足学生们的心理需要。

五、合作学习，培养学困生的自信心

合作学习作为一种新的教学模式被越来越多地运用到了日常教学中，它为学困生提供了充足地运用英语进行交流的机会，减少了学困生的焦虑感，同时增强了学困生的自信心。另外，为了增强学困生的自信心，我寻找了一个突破口——强化朗读。朗读能发展学生思维，激发学生感情。学生朗读能力的提高，对课文内容的理解就会逐步加深。学困生因为认识单词少，平时读书少、怕读书，故读起书来不但声音小，而且发音不正，断断续续，在课堂上也不大喜欢表现自己。但是，在小组合作学习中，因为面对的不是老师和全班同学，而是自己熟悉的几个人，所以胆子也大了。它不但有利于学习成绩的提高，而且有利于思维能力、自尊心、自信心、内在动机、外在动机、心理健康、社交能力等的培养，体现了以人为本的思想。

新课程标准越来越多的注重学生的主体作用，注重“以人为本”。“以人为本”的理念在教育界越来越深入人心。因此，我们在教学过程中应充分体现学生的主动性和创造性，增强学生使用英语的能力，因此我们应多为学生创造思考的空间。这就要求教师要善于引导学生思考、讨论、回答问题，而不是限制学生的思维，被动地跟着老师走。而且，学生在恐惧的情绪下不可能进行创造性思维。为解除学生困惑、紧张和害怕出错等不利学习的消极心理因素，首先我在课堂上充分利用集体、小组、同桌组织各种语言实践活动，创造一种互助协作的气氛，创造课堂集体学习的安全感，使学生有学习安全感。

在教学中，我们会不断地设置语言环境进行口语训练，合作学习提供了适合外语学习的情感和认知环境，合作小组同学围绕某一话题或为找到一个问题的解决办法进行讨论。同时，口语学习不同与书面学习，它更依赖集体行为，要求人与人之间用语言直接进行交流。合作伙伴活动或合作小组活动最大的特色在于能够把班级全体学生同时调动起来，开展口语交流与互动。这是我国外语教学界近年来大力推崇的活动形式。活动简便易行，可以灵活多变，不断推陈出新。发音较难的单词通过集体跟读和朗读，让学困生有机会自我改正。如果马上指定某位学生去发言，一般情况下学生就会显得很紧张，产生不安全感，所以多种多样的课堂集体活动形式最能创造出学生的安全感，培养学困生的自信心。

六、融洽师生关系，维持学困生的学习兴趣

师生关系直接制约学生的学习积极性和克服困难的意志，影响学生认识活动的效率。学困生还未养成在高昂的情绪和饱满的精神中听课的本领，他们易于受教师的影响，即对某教师信任、尊敬，则对此学科会有较强的兴趣；反之则上课易走神，进而产生厌学情绪。所以，教师要放弃课堂上“我说了算的权威”，要树立“弟子不必不如师，师不必贤于弟子”的观念，彻底改变那种板着面孔进行“传道、授业、解惑”的局面，要变教师的单向传授为师生共同进行学习的双向交流，建立良好和谐的师生关系。这样不仅能更有效调动学生的学习兴趣，还能做到言传身教感染学生。

在诱发学困生学习兴趣的教学过程中，教师对学生应该倾注爱心，融洽师生情感，相互沟通交往，使学生能从内心产生“喜欢英语老师—喜欢英语课—产生学习英语的兴趣—自觉学习英语”的良好学习过程。特别消除学困生的逆反心理,扬起他们努力学习向上的风帆。同时,尊重和信任学困生,激发他们学习的兴趣。教育学家爱默生说过:“教育成功的秘密在于尊重学生。”差生因为学习差而往往带有自卑心理,如再受冷遇,简直是“雪上加霜”,因此他们更需要得到尊重、信任和爱护。作为英语教师,更应该多关心接近学困生,多找他们的闪光点,多谈心,谈学习方法,让他们树立起健康的心态、正确的学习动机。培养起学英语的兴趣。要让学困生感觉到老师对全班同学是一视同仁的,让他们产生一种“公平感”,从而使他们积极愿意与英语教师配合而学好英语。总之,只有培养起学困生的学习兴趣,再难学的英语,他们始终也会保持一种积极向上的姿态,从而达到真正学好英语的目的。

兴趣是最好的老师。一个成功的英语教师要在教学中有意识、有目的地培养学生对英语的持久兴趣,激励学生不断处于较佳的学习状态之中,使他们对英语爱学、想学、善学、学好,乐在其中并且乐此不疲。这就要求我们要不断更新课堂教学手段,用灵活多样的教学方法,融洽师生情感,组织学生进行广泛的语言实践活动,达到学以致用;通过多种手段激发学生实践的热情,增强学习英语的自信,不断培养学生保持并增强对学习英语的兴趣,让学困生在学习英语的过程中实现从“要我学”为“我要学”,并在漫长的教学过程中始终保持这种兴趣,真正实现教学的目标。

“教无定法”,总的来说,在教学过程中,培养学困生的学习兴趣是中学英语教学的关键,多种生动活泼的兴趣教学能吸引学生的注意力,使学生产生正确的动机,能调动学生的学习积极性,激发他们的求知欲,使他们积极主动地进行思考,更好地开发智力。兴趣教学对当前从“应试教育”向“愉快教育”转轨,提出了一条有效途径。学困生学习英语与兴趣有着很重要的联系,是英语教学能否成功的关键所在。每个学困生都有自己的优势智力领域，有自己的学习类型和方法。我们的教育应多方面、多角度，以多种方式去发现学生、培养学生。只要我们从学生的特点以及他们思维的深处发现兴趣的源头，使学生觉得外语学习既有意义又有兴趣，我们的教学就是成功的。正如《基础英语》的作者埃克斯利说："凡是能激发学生喜爱英语的方法则是教英语的最好方法。"兴趣是教学的关键，是强有力的催化剂、稳定剂，是学困生学习的动力源泉。培养和激发学困生的英语兴趣，让他们爱说英语，敢说英语，在全面提高他们素质的同时，让他们的个性得到最大的发展，让他们的潜能得到最大的挖掘，这才是我们的责任所在，也是我们每个教师应该追求和探索的永恒话题。

（此论文获 2011 年度梧州市教学科研论文评选一等奖）

【主要参考文献】

1. 贾冠杰：《外语教育心理学》，南宁，广西教育出版社，2003。

2. 施文雪：《任务型教学在初中英语课堂的实施》，载《中小学外语教学》2003 年第 6 期。

3. 严明贵：《英语课堂中教师偏爱对学生学习的影响》，载《中小学英语教学与研究》2008 年第 2 期。

4. 皮连生：《教育心理学》，上海，上海教育出版社，2004。

5. 王道俊、王汉澜：《教育学》，北京，人民教育出版社，2005。

6. 布鲁纳：《布鲁纳教育论著选》，北京，人民教育出版社，1989。

7. 于明：《课堂教学方法与艺术实用丛书——因材施教策略和方法》，北京，国际文化出版公司，2001。

教海无涯“学”为舟

——初探提高高中英语课堂效率的策略

■杨伟琼

【内容摘要】学生是学习的主体，我们教师要始终把充分发挥学生的主体性作为出发点和着力点，把激活学生的思维作为教学的归宿；要根据学生的年龄特点和知识水平，创设符合和适应学生学习的教学环节，创设平等、愉悦、轻松、和谐的课堂气氛，积极引导学生参与课堂教学的全过程，从而提高课堂学习效率。

【关键词】改革　优化　创新　激励　提高

目前，我国学生的英语学习观念基本已经摆脱了传统教学思想的束缚，更加看重交际能力与表达能力，但目前在学习方法和语言环境上还难以脱离对母语的依赖，并较多采用传统的形式训练法，注重语音、语法、词汇等的学习。这和我们阶段的英语学习资源有很大关系。英语学习是一个长期、复杂的，需要付出艰辛和努力的实践和体验过程。然而，在日常的英语教学工作中，我们常常发现同一班级，有一部分学生英语成绩特别优异，有些学生学习过程相当吃力,成绩不够理想。到底是哪些因素影响和制约了学生学习英语的效果?

影响英语学习成绩的因素有很多,比如学生的学习积极性,学生学习英语的外部环境,家庭对学生英语学习的期望值的高低,以及班级的英语学习风气等。

现阶段,学校习惯于以考试成绩来划分学生的优劣,严重挫伤了低分学生的学习积极性;师生关系紧张,有的教师对"学困生"较为冷漠,使学生产生抵触、对抗情绪;授课内容多,起点高,步子大,部分学生跟不上教学进度,逐渐丧失学习信心。

而学生认为英语学习枯燥,学习兴趣不高;英语基础差,感受不到学习的乐趣,对学好英语信心不足,甚至讨厌、畏惧;怕吃苦,学习意志薄弱;没有形成良好的学习习惯。

更由于传统的教学观使教师把自己定位在"传道、授业、解惑"。因此,教师的英语教学存在的问题具体表现在以下三个方面。

一是部分教师还不能完全适应新教材的教学,其教学思想跟不上教材编者的思路,仍存在"穿新鞋走老路"的现象。在教学目标上,部分教师把较多的时间放在语言点的学习和语言技能的训练上,留给学生的活动时间相对减少,忽视了实际能力的培养,结构与功能两者之间的比重掌握不好。在教学方法上,被动多于主动,灌输多于启发,学生总是处于被动的听、记、背、练的苦学之中;重视对现有结论的记忆,而忽视学习的过程;重视教学的严格划一,而忽视学生个体差异的创造才能。这种做法不利于学生兴趣的培养,不利于调动学生学习的积极性,不利于他们自主发展与独立人格意识的形成。

二是部分教师对新教材各种课型教学的思路、模式和方法掌握不准，不懂得针对不同的课型建立不同的教学模式（有的教师把对话课上成阅读课），不懂得如何根据不同的课型培养学生听、说、读、写的语言交际能力，课堂教学步骤层次不清。

三是广大教师对新教材给予了高度评价，但部分教师在教学中也产生了一些困惑和误解。例如，有些教师认为交际教学反对教语法，学生只要能听会说就行，因而忽略英语基础知识的教学，课堂教学看上去热热闹闹，但实际教学却收效甚微。有些学生的读、写能力有所下降，准确性差，单词拼写错误百出，语法错误五花八门，结果又出现了“文盲英语”。这种倾向实际上是把“知”与“能”的关系对立起来。

这种种误区强烈要求教师要探索优化课堂之路，以提高英语学习课堂效率，提高学生英语学习的积极性。那如何提高课堂学习效率，我就几年来的教学，初步探究了提高课堂学习效率的一些作法。

一、树立正确的教学观，改革课堂教学

为了适应新教材的教学要求，教师要处理好教与学、讲与练、如何练以及为什么而练的关系。也就是说，在语言教学观上要有一个转变。第一，我们要树立语言是“学会的”，而不是“教会的”这样一个观念。教师的“教”，不能代替学生的“学”，教师把教材中的知识要点传授给学生，即使讲得十分清楚、正确，其效果也只能体现在学生认知结构中的了解和理解层次，至于学生的掌握和运用，则要通过学生的实践才能完成。第二，英语教学是一个师生共同参与的过程，其中学生是主体。旧高中大纲中有一句话：发挥教师的“主导作用”，现改为“指导作用”，一字之差，却反映出新大纲在教学观念上的转变。主导作用仍然是教师为主，学生为辅，而当今社会普遍强调“以学生为中心的课堂”，而不是以教师为中心。在课堂上，教师的角色应像导演一样，指导学生进行各种各样的课堂活动，课堂上真正的演员是学生。教师要尊重学生的主体地位，要舍得花时间让学生在课堂上多练，而不是教师独占讲台。这里需要强调的是，“多练”不仅是机械性地练习、背诵，教师还要指导学生主动参与各种有意义的、交际性的语言活动。第三，英语教学不能只局限于纯粹的语言教学，还要涉及目标语国家的社会文化背景知识的介绍，要重视文化的差异及其对语言的影响，帮助学生提高跨文化交际的意识，引导学生了解、学会运用得体的英语，避免交际过程中的文化误用现象，达到正确地运用语言进行交际的目的。

二、优化师生关系，营造和谐课堂气氛

确立学生是英语学习主体的意识，就要求我们教师密切关注学生的生命价值，关注学生的生活实践，并建立平等的师生关系。教师首先要把学生当成“人”，是有自觉能动性的人，是有一定认识能力的主体，而不是被动接受知识的对象。

1. 尊重学生人格，优化师生关系。

优化师生关系，首先要尊重学生的人格，相信每位学生都能获得不同程度的成功。课堂上，只要学生能开口说，教师就应该给予鼓励，对学生的点滴进步能及时表扬。实现平等、愉快、和谐的课堂气氛，则要鼓励学生多想善问，敢于发表自己的见解。尤其是有与教师看法不同的独特见解时，允许学生说错、答错，保护学生的学习积极性。这样，学生就会在无拘无束的课堂气氛中自觉参与，以最佳的心态投入学习。

2. 教学氛围和谐，学生民主平等参与。

增强学生的主体意识，需要师生之间有一种民主、平等、和谐的学习气氛。心理学家马斯洛指出人的五层需要，其中“尊重需要"已为我们广大教师所重视,并已经在教学中发挥了很好的作用。我们的教学对象是中学生,是一些期待着教师把他们当做"大人"的青少年,如果教师一直认为学生是"小孩",学生的期待就得不到满足,教师也会产生"居高临下"的态度,如果教师把教学看成"教师灌、学生装",那就看不到学生的潜能和主动精神,也就不会把学生看成值得尊重的人。教师对学生的尊重并对他们充满关心和期待,会对学生的心理和智力发展起到非常重要的作用。课堂教学是师生的双边活动过程,也是情感交流的过程。英语教学中,课堂教学不单纯是一种知识讲授过程,也是师生情感的交融、语言的交流、思想的共鸣,有效激发双方创造能力的过程。当代美国著名教育家、心理学家卡尔·罗杰斯认为:"成功的教学依赖于一种真诚的理解和信任的师生关系,依赖于一种和谐安全的课堂气氛。"因此,平等、愉快、和谐的课堂气氛是学生主动参与教学的整个活动过程的先决条件。

三、创新课堂教学环节,调动学生参与意识

学生是课堂的主人,是教学的出发点和归宿。作为教师,要树立一切服务于学生的意识,调动每一位学生的学习积极性,从而确立学生的主体作用。教师要把课堂作为一门艺术进行处理,精心地设计课堂的每一个环节。教育家孔子说:"知之者不如好之者,好之者不如乐知者。"在设计课堂环节时,要尽量地实现教与学的最佳结合,创设适合初中学生特点的,让学生能主动参与的机会,把英语教学从以教师为中心,从以掌握知识为中心转向以培养学习能力为中心,使学生能得到自主觉醒。

1. 创设学习情境,唤醒学生学习意识。

创造吸引学生的教学情境,使教和学都处于"情"与"境"有机融合的放松欢愉状态,从而使学生产生良好的心理体验,以浓厚的兴趣和积极的情感投入到教学活动中去，从而成为课堂的主人。有时，教师一个温暖的鼓励和充满兴致的微笑，就是一个轻松和谐课堂氛围的良好开端。

上课开始，我喜欢围绕教学目标进行精心设计，以生动有趣、学生喜欢的多种形式，或以一个幽默小故事，或与所学知识相关的谚语警句开始我的一节课，在一种漫不经心的状态下就牢牢地把学生们的兴致调动了起来。

2.引导学生主动探究，培养学生学习能力。

主动探究是主体性教学模式的重要部分，是在自主意识觉醒后，给学生带来学习上的愉悦、亢奋，学生自觉地将知识从感性向理性过渡的过程。当学生的认知结构与课文内容的知识结构没有连接时，就要在新旧知识间架设桥梁，为学生创设吸收、消化新知识的条件。

3.激发学习动机，调动学生积极性。

要想真正使学生成为课堂的主体，焕发其自主参与意识和持久的学习毅力，必须调动他们的内在动机——兴趣动机、融入动机和成就动机，同时刺激他们的外在动机。俗话说："哪里有兴趣哪里就有希望。"我将英文歌曲、美国习俗和俚语、词汇擂台赛等活动引入课堂，也许只是短短几分钟，却极大调动了他们的求知欲和好奇心。另外语言文学中所蕴含的奇妙文化也会促进学生们去探究这种文化的热情，而在口语对话和阅读理解中所体会的成功感，都会极大激发学生们的学习积极性。我也会适时给他们以恰如其分的赞扬与肯定。有时老师一张小卡片上的短短一句话，都会对学生产生不可估计的影响力。

4.利用多媒体，激起学生学习兴趣。

多媒体具有直观性、交互性、动态性、高效性等特点。利用多媒体既可以帮助学生建立新旧知识之间的联系，又可用于文化背景知识的直观演示，以及单元知识的当堂反馈。文字的动画，加上精彩的画面使学生们的学习兴趣被极大地调动起来，而这种文化上的熏陶更培养了他们珍视历史文化的人文精神以及双语文化能力。

5.师生易位，激励学生自我学习。

课堂展开师生互教互学活动的探索。我就教材某个单元内容让学生作简单总结归纳，或让学生就文章人物及背景文化作扼要介绍。其他学生可以向小老师提出问题，小老师尝试在自己的能力范围内给予解答等等。这样的活动大大调动了学生的自我参与意识，并提高了他们梳理所学知识、形成脉络的能力。

6.课外广泛阅读，激发学生学习情感。

教师应要求学生在课外要广泛地涉猎，不断扩大接触英语国家文化的范围，提高学生对中外文化差异的敏感性和鉴别能力，教师可以向学生推荐一些难度适宜，题材广泛且使学生感兴趣的报纸、书籍。如短而精辟的文章，教师可要求学生自主地去阅读这类文章，然后同学之间交流学习心得、学习笔记，在阅读的过程中通过上下文推测生词的含义，有意识地去识记一些感兴趣的单词词组、句子，达到扩大词汇量，培养阅读速度的目的。还可以学唱英语歌曲，了解最新的英语新闻，学生在自主地接触了一些鲜活的、地道的英语表达法后，会不自觉地相互交流，从而达到共同提高的目的。那些课外能自主学习、合作学习、广泛阅读的学生，他们的阅读能力、阅读速度提高得很快。英语学习的兴趣也越来越浓。

学生是学习的主体，我们教师要始终把充分发挥学生的主体性作为出发点和着力点，把激活学生的思维作为教学的归宿；要根据学生的年龄特点和知识水平，创设符合和适应学生学习的教学环节，创设平等、愉悦、轻松、和谐的课堂气氛，积极引导学生参与课堂教学的全过程。要设身处地从学生的角度去理解学生的学习情境，从而充分调动、发挥学生的主动性，激发学生的创造性，促进他们活跃、自由地投入到教学活动中，从而真正成为课堂的主人、学习的主人。

（此论文获2010年广西壮族自治区论文评比二等奖）

【主要参考文献】

1. 王佐书：《向课堂教学要质量》，哈尔滨，黑龙江教育出版社，1994。

2. 新课程实施过程中培训问题研究课题组：《新课程与学习方式的变革》，北京，北京师范大学出版社，2001。

3. 夏谷鸣：《正确把握英语课堂以人为本的思想》，载《中小学外语教学》2002年第8期。

4. 中华人民共和国教育部制订：《英语课程标准（实验稿）》，北京，北京师范大学出版社，2001。

5. 国家教育部：《高级中学课程标准》，北京，人民教育出版社。

6. 冯克诚：《课堂学生学习方法指导全书》，北京，国际文化出版社，1996。

怎样提高高中学生的英语阅读理解能力

■霍枝朵

【内容摘要】提高阅读水平的首要任务就是要懂得怎样积累词语。积累词汇有很多种方法。另外有效的阅读技巧以及广泛的阅读是提高阅读水平和理解能力的必经之路。精读和泛读有机结合，通过阅读生活故事、科普文章、传记历史、文学作品等不同体裁的文章，有助于提高词汇量，了解英美文化背景知识，对阅读能力的提高大有裨益。

【关键词】精读　泛读　词汇量　阅读技巧

要提高学生的阅读能力，教师一定要改变教学思想，充分利用教材所提供的丰富材料，让学生进行有目的的阅读实践，使其掌握阅读的技能和技巧。这不仅是新大纲对教师提出的要求，也是广大教师的职责所在。为此，笔者试从以下三方面阐述培养学生阅读能力的方法。

一、一定的词汇量是阅读理解的基础

要提高阅读水平，词汇量的积累非常重要，就好比造房子要砖瓦材料一样，词汇就是阅读英语的砖瓦材料，没有相当量的英语词汇，英语阅读是无法进行的。所以提高阅读水平的首要任务就是要懂得怎样积累词语。积累词汇有很多种方法，有人背字典，有人看原著，有人研究构词法。背字典被看做是最常用的方法。因为背字典看来是与单词最直接的接触，市面上有很多提供给各种层次的学生背的字典。于是，如何选择适合自己的字典又成为了我们需要考虑的另一个问题。然而，若只是拿本字典来背，实际上是对阅读能力架空的一种学习方法，不适合英语水平较低的高中学生用。

我们不妨这么做：在通读全文后看第二遍，遇到生词尽可能根据上下文所提供的信息来猜生词的意思，仍猜不出的就查字典，然后把生词抄写在可随身携带的小本子上。每天有空时，就拿出这个小本子背诵记忆，这样做不费时效果却很好。一段文章放在读者前面，首先是眼睛看到文字，大脑产生视觉形象，即自觉信息。读者的阅读过程是单词—句子—段落—全文，因此，扩大词汇量成了提高阅读理解能力的关键。教师可以从以下几方面引导学生如何记单词：

1. 可以根据单词的词根去记忆单词。例如，以“re－”作为前缀的词都含有“again”的意思。类似的词有：restore, replace, reuse, rebuild, recreate 等。还有，以“－less”作为词尾的词含有“少，缺少”的意思。类似的词有：careless, meaningless, useless 等。

2. 可以根据词与词之间的联系扩大词汇量。有些词是形音联系的，如，学习了“tall”这个单词就会联想到“talk”这个单词，继而形成以下联想：walk—wall—all。还可以根据词的意思联想扩大词汇。如 telephone 可以想到 phone, call, ring，由 listen 想到 hear。就这样通过词与词之间的联系能够有意识地扩大学生的词汇量。

3.在识记单词的同时注意单词的一词多义。根据单词在文章中的语境选择合适的意思理解文章。作为老师，我们应该时刻提醒学生注意单词的积累。告诉学生要提高自己的阅读能力首先要过词汇关。

二、掌握有效的阅读技巧是学生提高阅读能力的手段

培养良好的阅读习惯是提高阅读能力的基础。熟能生巧，大量的阅读能对学生的大脑造成连续的文字刺激，熟悉运用高效的阅读技巧，能提高阅读能力。结合新教材对阅读课文的重新编排，我们可以看到，在新教材中有“re－reading”和“post－reading”两项内容分列于阅读正文的前面和后面。教师可以根据这样的安排有意培养学生的阅读能力。

1.读前准备。在正式阅读文章之前，首先，教师能向学生简要介绍一下文章的背景资料，有助于学生对所要阅读的材料的理解，燃起学生阅读的兴趣。特别是关于中西方文化上的差异，教师平时应该多讲。其次，关于阅读文章中的生词的处理，有专家认为，不查字典，不讲词义，而靠上下文来推断，意在培养学生的猜词能力，但不可以理解为完全不查字典。所有生词不做处理，而完全让学生猜词义，这是不切合实际的，只会造成学生对词义一知半解。我认为单词可以在阅读前处理，也可以在阅读中处理。形式可以在特别设定的句子中，让学生根据上下文在句中猜词义。也可在文章中猜词义，对一些抽象词则用中文解释效果会更好。因此，教师在学生阅读文章前，应尽可能编写一些通过上下文能猜出生词含义的句子，训练学生猜词的能力。

2.抓住主题句。文章各段都是围绕一个主题或一个中心思想构建起来的。一般来说，有两种方法，一种是演绎法，利用一个主题句导出一个段落的主题;另一种是归纳法,作者先阐述内容,然后在段尾归纳出文章的中心思想。

3.避开非关键词。阅读的目的要明确,要培养学生抓住句子的大意,就要先让学生学会抓住文章的关键词,尽量在最短的时间内理解文章的大意。

4.整体理解。经常听到有学生说,句子都能看懂,但读完文章印象却不深,这就牵涉到对文章框架结构的整体理解。如何学会对文章的整体理解呢?首先,要重视文章的题目和文章段落的首句。因为文章的题目就是文章的主题,文章的内容就是环绕主题展开。首句很关键是因为首句是文章的导入,点明作者写文章的意图、背景等。接着每一段的第一句也很重要,因为它实际上多半是每段的主题句,然后据其进行陈述或论述,逐步展开,给予例证,最后把该段内容来一句话小结,所以每段的最后一个句子常常是该段的结论句。而整篇文章的最后一句就往往是这篇文章的结论或作者写这篇文章的用意所在。所以我们在阅读文章时要养成这样一个习惯:见了文章的题目,要停顿一下,想一想,如果让你写这篇文章你将如何写,或猜一猜,这篇文章大概写什么,然后你会饶有兴趣地读下去。接着往下阅读时特别注意每段的第一句与最后一句,并用心记住,在读完全文时清晰地将主要内容像过电影似的一幅一幅地印在脑中,这样则既把握住了全文的主要内容、论点、论据,又学会了作者的逻辑推理方法技巧与整篇文章的框架结构。

三、广泛的阅读是提高阅读理解能力的必经之路

由于词汇量的扩大以及良好阅读习惯的逐步形成,学生的学习理解能力有了提高,为了进一步培养其阅读理解能力,应拓宽阅读空间,精读、泛度有机结合。要提高学生的阅读能力光靠书本上的那些文章是不够的,要积极鼓励学生广泛阅读课外英语文章。

阅读有关文史、地理、名胜、人物等文章不但可以增加词汇量，而且可以了解更多的他国文化。

读书既要仔细研读又要博览，在精读的基础上进行泛读，才能打开眼界，扩大语言的接触面，增加对语言的熟悉程度。所谓精读，就是把选择好的材料认认真真地反复阅读，弄清每个句子的语法关系，理解每个词的含义，反复朗读，仔细体会，为泛读打下比较牢固扎实的基础。精读材料以教材中的课文为主，还应选择一些优秀的、符合自己程度的、经典的和标准的英语作品作为精读材料。认真仔细、反复地读一本书，熟悉其中的语法、句型和新的语法现象，掌握一两千个单词，达到举一反三，触类旁通，再读其他书刊就不会觉得难了。通过读破一本书培养阅读能力是一件很艰苦的事，需要付出巨大的劳动，但渐渐就会尝到甜头。

当学生掌握了一定的词汇，并具备了一定的语法知识和分析能力以后，就要进行泛读，以巩固和扩大词汇量，进一步提高阅读能力。

精读是基础，泛读对精读起巩固促进的作用。反过来，精读做好了，又会对泛读起到提高的作用。可见，精读与泛读是互相补充、互相促进的，只有在精读的基础上结合泛读，才能扎扎实实地稳定前进。

总之，精读和泛读有机结合，通过阅读生活故事、科普文章、传记历史、文学作品等不同体裁的文章，有助于提高词汇量，了解英美文化背景知识，对阅读能力的提高大有裨益。

（此论文获2004年中央教科所教育教学论文评比一等奖）

如何有效地提高英语听力

韦婀娜

【内容摘要】听是说的基础，是人们言语交际能力的重要途径之一。有效提高听力，是培养为交际而运用语言的能力，为此在英语教学的过程中应充分认识到听力的重要性。而造成听力困难的成因有母语干扰、心理因素、语言基础知识及文化背景知识的缺乏、缺乏训练及解题技巧等。针对这些成因，本文总结出六种有效提高英语听力的主要方法。

【关键词】有效提高　英语听力

英语听力，就是能听懂和理解以英语为本族语言的人说话的能力，它是语言能力的重要组成部分，是吸取语言信息及获得语言感受的主要途径。在英语的听、说、读、写四种技能当中，听处于最基础的地位，是提高其他技能的基础，是人们用英语进行交流的重要手段。因此，在英语教学过程中，听力教学应以听为中心，并与说、读、写相结合，相互促进，从而有效地提高英语听力。有效地提高英语听力有助于全面培养和提高为交际而运用英语这一语言的能力，充分体现了语言作为一种有声的交际工具，主要是为实现其交际的功能。为此，作为英语教师，必须对“听”给予足够的重视。

但是目前的中学英语教学中的听力教学无论在理论上还是在实践上均处于探索阶段，还不能很好地解决“听”这个问题，突出反映在英语课堂教学和考试当中。学生普遍对笔试得心应手，但对听力考试却望而生畏，有些学生对简单的听力材料都束手无策，更别说是较难的会话听力材料，听过之后往往抱怨“听不清”“听不见”，实际上就是“听不懂”，无法在有限的时间内准确地理解并掌握说话人的意思。

一、听力困难的成因

1. 母语造成的干扰。

许多学生在听到一段语言信息后，常受到母语干扰，习惯用中文逐词翻译出来，而不能直接把听到的语言信息转化为一定的语言情景，不能用英语进行思维，这无疑增加了中间翻译再转化为情景这一环节，因而影响了反应速度和记忆效果。由于汉语的句子结构、语序、时态、语态等方面与英语不同，也就是说依赖汉语来理解句子不仅速度慢且容易造成理解错误，不能做到听音会意，破坏了直接反应。再者是听的时候集中于心译，无暇顾及对所听内容的整体理解及领会，那就更谈不上捕捉材料中的言外之意了。对于一些较长的不同于汉语表达习惯的句子，心译便暴露出其缺点。如：He hardly had time to settle down when he sold the house and left the country. 听到这句话，听者不仅要在脑中搜索与 hardly…when…相应的汉语，还要考虑时态，然后再领会其意，速度自然就慢得多，而且容易理解错误。

2. 心理因素的障碍。

听力理解的过程是一种较为复杂的心理活动过程。当人们的情绪处于紧张焦虑的状态时，就易产生恐惧心理，从而使原来可以听懂的内容也大打折扣。另外，过度的兴奋及沮丧亦会影响听力的效果。过度的兴奋使脑细胞处于一种积极的活动状态，这样精神难以集中，思维更不能形成一定的定势。而过度沮丧使人们沉浸于一种抑郁的状态，难以调动大脑中的积极因素，对所听内容自然无法吸取获得。而对于大多数学生来说，他们不善于调整自身的心理变化，从而造成听及听力理解上的困难，学生在听时的感情因素和听力理解的有效程度也有着直接的联系，如果学生听音目的明确并有着强烈的听者欲望，其效果就好，反之，如学生对听力活动不感兴趣，会产生心理抵触和厌倦情绪，听的效果必然差。

3. 语言基础知识及文化背景知识的缺乏。

听力是听和理解能力的总和。语言基础知识是听力理解的必备条件，而听力理解过程是运用各种知识和技能的过程。如果学生没有掌握正确的发音，没有一定的词汇量及辨别语法结构的能力，要听懂听力材料是困难的。有些学生在刚开始学习时就没有掌握单词的正确读音，长此以往，特使是对发音相近的词，如：sheep—ship，world—word，fine—find 及一些同音异形词，如：to—two—too，there—their 等等不能正确辨认。再者是英美语音差异，英美英语除在词汇上有差异外，在读音上也不尽相同，有些读音差别还相当大。而我国英语教学过去基本上采取英国语音教学体系，随着对外开放，美音教材逐渐增多并有流行趋势，有些学生因不熟悉英美语音差异而产生听力障碍。语速障碍，目前与教材配套的课文朗读带语速较慢，有些英语教师用英语组织课堂教学时的语速也偏慢，久而久之，学生形成习惯，遇到正常语速的听力材料就不能适应，如遇到一些连读、弱读、重读、失爆、重音转移等语音语调变化时更是无所适从。若是词汇量少，掌握词汇的熟练程度及对一词多义，同音异义的不能确定，也必定会对听力理解造成困难。而如果语法知识贫乏，则会使学生无法正确判断动作发生的时间，动作的执行者、承受者以及虚拟等情况，这些都会直接影响听力理解的效果。

语言是文化的一种表现形式。我们既然把英语作为一门外语来学习，就必须了解和熟悉一些英美国家人民的生活习惯、文化背景、风土人情、生活方式等。比如一些听力材料中常出现的 Thanksgiving Day ,April Fool 等，若没有一定文化背景知识，学生会对这些感到茫然，也会对他们直呼长辈名字及见面就以谈论天气为主更感疑惑不解，这必定会对听力造成更大的困难。

4. 缺乏训练理解题技巧。

对于大多数学生来说，造成听力困难的另一方面原因便是缺乏训练及解题技巧。平时大的语言环境都是以母语为主，只有在上英语课的 45 分钟才有可能听到英语，若在课堂上英语教师又用汉语教英语，那么学生训练英语听力的机会及时间会更少，有的只有在听力课中才有机会完全处于“听”英语的状态，但又由于受母语的干扰，学生在听力训练过程中有着不良的听力习惯，那就是力图把每个词，每个句子都听懂，遇到不理解的单词或句子时便停下来思考，平均分配了注意力，试图记住并理解所听材料的全部内容，结果反而不能形成完整的概念。特别在考试时因时间关系来不及细读题目，答题过程中没有正确的解题技巧，不会带着问题去听及在听不懂时根据上下文去猜测，不会利用听到的内容进行整理、归纳、综合、分析，这种单纯运用所听到的有限材料去解题是不够的。

二、如何有效提高英语听力

1. 为学生创造良好的语言环境。

目前制约学生听力水平提高的一个重要因素是听力环境问

题。在日常生活中，学生多半时间接触的信息仍然为母语，因此，为了使学生的听力与客观事物建立直接的联系，提高英语教学效果，就应立足于课堂教学，努力创设良好的语言环境，教师必须充分利用有限的时间，坚持用英语组织教学，增加学生听的机会，培养学生用英语思维的习惯，促使学生用英语学英语，同时使课堂成为一个小小的英语世界，尽量摆脱母语的干扰，推动学生听、说、读、写四项技能的发展及语言综合能力的培养。

(1)课堂用语。

课堂上教师应尽量用英语组织课堂教学的各个环节，不能因为学生水平不一样，担心部分学生听不懂或怕耽误时间，就用汉语教英语。教师应利用学生已学过的英语来解释句子或介绍新的教学内容，就课文中的对话或课文内容用英语进行问答练习，教师对学生发出指令或师生交流、对答，以及对学生评价等尽可能地用英语，营造良好的语言环境，使学生在潜移默化中提高听力水平，以便在真实的情景中增强运用英语的能力，培养用英语思维的习惯。

(2)录音磁带。

要想提高听力能力就得多听，所谓劳有所获，课文的原声磁带是我们拥有的最方便、最佳的听力材料。在上课文对话时，我常要求学生先听问题然后合上课本听录音再回答问题，最后再打开课本听录音，让学生模仿正确的语音、语调。对于较长或难懂的课文，则先打开书边看边听边分析问题，接着讲解文中的重难点后合上课本再听，回忆重现重难点知识及句型，并要求用自己的话去复述课文内容。这样既培养了学生的语感，也不影响学生对语篇的整体性理解，另一方面还可训练用英语思维的习惯及纠正发音和提高口语的流利程度。早晚读时间还将学过的对话或课文的录音反复听，达到复习巩固的目的。

(3)开展课外练习听力活动。

成立英语学习兴趣小组,举办各种课外活动,使课外活动成为练习听力的教学辅助手段。比如观赏英语节目,听英语歌,听英语小故事及笑话等等。通过观赏英语节目,在一定程度上能够弥补缺少与以英语为本族语的人直接交流方面的不足,有利于学生对日常会话的语速有正确的把握及形成正确的英语语感。英语歌曲悦耳动听、旋律优美、歌词生动,不仅能欣赏,还可通过音乐开拓思维形象空间。听英语小故事及笑话可增强学生听的欲望与兴趣。这些不仅不会增加学生的负担,还可以增加接触英语的机会,为学生营造更好的语言环境,加强了听的训练。

2. 帮助学生做好听的心理准备。

保持良好的心理状态,避免过度紧张激动或沮丧无信心,对于提高听力非常重要,所以,帮助学生做好听的心理准备是非常必要的。

要做好这一工作,首先要了解学生在训练听力时的心理状态。就笔者这几年来的观察,主要有以下两种不正确的心态:第一种存在于听力水平较好的同学。这些同学对自己的听力水平过于自信,在听简单听力材料时会出现“轻敌”心态,容易过度兴奋,经常掉以轻心,自以为容易而不假思索马上填答案,结果就因粗心而失分较多;而在听较难的听力材料时,又显得异常的焦虑不安,特别是在没听懂语篇中的一两个单词或句子时更是如此,剩下的语篇无心再听。因此这部分学生在实际考试中听力分数往往比不上平时听力水平较差的同学。第二种心态存在于听力水平较差的学生当中,这些同学通常一听到放听力材料,马上显得不知所措,神情沮丧,缺乏信心,把自己置于一个完全被动、消极的角色之中,在听的过程中难以投入,一听就怕,越怕越听不懂,越不懂越不想听,失去听的兴趣及欲望,久而久之便形成了恶性循环。对这两种情况,教师应在教学过程中让前一种学生认识到听力学习的艰巨性，应在听的过程中戒骄戒躁，以一颗平常心去对待，正确对待所遇到的困难和挫折，提高自控能力，稳定情绪，树立起心理优势。在遇到听不懂的部分有可能在语篇的其他部分再次出现，或者即使不出现，也可通过上下文做出合理推测；或者可能并不影响整个语篇的理解，只起一个辅助的作用。认识到这点有助于在稳定的心理状态中提高听力水平。而对于后一种学生则应多加鼓励，听的过程中从易到难，从简到繁，从少到多，鼓励他们试着去听，去多听，分阶段训练，目标明确，循序渐进。在听的过程中还可尝试加上背景音乐，教师则用轻柔的语言创造安全舒适的心理氛围，不时给学生以鼓励的话语，消除自卑心理，树立自信心，教师对每一点进步均给予及时的表扬，增强其自信心及听的欲望，如此持之以恒，听感便可慢慢形成，从而逐渐习惯而接受它，那么听力自然而然地提高了。

3. 加强语言基础知识及文化背景知识的教育。

不具备一定的语言基础知识，要听懂是困难的。语言基础知识包括语音、词汇和语法。在听力教学过程中，应注意加强语言基础知识的教育。

在语言学习的初始阶段，分类强化语音训练对提高听力水平特别重要，我们首先通过讲解、示范，帮助学生发音，辨别相似的、容易混淆的音素，如/iː/—/i/，/ʌ/—/aː/，/s/—/z/，/r/—/l/等音素；bit /beat，cut/cart，bed/bad，light /night，cause /course 等词及数词 18/80，8:30/8:13，1990/1919 等读音。同时进行近音词、数词、日期、否定词、缩写的专题训练；选择适当的录音材料进行模拟、跟读或听写练习；培养学生对语音中的连读、同化、不完全爆破、弱读、重读、升调、降调等一些语意语调的敏感性以及语速的适应性。接着选用英美人士的对话录音材料，帮助学生在实践中不断掌握辨音技巧,培养语感,熟悉并模仿标准的英语对话和朗读;同时分析说话者如何利用不同的语调表达态度、感情及隐含的内容。从学习的初始阶段打好语音基础,掌握朗读技巧,对提高听力水平无疑会起到事半功倍的效果。

在听力理解过程中,不仅仅要加强语音知识,同时又要领悟连贯语流中出现的生词、连接句与段落的词、短语甚至句子,否则就难以对语篇有整体的理解。这就要求学生同时具备一定的词汇量及牢固的语法知识,如一些词可反映话语内容的发展或语气的转折,使语篇具有连续性,如表示因果:because, as, for, since, so, therefore, as a result 等;表示转折:but , although, as, yet , however 等;表示强调:indeed, anyway, in fact 等;表示递进:beside, what's more, worse, still 等;表示时间:first, second, third, next, after, that, then, last, finally 等;表示总结:in a word, to summarize, to conclude 等。

有了语言基础知识,要提高英语听力,还应具备一定的以英语为本族语言的国家的文化背景知识。文化背景知识包括两大类:知识文化和交际文化。主要包括社会文化习惯和民族文化特点的交际用语和词汇,如姓名排序,打招呼用语,感谢语,告别方式等中西表达方式不尽相同。在他们看来,晚辈直呼长辈的名字是体现相互平等,而中国则是显得没教养;见面时常以谈论天气为主,而不是问对方"吃饭了吗?"这样的问题;对别人的赞美表示感谢而不说"这没什么"或" 没有,没有";对一些纯粹个人隐私问题除非是非常熟悉的朋友,否则不会问及如年龄、收入、个人感情等问题。掌握了一定的文化背景知识,对提高英语听力有很大的帮助。

4.精心设计听力材料。

在目前的听力考试中,测试的内容主要涉及日常生活、文化教育、风土人情、时事和科普常识等方面。选好合适的听力材料，对有效地训练与提高学生的听力理解能力至关重要。选择听力材料时笔者注重以下三个原则：

(1)真实性原则。

为了适应日后多样化的交流需要，应让学生广泛接触多种题材(社会生活、日常生活)和多种体裁(对话、独白、新闻、广播、讨论、歌曲)等语言材料，材料应真实、自然、有实际意义，最好使用不同年龄、身份、性别的英美人士在自然场合下的声音。

(2)可理解性原则。

听力材料选择应由易到难，由少到多，从短句到长句，从句子到短文，从短文到临场对话，逐步深入，循序渐进，以学生能听懂基本内容为前提，难度应略低于阅读材料，还应从内容、词汇、语速等几个方面考虑。内容应避免雷同或偏颇；词汇应尽量控制在学生掌握范围内适量增加，但应不超过全文词汇量的5%左右；语速要求自然流畅，相当于真实生活中一般英美人讲话的速度。

(3)同步性原则。

所选材料应与教材同步，使听力材料成为教材内容的补充或延伸，同时使所听材料与已学知识和语言现象得以重现，便于积累和记忆，也能减少听力训练中的盲目性，控制听力训练的难度，增添学生的成功感，这对有效提高听力不无裨益。

5.设计有效可行的训练方法。

有效的听力训练是培养与提高学生听力理解能力最重要的过程和关键的环节、在设计训练方法时力求做到以下几点：

(1)视听结合的训练。

把耳听和眼看结合起来，训练学生听英语时使用的直观手段，即采用视听结合的方法，既有助于学生进行形象思维，促进学生耳听会意，又可使听的教学情景化，增添听的情趣。具体方法可以是边看边听，先听后看或先看后听。目前的高中新教材均是提供了大量的实物图示，尤其是在对话课的教学中就可采取视听结合的方法，在培养学生听说读写基本能力的同时，重点突出学生的听说能力。如我们在每份听力材料中就可采用视听结合的方法，首先让学生看问题，从问题中可看出对话的主题是什么，让学生在听之前对对话的内容进行自由发挥与合理想象，猜测即将进行的人物会进行什么样的对话，然后让他们听录音，回答教师提出的问题，再看文中对话，比一比刚才谁说的内容与课文内容最接近，这样通过视听相结合的训练方式，可大大提高学生的学习兴趣，既降低了听力的难度，又有效提高了听力。

(2)听读结合的训练。

通过听音和看文字相结合，利用文字促进对有声语言的理解。具体方法是边听边读，先听后读，先读后听后边读边听。它的优点在于：①有助于排除听音中的语言障碍，使听音化难为易；②将声音和文字相对照，有助于提高辨音、悟音的准确率。

(3)听写结合的训练。

听写训练是训练学生听力不可少的环节之一。整个听写练习包括听写单词、句子、短文等。听写句子时，注意句子的意思及语段的停顿。让学生第一遍听意思，第二遍写，第三遍检查；听写短文，可用有缺词的书面材料，边听边写进行填词，这样可以有计划地训练日期、数字、单词、连读辨音能力，经常这样训练，在应试中做到类似的题目时便不会感到束手无策，同时听写材料要求难易适中，难度可随训练的次数而增加。

(4)听说结合的训练。

语言教学的根本目的是为了培养学生的语言交际能力，语言是交际工具。因此在听力训练时,应让学生围绕听的材料说,在听懂的基础上说,在说的同时增强听的能力,使两者相互结合,相互促进。

①口头回答问题。学生听完一段材料后要求他们根据材料内容所提的问题作简单的口头回答,如一般疑问句用"yes"或"no"回答,特殊问句用省略回答。

②口头判断选择。让学生听完一段材料,教师根据材料内容设计正误判断句子,学生听后用"True"或"False"回答;或教师根据材料设计选择题,让学生选择正确答案。

③口头概述大意。让学生听完一段材料后,在口头回答的基础上,用简要的句子口头概述大意。

6. 加强解题技巧的指导,提高听的效果。

有了以上几点提高英语听力的主要方法,如果学生能够获得解题技巧的启发和指导,对提高答题能力有事半功倍之效。那么在听力训练过程中应指导学生做到以下几点:

(1)预读题目及选项内容。

在听材料前,学生应抓紧时间,快速浏览题目及选项,捕捉一切可以从题目及选项上获得的信息,同时预测内容,打有准备之仗。

(2)边听边记,强化记忆。

听录音时要养成记录的习惯,尤其对一些数字、人名、地名的摘记,因为这些内容容易过耳就忘。另外,记的时候学会找窍门,比如说数字可以用阿拉伯数字记,人名、地名则用个别字母作提示去记,长词可用缩写,长句记主要成分等。

(3)猜词辨意。

在听的过程中有的音或词句没有听清楚,可根据上下文来猜测自动弥补,甚至可跳过,但切勿停下来思考,否则会影响随之而来的内容。

(4)善于识别与听懂关键词。

在听较长的对话或短文时,注意力应集中在整体内容上,找出对话的关键词及文章的主题思想,把问题与提干联系起来,这样解题自然会得心应手。

学习语言的最终目的是运用语言,运用语言最重要的、最直接的方式是交际,而提高英语听力的目的是培养为交际而运用语言的能力。为此必须充分认识到听力的重要性及造成英语听力困难的成因,针对这些成因为学生创造良好的语言环境,帮助学生做好听的心理准备,精心设计听力材料及有效可行的训练方法,加强解题技巧的指导,有效提高英语听力,从而促进听说读写各项技能互相促进,平衡发展,培养学生综合运用语言的能力,实现英语课堂交际化,全面提高英语教学质量。

(此论文获2007年广西教育学会第十次优秀科研成果评比一等奖)

【主要参考文献】

1. 刘润清:《二十一世纪的英语教学》,载《外语教学与研究》1996年第1期。

2. 王菊娣:《充分利用教材录音　培养学生听的能力》,载《中小学外语教学》2002年第4期。

3. 李志琴:《提高学生英语听力的尝试》,载《中小学英语教学研究》2003年第4期。

物　理

改革课堂教学，培养物理思维

黄际光

【内容摘要】课堂教学是创造性思维碰撞的空间，是学生构建物理思维的主阵地。培养学生创新的物理思维，必须进行课堂教学改革。在物理课堂教学中，培养学生的物理思维必须把以下教学要求落实好：帮助学生深刻理解概念，培养正确的解题思路，掌握科学的习题训练方法，培养学生的物理实验能力。

【关键词】课堂改革　培养　物理思维

新课程改革的课堂教学，要求教师转换角色，教师需成为引导者、合作者、创造者；在学生的学习方式上，体现学生自主、合作、探究。实际上就是在课堂教学中，引导学生自主参与，共同探究，培养学生的思维能力，促进学生健康发展。课堂教学是素质教育的主阵地，是创造性思维碰撞的空间。培养学生创新的物理思维，必须摒弃传统的课堂教学模式，进行课堂教学改革。在物理课堂教学中，把下面几个课堂教学环节落实好，培养学生的物理思维。

一、理解概念是形成物理思维的前提

物理知识是由一系列物理概念和规律构成的，物理概念反映了物理现象和过程的本质属性，是物理思维的抽象。它不仅是构成物理规律和公式的基础，而且是物理基础理论的重要组成部分。很多学生在学习物理的过程中，都感到很难学，其根本原因是没有很好地掌握物理概念，从而无法形成物理思维、构建物理语言、探索物理规律。因此在中学物理教学中首先应引导学生建立正确的物理概念，并深刻理解它，然后才能进行物理规律和物理理论的教学和研究。

理解物理概念是形成物理思维的基础，正确的概念是正确思路的基本单位，概念不清，规律不熟或掌握不牢则无正确物理思维，更无法进行知识能力的提高和变迁。譬如对加速度的理解，加速度是人们为了研究运动规律的需要，通过对运动现象的观察、分析、抽象概括出来的概念。教材中定义：在匀变速直线运动中，速度的改变量与所用的时间比，叫做匀变速直线运动的加速度。但要特别注意防止学生对加速度这个概念的错误认识，笼统地认为：①认为加速度大，速度就一定大；②加速度的方向跟速度的方向一致；③速度为零加速度就一定为零；④正加速度的量值总比负加速度大；负加速度一定与速度方向相反。这些错误认识的原因是学生模糊了速度和加速度概念的本质区别，学生没有根本理解加速度。速度是表示物体运动状态的量，而加速度是表示物体运动状态变化快慢的量，要使学生对加速度的概念有个整体认识，从而才能形成清晰的物理思维。

二、明确思路是形成物理思维的基础

我们常说"教学不能只是单纯传授知识，要教方法，培养能力，教学就是教会学生自己学"，在教方法，培养能力之中，就包含着教给学生正确的解题思路，如果在学生的头脑中不具有若干种解题方法和思路，在思考问题的时候，就没有明确的目的和方向，在解题时，就会答非所问，不得要领。

事实上，由中学物理的学科特点和解题的需要，已经形成了一些行之有效的解题思路，让学生掌握这些解题思路是至关重要的。譬如，对一般的物理题，应有如下的思路：

1. 审题：已知是什么，未知是什么，需要用到的物理知识有哪些。

2. 确定研究对象，弄清物理状态和物理过程，确定使用哪些物理规律。

3. 建立物理方程。

4. 数学运算和讨论，分析讨论，验证解题的正确性。

当然，也要经常注意讨论和批判错误的思路。对于有些物理题尚有一些具体或特殊的思路，为让学生掌握这些思路，单靠死记硬背是不行的，要靠经常性的教和练。在教学中，每逢发现学生的错误思路时，不应急于马上否定而给出正确答案或思路，应抓住这个时机引导学生讨论，进行思路上的辨析。因为辨析思路的过程，正是学生有学习思考的强烈兴趣和积极性的时候，是教学的一个好时机，是克服学生思维障碍的好时机，可形成积极的物理思维。

三、科学训练是形成物理思维的保证

在物理教学中，习题教学是一个很重要的环节，对于帮助学生深入理解基本内容，培养分析问题和解决问题的能力，从中汲取广博的实际知识，提高教学质量等具有不可替代的作用；同时，习题教学也是灌输科学方法的一种有效途径。但目前中学物理习题教学中存在的一些问题却严重地影响了教师的教和学生的学，使教学无法达到预期的效果，出现学生厌学，教师厌教的现象。只有正确的认识习题教学中存在的问题，并认真分析原因，寻找解决办法，才能提高教学效果，使物理教学变得轻松而有趣味。

目前，相当部分物理教师的教学中普遍存在着抢时间、争地盘的做法，采用题海战术，对布置的作业不加选择，滥发各种试卷、复习资料给学生，不少题目学生要重复练习多次，一些偏题、怪题、超纲题更是让学生伤透脑筋。机械模仿、简单重复代替了创造性劳动，其结果是耗时低效，挫伤了学生的学习积极性。要避免题海战术，要求教师讲解的例题和布置的作业都应有明确的知识和能力上的教学目的，选择要精、要准，要让学生通过解题得到满足，获得乐趣。

还有一部分教师在教学过程中有一些误区，他们认为只要学生多练就一定能提高学生的解题能力，具体表现在虽按规范的解题步骤解了大量的物理题，但只懂得仿照老师讲过、参考书或课本上学过的例题来解答习题，碰到自己不熟悉的题目时就六神无主，无从下手，于是就试图通过做大量的题目，直到把所有类型的题目都做过来提高自己的知识、能力和成绩，结果却适得其反。有许多物理问题，可以从不同角度用不同方法去分析和思考，有多种解题途径，一题多解。例如：质量为 m_1 的机车，牵引质量为 m_2 的车厢在水平轨道上以速度 v_1 匀速前进。某时刻车厢与机车脱钩，机车在行驶路程 L 之后司机才发现，并立刻关闭发动机。设机车与车厢在运动中所受阻力均为所受重力的 k 倍，且恒定不变，最终两车静止时相距多少？老师可引导学生分别从力学观点、能量观点、动量观点来解决这道题目，开阔学生解题思路，提高思维能力。

四、实验教学是创新物理思维的源泉

实验是物理学科的基础，也是物理知识的源泉，加强实验是物理教学的时代特征，又是提高物理教学质量的先决条件。同样，实验也是形成物理概念、建立物理规律的重要方法，学习物理就是通过对物理现象、过程获得必要的感性认识，这种感性认识可以来源于学生的生活，也可以来源于实验提供的物理事实。通过物理实验培养学生的观察能力、思维能力、探索精神以及良好的学习方法，也是应试教育变为素质教育，提高人才科学素质的重要手段。

实验课包括演示实验和分组实验。传统的课堂演示实验教学，通常教师演示，学生看，但是很多实验学生根本看不清，特别是后边的学生。不同程度的限制和阻碍了学生智能和潜能的发展，直接影响学生实验心理素质的提高。因此，在演示实验中，应积极引导学生观察、猜想、分析、归纳总结，甚至在实验操作上让学生积极参与，让学生充分了解实验的内容，多次重复，加深印象，巩固记忆。例如：在“楞次定律”一节的教学中，可以由原来的课堂演示实验为边做边讲实验，每两位学生发一套实验器材，实验中让学生首先观察电流方向与电流表指针偏转方向的关系，再观察原线圈的电流方向与磁铁运动方向的关系，把直观的材料作为培养学生知觉、观察力的材料，引导学生仔细、准确地进行观察，然后引导学生讨论、研究、对比、总结出感生电流所引起的磁场方向与磁铁运动方向的关系，最后训练学生用科学的语言描述，并解释所观察到的现象，从而顺理成章地写出楞次定律。同时，在实验教学中，要尽量再现实验的设计过程，多让学生想想：“为什么要这样做”、“换种方法行不行”同时加强学生对基本实验方法的迁移和灵活运用能力的训练，多角度、全方面地让中学物理实验教学渗透物理思想，启迪学生思路。

分组实验，学生人人参与，活动多方面，既有思维，又有操作，这就需要发挥教师的主导作用。实验操作技能仅仅是实验教学的基础，要充分发挥实验教学的作用，必须能在实验过程中启发、引导学生思维。当前我国中学教育由应试教育向素质教育转变过程中，我们对物理实验教学必须引起高度的重视，在实验教学中，可在规定的实验中，适当增加相关演示项目，使教学内容更加丰富，使学生的眼界更加开阔。有效地提高学生的观察能力、分析问题和解决问题的能力。

可见，不论是演示实验还是学生实验，在教师指导下让学生参与，不仅培养了学生的实验技能，又能得到科学方法的训练及能力的培养，加深理解和掌握物理概念和规律，培养科学态度和科学方法，形成科学的物理思维。

（此论文发表在《中国教育理论研究》2012 年 6 月刊，中国文联音像出版社）

影响中学生物理提问能力的因素与对策探析

■唐春香

【内容摘要】本文在分析影响中学生物理提问能力因素的基础上，提出了改进中学生物理提问能力现状的教学策略，为新课标形式上实施中学物理教学提供借鉴和参考。

【关键词】中学生　物理　提问能力　提高

中学物理新课程标准，以怎样培养学生的创新精神和实践能力为重点，就如何提高学生的综合素质为目标，这就要求中学物理教师在实施教学过程中，如何最大限度地激发学生的学习兴趣和积极性，让学生在自主探究学习中理解和掌握相关的物理知识和技能，使学生成为学习的真正主人。在这其中，学生的质疑（提问）是激发也是衡量学生学习兴趣和积极性的有效途径之一。传统的教学模式中，提问的普遍方式是学生“被问”、“被答”（教师提问、学生被动回答），无法形成学生自主、探究性的学习氛围，最终造成学生探究意识、创新意识淡薄的结果。因此，在新课程形势下，立足实际，认真分析影响中学生物理提问能力的因素，找准提高中学生物理提问能力的方法，是中学生成长成才的需要，同时也是我们目前所面临也是必须探讨的课题。

一、中学生具备物理提问能力的重要性

中学生会提出物理问题，体现了他们的质疑能力，在提出问题后会不断试图解决所提出的问题，在解决问题的过程中，大脑会再现解决问题的各种物理知识和生活经验，使所需解决的问题与所学知识产生联系，能使原有的物理知识得到重组，丰富知识结构。因此，中学生具备物理提问能力有着其重要性。

中学生具备物理提问能力能够体现学生的主体性。学习是学生主动构建知识的过程，学生是学习的主体。主体性是人类作为社会活动主体的本质属性，它的核心内容和基本特征是思维的独立性、创造性。学生的问题意识能使学生主动发现问题、思考问题、解决问题，成为学习的主动参与者、知识的积极探求者。学生的知识结构、思维的兴奋点不同，提出的物理问题角度也不同，学生的提问行为不仅体现了学生思维的独立性，而且，学生能够提出高水平的物理问题也蕴涵了学生独特的见解。

中学生具备物理提问能力能够体现学生的创造能力。创造力的特征之一就是敏感性，即容易接受新事物，发现新问题，并能够对特定的问题情境提出多种答案。学生一旦提出问题，就会产生解决问题的需要和强烈的内驱力。而无论是精确地提出问题，还是恰当地解决问题，都需要学生调动观察力、注意力、记忆力、想象力、思维力以及动手操作能力等。所以说中学生具备提问能力充分体现了学生的创造能力。

二、影响中学生物理提问能力的因素

1. 学生的学习态度不够积极。兴趣是学习的第一老师。问题意识的产生是一个主动的、积极的、自觉的发生过程。具有较强求知欲和认识兴趣的学生，能在别人不能发现问题的地方发现问题，或在被人熟知、极为平常的物理现象中发现新的问题。据调查显示，现今很大一部分学生特别是女生对物理的学习不感兴趣。

2. 学生心理因素的影响。问题提出的前提是有问题，但是光有问题还不够，还要敢于把心中的问题提出来。据调查问卷显示，很多同学在生活中都会遇到问题，但是会把问题提出来的只是少部分，追问其原因，主要是怕被同学或老师嘲笑。

3. 教师教学方式的影响。在以传授知识为目的的教学理念支配下的课堂教学，大部分是以教师讲授、学生听为主。虽然教学时会有提问，但很大程度上都是教师在教学过程为了了解学生掌握知识的情况而提问的，学生很少在课堂中提出问题。

4. 教师评价方式的影响。学生在提出问题后如果能够得到教师的肯定，心理方面得到鼓励，才会积极地去提出问题。调查显示，教师对学生的提问能够给予表扬的不到一半的比例，有一半的比例是不批评也不表扬的态度，这样学生提问的积极性就大大地下降了。

5. 教师与学生之间的关系、师生之间接触的时间也是影响学生提问能力的因素。班级的学习氛围不浓厚，父母的教育方式也影响着学生的质疑能力。

上述这些因素造成中学生学习物理知识不是自主的，而是他主的、被动的，最终导致他们的物理提问能力低下。

三、提高中学生物理提问能力的方法

1. 激发学生的物理学习兴趣。兴趣可以使人产生巨大的积极性，活动某种肯定的情绪体验。在课堂教学中，对于同样的学习任务，可以用不同的呈现方式来引起学生的学习兴趣，通过变化来引起学生的好奇心和注意力。教师还可以通过利用新颖的课程导入方式，或在上课时能够列举与学生生活背景有关的例子来吸引学生的注意，激发他们学习物理的兴趣。实验和游戏也是提高学生学习兴趣的一种有效方式。

2. 增强学生的自信心。奖赏或表扬可以满足学生的心理需要，教师如果能够在学生提出问题后给予正确、恰当、适时地表扬，使学生获得成就感，这样就能增强学生的自信心，使得他们在遇到问题时能够大胆的提出来。同时，教师应该让学生学会辩证地分析比较，既要让学生看到优点，也要认识到自己的不足，要正确认识和评价自己，发展自信心。

3. 建立和谐的师生关系。建立良好的师生关系，营造出宽松、和谐的氛围，不但能提高学生学习的兴趣，而且有利于消除学生的"怕"字心理，教师应鼓励学生要敢于对书本知识和老师的论点提出质疑，教师也要勇于接受学生的质疑，特别是当学生发现老师的错误时，给学生以大张旗鼓的表扬。教师要彻底消除"师道尊严"思想，要主动亲近学生，把学生看做是共同探讨问题的伙伴，允许学生发表各种见解。

4. 创设情境，引导学生提问。教师要以学生的发展为本，从知识的传授者转变为学生学习的促进者、合作者和学习者，鼓励学生在课堂中参与知识的形成。教师在教学中精心设计一定的情境，可以引起学生新旧知识的冲突，激发学生的疑惑、惊奇、诧异的情感，促进学生积极思维。初中物理实验性强，巧妙利用实验，有意识地设计一些有趣情境或问题情境，借用各种情境和语言，创造出问题生长的环境条件，使学生产生问题意识。

5. 多给学生提问的机会。学生的问题能否提出来，还取决于教师是否给学生提问的机会。长久以来，课堂上的提问一直是"师问生答"的形式，而教师的提问是按照教师对教材的理解，教师的思路和意愿来设计的，教师关心的问题和学生感兴趣的问题往往并不一致。所以要提高学生的物理提问能力，物理教师在教学的时候应时刻观察学生的反应，当学生感到困惑时，就要给学生时间，让学生有机会把问题提出来。还要经常利用课余时间到教室与学生交流，让他们有更多的时间问问题。

总之，中学生的物理提问能力是受学生个人、教师、家庭等多方面因素的综合影响，其中物理教师在提高中学生物理提问能力中又起着关键性的作用。所以，教师应尽可能的激发学生的物理学习兴趣，鼓励学生大胆质疑提问，增强他们的自信心，与学生建立和谐的师生关系，还要创设好的问题情境和课堂平等的民主氛围，引导学生提问。只有这样，才能有效地达到新课程改革的教学要求，也只有这样，才能有效地提高中学生的创新精神和实践能力。

（此论文发表在《科学时代》2011 年第 24 期）

【主要参考文献】

1. 王春明：《为培养学生的提问能力而教学》，载《中学教学参考》2009 年第 32 期。

2. 冯振华：《浅谈在物理教学中对学生提问能力的培养》，载《中国西部科技》2008 年第 36 期。

3. 缪小童：《增强问题意识　培养提问能力》，载《吉林教育》2009 年第 18 期。

4. 戴秀玲：《培养学生提问能力的高中物理教学策略探讨》，南京，南京师范大学，2008。

5. 司成勇：《从“学答”走向“学问”》，兰州，西北师范大学，2006。

浅谈高中物理学习的难与易

吴宏亮

【内容摘要】高中物理考试注重的是知识的运用而不是知识本身，靠死记硬背是考不好物理的，考不好就是因为难，所以很多学生觉得物理是最难学的。在我的教学中，了解到有一部分学生认为物理是最容易学的，只要把那些概念、规律和公式理解了，模型悟透了，知识就可上升为能力，达到“以不变应万变”的境界，所有物理考题都将不再陌生，因为考试都是考那些公式、模型，最多是做一点点变动。

【关键词】知识　能力　体验　感悟　境界

物理是源于生活而又高于生活的一门自然科学，它为人类奠定了现代文明的物质基础；它的思想、方法深刻地影响并改变着人类的思维方式和对世界的看法，成为当今各门自然科学的典范。物理就是“悟理”，悟理就是探究事物的道理，学物理不仅要学会有关事物的发展规律，更重要的是学会如何去探究事物的发展规律。学好物理的关键在于“感悟”，感悟其中的道理，使知识上升为能力，达到“以不变应万变”的境界。可以说，能否达到“以不变应万变”是学习物理难与易的分界线。

很多学生学物理，恐怕并非出于对物理发自内心的兴趣，在他们眼里物理与语文、英语没有什么不同的地方，只是高考的一门学科罢了。学物理的目的就是考试分数高一点，不让物理成为拖后腿的学科，至于物理在推动社会进步和人类文明中所起的作用则不是他们要关心的。怀着这种急功近利的心态去学习物理，难有作为，难以领悟物理的奥妙和真谛。学习思维跳不出教本，只把物理知识作当是纯理论、抽象、空洞的东西，所谓的知识不过是由文字组合成的概念、规律和由字母组合成的公式而已。获取知识的手段就是死记硬背，花了很多时间和精力来学习物理，上课认真听了，知识记住了，习题也没少做，就是考试考砸了，典型的“吃力不讨好”，很多学子学好物理的信心就这样消磨殆尽了。物理科考砸了成了一种普遍现象，于是，物理难学便成了高中生的一种共识。

物理“难”的共识背后有共同点就是“记多悟少”或“做多悟少”。缺少感悟、没有延伸的知识是孤立、凌乱的，学习物理就像在雾里一样，找不到学习的方向，能做的只是对知识最直接、最简单的套用，对一些变式题或综合题就感觉无从下手。物理难学主要体现有两种现象：一种是学生觉得课本的知识一看就能“懂”，考试一考就砸。究其原因，这个“懂”仅仅建立在对物理公式、定理和规律识记的层面上，这个“懂”是肤浅的，不追究物理概念、规律公式的由来，不考虑公式表述的物理模型、适用条件和应用范围。若懂的是“知识”不是“能力”，那就叫不上真正意义的“懂”。我曾经遇到这样一种情况：一个女学生在一次物理考试中，在做球体体积计算时，由于太过紧张，记不清球体体积计算公式中半径 R 究竟是二次方还是三次方，不幸的是她最后选择了二次，结果是费时费力又丢分。由此判断这个学生对球体体积 $V=\frac{4}{3}\pi R^3$ 记忆是很孤立的，没有联系和延伸，记不清就束手无策。其实，要是她领悟了这个公式，即使记忆模糊也能作出正确的判断，体积单位是 m^3，而 $\frac{4}{3}\pi$ 是没有单位的，那么半径 R 很容易得出是三次方。另一种是学生学习物理很勤奋，不但物理知识记住了，还做了大量的习题，怎么还是考不出好成绩呢？这种现象给人打击很大。其实，学好物理在于掌握规律、弄懂方法，并非做题愈多愈好。若把做作业当成任务，把做习题当做指标，没有意识到并发挥做题的功能，仅仅是“做题—看答案—纠错”，陷入大量机械地重复训练，结果是做一题就只会一题。当遇到一道没有见过的习题时，总有“不识庐山真面目”之感，不知该从哪里入手，或者即便是做过，也常常由于记忆模糊而似懂非懂，最后由于主观臆断而常常出现张冠李戴、乱点鸳鸯谱的现象。

可见，缺少“感悟”是造成学生学习物理困难的主要原因，“机械识记和盲目做题”是枯燥、消极的学习，获得的是知识而不是知识的运用能力，而高中物理考试注重的是知识的运用而不是知识本身。事实上，高中生物理成绩的差距不在于智力，而在于感悟的能力。

学习物理是“难兮易所倚，易兮难所伏”，“感悟”难之所在，也是“易”之所在。物理知识充满动感和灵性，考题更是灵活多变，单靠老师的“言传”并不能传神地表达出概念的真谛所在，而只有做到了“意会”才能真正感受物理知识的产生、形成及应用过程，领略出它的全部内涵，所谓“师傅引进门，修行在个人”意义正在于此。有的学生思维活跃，悟性很高，学习物理能跳出课本和课堂，感悟大自然物理现象的和谐与奇妙，理解和领悟物理概念、规律、公式所蕴含的科学思想及方法。对这些学生来说，物理不再深奥，物理知识广泛地服务于人们的生活和生产，推动了社会的发展和人类文明的进程。他们能透过物理现象看清其遵循的物理规律，揭开习题的庐山真面目，感悟纷繁精美包装下的相同内涵，他们解题的思维、方法就如天马行空凌驾在“物理题海”之上，出没于题海之中，完全可以做到深入浅出。

学习物理不仅要清晰记得知识本身，更重要的是要领悟探究、运用知识的方法。“不得其法，则不入其门”，物理“入门”很辛苦，但是一旦入门，你就会有一种顿悟，一种豁然开朗的感觉，解题就能掌握技巧和方法，做到“以不变应万变”。如何培养学生“感悟”的能力？帮助学生“入门”，是值得物理教师思考的问题和为之努力的方向。我认为以下三方面较重要：

1. 让学生感受知识形成的过程。

物理的教学过程应该是人类认识历程的重演。学生学习的物理知识，虽然是人类已认识的，但想要领悟这些知识，教学中必须最大限度地创设教学情境，通过演示实验、现代多媒体技术等手段，模拟一个“再生产科学”的情境，让学生重新感受知识的产生和发展过程，更好地领悟到知识的真谛，感受到物理不再神秘，从而激发学生学习物理的热情。

2. 让学生感受归纳总结。

物理的每个概念、规律、公式都是在大量的物理现象、经验事实中总结出来的。物理教学就要鼓励学生去研究、探索相关的物理现象，引导学生了解产生现象的原因，进而归纳总结出其中的规律。例如，看到彩虹，不是单纯地好奇于她五彩斑斓的色彩，而应注意观察里面有几种颜色？为什么有这几种颜色？这几种颜色是如何排列的？为什么会是这样排列的呢？一步步引导学生得出正确的结论。通过去“悟”，把抽象的概念、规律、公式与具体的物理现象、实验事实联系起来，物理知识就变得活生生的了，不再抽象，也不用死记硬背了。

3. 让学生感受知识应用的过程。

做习题是学习上的历练，是必需的。做习题的目的，一是检查对基本概念、规律和公式是否真的悟透了，能否在实际问题中灵活地运用它们；二是通过做习题，锻炼并提高理解能力、推理能力、分析综合能力，运用数学解决物理问题的能力。所以，教学中要创造条件，让学生感悟物理习题的变和不变，明白物理概念、规律、方法才是解题的依据、出发点、灵魂。这样通过感受知识应用的过程，能提升“感悟”物理学以致用的境界。

针对很多高中生学习物理遇到的情况，我有一个体会就是：学习物理就如写作，“只能意会，不可言传”，难易在于“感悟”境界的高低。作家和普通作者最大区别不是“字”汇量，而是用“字”技巧和方法，即是“字”的选取和排列。作家的写作之所以达到炉火纯青的境界，是因为他能对“字”进行精妙排列，就能组合成一段段有诗情画意的句子，给人以美的享受。普通作者难以写出好文章，不是没有足够的“字”汇量，而是对“字”排列还达不到作家的那种境界。所以，学习高中物理，要在学生记忆知识的同时，提升其“感悟”运用知识的境界。物理概念、规律和公式理解了，模型悟透了，知识就可上升为能力，就可以“以不变应万变”，所有物理考题都将不再陌生，因为考试都是考那些公式、模型，最多是做一点点变动。“道之下再求术”这句话很适合用在学习高中物理上，学习要先提高境界，在层次上有所感悟，然后从整体感应那种境界和规律中去寻求和掌握各种运用方法技巧，学习高中物理将不再困难。

（此论文获梧州市一等奖）

激发学生学习物理的兴趣

■潘玉美

【内容摘要】孔子曰：知之者不如好之者，好之者不如乐之者。爱因斯坦说："兴趣是最好的教师。"杨振宁博士也说过："成功的真正秘诀是兴趣。"因此启发并稳固学生的学习兴趣，充分调动其学习积极性是每一个物理教师在教学过程中所面临的重大课题。

【关键词】物理　学习　兴趣

物理学作为一门重要的自然基础学科，是现代科学技术的中心学科之一。无论是工农业生产和国防现代化，还是信息技术与纳米技术，亦或是航天技术等先进科学技术都离不开物理学的基础理论。高中物理教学，作为物理学的基础教学，不容忽视。对于刚从初中升上高中的学生普遍觉得高中物理难学。遇到抽象理性的物理知识时，他们很快失去了学习的积极性，最后导致高中物理教学的失败。因此启发并稳固学生的学习兴趣，充分调动其学习积极性是每一个物理教师在教学过程中所面临的重大课题。

浓厚的兴趣将是人们刻苦钻研、勇于攻关的强大动力。孔子曰："知之者不如好之者，好之者不如乐之者。"爱因斯坦说："兴趣是最好的教师。"杨振宁博士也说过:"成功的真正秘诀是兴趣。"一旦对学习发生兴趣,就会充分发挥自己的积极性和主动性。学生只有对物理感兴趣,才想学、爱学、才能学好。

激发学生学习物理的兴趣,应该结合学科的特点及学生的心理特征,从以下五个方面激发学生的兴趣。

一、以实验调动起学生的学习兴趣

物理是一门以实验为基础的学科,对新奇现象有浓厚兴趣的中学生,实验的趣味性能让学生在心情愉悦的精神状态下主动地学习。实验是物理概念、规律教学中必不可少的基础,离开实验的物理教学只能是"空中楼阁",即使照本宣读,或在黑板上做实验,也不过是"纸上谈兵",而且会把本来生动的、丰富的物理知识变成一堆枯燥难懂的材料,不利于激发学生的学习兴趣、调动学习的积极性。课堂中多插入一些演示实验,甚至叫学生参与演示实验,充当小老师,这样既可以满足学生的好奇心理,又可以活跃课堂气氛,调动学生学习物理的兴趣。况且人们常说"百闻不如一见",对于一些现象和结论,你"百说"不如给他们一见,他们对自己所见的一定相信无疑,而且印象特别深刻。

实验不是孤立的,它不受限于课本内容,它与社会生产、人们生活息息相关。例如,"水流星"的杂技表演、鸡蛋掉在地上或掉在海绵上等一些日常的现象与物理知识有密切联系。让学生明确学习物理与生产、生活实际的关系,提高学习物理的兴趣。我们还可以做一些"小发明,小制作",例如利用电磁感应制作手摇电筒,水火箭、潜望镜等。这样通过趣味新奇的物理实验,激发学生的好奇心理,从而激发他们的学习兴趣。

另外,用实验来导入新课,可以使学生产生悬念,然后通过授课解决悬念,这样不仅可以充分调动学生的积极性,而且活跃了课堂。

实验既直观具体又形象生动，实验教学，从感性到理性、从具体到抽象、从简单到复杂，适合中学生心理发展和认识发展的规律。实践证明，重视实验，能激发学生的学习兴趣，取得良好的教学效果。

二、良好的教学艺术激发兴趣

在教学中，教师良好的教学艺术，能深深地感染和吸引学生，使自己教得轻松，学生学得愉快。

1. 多一些体悟，少一些抽象。

俗话说："百闻不如一见"，亲身经历的过程印象尤为深刻。高中物理概念和规律很多，而且有些概念和规律比较抽象，学生难于理解，这就需要我们教师用多种教学方法，生动有趣、化抽象为形象地组织教学。一种好的办法就是"以物说理"，把物理知识和实际生活相联系，引导学生身临其境，亲身感受。例如，力学中"静摩擦力"的分析是个难点，特别是对"静摩擦力可以为动力"这一知识点学生不易理解和接受，教师可以举"人走路"、"传送带"等现实生活中的例子让学生去体悟，学生容易理解和接受。这样，把物理和实际生活联系起来，使学生对物理产生兴趣。

2. 多一些妙语，少一些枯燥。

教学语言要进入艺术的境界，必须从以下几方面作刻意的追求。

实践表明，音高得当，音强适中，具有语声美。语音过高，声嘶力竭，不断强刺激，会产生疲劳感；语音过低，有气无力，不易听清，就会令人昏昏欲睡。

语言要精确、精炼、精妙，形象生动，绘声绘色，具有言辞美。抑扬顿挫，节奏鲜明，具有旋律美，语速要快慢有间，断续适当，张弛有度。

教师的生动风趣，能激发和提高学生的学习兴趣。幽默诙谐，妙趣横生，具有情趣美。幽默是人生的一大智慧。幽默的语言能够活跃课堂气氛，调节学生情绪，但须注意分寸。当然，幽默绝不等同于滑稽、讽刺，更不是油腔滑调，低级趣味。

就物理教学而言，要"言之有物，言之有理，言之有情"。教师首先要注意语言的科学性和逻辑性，要准确规范。语法混乱、言不及义，将会严重影响知识的传递以至影响教学效果。其次教师的语言要饱含激情，饱含对学生真诚的期望、对物理教学的热爱和对知识精辟的见解，才能激起学生情感上的共鸣，激发他们的求知欲。

3. 多一些调控，少一些呆板。

实践证明：注意课堂"调控"，教学节奏分明，学生思维活跃，兴味盎然，注意力集中；反之，则思维呆滞，兴味索然，注意力分散，令人昏昏欲睡。

课堂调控，就教学内容而言，一堂课有难有易，有深有浅。如何调控，就得讲究难易相同，深浅适度，快慢得当。

课堂调控，就教学情感而言，一堂课有浓有淡，有起有伏。讲课时要调控情感节奏，或热烈，或冷静，或愉悦，或悲愤，或悠闲，或紧张。在感情倾注上要起伏交替，浓淡相间。教学的高潮部分，感情倾注宜浓一点，其他部分，感情倾注则可谈一点。

课堂调控，就课堂结构而言，学生主体，教师主导，双边活动调控时间有长有短，程序有先有后，节奏有松有紧。整个课堂得讲究动静交替，给学生动口的机会，讲练结合，手脑并用。

课堂调控，就教学语言而言，要根据学生听课的心理和启发讲解的需要来调控，做到快慢交替，急缓相间，断续得当，强弱有度，使学生思维时刻保持竞技状态，以取得听课的高效益。

三、"爱屋及乌"效应

一个不容争辩的事实就是，许多学生往往是因为喜欢老师而喜欢该老师所教学科。由此可见，情感是思维的催化剂，师生情感的良性互动直接关系到教学效果的好坏。在几年的教学实践中，我越来越体会到师生情感的重要性，教师多给予学生理解与关心、欣赏与鼓励，教师要热爱学生，消除学生对教师的恐惧心理，当师生之间形成了一种融洽、和谐、轻松、愉快的人际关系时，就能更好地调动学生的学习积极性，同时指导学生改进学习方法，让学生在物理学习中变被动为主动。这样即使是在学习抽象的物理概念和规律，学生也能在良好情感氛围中掌握所学内容。这就说明学生在潜意识里喜欢了教师，无形之中就喜欢了教师所教的学科。

美国心理学家林格伦说："没有情感上的变化就没有认识的变化。"丰富的情感，也是老师道德情操的要求。一个教态自然的教师，走进课堂应满脸笑容，每字每句都对学生有一种热情的期望。大多数学生的进步都是从任课教师的期望中产生的。富有情感色彩的课堂教学，能激起学生相应的情感体验，能激发他们的求知欲，能使他们更好地感受和理解教材。

现代心理学研究表明，情感是学生接受信息的"阀门"，积极的情感是认识活动的"能源"和"发动机"。教师带着愉悦的心情传授知识，从而使学生受到感染。教学活动不仅仅是认识活动，也是情感活动，调控好师生情感是推动教学双边活动的强大动力，它直接影响着学生学习的效果。

四、开展丰富的科技活动，培养学习物理的兴趣

我们可以上网查询并下载大量有关物理学在现代科学技术方面的应用现状及发展前景的资料，精心组织、筛选，每学年出几期科普专栏，通俗易懂的科普墙报，让学生感到物理就在身边，与他们现在和未来的生活息息相关，他们只有努力学习才能紧随时代的步伐。这样能激发学生较高层次的学习动机和探索科学的强烈愿望，使之保持学习物理的浓厚兴趣。

动动手才能动动脑，开展第二课堂科技活动，给学生提供更多动手实践的机会，而在动手实践过程中，学生必定会遇到一些问题，而这些问题反过来会进一步激发他们探索物理科学的愿望，增强他们学好物理的自信心。

五、肯定成绩，激励成功

心理实践表明，一个人只要体验一次成功的欢乐和胜利的欣慰，便会激起无休止的意志和力量，这表明成功对学生的发展具有激励作用。肯定成绩就是根据学生的实际情况正确评价其学习成果，赏识其微小进步，多鼓励，少批评，多肯定，少否定，从而激励学生成功。对高一的新生来说，物理学科的学习将是他们最大的拦路虎，由于初高中物理知识的台阶较大，学习方法的转变需要一定的适应过程，要在他们做得好的方面对他们进行表扬。在赞赏他们的同时，又指出若以后能注意主动学习，认真做好预习复习工作，独立完成老师布置的作业，养成勤学好问的习惯，下次考试一定能成功。许多基础差的学生在老师的表扬和学生的鼓励声中，学生对物理产生了极大的兴趣，对学习有了信心，并能取得一定的进步。尝到了成功的甜头，对以后的学习有很大的促进作用。

以肯定的态度正确评价学生的学习成果还应贯穿于平时的教学中，特别应注意发现学生学习过程中一些微不足道的“成功点”，给予及时的表扬鼓励，激励进步，使他们逐步克服“失败点”，打破失败的局面。

当然，兴趣要在不断的收获中得到升华。随着学习的日趋深入,学生势必对知识结构和方法体系形成一定的、有些甚至是较全面的认识,这时会经常发生这种情况:对同一个问题的理解或解答,往往有的学生想法远比其他同学的高明,甚至比老师的还要好,因此会经常赢得同学们的由衷羡慕和老师的真诚赞赏。一旦进入这种境界,那么你对学习的兴趣会陡然倍增,学习对你来说简直就是一件充满愉快和享受的幸事,这种愉快和满足感是任何别的事情都无法取代的。

心理学研究表明:兴趣是学习的动力。有了学习的兴趣,就能产生积极的学习情趣,学生的学习才是主动的、积极的、热烈的。反之,学习没有兴趣,学习将成为一种沉重的负担。

(此论文获得广西壮族自治区二等奖)

【主要参考文献】

1. 张大均:《教育心理学》,北京,人民教育出版社,1999。
2. 阎金铎:《物理教学论》,广西,广西教育出版社,1996。

中学物理科学探究教学情境的创设

颜浩明

【内容摘要】在新课程标准要求下，科学探究既是学生的学习目标，又是重要的教学手段之一。在教学过程中，教师要发挥主导作用，为学生创设科学探究情境，使学生成为学习的主体，创设探究情境的主要途径和方法有：联系生活，利用身边的工具来创设情境；通过实验现象、提问的方式来创设情境；利用有趣的物理史料来创设物理情境；利用日常的简易器具做实验来创设情境。

【关键词】科学探究　教学情境　创设

一、科学探究以及科学探究教学情境的涵义

科学探究是物理教学中的重要内容和学习方式，也是物理教学的教学目标。这里所说的科学探究不同于科学家们研究自然界的科学规律时所进行的科学研究活动，而是指学生在物理课程学习中的自主学习方式和学习过程，即能从日常生活、自然现象或实验现象的观察中发现与物理学有关的问题，并且能通过提出问题、调查研究、动手实验、表达与交流等探究性活动，获取知识、技能和方法。

从学生的角度来看，科学探究是一种学习方式。在物理课程的学习中引入科学探究，学生可以充分发挥主观能动性，自主进行科学探究，在体验探究的过程中，学习物理的基本概念和规律，掌握基本的探究技能，学会基本的科学方法，培养科学精神和科学态度，学生可以在探究活动中培养问题意识，提高探究能力和发散思维。通过探究性学习，有利于学生学习和掌握科学的方法。

从教师的角度看，科学探究是一种教学方式。探究式教学是以科学探究为主的教学，它与传统的教学方式是有差异的。在教学过程中，教师不再是课堂的主角和中心，而是起到指导和启发的作用。教师要启发诱导学生自主构建知识，进行探究活动和合作讨论。教师要创设能引起学生兴趣和问题的情景，指引学生注意观察周围世界和生活实际中的物理现象，为学生提供充分的时空，使学生有思考、质疑、表述、探究、讨论问题的机会，让学生通过个人、小组、集体等多种方式进行解难释疑的探究活动，在解决问题的过程中掌握知识、技能和方法。

教学过程是一个不断提出问题、解决问题的获得新知识的过程。教师可根据教学内容的需要，为学生创设自主探究的教学情境。

所谓科学探究教学情境，就是通过设计出一些给学生刺激性的科学现象，引起学生学习科学的兴趣，启迪思维，激起学生的好奇心、发现欲，产生认识冲突，诱发质疑猜想，唤起强烈的问题意识，从而使其发现和提出科学问题，分析和探索科学问题，运用所学知识解决科学问题。

创设科学探究教学情境的目的：

1. 为了激发学生的学习兴趣，引起学生的好奇与注意。

2. 为了突破教学的重点与难点，沟通科学与生活的联系，使枯燥的科学概念、方法的学习生活化、具体化，从而便于学生的学习与理解。

3. 让学生知道科学知识是在实际生活中的应用，从而达到取于生活，用于生活的目的，形成"生活—科学—生活"的良性循环。

二、在中学物理教学中创设科学探究情境的途径和方法

创设科学探究情境教学，可以有效地引起学生的心理追求，激活思维，强化理解，促进学习。对于农村中学，由于经济发展滞后，教学模式陈旧，学校硬件设备差，学生的基础也较差，我们可以结合实际情况，因地制宜的教学，可以通过以下方法创设科学探究的情境。

1. 联系生活，创设科学探究情境。

物理知识大多来源于生活和生产，物理现象是可感觉的，通过听觉、视觉、嗅觉等。现行教材中，物理规律的得到都以问题为载体，通过探究过程去解决。教师要注意根据不同的内容去设置问题的台阶，问题的提出要有直观性和必要性，以起良好的引导作用。

从生活实际提出问题，引导学生。如在进行《平面镜》一节的教学中，我们从生活中学生常照镜子的实际出发，引导学生探索，平面镜中的像在什么位置？像的位置、大小可能与什么有关？是什么关系？从而使学生很容易进入自主探究的角色。

农村学生学物理开始都非常感兴趣，觉得好玩，物理课使他们发现世界真奇妙，但要他们用所学的知识去解释一些陌生现象，常感到不知所措。一段时间后，一些学生会对物理失去兴趣，长期下去一些学生甚至会失去学习物理的信心。造成这种现象的一个主要原因是所学知识与实践脱节，因此教学中我们要对学生进行学用结合的能力培养，把物理学活学透。例如，在学习了"杠杆的平衡条件"后，我以杠杆为例，让学生分析出"小小秤砣压千斤"的道理，并联系生活中的一个常见问题引导学生进一步思考：不法商贩

在交易时常用“扣秤”牟取暴利，他们通常采用哪些手段？买进时如何做手脚，卖出时又如何做手脚？他们利用了什么原理？通过这个生活例子的探究，学生对“杠杆平衡的条件”能有更深的理解。又如，在学习了“流体压强与速度关系”后，我让学生进一步思考：当火车快速行驶时；为什么站在铁轨旁边的人即使站着不动也极易卷入车下呢？让学生分析现象发表意见，得出结论：火车快速行驶时，附近的空气也迅速向前流动，火车附近的压强变得很小，周围的压强大于车附近的压强，若有人站在车附近，由于外侧大气压强的巨大作用，极易卷入车下发生事故。

2. 利用身边的工具，激发学生的学习探究兴趣。

在说明物理问题时，尽量用易见、易懂、易找的实验器材的简单实验来说明问题。例如，在探究“声音的产生”这一内容时，可让学生用自备的“尺子或皮筋”等物制造一个声音，让学生自己观察，声音到底是怎样产生的，从而顺利地导出新课。学生往往只注意到敲打的动作，而忽略了物体的振动，更谈不上对这一概念的理解。教师可以通过音叉或小鼓等教具，引导学生进一步地研究声音产生的过程。音叉是怎样发出声音？声音为什么响个不停？把手按住音叉，声音为什么立即停止了？教师通过这种提问有助于把学生的好奇心引导到正确的观察上来，从而得出这一物理现象的本质，发出声音的根本原因是物体的振动，而敲打只是使物体振动起来。在农村中学，若是学生分组实验做音叉这一实验可能会碰到器材不够的问题，那么教师做演示实验时音叉振动并不明显，这时可在音叉上吊一个泡沫小球，当音叉振动时小球就会跳动起来。

3. 通过实验现象，创设科学探究情境。

实验能使科学现象在课堂中生动地呈现出来，让学生感到惊奇、有趣，可激发学生的学习兴趣和求知欲，促使学生去探究和深思，在释疑的过程中，既能丰富学生的知识又能培养学生的创新思维和创新能力。

例如，在学习“大气压强”时，在引入大气压强之前，先让学生观察两个有趣的实验。实验一：给玻璃杯中装满水，盖上硬纸片，倒置过来发现水和硬纸片都不下落。实验二：把浸过酒精的棉花用火柴点燃投入事先准备好的空瓶中，用剥了皮的熟鸡蛋堵住瓶口，稍后鸡蛋吸入瓶内。通过这些实验，让学生获得丰富多彩的感性认识，从实验现象的特征出发，提出物理概念——大气压强，使学生对所研究的问题产生了强烈的兴趣，进而引导学生讨论实验现象和结果，让学生在生动活泼的讨论之中建立起新概念。这样既有助于学生建立概念，也有助于培养学生的观察能力、注意能力和实验能力，同时极大地提高了学生的学习兴趣。又如，讲授热传递时，教师让学生做“用纸杯煮水实验探究”的实验时，学生知道纸怕火烧这一常识，当纸杯在酒精灯上烧煮时，岂不杯毁水洒？学生面对这样的命题感到愕然，自然萌发出我要试一试，弄个究竟的强烈愿望，通过前后的猜想与事实的矛盾冲突，就把学生的一般兴趣提高到了产生学习愿望和动力的地步。教师因势利导，介绍水的热传递、水的沸点、纸的着火点等知识，使学生在愉悦的情绪中完成构建知识的过程。

4.利用物理史料，创设科学探究情境。

(1)利用物理史料，创设人文情境。培养学生掌握物理思想方法、正确的价值观、科学精神和态度、学习习惯的养成、合作精神等非智力因素和高层次的智力因素，需要的教学情境称为人文情境。新的课程标准十分重视“情感态度与价值观”的培养。创造良好的人文情境，使德育渗透于知识技能教育之中，是物理教学的重要目标。

例如，在学习“人造卫星，宇宙速度”时，可结合“神舟六号”发射成功的多媒体课件展示我国航天科技的领先地位。在农村中学如果没有这种条件，教师也可口头介绍从古代“嫦娥奔月”的美丽传说到现代神五、神六的发射成功，这些成就将大大激发学生对祖国的爱慕之情，从而激励学生为中华之振兴，祖国之昌盛而发奋读书。又如，在介绍声音的骨传导时，可插入讲解2005年春节晚会上，由21名聋哑演员表演的《千手观音》，以其吉祥如意的寓意、优雅曼妙的舞姿，赢得观众的高度评价，在这背后所有演员付出的艰辛努力，无不令常人钦佩，由此激发学生产生一种积极向上，乐观的生活态度，使他们正确地认识生活的意义，增强热爱自然、热爱社会、热爱生活的信心。

(2)利用物理史料，创设问题情境。科学家是善于发现问题、提出和研究问题的典范，纵观物理史也是提出问题、研究问题的历史，科学史中包含着生动真实，丰富可信的创设问题情境的素材，值得我们用心去挖掘。如在学习“浮力”时，引用如下故事：在两千多年前，罗马军队统帅狄杜要处决一批戴脚镣手铐的奴隶，将奴隶扔入死海之中，狄杜认为其必死无疑。但海浪将这批奴隶推回到岸边。第二次扔奴隶照旧未死。第三次均如此。狄杜以为是神灵在保佑这些奴隶，便率部队逃跑了。问：为什么奴隶没有被淹死？真的是神灵的保佑吗？如果不是，又是什么原因？通过这些故事让学生“遭遇”当初科学史上曾经的困境，体验类似的心理冲突，向学生展示发现问题、研究问题的思维轨迹。

5. 利用日常的简易器具做实验，创设直观形象的科学探究情境。

许多学生感觉物理概念太抽象，物理定律太难理解。因此对物理产生一种怕学、厌学的情绪。这就要求教师充分利用身边简易的器材自制演示实验，为学生创设一个形象的、直观的探究情境。从而降低学生的学习难度，让他们树立起学好物理的信心。

例如，在教《牛顿第三定律》时，用一杯水压在支起的钢条上，同学们观察到钢条发生了形变，于是很容易理解，由于钢条发生形变而对接触它的杯子有弹力作用，那么如何引导学生认识到与此同时，杯子也发生形变对钢条也有弹力作用呢？教师将这杯水注入气球中，再把它压在钢条上，上述的疑难便解决了。又如，学习《静摩擦力》时，如何让学生更好地理解“相对运动趋势”这一概念，教师在一端垫起的长条木板上放一木块，学生观察到木块静止在长条木板上，然后在长条木板上打上石蜡后，再把木块放在相同的位置，这时木块沿长条木板滑下，从而让学生体会到放在长条木板上的木块有一个沿长条木板下滑的趋势，这为学生理解静摩擦力的存在和判断静摩擦力的方向创设了一个非常直观的情境。

6.利用提问的方式，创设科学探究的情境。

提问情境的创设是在已掌握了一定物理相关知识的基础上，开门见山的直接提出相关的问题。既让学生明确新课研究的目的，又设置了悬念，激发学生想知道现象的本质，从而围绕问题积极思考，步步走近现象的本质。

例如，在研究电路的电阻规律时，先复习导体的电阻与哪些因素有关的知识，再提出问题，串联电路的电阻有什么规律？并联电路的电阻有什么规律？既让学生感到所研究的问题与已掌握的电阻知识有一定关系，又让学生产生一种好奇，再带着这份好奇探究新知识。又如，在“电磁铁”一节中，我首先引导学生回忆前面电学中做过的两个实验：研究电阻大小与哪些因素有关和研究欧姆定律。这两个实验是怎样操作的？采用的实验方法是什么？学生会回答出控制变量法。于是我便提示学生，本课也可采用这种方法来研究电磁铁磁性的强弱与哪些因素有关，我把实验所需的器材准备好，让学生进行猜想，设计实验方案，然后选择实验器材，进行实验探究。

（此论文获得广西壮族自治区二等奖）

【主要参考文献】

1. 杨春：《初中科学教学中问题情境的创设途径》，载《中学物理》2006 年第 3 期。

2. 梁洁、李密多、李多：《关于物理教学中实施科学探究的思考》，载《中学物理》2006 年第 6 期。

3. 朱卫新：《新课程视角下的初中物理课堂教学》，载《物理教学》2006 年第 1 期。

4. 顾凌云：《农村学校如何培养学生科学素养》，载《物理教学》2006 年第 4 期。

对高中学生物理静电实验若干问题的探讨

■阳玉英

【内容摘要】通过调查发现，大多数学生及教师普遍认为高中物理静电实验比较难做。本文通过静电实验中的漏电、摩擦起电、验电器等几个主要静电实验常遇到的原理问题进行研究，找出了比较好的方法。

【关键词】静电实验　漏电　摩擦起电　验电器

高中物理教学中都要做静电演示实验，这有利于学生加深对电学相关知识的理解和掌握，激发学生的学习兴趣，提高教学效果。然而，许多中学教师不愿做静电演示实验。究其原因，主要是影响静电实验成败的因素颇多，导致静电演示实验的成功率比较低，或难以达到预期的效果。本文就静电实验中令人困扰的一些问题进行探究。

一、漏电问题

用摩擦等方法获得静电有两个特点：一是电位高，可达数千伏至数万伏，使在通常情况下的绝缘体如木头、玻璃、橡胶等都失去绝缘性能，故电荷极易流失；二是电量少，这一特点使得静电电荷很容易漏且常常一漏就光，一般不易察觉。那么发生漏电的原因是什么呢？以下通过简要的理论分析来证明。

设一个导体球（电容为 C，带电量 Q_0）由一根绝缘棒（电阻为 R）支撑。假定导体球通过绝缘棒放电，则放电的微分方程为 $\frac{Q}{C}+\frac{dQ}{dt}R=0$（1）

积分得到在 t 时刻导体球上的电量为 $Q=Q_0e^{-t/(RC)}$（2）

其电压是 $U=\left(\frac{Q_0}{C}\right)e^{-t/(RC)}$（3）

分析式（2）可知，导体球带电量 Q 由初始电量 Q_1、导体球电容 C、时间 t 和绝缘棒的电阻 R 共同决定。若 Q_1、C、t 相同，则影响 Q 的量就是 R。那么，不同绝缘性能（不同 R）的绝缘棒对 Q 的影响到底有多大？下面作些估算。

假设：$C=5\text{pF}$，$U_0=\frac{Q_0}{C}=2000\text{v}$，则 $Q_0=U_0C=2000\times5\times10^{-5}=10^{-1}C$

如果绝缘棒是干燥的木棒（长 $L=0.2\text{m}$，半径 $r=0.5\text{m}$，电阻率 $\rho\approx10^{-1}\Omega\cdot\text{mm}^2\cdot\text{m}^{-2}$），则电阻 $Q=\rho L/S=\rho L/(\pi r^2)\approx10^1\times0.2/(3.14\times0.005^1)\Omega\approx2.5\times10^{11}\Omega$；时间常数 $\tau=RC=2.5\times10^{11}\times5\times10^{-11}\text{s}=1.25\text{s}$，当 $t=8\text{s}$ 时，导体棒带电量就仅剩有

$Q=Q_0e^{-t/(RC)}=10^{-1}\times e^{-t/(RC)}C=1.6\times10^{-11}C$

而电压只有 $U=\frac{Q}{C}=1.6\times10^{-11}/(5\times10^{-12})\text{V}=3.2\text{V}$。

若绝缘棒是同样大小的石蜡做成（$\rho\approx10^{11}\Omega\cdot\text{mm}^2\cdot\text{m}^{-2}$），用同样的方法计算，结果是：电阻 $R=2.5\times10^{11}\Omega$，时间常数 $\tau=RC\approx1.25\times10^{11}\text{s}$。当 $t=2\text{h}$ 时，导体球的电压才仅下降了 0.001v。

由此可见，在导体球电容和绝缘支柱大小一定的情况下，导体的带电情况主要取决于绝缘体的绝缘状况，即电阻率 ρ 的大小。因此，要做好静电实验，选择绝缘性能好的绝缘材料减少漏电是实验成功的关键。这里特别值得一提的是使用石蜡可以起到很好的绝缘效果，因为石蜡不仅绝缘性好，而且不会被水浸润，防潮性能甚佳，特别适合潮湿的地区和季节。具体使用时，可以将蜡熔化后敷一层在绝缘部分的表面上，或是用蜡块作为对地绝缘的垫块。这样处理后，即使在很潮湿的天气，空气中高密度的水汽与静电仪器的带电部分接触会使漏电成为不可避免，但这种漏电远不如因材料本身绝缘性能不良所致的漏电来得迅速，使人仍可以进行实验演示并获得较好的实验效果。

二、摩擦起电问题

摩擦起电是课堂教学中最常用的起电方法。对于它的微观机理，一般教材中限于知识要求的程度只是给出一个总的解释，即是由于得失电子而产生的带电。但对在摩擦过程中电子转移的物理机理，一些人存有误解，以至于不能在实验中有效地使用这一方法。从物理过程的本质上来讲，摩擦带电是一种接触带电，它是由于物质脱出功的不同，相互紧密接触时，外层电子轨道相互重叠，导致物体间电子的转移所致。

此外，绝缘体的带电量与摩擦的长度成比例，并且随着接触时间、摩擦速度、正压力的增加而增加，但接触时间较长后漏电情况也相对明显。因此，在进行诸如绸布与有机玻璃棒的摩擦起电实验时，可以综合考虑这些情况，采取以下做法：将裹着绸布的有机玻璃棒（比用玻璃棒好）的一端紧握在干燥的手中，并迅速有力地从另一端抽出。实验证明，这种做法将会产生相当明显的起电效果。

还有，长期实验中，橡胶棒与毛皮摩擦而使棒上带负电的演示成功率可达百分之九十以上，而另一根玻璃棒与丝绢的摩擦使棒带正电的成功率只有百分之三十左右。究其原因，除玻璃本身绝缘外还与所用摩擦材料的电负性有关，即每种材料都各有自己的电负性值，依各种材料电负性，可以排出材料的顺序，在排列中两种材料顺序相差越远（电负性差越大）起电越易，为此在上述实验中可以将丝绢用其他材料如塑料或塑料编织袋更好一些。

三、验电器问题

1. 用验电器进行静电实验或测量，主要是通过验电器箔片张角的变化来显示实验现象或测量结果的。

大多数中学教师认为，验电器箔片张角的大小是由箔片所带电量的多少决定的，其理由是箔片之所以会张开一定的角度，是由于箔片上同种电荷的斥力、外壳感应电荷的吸引力与重力达到了平衡状态。

实质上，当验电器箔片和外壳之间存在电势差时，箔片和外壳之间必存在电场，箔片同外壳的内表面之间也就有了电力线，箔片上必有电荷存在，这电荷在静电力作用下使箔片张开一个角度。可见验电器箔片和外壳之间存在电势差时，箔片才会张开，箔片张角的大小与电势差的大小有关。因此，验电器是电势差计，是量电势差的，而不是量电量的。

2. 高灵敏验电器的制作。

验电器的箔片的张角所反映的是验电器导杆或箔片与外壳之间的电势差，而验电器可以看做是电容器。依据 $U=Q/C$ 和 $C=\varepsilon S/d$，制作高灵敏验电器应注意以下几点：

①验电器要从带电体获取多量电荷，应把导杆端部做成小球或小平台。

②验电器的电容量要小。验电器的体积应小一些，塞子大一些，导杆上部长一些。

③箔片要灵敏(竹衣条、金箔)。

④绝缘塞防潮处理(涂蜡)。

当然，要使实验更加形象逼真，我们做这个静电实验时还可以用氖泡做实验，具体如下：

物体带静电与否，多数采用静电荷之间相互作用的规律，即同性相斥异性相吸的特性来检验。可不可以利用带静电的物体具有较高电势的特点，借助氖泡发光来鉴别呢？下面的实验说明是可以的。

(1)观察导体上是否带电。

用静电的方法先使导体带电，再手持氖管(从普通验电笔中卸下的氖管)与带电体接触，你可以看到氖管的一极起辉发光。这是由于静电电压加在氖管两极，高于起辉电压(约60伏)，管中出现了低气压气体放电现象。

(2)检验带电的种类。

氖管放电时，你会注意到只有一极起辉，起辉的这一极相对另一极为低电势极。例如，手持的一极起辉，说明另一极的电势高于手持极的电势，即比地的电势高。由此可以判断，与另一极接触的带电导体必带正电，如图1所示。

请用这样的方法检验一下，唱片、起电盘所带电荷的种类。

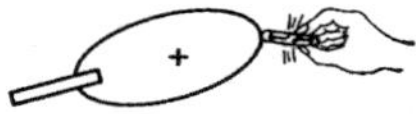

图1

(3)做静电感应的实验。

用丝绸摩擦塑料唱片,使唱片带上尽可能多的电荷,然后手持氖管与带绝缘柄的金属盘接触,迅速把金属盘盖到唱片上,你可以看到氖管的一极起辉,如图2。起辉熄灭后,你再迅速把金属盘移开,又可以看到另一极起辉。请做一下这个实验,仔细观察氖管的哪一极起辉,并用你所学过的知识来解释见到的现象。

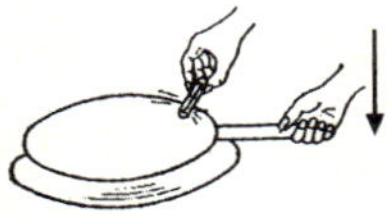

图 2

通过上述讨论可以看出,积极探寻静电实验的原理并以此指导实践是做好静电实验的有效途径。

(此论文获得广西壮族自治区一等奖)

【主要参考文献】

1. 陶洪:《物理实验论》,南宁,广西教育出版社,1996。

2. 吴永熙等:《谈谈静电实验》,载《大学物理》2002 年第 2 期。

3. 吴泽奇:《怎样做好静电实验》,载《青海教育》2002 年第 10 期。

4. 马国军:《提高静电演示实验成功率之我见》,载《扬州教育学院学报》2000 年第 3 期。

5. 梁灿彬、秦光戎、梁竹建:《电磁学》,北京,高等教育出版社,1980。

化　学

构建和谐的课堂教学环境，优化化学课堂教学

■ 李其伟

【内容摘要】好的课堂教学环境，是提高化学学习效果的必要前提。和谐的化学课堂教学环境的构建，应在师生关系的和谐、学习情景的创设、教师语言板书的优化、教学方法的优化等方面下功夫。

【关键词】化学　课堂环境　构建　有效教学

法国一位著名的教育家曾说过：只有环境和教育，才能把牛顿变成科学家，把荷马变成诗人，把拉斐尔变成画家。可见，实施创新教育，创设、营造和谐的教育环境对人才的培养有着重要意义。和谐的课堂教学环境的构建，要求教师努力创造一种"无拘无束的气氛"，让学生"自由地呼吸"；这种气氛的内涵应该是民主、平等、和谐，要求管理民主，师生平等，学术自由，教学相长。笔者结合所教学科的特点和教学经验，就高中化学科如何构建和谐的课堂教学环境，谈谈自己的看法。

一、淡化权威意识，建立和谐的师生关系

和谐融洽的师生关系在教学过程中发挥着特殊、奇妙的作用。

它像一根彩带拉近了师生心理的距离，使学生学习动机由单纯的认知需要上升为情感需要，使教师工作动机由职业需要上升为职责需要。教师是课堂气氛的调节者，教师在教学时，一定要淡化权威意识，不要以教育者自居、高高在上而拒人于千里之外，造成师生隔阂，影响学生的创新意识；而应态度和蔼可亲，经常笑对学生，真诚的关爱每一位学生，尤其是那些学习成绩暂时落后的学生；教师要与学生坦诚相待，以平等的态度去信任、尊重每位学生，乐于听取学生的不同意见，满足学生的发表欲、表现欲，鼓励学生大胆创新。学生只有在平和、融洽的氛围中，视老师为伙伴、为知心朋友，上课才会如坐春风，学习热情才会高涨，才能充分发表自己的心声，展示自己的个性，教师也才能准确地把握每个学生的心理需求，有针对性地点拨、指导，促使其不断健康发展。

二、创设情景，为学生提供自主学习、自主活动的时间和空间

苏霍姆林斯基在《给教师的一百条建议》一书中说："在人的灵魂深处，都有一种根深蒂固的需要，这就是希望感到自己是一个发现者、研究者、探索者。""兴趣是最好的老师"，学生在学习活动中，对自己感兴趣的现象、原理等，总是主动、积极地去认识、探究。因此在教学中，应积极创设情景，设法激起学生兴趣，尽量让学生人人参与、主动学习，通过他们自己的努力尝到学习的乐趣，达到由成功的体验而产生和谐的师生情感，进而转化成推动下一步学习的动力，促使学生的智能与教师情感和谐提高，主动发展，促使学生由"要我学"向"我要学"的转变。

我在上化学复习课时，常常是先公开复习内容(要求学生复习和要解答的问题)，给学生一定的复习思考时间，然后由同桌或前后位进行讨论，这样，所有的学生都从中受益。后进生通过优生的帮助，明确并巩固了已学的知识，同时学到了某种学生和思维的方法。考试能不能让学生自主学习、自主活动呢？我的答案是肯定的。每一次随堂考试，我总是让学生在规定的时间里（通常为十五分钟）答完规定的试题，然后，分小组交流、讨论试题答案，最后，每组选出一个代表，说出他们的准确答案和解题思路。交流过程中，时不时地引发一场争论。这正是我所希望的。引起争论的，就是复习的重点和难点。通过辩论，不但问题迎刃而解，而且出现了始料不及的多种解题思路。殊途同归，哪一个最优？这自然又引发新一场争辩。这样，学生在学习过程中，不受教师"先入为主"的观念制约，占有足够的思考时间，享有广阔的思维空间，不时迸发出创新的火花。同时通过表彰激励使学生产生积极的情绪体验，既保护了他们创新的热情，又达到了教学相长、互勉共进的目的。

三、注意语言板书，优化教学手段

课堂知识教学是由教师的语言和板书表现出来的。教师能否掌握语言艺术，直接影响着教学效果。正如苏霍姆林斯基所说："教师的语言修养很大程度上决定着学生在课堂上的脑力劳动的效率。"在化学教学中，教师语言规范准确能使学生得到严格的训练，形成一丝不苟的学风。因此教学语言应字斟句酌，完全符合学科知识。此外教师语言还要求既精练、丰富、生动活泼，同时还要速度适中，这样可以活跃课堂气氛，减少疲劳，激发兴趣。板书是课堂教学过程中传授知识的一种手段，也是提高教学效率不可忽视的一种教学手段，好的板书不仅能加强教学的直观性，唤起学生的注意力，而且能够帮助教师表达讲课的程序和内容，使知识系统化、条理化，能够体现出讲课的重点、难点和关键，起到画龙点睛的作用；好的板书还能弥补教师讲授的不足，起着引导学生进行积极思维的作用；好的板书便于学生记笔记，有利于学生进行课后复习、理解和巩固知识。因此板书对提高课堂教学效率有着不可忽视的作用。教师一定要精心设计,要根据课标要求和教材的重难点设计出最合理的板书。

四、注重方法引导,优化教学过程

现代教育思想越来越重视对学生学习方法的指导和学习能力的培养,因此在化学课堂教学中,应着力通过多种途径,注重对学生思维能力、创造能力的培养,以此达到对学生多种心理机能和学生综合性智能的发展。霍姆林斯基说:“教师必须懂得什么该讲,什么留着不讲。”实践证明,教师在课堂教学中不能包打天下,一堂课里,切忌两头无剩的“满堂灌”,任何希望通过课堂把知识全面系统深入地传授给学生的做法都是徒劳的。课堂时间有限,不同学段的学生认识水平有限,教学只能有所为有所不为,给出一些方法,在知识的衔接处,或提出问题时,或结论之后,留有一定的时间,让学生主动地或仔细咀嚼,或反复品味,或变式练习,或广泛演绎,或判断得出答案,或提出新的问题。总之,给学生留有思维驰骋的余地,如同画家作画,“纸有尽而意无穷”,目的是让观者从有尽画面中体会无尽画意;或音乐家演奏,时而是“波涛汹涌”,时而“万马齐喑”,让听众从无声中想音乐,达到无声胜有声的效果。这充分体现了课堂教学中教师为主导,学生为主体的地位,可充分调动学生的主观能动性,使学生最大限度地参与到课堂教学中,教学效果事半功倍。在教学过程中,我认为可以采用以下几种方法来实施课堂教学。

1. 抛砖引玉法。

所谓“抛砖引玉法”,就是在课堂讲授时,教师启而不发,指方向而不带路,讲学法而不讲结果,把线索思路抛出去,然后留一定时间让学生思考引出事物的本质特征。这好比射箭一样,教师引导学生张满了弓,却不发箭,让学生自己把箭射出去。

2. 演绎归纳法。

所谓“演绎归纳法”是指教师在帮助学生温习旧知，扫除障碍，作好铺垫，唤起联想的基础上，让学生自己找出重点，得出结论，形成规律。即教师演绎，学生归纳。

3. 蜻蜓点水法。

如果说演绎归纳法是教师演绎，学生归纳，那么蜻蜓点水法则相反。此法教师只在重点、关键处点拨一二，给学生以简单的提示。大量问题则留给学生自己去思考解决。

4. 举一反三法。

我国古代教育家孔子提倡：“举一隅而以三隅反”的教学方法。在现代教学中也应如此，教师不必面面俱到。对于某一类问题，只需抓住典型范例，深入浅出地讲解，以揭示规律，形成思路，而同类教材的其他内容，则留给学生自己去解决。让学生发散思维，触类旁通。

5. 蓄势推导法。

为得出某个问题的结论，教师循循善诱，抽丝剥茧，把思考不断引向深入，就在学生心理矛盾交错，欲解难解之际，教师高屋建瓴，进行点拨，使学生茅塞顿开，揭示问题的本质，学生水到渠成，自然得出结论。

6. 故意停顿法。

在处理新课或疑难问题，或讲述某一内容时，为避免平铺直叙，教师讲到一定程度戛然而止，故意给学生留一小段时间，让学生默默地思考，在静思中孕育贯通的种子。同时让那些开思想小差或搞小动作的学生悬崖勒马，跟上课堂思路。

7. 存疑激思法。

在某些问题的讲解中，教师故意留下一点不完全解决的问题，让学生去动脑思索；或者当学生回答某个问题，提出某种设想后，教师不急于作出评价，不匆忙作出结论，而是再问一句："这样行吗？"然后留一定时间，启发学生再思考。

通过连续不断的实践，我的化学课堂教学气氛活跃，学生对化学的学习兴趣浓厚，探究创新的意识增强，在学习知识的同时，学会了为人处世的美德，为他们的终身学习打下了坚实的基础。

课堂是师生互动、心灵对话的舞台，是师生共创奇迹的时空，是向未来挺进的旅程，是向每一颗心灵都敞开温情的怀抱，是点燃学生智慧的火把。新的课程改革，要求我们不断地学习新理念，品味新理念，不断改进教学方法；营造和谐的课堂教学环境，需要我们教师不断提高自身素质，转变教育观念，充分尊重学生、信任学生，以学生为主体，与学生密切合作，充分调动学生学习的积极性、主动性、自觉性和创造性，让学生在有限的课堂教学中焕发出生命的活力！

（本文发表于《中学化学教学参考》下半月刊 2012 年第 2 期）

【主要参考文献】

1. 刘善循：《高效率学习方法指导》，中科院心理研究所，2007。

2. 张焰：《新理念下的化学课堂教学》，载《中学化学教学参考》2004 年第 1—2 期。

3. 吴星等：《化学新课程中的科学探究》，北京，高等教育出版社，2003。

4. 陈时见：《课程与教学理论和课程与教学改革》，桂林，广西师范大学出版社，2001。

5. 贺湘善、吴俊明：《化学学科教育学》，北京，首都师范大学出版社，2001。

浅谈新课改下化学教学中学生问题意识的培养

潘能娟

【内容摘要】本文阐述了化学教学中问题意识培养的意义，提出了培养学生问题意识的策略以及在培养学生问题意识的过程中应注意的几个问题。

【关键词】问题意识　创新　发展　策略

问题意识也称为思维的问题性心理品质，是指人们在认识活动中，经常意识到一些难以解决的、疑惑的实际问题或理论问题，并产生一种怀疑、困惑、焦虑、探究的心理状态。强烈的问题意识常常会激起学生浓厚的探究兴趣，使学生产生强烈的探求欲望，主动观察情境，并寻找解决问题的方法。

传统的化学课被很多学生称为"理科中的文科"，认为学化学的秘诀就是多记、多背。学生在学习过程中缺乏问题意识，不会积极主动地探索学习。其结果是"老师一讲就懂，学生一做就傻"。而在新课改下，化学课程标准注重学生的主体性，主要以培养学生的能力为目的。而发展学生的问题意识，让学生自主地探索和解决问题正是对学生能力的培养。

一、化学教学中培养学生问题意识的意义

1. 有利于促进学生认知发展。

具有问题意识的学生常常会问自己"是什么"、"为什么"、"怎么办"。为解决这些问题，他们会启动思维，搜寻头脑中的原有知识，对其重新分析、理解，从而对知识的掌握更为深刻。此外，解决问题的欲望还会促使他们去查阅资料，请教别人，这就使他们的知识得以扩充。具有问题意识的学生不只关心结果，更关心获得知识的过程。在积极的思考和探索过程中，零星的知识变得系统有序，原有的知识结构更为完善、合理，这就提高了建构知识的能力，为今后的知识撷取创造了有利条件。

2. 有利于培养学生的创新精神和创造能力。

从人才成长的规律与教育实践来看，那些富有创造才能的学生往往具有强烈问题意识，大多有好问、多问、深问、怪问的思维品质。教学过程本质上是一个认识过程，学生在这个认识过程中，有不同程度的探索、发明和创造活动。因此，增强学生的问题意识，可以改变学生总是围绕教师和教材转，盲目迷信权威的学习态度和习惯，从而突破思维惰性与定势的局限。

3. 有利于培养学生的主体性。

学习是学生主动建构知识的过程，学生是学习的主体。教师的教学中有目的、有意识地创设问题情境，使学生置于问题之中，形成强烈的问题意识，自己提出问题。学生带着富有趣味和价值的疑难问题去学习，更能活跃思维，从而积极主动地完成学习活动，因此，培养学生的问题意识能使学生主动发现问题，思考问题，解决问题，在这一富有挑战性的过程中，成为教学过程中的主动参与者，成为知识的积极探求者。他们由此获得丰富的情感体验，他

们的个性品质会得到锻炼，主体性逐步形成、发展。

4.有利于学生思维能力的提高。

问题意识不仅体现了个体思维品质的活跃性和深刻性，也反映了思维的独立性和创造性。强烈的问题意识，作为思维的动力，促使人们去发现问题，解决问题，直至进行新的发现和创新。培养学生的问题意识，有利于发展求异思维和创新思维，为提高创造能力奠定基础。能发扬勇于探索追求真理的精神，在已有知识经验的基础上，经过独立思考，对一些非科学甚至伪科学的知识进行大胆的质疑，并勇敢地探索科学的结论。

5.有利于在课堂上形成一种“共生效应”。

课堂上，学生自己提出问题，尤其是有一定质量的问题，对别人也是一种启发，可以击撞出他人思维的火花。与此同时，给教师也提出了更高的要求，在备课时，教师不仅要做到手中有本，还应做到目中有人，胸中有法。钻研教材时，要换位思考，学生会有什么疑问，难点如何攻破，如何设计教学流程能让学生自主探究，乐于参与，最大限度地发挥其主动性、积极性。如此一来，教师的观念转变了，态度端正了，课堂气氛也融洽了。在这种学习情景中进行学习、质疑，不断地提高能力，这正是新课程改革与教学改革所提倡的新的教与学的境界：在这种教学过程中，师生共同参与教学活动，共同成长，相互促进。

二、化学教学中培养学生问题意识的策略

1.转变思想观念，培养问题意识。

美国的教育家认为：学生应该带着问题走进教室，之后还能带着更多的问题走出教室。而我们的教师往往认为要把学生教得没有问题，才算是成功的教学。要知道，困惑与好奇是孩子特有的财富，没有问题恰恰是最大的问题。教师在实施问题教学的过程中，所需要做的是为学生设计情境，激发学生独立探索，提出高质量的问题，培养他们多向思维的意识与习惯。教师也有向学生提出问题的机会，但更多的是让学生在问题的实际情境刺激下自主地提出高质量的问题。在教师进行问题教学的过程中，应该始终保持这样一种意识：让学生带着问题来，产生新问题去，使学生的大脑始终能够保持在一种思考状态，从而引起学生的注意力和兴趣，他们才会对知识进行更深刻的学习。

学生也应转变观念，不要总是等老师讲、自己记、考试答。以为拿高分就是学习好，其实不然，高分低能就是最好的例子。如果只会考试，那只能成为答题机器。而学生在学习过程中主动思考，将知识内化才是获取真知的唯一途径。

2.培养学生提问的动机。

(1)爱护学生的好奇心，让学生喜欢提问。

学生具有好奇、好问、探究的认知特点，但学生的活动往往又受兴趣和需要所支配。因而在教学中，要重视问题意识的培养，使学生产生思维活动中的热点和迫切点，这样就可以调动学生的主动性和积极性，就会使课堂气氛活跃，提高教学效率。如在学习 Na_2O_2 时，先介绍用水点火和二氧化碳点火。学生求知的欲望一下子调动起来，学生就产生了很多问题。“水和二氧化碳不是用来灭火的吗?”“要是金属钠着火该怎么办?”后来学习 Na_2O_2 的性质及用途时，学生都很活跃，效果自然就好了。

(2)创设自由和民主的学习环境，让学生敢于提问。

教学中只有建立民主和谐的师生关系，才能使师生双方以对话、包容、平等的关系相处，学生才能敢想、敢问、敢说，所以培养和激发学生的问题意识，教师首先要放下架子，消除学生在学习中、课堂上的紧张感、压抑感和焦虑感，充分调动学生的学习积极性，培养他们大胆探索、主动提出问题的能力，爱护和尊重学生的问题意识，从而使学生在轻松、愉快的气氛中展现个性。例如，在讲到反应热时，一个同学突然提问：燃烧时能否不放热，而转换为其他的能量？这个学生一问，其他同学便笑，有的还嘀咕：燃烧不就伴随着发光放热吗？那位发问的学生十分尴尬地坐了下去。教师马上意识到这个学生的自尊心受到了伤害，于是停下讲课，向同学们提出问题：我们学过哪些能量之间可以相互转换呢？一位同学举手发言说：有光能、热能、电能等。教师表扬了发言的这位同学，同时解释了以后要学习原电池，要学习氢氧燃烧电池，就是将化学能转向电能。这个同学露出得意之色，而首先提出问题的那个同学仍低着头。教师抓住这个机会，接着问：这个有意义的问题是谁提出来的？所有的同学都用羡慕的目光去看那个提问的同学，他便理直气壮地抬起了头。教师就这样把握住了每个学生的心理反应，时时处处设身处地地为学生着想，使敢于提问的同学感到了"心理安全"和"心理自由"，使他们敢于标新立异，大胆提问，不断产生创新思维的火花。

3. 课上留出问题空间，让学生产生问题。

笔者认为，我们没有必要将课堂上所有问题都解决掉，完全可以留些悬而未决的问题给学生，而且更要创设一些情景让学生产生问题，这不是一种不负责任的做法，实际上这是留给学生自主探究的空间、强化学生问题意识的有效手段。例如，在制取氧气实验时同学提出了疑问：氯酸钾和二氧化锰加热时生成的氧气为什么会有白雾？而且氧气中还含有漂白粉的味道？残余固体为什么会变红？初中学生能观察到某些异常现象非常难得。但要在课堂中合理解释这些问题难度很大。于是我让学生把问题笔录下来，课后让同学查资料、设计实验方案验证，成了很好的探究性课题。课堂中出现了教师难以解决的问题时，教师不必回避，有时候反而还要将它们突显出来，鼓励学生在课后对遗留问题展开自主探究学习，主动寻找问题的答案，让学生通过另一种渠道主动获取知识和能力。这样一堂课，由于其课内的价值在课外得到了延伸，因而也显得意义非凡。

4. 营造化学教学的“趣味场”，为学生的独立思考提供驱动力。

兴趣是一种特殊的意识倾向，它是动机产生的主观原因，是促进学生思考、探索、创新、发展思维、激发主动学习的原动力。在化学教学中，实验教学是激发学生学习兴趣、好奇心与求知欲的重要手段。如在学习 Na_2O_2 时，可先演示滴水点火和吹气点火的实验，激发学生的兴趣，学生从观察到的实验现象中发现了许多新问题，他们迫切想知道答案，由此开始独立思考。又如在讲授浓硫酸时，先演示“黑面包”实验，学生的学习积极性极高，自然就有了许多问题。此外，在化学课堂中还可以介绍一些化学史和前沿科学知识，并从化学与生活、化学与社会的结合点激活学生原有的知识经验，让学生对化学始终充满一种神秘感，保持其浓厚的学习兴趣。

三、培养学生问题意识过程中应注意的几个问题

1. 教师不能把自己的思维习惯强加给学生。每位学生拥有自己的思维习惯，形成自己的学习风格，这样学生才能在学习过程中以各自独特的眼光洞悉学习中的问题所在。教师把自己的思维习惯强加给学生，会压抑学生思维的发散，我们提倡鼓励学生“异想天开”。

2. 教师要加强学习，积累知识，提高驾驭课堂的能力。我们培养学生的问题意识，就是鼓励学生多提问题，如果教师没有宽泛的知识作储备，就很难驾驭课堂上学生提出的众多问题，一旦出现卡壳现象，不仅阻碍了思维发展的渠道，而且出现难以收场的尴尬局面。

3. 加强学生间的互动作用。由于学习任务的沉重及班级管理的"管死",学生在课堂上没有合作意识。我们在化学教学中要注意加强学生间的互动性,让学生在相互交流、合作中相互启迪,促动问题的提出和问题意识的养成。

4. 问题意识的培养要重过程轻结果。任何一种意识的培养都不是一朝一夕完成的。学生问题意识的培养同样要在长期的实践过程中循序渐进来完成,学生提出问题的过程就是思维能力发展的过程,至于问题能否得到圆满解决,要受多方因素的制约,有些问题甚至是科学家研究的领域。因此,只要通过学科教学,能想办法让学生积极动脑提出问题,就是我们在实施创新教育中向前迈进的重要一步。

(此论文获2007年梧州市中小学教育教学论文评比一等奖)

【主要参考文献】

1. 王祖浩:《化学问题设计与问题解决》,北京,高等教育出版社,2004。

2. 邵瑞珍:《教育心理学》,上海,上海教育出版社,2007。

3. 郑金洲:《问题教学》,福州,福建教育出版社,2005。

向课堂要质量

——谈谈如何营造良好的化学课堂氛围

李日强

【内容摘要】课堂氛围是由学生学的心理环境及教师教的心理环境共同组成。教师创设良好的教学情境，营造良好的课堂氛围，激发学生的学习兴趣，从而提高有效教学。

【关键词】课堂氛围　愉悦教学　情感教学　疑问教学　激励教学　陷阱教学

课堂是师生共同的舞台，一节课的成功与否，关键要看课堂质量，而课堂的质量要看课堂氛围，课堂氛围由教师"教"的心理环境和学生"学"的心理环境共同组成。化学课堂氛围融洽还是冷漠，活跃还是沉闷，将对整个化学课堂教学过程产生积极或者消极影响。因此，作为一个化学教师，就要在课堂教学过程中倾注自己的满腔热情，上课时充分挖掘教材内蕴含的情感因素，激发学生的学习情趣，启发学生探究并让学生获得成功的体验，处理好课堂教学的动与静、冷与热、宽与严的关系，使课堂氛围始终处于融洽和谐、稳定持久的状态，从而提高学生学习效果，促进其全面发展，健康成长。

那么，如何营造良好的化学课堂氛围呢？

一、营造愉悦教学情境

化学是一门以实验为主的自然学科，要精心设计课堂教学过程，力求语言生动形象、幽默风趣，使学生在愉悦的气氛中学到知识。实验是化学学科的基础，教学中若能充分利用实验手段，就会最大限度地激发学生的兴趣，所以凡是可做的实验一定要尽量做，可让学生动手做的，教师就不做，让学生在实验中，亲眼观察到色彩斑斓的化学现象，亲身体会到化学反应中的奇异变化，他们的好奇心得到了满足，求知欲就会更强烈，逐渐的就能学会透过现象去认识变化的本质、去探索物质变化的规律。

例如，在讲授金属钠的活泼性时，将细心磨碎的金属钠慢慢撒入集满氯气的集气瓶中，同学看到钠在氯气中金光闪烁，剧烈燃烧，简直是欢呼雀跃，学生的异常兴奋，教师及时声情并茂讲述钠的性质，在这种心理环境下感受的现象和所学的知识是终生难忘的。这样既掌握了钠和氯气的化学性质，又掌握了钠的焰色反应等化学知识，大大提高了学习效率和学习效果。

一个优秀的教师在课堂教学中必须想到学生，想到他们渴望成功的心理，教师在课堂上能够掌控并灵活运用学生的这种心理状态，就可以达到事半功倍的效果。如在学了氧化还原反应方程式配平后，出两道近年的高考试题让学生做，大部分学生都能配平了，当他们得知这是高考题时，高兴得不得了，坚定了学好化学的信心，师长共同感受成功的愉悦，学生学习劲头更足了，学习效率也大幅度提高了。

二、营造情感教学情境

心理学认为，情感是客观事物是否符合人的需要与意愿观点而产生的心理体验。在教学过程中，学生是学习的主体，其情感直接影响学习的效果与质量。因此，教师要充分挖掘、刺激学生心理情感的源泉，发挥教师的主导作用，以优良的情感感染学生。

例如，在高三化学《硫酸工业综合经济效益的讨论》一节中，让一名学生去扮演某硫酸厂的办厂者，其他学生扮演工程师、当地的工商局、税务局、土地局、环保局的办事员等，就科学合理地选择厂址、设定办厂规模、设计生产流程、解决工厂废气、废水、废渣的回收和利用、能源的充分利用等一系列问题进行讨论，学生个个兴奋且态度严谨认真，极力演好自己的角色，这样他们的情感、情绪都被激起，以极大的热情参与研究讨论。在这样的气氛中既巩固了“硫酸工业制法”一节的知识，又让学生从实际应用的角度了解实际生产和课堂教学的不同。建一个工厂要涉及方方面面很多问题，是很艰苦又很有乐趣和成就感的一件事，也许就是因为这节课的学习会使某些学生将来成为真正的企业家。

三、营造疑问教学情境

教师在教学过程中针对学生可能产生的疑问，进行设疑再排疑，想学生之所想，更好地实现与学生心理上的沟通。例如，在讲二氧化硫的性质时，把二氧化硫通入澄清石灰水中，看到石灰水变浑浊而后又变澄清。同学们联想到二氧化碳也有类似的现象，教师随即让学生写出有关化学方程式并顺着思路和同学们一起思考：能使澄清石灰水变浑浊的气体一定是二氧化碳吗？怎样检验二氧化碳中是否含有二氧化硫呢？怎样检验二氧化硫气体中是否含有二氧化碳？逐层次的设疑，学生通过积极的思考和认真的研究讨论，结论很快得出，对二氧化硫性质的认识也就更深刻了，从而达到了排除学生内心疑问的目的，同学们会感受到收获的喜悦和成功的兴奋，学习效果成倍增加。

四、营造激励教学情境

人的心理都是喜欢得到别人的认可、鼓励和表扬。化学教学，有其特殊性。它的学习难度和非实用性，决定了学生学习这一学科更需要激发动机，培养兴趣，通过教学活动引发学生学习的愉悦感和成就感，并要对学生进行一定的鼓励。我在教学中，主要采用以鼓励为主的化学课堂。在课堂教学中，我常不失时机地对学生进行激发和鼓励。或安排专门时间做思想动员，或见缝插针点化，以热情、欢迎和接纳的态度鼓励学生，激发了学生取得成功的动机。如在教学中当学生遇到困难时，可给他一个微笑以示重视和理解，使学生能充满自信地投入到学习活动中去，也使学生学会欣赏别人的优点，让他们在学习中增强信心。

心理学研究表明："激励因素"能使人心情舒畅，充分调动人的积极性和主动性。作为教师，要充分了解学生，从学生的实际情况出发，做到因材施教；要善于捕捉他们身上的"闪光点"，让他们品味、体会成功的滋味。使他们形成"我也能学好"的良好心理状态，让学生体验到自己的价值，让学生去感受成功的喜悦，使学生体验到"跳一跳，摘到桃子"的愉悦。所以，激励是活跃课堂氛围的正催化剂。

五、营造陷阱教学情境

教师利用学生知识结构中的含糊点、易错点或盲点，制造出相应的知识陷阱，引诱学生落入其中，再将学生从中"救起"或引导学生进行"自救"。这种制造陷阱，暗设认知冲突的做法，对于澄清学生的模糊认识，防止学生错后再错，是非常有效的。

例如：有关 pH 计算：将 pH 为 8 的 NaOH 溶液和 pH 为 10

的 NaOH 溶液等体积混合，求混合后溶液的 pH。首先是不动声色、一本正经地把学生中很容易犯的一种错误解法当做正确解法在黑板上给出（直接根据 H^+ 物质的量不变进行计算）。装着要继续往下讲课，但有少数学生看出"名堂"，产生认知冲突并提出质疑，于是全班同学展开了激烈的讨论，最后终于得出了正确的结论。在学生得出正确结论的时候，教师还装出茅塞顿开、豁然开朗的样子，给学生留下深刻的印象。在此以后，学生很少犯此类错误。

总之，教师是课堂的组织者和管理者，其心理素质和教学素质是制约课堂氛围的重要因素，并直接影响学生的学习心理和学习效果。教师应该不断地充实自己、改造自己，在新的教学理念下，根据学生的生理特征和认知特征，从化学学科特点出发，以直观的实验现象、丰富的情感交流、形象幽默的语言、变化立体的多媒体工具，点燃学生兴趣的火花，激起学生的学习热情，营造最佳的课堂氛围，从而提高化学教学的效果。

（此论文获 2008 年梧州市中小学教育教学论文评比一等奖）

重视教法改革，促进化学教学

李其伟

【内容摘要】基础教育是培养创造性人才的关键阶段，中小学教师肩负着培养创造性人才的重任。教学方法的改革，对于培养学生的自学能力、动手能力以及创新思维，具有积极的意义。本文从自学能力的培养、化学实验、现代教育技术等方面来阐明中学化学教学改革的一些方法。

【关键词】中学化学　教学改革　方法

在知识经济时代，一个国家国民素质的高低，掌握知识的程度，拥有人才的数量，特别是知识创新和技术创新的能力，决定一个国家，一个民族在国际竞争和世界格局中的地位。国民素质的提高，创造性人才的培养，主要依赖于教育，基础教育是培养创造性人才的关键阶段，中小学教师肩负着培养创造性人才的重任，因而中小学教师应充分利用现代教育理论，现代教学手段，改变以应试考试为目的的教学方法，着力培养学生的自学能力、动手能力以及创新思维，为学生能够适应未来的发展打基础，为国家培养出创造性的人才。笔者根据多年的教学实践，认为在中学化学可从以下三个方面改革教学方法。

一、培养学生的自学能力

化学教学中重视和加强对学生自学能力的培养是十分重要的，它不仅有利于化学教学质量的提高，也是素质教育的重要内容，我们只有在教学中不断有意识地培养学生的自学能力，才能使我们的学生在将来的工作中接受新知识、新技能，适应社会的需要。叶圣陶先生指出："教育的最终目的在学生能自学自励，出了学校，担任了工作，一直能自学自励，一辈子做主动有为的人。"自学能力是作用于学生终身的发展性能力，是学生继续学习和深造所必备的能力之一，只要我们坚持不懈，去实践，去努力，其结果是使学生受益。

目前课堂教学基本上还是教师讲，学生听；教师写，学生记；教师问，学生答的讲授法，很多学生也乐于用这种被动接受的方法学习，这样的方法束缚了他们的思维，阻碍了他们的主观能动性的发挥，造成高分低能而不能适应社会发展的需要。众所周知，当前科学技术日新月异，一个人在学校所学的知识，不可能够用一辈子，如果没有一定的自学能力，就不能在工作中接受新知识、新技能。因此，在教学中我们应该充分认识到认知活动的主体是学生。要想较好地发挥学生的主体作用，就要有目的、有计划地对学生进行自学方法的指导和自学能力的培养，使学生通过学会达到会学。自学能力是一种比较综合的独立学习的能力，它是多方面能力的综合。在化学教学中，培养学生的自学能力，可以从以下两个方面来实施：

1. 重视学生阅读能力的培养，指导学生掌握科学的阅读方法。

阅读能力是自学能力的基础，教学实验证明，学生没有阅读能力，不能正确理解书中的字、词、句的含义和化学概念，抓不住段落的中心思想，不会使用教科书，也缺乏阅读教科书的兴趣。这种学生，即使在课堂上听懂了，但不能从阅读教科书中去深入理解和巩固，很快又会模糊和忘记。所以教师应有组织、有计划、有目的地引导学生进行阅读训练，教材与课堂教学相配合，既起到课前预习的作用，又能使自学成果在课堂上及时得到验证，从而增强自学信心和激发自学的乐趣。如物理性质让学生阅读自学，物质的用途可引导学生结合化学性质，联系生产和生活实际总结得出。气体的实验室制法，教师可引导学生阅读教材，再讨论，共同设计，得出方法、步骤、装置等。在进行有机化学中的乙烯、乙炔实验室制法的教学时，可采取上述方法。因学生已学过氢气、氧气、二氧化碳、氯气、氨气等气体的实验室制法，已掌握实验室制气体的方法，在此教师引导学生讨论，学生自然能够得出制取以上两种气体的方法、步骤、装置、收集等知识，达到使学生自学的目的。

2.着重对学生进行学习方法的训练。

古人云："授人以鱼，不如授之以渔。"我国著名教育家陶行知也曾这样说过："我以为好的先生不是教书，不是教学生，乃是教学生学。"可见，知识固然重要，但科学的方法比知识更重要，掌握了科学的方法无异于拿到了开启知识的金钥匙。因此，教学中不仅要指导学生自学，还须对学生进行学习方法的训练。教师应指导学生阅读的规律，指导学生阅读教材，让学生从教师的引导、启迪中悟出道理，揭示其内在实质，如设置悬念、反复比较、养成在阅读中思考的学习习惯。教师要给学生拟定阅读提纲，让学生带着问题阅读教材。阅读过程要求学生勾画重、难点，归纳整理，比较分析，抓住概念的关键词，记下原理、规律和疑难点，借助图表整理同类知识，由孤立到联系，把分散在教材中的知识点，串成线，连成面，编成知识纵横网络。如在讲授元素化合物的知识时，告诉学生，每一族学习一种代表元素的知识，再推及到同族其他元素，并找出同族元素结构、性质的异同点，以及联系与区别。同时还应增加课堂讨论与练习时间，这有助于学生动脑动手，可使学生全身心地投入学习，尽可能为学生提供和创造参与的机会，强化学生的参与行为。

二、加强化学实验，培养学生动手和动脑能力

因受应试教育的影响，有些教师为了节省时间多讲习题，减少实验，甚至不做实验，其结果是学生缺乏实践经验，动手能力差，不利于培养学生创造性思维，不利于学生未来的发展。化学是一门实验科学，化学概念的形成和定律的建立，离不开实验事实的探讨和论证。中学阶段，化学实验对于学生掌握知识，形成能力具有重要意义。教学中，在认真做好课本要求的学生必做实验的前提下，大力加强学生选做实验的容量及演示实验，通过实验引入概念，得出规律，检验假设，发展思维，培养学生探究知识的兴趣和能力。例如，在讲解钠的化学性质时，可增加一个实验：取一小块钠投入到装有硫酸铜溶液或硫酸铁溶液的小试管中，会有沉淀生成，这种现象必然很快引起学生的好奇，思维开始活跃，产生积极的探究的欲望。将某些演示实验（简单的试管实验）改为边讲边实验。开放实验室，鼓动学生在教师的指导下，自主设计、自主操作实验。还可安排一些家庭实验，如学习原电池知识后，布置一个课外作业：利用生活的某些物品自制简易原电池，引导学生把课堂上学到的知识转变成实际的应用。这样就迫使学生自己去发现问题，去设计实验，去创新。还可以将一些实验设计成探究式实验，利用课外活动时间叫学生去做，这样能大大提高学生的动手能力。教育科学实践证明：化学实验教学在完善学生学科素质、培养学生创新意识和训练学生创造思维能力方面，可以起到积极的促进作用。

三、充分利用现代教育技术手段

传统的教学手段是黑板粉笔，幻灯投影片，这些手段简便快捷，随时可以按照课堂情况书写内容，易学易用，经济高效。但有局限性，表现形式呆板、僵硬，不能展现化学中的微观问题，且容量小，而多媒体技术可以解决这些问题。以电视、录像、实物展示台等现代媒体与计算机结合的多媒体教育手段为学生提供了良好的个别学习环境，能真正实现因材施教。计算机的模拟功能可使抽象的内容形象化、静止的内容动态化，以便于学生获取准确深刻的直观感知，从而形成完整的理性认识。如用多媒体展现有机化学中一些分子的立体结构和取代反应、加成反应、消去反应的历程，可以帮助学生深刻理解这些难以理解的问题。化工生产过程中回避不做的有毒的、危险性较大的实验，化学生产流程的宏观演示等均可采用多媒体教学手段展现给学生，以弥补其缺乏的感性认识，加深对这些知识的理解和掌握。讲解化学计算题时，利用计算机的存贮功能进行一题多解、多题一解，加强了学生分析、比较、解决问题的能力。将传统的教学手段和多媒体技术相结合，可以有效地改革教学手段，提高教学效率。

总之，用现代教育思想和教育技术改革教学方法是极富发展前景的探索和促进教育现代化的活动，它的宗旨和任务就是促进基础教育从应试教育向素质教育转轨，为国家、为民族培养新时代的高素质人才，为新世纪的经济竞争、科技竞争、军事竞争和综合国力竞争服务。探索教育现代化、探索教学改革，是我们每个教育工作者的一项责任和使命，让我们共同努力，为教育创造更美好的明天。

（此论文获第八届全国教师教育教学论文大赛一等奖）

政　治

试论高中思想政治课培养学生政治阅读能力的必要性与方法

李象标

【内容摘要】高中思想政治课教学中必须培养学习的政治阅读能力，指导学生在阅读政治课文的过程中提高政治阅读能力，教会学生阅读的方法，从而增强学生学习政治的兴趣，使学生更好地、更主动地学习政治，运用政治知识分析、解决现实问题，提高学生的政治觉悟和实现自我能力的超越。在思想政治课教学中培养学生政治阅读能力是改变政治课教学方式和新课程改革的需要，是提高政治课教学效果的有效途径，是现代社会和人的全面发展的客观需要。

【关键词】思想政治课　培养　阅读能力　必要性　方法

根据高中思想政治课的课程标准和现行教材特点以及高考大纲的目标要求，充分发展学生的智力，结合目前思想政治课教学的现状，高中思想政治课教学中必须培养学习的政治阅读能力，指导学生在阅读政治课文的过程中提高政治阅读能力，教会学生阅读的方法，从而增强学生学习政治的兴趣，使学生更好地、更主动地学习政治，运用政治知识分析、解决现实问题，提高学生的政治觉悟和实现自我能力的超越。

阅读能力是学生自主学习能力的核心，是学生自我学习，自我完善和自我提高的前提条件。政治阅读能力是学生提高政治学习效率的基础。作为思想政治课教师，应该在教学中引导学生通过阅读培养自学能力，促进学生综合素质健康全面发展。在思想政治课教学中培养学生政治阅读能力是改变政治课教学方式和新课程改革的需要，是提高政治课教学效果的有效途径，是现代社会和人的全面发展的客观需要。

第一，高中思想政治课新课标在教学目的中对能力培养方面具体阐述为："培养为未来生活而自主学习、选择、探索的能力。"培养学生在阅读中理解、分析政治现象、经济现象和社会现象。由此可见，阅读能力的培养是政治课教学的一个重要任务。

第二，现行《思想政治》教材重点突出，通俗易懂，层次清楚，逻辑性强，具有很强的可读性，这就为老师在思想政治课教学中培养学生政治阅读能力提供了可能。

第三，著名的前苏联教育家苏霍姆林斯基说过："学生的智能发展，取决于良好的阅读能力。"他非常重视阅读能力对智能发展的决定性作用，明确指出发展智能必须从培养阅读能力抓起。这就为思想政治课教学中加强培养学生政治阅读能力提供了理论依据。

第四，在思想政治课教学中，阅读是学生最基本的学习活动，分析、综合、归纳、比较和概括等思维活动都在阅读活动中开展。政治阅读能力与分析、综合、归纳、比较和概括等能力是相辅相成、相得益彰的。高中思想政治课知识点多，记忆理解量大，每课时要完成的知识量和文字量较大，而且思想政治课的阅读，不仅要求学生领会思想政治教科书的篇章结构，纲目章节之间的内在联系，还要理解政治概念、基本原理和基本观点。如果学生不具备相应的政治阅读能力，就会极大影响教学进度和教学效果，无法全面完成思想政治课的教学任务。

第五，从高考考试大纲目标要求看，高考大纲中有一点是“获取和解读信息”的目标要求，对能力考查的比重不断增大。政治科命题趋势是以《高中思想政治课程标准》和《高考考试大纲》为依据，以教材为依托，运用新材料，创设新情境，不局限于教材。对政治阅读能力的考查，由课本延伸到课外，由侧重识记发展到侧重理解和运用，解决现实社会中的实际问题。这种趋势，在近几年的高考政治主观题中表现得最为突出。高考政治试题中包含了大量要求学生在有限的时间内快速、有效地阅读完的试题材料，要求学生运用课本的基础知识和基本理论，对新情境进行分析，由表及里，去伪存真，做出正确的判断和表述，解决政治、经济本质性问题。这种趋势，实际上是把政治阅读能力与分析、解决问题的能力结合起来进行考查。如果我们不重视这种趋势，不重视培养、提高学生的政治阅读能力和辩证思维能力，就无法完成高三的政治教学任务，无法完成为高校输送合格新生的任务，那就是误人子弟，就无法向家长交代。

第六，从深化教育改革的要求来看，大力加强素质教育，是现行教育改革的重要课题。在政治课教学中落实素质教育，就要加强各种学习能力的培养。而要培养学生的学习能力，首先就要从培养和提高学生的政治阅读能力抓起。学生只有在打好了各种学习能力的基础后，才有可能实现各种学习能力的提高，也只有在这样的条件下，我们的素质教育的目的才能得以实现。

第七，从政治课教学的现状来看，总体来说，初中专业的政治教师欠缺，很多都不是政治专业毕业的，课堂上多数是满堂灌，教师没能把握好教材的重点，也没有领会教材的要求和目标，使学生对于教材中所涉及的知识不理解，更不会运用，考试前学生主要精力都放在背答案上，因而整个初中政治教学的质量不高。这种教学不但使学生的智力得不到发展，而且使学生养成了死记硬背的坏习惯，同时，由于中考和高考指挥棒的影响，学生不重视政治学习，教师讲解不够深入，学生理解不彻底，加上语文基础不扎实，绝大部分学生到了高中时不具备政治课程标准和高考大纲标准要求的阅读能力。不少学生接受能力差，识记和理解都很困难，无法理解经济理论、政治观点以及哲学原理。而实际上，课文阐述得很清楚，老师解释得也很明确了，学生就因为阅读能力和理解能力较差，无法理解课文，无法理解老师所讲述的内容，有的甚至到了高三还是不懂怎样阅读政治教科书。其原因就是在初中毕业时他们没有达到要求，没有具备相应的阅读理解能力，所以到了高中他们在政治课学习中总是不能准确地从文字中获取有效信息，识记、理解和运用都很困难，学习成绩不理想，没有成就感，这就让学生没有了学习政治的兴趣。相当一部分学生在做作业和考试时只做选择题，不会做主观题，因为他们对主观题中的材料不理解，无法从材料中获取有效信息，无从把课本知识和材料、设问联系起来思考、分析、组织答案，直接影响了考试成绩和学习政治的主动性和兴趣。

从上述情况看，要完成政治教学任务，当务之急在于提高学生的政治阅读能力。那么，怎样才能培养和提高学生的政治阅读能力呢？笔者在此谈谈自己在教学实践中的几点体会。

一、转变教学观念

摒弃以教师为主体的满堂灌教学方式，采用以学生为主体的先学后教的教学方式。满堂灌教学方式使学生在学习中处于被动接受的地位,学生与老师极少有思想上的交流。学生没有时间和机会思考,久而久之就养成依赖老师的习惯,老师不讲就不知道怎样去学了。这对智力发展是极为不利的。因此我在教学中采用启发式先学后教的教学方式,让学生成为学习的主体,使他们开动脑筋积极思考,与教师进行思想交流,养成自主学习的良好习惯。

(一)兴趣是最好的老师。在上课前提出一些体现教学目的要求,带有启发性的思考题,让学生带着疑问阅读课文。如我在讲授高中《哲学常识》的"运动是物质的根本属性"内容时,我在黑板上写出以下几个问题:

(1)物质运动有哪几种基本形式?

(2)哲学上讲的运动是什么?它和世界上的一切运动形成的关系是什么?

(3)"坐地日行八万里,巡天遥看一千河"这句诗包含了什么哲理?

(4)"少小离家老大回,乡音无改鬓已衰"这句诗体现了什么哲理?

(5)"人不能两次踏进同一条河流"说说这一观点所阐述的哲学道理。

我指导学生带着疑问阅读教材相关内容,很容易找到了前两个问题的答案。经过老师指点,最后三个问题也顺利地得到解决。学生通过自己的阅读找到了问题的答案,也掌握了所学的知识,懂得构建知识结构以及找到其与前后知识之间的联系,学生觉得学有所成,有一定的成就感,增强了学习的自信心,自然就会产生学习政治的兴趣,有了学习的主动性和积极性。对学生在阅读中提出的问题老师也应该耐心解释,引导,否则就会泯灭学生刚刚燃起的兴趣之火。同时也可以通过引导学生阅读《半月谈》、《中学生诗史政治报》，收看电视新闻等活动；或者组织学生写手抄报、政治小论文，举办辩论会、时政新闻发布会等多种形式和途径来提高学生学习政治的兴趣，最终培养和提高学生政治阅读能力。

（二）讲完课文后，要求学生自己上讲台对课文内容作一个小结。归纳得不够全面的，由同学和老师一起补充。学生必须认真阅读课文，且认真听课才能做好小结。这种方法可以使学生养成阅读的习惯和提高自学的能力，也可以使学生的语感大大增强，从而提高其运用政治术语阐述观点的能力。这样做在开始时会有一定的难度，但只要教师严格要求，严格训练，是可以达到目的的。如上课时，我把课本每一节的知识结构都用问题的形式列出来，让学生阅读自学后，在黑板上板书出来。用这种方法，学生就不难做出小结了。

二、教会学生阅读的方法

（一）教会学生运用经济理论、政治观点以及辩证唯物主义和历史唯物主义的基本原理去分析、阐述、解释经济、政治和社会现象。

实际上有许多学生阅读了几遍课文后，做主观题时却觉得无从下手，原因就在于他们没有掌握基本经济理论、政治观点和马克思主义哲学的基本原理。我在授课过程中，通过对不同材料的分析，教会学生如何运用所学的理论和原理去观察、分析问题。比如，用主要矛盾和次要矛盾的原理分析我国社会主义初级阶段的主次矛盾，说明我国必须以经济建设为中心，大力发展生产力。又如，让学生试分析学校工作的主要矛盾、学生的主要矛盾各是什么，你所在学校和你本人是否能处理好主要矛盾和次要矛盾的关系。通过这样设问题，学生就会自觉地阅读政治教材，理解相关知识，把知识和问题结合起来思考，才能不断提高学生的政治阅读能力。

（二）教会学生在阅读中进行理解记忆，提高阅读的效率。

机械记忆的效率很低，且对学生的智力发展不利。但理解记忆既可以提高阅读的效率，又可培养学生的辩证推理能力。比如，党在社会主义初级阶段基本路线的内容很长，在阅读过程中，如果我们将基本路线的内容分层次去理解，分别说的是依靠力量、核心内容、实现奋斗目标的方法、奋斗目标，这样由于弄懂了前后句的联系，了解它的基本观点和层次，记忆的效果也就大大提高了。又如，在《哲学常识》中有物质和意识、客观规律性和主观能动性、运动与静止、矛盾普遍性与特殊性的关系、主次矛盾的关系、矛盾的主次方面的关系、内外因、量变与质变、前进性与曲折性、社会存在和社会意识、个人与社会、集体利益和个人利益等等；在《经济常识》中有商品是使用价值和价值的统一体、优化资源配置要把市场调节（机制）和宏观调控有机结合起来、公有制经济和非公有制经济、生产和消费、进口和出口、独立自主、自力更生和对外开放等等；在《政治常识》中有国体与政体、民主与专政、自由与法制、依法治国和以德治国、“一国两制”等等两个相对事物。为此，在教学中教会学生运用矛盾分析法分析两个相对事物之间的关系，有助于删繁就简，有助于在理解中进行记忆。

（三）在授课的过程中，教会学生如何在阅读中联系学过的知识，进行归纳、对比，从而提高学生的分析和概括能力。

例如：在认识论有关知识的复习课中，我是这样设计的：先带领学生把认识论所涉及的具体知识内容、要点、原理进行分析比较，然后进行分类归纳，抽象概括，形成知识网络。

在纵向上把握一条主线：认识的辩证发展过程。在横向上，把认识的发展过程与事物的发展过程放在一起比较；把认识的反作用与意识的反作用，真理、科学理论的作用，主观能动性的发挥放在一起比较；把理论与实践的统一、主观与客观的统一、对立统一放在一起比较，引导学生由具体知识出发，抽象概括出其内在联系，从而掌握科学的思维方法。

通过分析和比较，学生记住了有关内容，学会了如何比较，在以后的阅读中就更有目的性和针对性。学生从不同的角度进行阅读，阅读能力有所提高，看问题就更加全面了。

总之，高中思想政治课教学中需要培养学生的政治阅读能力，教会学生阅读的方法，这对于提高思想政治课的教学具有十分重要的意义。

（此论文获《中学生时事政治报（高中部）》全国政协政治论文评委会梧州市教育学会一等奖）

【主要参考文献】

王丽萍：《高中思想政治课教学中培养学生阅读能力的必要性》，载《内蒙古师范大学学报（教育科学版）》2006 年第 4 期。

浅谈高效思想政治课堂的创设

梁　洁

【内容摘要】当前很多学生对思想政治课都产生厌倦情绪，而课堂教学是主要阵地，提高课堂教学效率就成为当前的首要任务。本文主要从教师如何教，学生如何学及两者如何合作这三方面来浅析高效思想政治课堂的创设。

【关键词】高效　政治课　创设

当前，一提起思想政治课，较多的学生不喜欢，思想政治课在许多学生的心目中无关紧要，学生对思想政治课产生厌倦情绪，而课堂教学是思想政治课的主要阵地，提高课堂教学效率就成为当前的首要任务。所谓“高效课堂”，我们一般是指用尽可能少的时间获取最大教学效益的教学活动。因此，我们必须首先重视教师如何教，学生如何学这两个方面问题，并把二者有机结合提高课堂效果。那么究竟如何才能打造出高效的课堂呢？

一、教师方面

一节高效课，它是由教师和学生合力打造而成的，这其中教师的作用当然不容忽视，尽管教师不再是教学中的主角，但他毕竟是

"平等中的首席",因此,教师决定着一节课的质量。有什么样的教师就有什么样的课堂,有什么样的课堂就有什么样的教学效果。所以,思想政治课教师要准备好各个环节,才能打造出高效的思想政治课堂。

1."备"在课前。

没有预设的课堂是放任的,也是杂乱无章的,必然也是低效的。要创造高效的课堂,充分用好这45分钟,教师能否精心备好课,是能否上好课的前提与保证,只有在上课之前做好精心的准备,拟好实施教学的计划,才能保证在上课时达到教学的各项目标。新《课程标准》针对不同年龄学生的身心特点,作出了科学而具体的规定,这就要求我们要认真研读《课程标准》,认真研究《考纲》以及《考试说明》,在制定教学目标的时候,要严格按照《课程标准》的要求备好课。

(1)明确教学目的和要求。通过一堂课的教学,要达到什么目的,是复习,讲授新课,还是考核掌握程度等。要明确每节课教学的重点与难点,而不在面面俱到,目的清楚才能设计恰当的教学方法。

(2)根据教学目的要求确定教学形式。教学形式是教学内容的外在表现,如何转化思想政治课相对枯燥的内容为生动形象,如何将外在的书本知识转化为内在的体验与感悟,选择合适的教学形式是十分重要的,教学形式可以是多种多样的,游戏式、角色扮演式、调查式、访问式、小组合作探究式等。

(3)选择多媒体等教具。恰当的教具对教学有辅助作用,多媒体技术的最大特点就是生动性、形象性和直观性,而中学生的思维又以形象思维为主,针对学生的特点、利用多媒体的优势,对调动学生非智力因素,营造情境浓厚的课堂氛围创造了有利条件。学生对所学知识产生了新奇感、惊讶感、新颖感，不仅可以引起学生的兴趣，而且可以吸引学生的注意力，激发学生的想象力，提高学生学习的积极性和主动性，从而带来良好的教学效果。①

(4)安排好课堂教学程序。新课一般有三部分，一为导入，二是新课讲授，三是复习小结。导入可用提问导入、分析作业导入、小结导入等；时间不宜过长，一般 5—7 分钟，新课讲述一般 20—30 分钟，可以单纯讲授，也可边讲边练或采用其他教学方法，小结一般用 5—10 分钟，重申本次教学的重点、难点。通常将最难理解的问题放在一堂课的第 20—30 分钟去讲是比较符合心理学原理的。②

备课是任何一名教师教学中的第一步，对教学的成功起着决定性作用，备好课才可能上好课。当然备课除以上内容外还有关键的一个部分即"备学生"，不同的班级、年龄、经历、文化基础、家庭条件都应该装在教师的脑子里，必须因材施教，量体裁衣；备课是一个系统工程，需要教师从备课标、备教材、备学生、备教法、备学法上下足功夫，这样教师才能充分发挥其主导作用，把握课堂教学的微观结构，实现高效课堂教学。

2."精"在课上。

课堂，是教师以创造性的劳动去实现自己的生命价值的最重要的时空；课堂，是学生学习知识的主要渠道和主要阵地。抓住课堂这个主要阵地，课堂效率才会提高。

---

① 毛天杰:《让思品教学的火花在和谐高效的课堂中闪闪发光》，载《宁波教育学院学报》2008 年第 6 期。

② 郎文革:《备课——教学的前提和关键》，载《沧州师范专科学校学报》1999 年第 7 期。

(1)创设轻松愉悦的课堂氛围。

宽松愉悦的课堂气氛有利于学生的身心健康,能够促进学生的创新思维,是值得提倡的课堂氛围,良好的课堂氛围能消除学生身心的疲劳,拉近师生之间的距离,融洽师生关系,使学生在平等、融洽的氛围中获取知识,发展能力,提升情感。因此,教师要善于通过风趣幽默的语言,营造良好的课堂氛围,来点亮思想政治课堂教学。

(2)创设激趣的问题情境。

创设良好的问题情境能有效地激发并维持学生的学习兴趣,为课堂教学创设一种紧张、活跃、和谐、生动的理想气氛,提出问题的时候要考虑本节课的教学目标、学生的认知规律、学生的学习心理等。思维永远是由问题开始的,设计适当的问题激发学生的探索欲望,牵引学生的思维处于活跃状态。有效提问是课堂对话的开端,要提高提问的有效性。只要能让学生的思维处于活跃状态,积极地探索知识并试图将刚刚获得的知识转化为能力,这就是一节高效的课堂,成功的课堂。

(3)创造合作进取的学习氛围。

课堂教学是否高效主要看学生学习的效果,学生充满自信的时候,在和谐的气氛中,学生的学习效果就好,效率就高,这样,课堂的高效也就顺理成章了。因此,在学生自主学习的基础上,积极开展小组合作学习,从课前预习开始,到课内探究和课后帮教,充分发挥小组成员的积极性,对学习中的薄弱环节进行监控、反思、调节、补救,增强学生的学习效能感;小组的组建,要关注学习差异,也关注个性特质,让课堂充满团队合作氛围。同时通过小组合作评价制度调动学生的参与,我们适当的激励,正是为实现全体学生高效学习,实现课堂更大面积高效作准备。①

---

① 范光侠:《关于高效课堂的探索》,载《中国校外教育》2007年第9期。

(4)进行科学的学法指导。

教学过程中,在传授知识的同时,还应注重学习方法的指导,帮助学生掌握科学的认知方法。我们要让学生先学,让学生按照老师指导的教学目标,在导学提纲的指导下进行自主学习,然后老师再根据学生自学的情况进行下一步的“教”,让学生在自主学习中自己发现问题,并且自己去寻找解决问题的方法,变“学会”为“会学”,会“发现问题—分析问题—解决问题—再发现问题”,养成勤于思考的习惯,在此过程中教师要针对学生暴露出来的问题进行引导,引导学生参与合作探究,如果仅仅停留在知识的单向灌输和机械训练上,教授的仅仅是学科知识,而不去关注学科内在的逻辑联系,不去引领学生发现学科知识背后的基本概念、基本方法,这样的学习显然是低效甚至无效的,要让老师的“教”与学生的自主学习完全融入到一起,科学的学习方法为创造高效课堂提供了重要保障。

(5)当堂巩固知识。

课堂总结是新课讲授结束时,以精练的语言,通过归纳总结、实践活动、转化升华和设置悬念等方式,对所学知识和技能及时地进行系统巩固和运用,使新知识有效地纳入学生的认识结构中的过程。教师通过提问或其他方式,检查学生是否能掌握本节课要求掌握的基础知识,力求打好基础。引领学生进行课堂总结,让学生进一步明确本节课学习的主要内容,完善精确的结尾,犹如画龙点睛,使课堂教学再起波澜,从而使教学活动画上一个完美的句号。因此,精心设计结课这一教学环节,对于高效课堂有着举足轻重的作用。

3.“思”在课下。

教师每上一堂课,或多或少有点得失、感想和体会,如果把它们及时地写下来，再进行系统地、深层次地分析，在今后的教学中引以为戒，不断地改进，教学水平会在不知不觉中得到提高，从而大大提高教学有效性。可以说教学反思是教师成长的催化剂，是教师专业发展的必由之路。① 最后可布置适量的课后作业，以进一步巩固本节课所学重点知识，引导学生积极思考，把知识转化为能力，实现课堂更大面积高效。在组织课堂教学的各环节中，教师要时刻牢记学生才是课堂教学的中心，要精心设计能调动学生课堂学习主动性的方法。教师要善于根据具体教育情景，灵活运用各种教育方法，发现和培养创新人才，成为学生创造潜能的开发者，课堂教学的效果，最终要体现在学生身上。

二、学生方面

学生是学习的主体，只有学生高效地学习，才能真正算是高效课堂。所以，学生要做好课前准备，高效学习，才能和教师共同创造出高效课堂。

1. 课前预习。

预习不是简单地把课本翻翻，要思考一些基本的问题：是什么，为什么，怎么样，和以前的知识有什么联系等等，做到融会贯通，这样，听课就有的放矢，抓得住重点，攻得下难点，课堂自然就高效了。

2. 课堂学习。

上课要做到“声声入耳、字字入目、动手动脑、用心学习”。学会在重点内容上作出标注等技巧，老师提出问题时积极思考，敢于发表自己的见解，不明白的问题要及时问老师，要独立完成老师布置的作业，讨论问题时要主动参与，积极发言，要集中精力紧紧围

---

① 范光侠：《关于高效课堂的探索》，载《中国校外教育》2007 年第 9 期。

绕老师的讲课思路用心思考。

3. 课后巩固。

坚持先复习后做题。复习是巩固和消化学习内容的重要环节，把所学知识认真复习一遍，把记忆的内容记牢，把学习的内容真正理解再做作业。另外，学会掌握记忆的科学和技巧，例如记忆的时候要注意遵循艾宾浩斯的遗忘曲线规律，这样就能事半功倍地学习，达到最低投入，最高产出的高效效果。

三、师生结合

一个班级的师生就像一支运动队，教师就是教练。每一节课就像一次训练，没有科学的方法就不能产生刘翔这样的世界冠军。如果只是教师“一头热”是很难产生高效课堂的，通过学生的预习自学，经过学生自己的思考、体验，在个人探索的基础上，让学生发表各自的见解，并展开学生之间的讨论，互相补充与纠正，通过师生共同总结，归纳出本节课的教学内容，教师以肯定、鼓励为主的形式来满足学生的成功欲望。每个学生都具有良好的学习习惯，加上教师的适时引导点拨，就能创设出高效的思想政治课堂。

（此论文获广西壮族自治区二等奖）

【主要参考文献】

1. 林崇德：《学习与发展》，北京，北京师范大学出版社，1992。

2. 王秀莲：《浅谈备课新思想》，载《晋中师范高等专科学校学报》2000 年第 4 期。

3. 赵守文：《备课新观念》，载《人民教育》1999 年第 3 期。

4. 章定炉：《新课程改变了思想品德的课堂教学》，载《网络科技时代》2008 年第 6 期。

多元智力理论与中国的素质教育

韦德寿

【内容摘要】美国心理学家霍华德·加德纳的多元智力理论认为，人的智力除了传统的逻辑—数理智力、视觉—空间智力以及言语—语言智力三种传统智力外，还有音乐—节奏智力、身体—动觉智力、自知—自省智力、交往—交流智力共七种智力(1995年又将自然观察智力增加为第八种智力)。而且这些智力是会转移的。反思我国的传统教育，把学生考试成绩作为教育最主要的目的和衡量教育成败得失的唯一标准，这是违反教育规律的，也是与多元智力理论相违背的。鉴于中国教育存在的种种弊端，借鉴多元智力理论，中国必须大力提倡素质教育。

【关键词】多元智力理论　中国　素质教育

一、霍华德·加德纳多元智力理论的主要内容及其对中国教育的启示

霍华德·加德纳是哈佛大学教授，他对人类认知能力发展进行了多年的研究，从全新的角度对人类的智能进行了大胆的尝试，提出了具有划时代意义的理论——多元智力理论。

霍华德·加德纳在他1983年出版的著作《智力的结构》一书中提出了一个全新的智力定义，那就是“智力是在一定的社会或文化环境的价值标准下，个体用以解决自己面临的真正难题和生产及创造出社会所需的有效产品的能力。”在霍华德·加德纳看来，智力与一定的社会或文化环境的价值标准有关，这使不同社会文化背景的人们对智力的理解、对智力表现形式的要求就不尽相同了；另一方面，智力既然是解决实际问题的能力，也是生产及创造出社会需要的产品的能力。

根据新的智力定义，霍华德·加德纳提出了关于智力及其性质和结构的新理论——多元智力理论。在《智力的结构》一书中，霍华德·加德纳指出，他所谓的多元智力框架中相对独立存在着七种智力。这七种智力分别是言语—语言智力、逻辑—数理智力、音乐—节奏智力、视觉—空间智力、身体—动觉智力、自知—自省智力和交往—交流智力(1995年又将自然观察智力增加为第八种智力)。

言语—语言智力

这种智力主要是指听、说、读、写的能力，表现为个人能够顺利而高效地利用语言描述事件、表达思想感情并与人交流的能力。这种智力在记者、编辑、作家、演说家和政治领袖等人身上有较突出的表现。例如由记者转变为演说家、作家和政治领袖的丘吉尔和电影演员转变为政治领袖的美国前总统里根等。

逻辑—数理智力

这种智力主要是指运算和推理能力，表现为对事物间各种关系如类比、对比、因果关系的敏感以及通过数理运算和逻辑推理等进行思维的能力。这种智力在侦探、律师、工程师、科学家和数学家身上有较突出的表现，如相对论提出者爱因斯坦、世界著名数学家陈景润、著名美籍华人数学家丘成桐等。

音乐—节奏智力

这种智力主要是指指挥家辨别、记忆、改变和表达音乐的能力，表现为个人对音乐包括节奏、音调、音色和旋律的敏感以及通过作曲、演奏和歌唱等形式表达音乐的能力。这种智力在作曲家、音乐指挥家、歌唱家、乐器制造者和乐器调音师身上有较突出的表现，如音乐天才莫扎特、中国音乐奇才周舟等。

视觉—空间智力

这种智力主要是指辨别、记忆、改变物体的空间关系以此表达思想和情感的能力，表现为对线条、形状、结构、色彩和空间关系的敏感以及通过平面图形和立体图形将它表现出来的能力。这种智力在画家、雕刻家、建筑师、航海家、博物学家和军事战略家身上有较突出的表现，如画家毕加索、梵高、张大千等。

身体—动觉智力

这种智力主要是指运用四肢和躯干的能力，表现为能够较好地控制自己的身体，对事件能够做出恰当的身体反应以及善于利用身体语言来表达自己的思想和情感的能力。这种智力在运动员、舞蹈家、外科医生、赛车手和发明家身上有较突出的表现，如美国 NBA 球星麦克尔·乔丹、中国体操王子李宁等。

自知—自省智力

这种智力主要是指认识、观察和反省自身的能力，表现为能够正确地意识到自身的情绪、动机、欲望、个性、意志，并在正确的自我意识和自我评价的基础上形成自尊、自律和自制的能力。这种智力在哲学家、小说家、神学家、律师和心理学家等人身上有较突出的表现，如柏拉图、孔子等。

交往—交流智力

这种智力主要是指与人相处和交往的能力，表现为觉察、体验他人情绪、情感和意图并据此做出适宜反应的能力。这种智力在教师、律师、社会工作者、推销员、公关人员、谈话节目主持人、管理者和政治家等人身上有较突出的表现，如美国黑人领袖、社会活动家马丁·路德金、中国前总理周恩来等。

自然观察智力

这种智力主要是指观察自然界的各种形态，对事物进行辨认和分类的能力，表现为善于细微观察各种自然物以及对自然物变化形态的敏感，从而发现自然物的属性和变化规律。这种智力在植物学家、生态学家、地质学家、庭园设计师等人身上有较突出的表现，如生物进化论提出者达尔文、“杂交水稻之父”袁隆平。

德国《经济周刊》2006 年 12 月 22 日文章《决定成功的十种智力》认为，决定人们事业成功有十种智力，具体是：

数学智力

专家认为，数学智力是指抽象思维和得出逻辑结论的能力。具有此类智力的人清楚事物、数字和量之间的关联和规律。例如爱因斯坦，他通过相对论使人们对空间和时间关系的理解发生了革命性的改变。

空间智力

具有这方面天赋的人对形状、空间和物体有视觉的认知。他们的思维往往是三维的，而且会在脑中形成立体图像。16 世纪初的意大利雕塑家米开朗基罗就是这样用一块大理石塑造出完美的大卫像。

语言智力

它指处理文字的能力。善于辞令的人能够更准确地表达他的所思所感。他们拥有巨大的词汇量。如德国著名诗人歌德的词汇达到九万个单词,而同时期的人根据受教育程度的不同词汇量通常在2000个到5000个之间。

自然智力

在这个范畴内可以看到很多成功的护林员、植物学家、生物学家、兽医以及环境专家。他们都需要对大自然及其产品具有很强的敏感性。

音乐智力

音乐家大多在早年就发现了他们对声音、节奏、乐谱的天赋。没有任何一种天赋会比它更早地表现出来。像莫扎特,他在五岁时就开始作曲。

身体运动智力

身体的灵活性也属于智力因素。没有人比舞蹈家或哑剧演员更能巧妙和变化多端地利用他们的身体了。卓别林在无声电影里充分展示了他的这一才能。

存在智力

哲学家、传教士和作家在理解力方面大多具有一种与众不同的悟性。他们对世界和人的本质提出疑问,并作出自己的解答。

人际交流智力

有这方面天赋的人能够洞察和理解他人的动机和愿望。相应地,他们也更善于调动和发挥他人的长处。好的教师、销售人员和政治家几乎都有不凡的人际交流智力。

个人内在智力

具有这种智力的人少之又少,而且它的作用往往被低估。个人内在智力是自我认知的能力。成功的艺术家、作家和演员都具有这种天赋。它对经理人来说则是必需的。

情感智力

情感智力与个人内在和人际交流智力的区别在于，在这方面有天赋的人不仅能够洞悉自己和其他人的感受，尤其善于有意识地控制它，因此在危险的境地也能保持清醒的头脑。印度独立运动领导人甘地是这方面的典范。

霍华德·加德纳等心理学家提出的多元智力理论，不仅揭示了一个更为宽泛的智力体系，而且提出了新颖实用的智力概念，这一智力概念取代了以标准智力测验分数对人类聪明程度的界定。霍华德·加德纳关于智力本质和智力结构的新理论对传统的智力理论至少有三个方面的突破：第一，智力不再是传统意义上的逻辑—数理智力或以逻辑—数理智力为核心的智力，而是我们今天提倡的素质教育所强调的实践能力和创造能力；第二，智力不再是传统意义上可以跨时空用同一个标准来衡量的某种特质，而是随着社会文化背景的不同而有所不同的为特定文化所珍视的能力；第三，智力不是一种能力或以某一种能力为核心的能力，而是“独立自主、和平共处”的多种能力。

“多元智力理论”被认为是人类智力认识发展史上的一大飞跃。在过去的20年里，霍华德·加德纳和他的同事已经解决了智力的行为评估等一系列问题，用来实施多元智力化的个性教育。多元智力理论在美国教育改革的理论和实践中产生了广泛的积极影响，并且已经成为当前美国以及整个西方教育改革的重要理论基础之一。现在，美国有上百所学校自称为多元智力学校，还有难以计数的教师以多元智力理论为指导思想进行课堂教学改革并取得了突出的成绩。

多元智力理论对21世纪的教育特别是对中国的教育具有深远的理论意义和重大的现实意义。多元智力理论告诉我们，虽然并不是每个人都能够成为伟大的科学家、艺术家、音乐家和作家。但是经过开发多种类型的智力，尽可能发掘每一个人的潜在能力。当每个人都有机会挖掘自身的潜能而高效学习时，他们必将在认知、情绪、社会甚至生理各方面展现出前所未有的积极变化。

总而言之，多元智力理论把智力的本质看做是实践能力和创造能力，把这种实践能力和创造能力置于一定的文化环境之中看待，把智力的结构看做是多维的和开放的，把智力看做是有待于环境和教育激活及培养的潜能，为我们今天的基础教育课程改革和实施素质教育提供了理论层面上的新支点、新依据、新视角和新参考。

多元智力理论对中国教育改革的启示，归纳起来主要有以下八点：

1. 多元智力理论有利于每位学生的个性特点早期开发。

让学生有机会创造性地探索自己的兴趣和才能，用多种方法学习有价值的技能和知识。在知识爆炸的时代，没有人能够学会全部知识，教师必须做出最终的抉择：学习什么，怎么样学习。以此引导学生的兴趣，提高他们的成绩。

2. 多元智力理论为课堂教学提供了新的各种切入点。

多元智力改革被认为是一种能促进学生学习各种原理的教学程序，激励许多教师努力与具有各种专长的人才结成合作群体。我们教师传授知识给学生的时候，如果能用多种方式呈现信息，为学生取得成功提供多种选择，就会大大减少他们的挫折和学业的失败。使每个学生能够在自己感兴趣的领域中，体验获得技能的乐趣。

3. 强调学生对课程的理解，理解地学习才能有效果。

由于多元智力理论提供的教学是多元的，是生动活泼的，所以能更好地帮助学生理解、巩固学习知识。

4. 营造有利于学生智力发展的教育教学环境的重要性。

“智力是在一定的社会或文化环境的价值标准下，个体用以解决自己面临的真正难题和生产及创造出社会所需的有效产品的能力。”在霍华德·加德纳看来，智力与一定的社会或文化环境的价值标准有关。因此，营造良好的教育教学环境对开发和提高学生的智力至关重要。事实也是如此。家庭气氛民主、文明、融洽，在这样的家庭环境条件下成长的孩子，其交往—交流智力和情感智力就相对发达；而卖猪肉的师傅的逻辑—数理智力较发达；家庭有艺术气息的熏陶，孩子的音乐智力则会有较好的发展；班级风气民主、文明、融洽，富有创造力和凝聚力，每一个学生都被尊重和重视。在这样的班级里学习，学生的学习和其他各方面都会有长足的进步。诸如此类，不一而足。所以创设一定的学习环境条件，对学生的智力开发大有益处。

5. 多元智力理论彻底颠覆了传统的人才标准。

在多元智力理论看来，尽管每一个人都有多种智力潜能，但这些智力潜能能否被激活则是有较大的个体差异的。由于种种原因，有些学生的某些智力潜能被激活得比较充分，而有些学生的某些智力潜能则没有得到充分激活甚至没有被激活。因此，就学生个体而言，有些学生的某些智力超常，而有些学生的某些智力愚笨。这在现实生活中数不胜数。比如，爱迪生中学时的学科成绩并不优秀，甚至被老师看成是愚笨的学生，但其后科学上的巨大成就，没有人敢说他的智力不超群。还有我国的著名历史学家吴晗，在中学毕业报考清华大学时，国文、外语、历史等人文学科几乎是满分，但数学为零分，当年清华没有录取他。第二年继续报考清华，国文、外语、历史等人文学科依然几乎是满分，但数学仍然是零分。清华破格录取了他，使他有了以后的成就。如果按现在的高考录取标准，吴晗无论如何是进不了大学的，就更不用说是清华了，当然也不算是人才。

6.没有教不好的学生，只有不善于发现学生优点的教师。

21世纪的教育是大众化的教育，而非精英教育。这是现代教育的最大实际。这就要求我们教育工作者要面向每一个学生，而绝不能忽视任何一个学生。现在，大多数教师眼中只有学习成绩好的学生，而对于学习成绩差的学生不是故意讽刺、刁难，就是忽视。这种现象在初中甚至小学时有出现，这是不合时宜的，也是极不负责任的行为，更是违背教育规律的。其实每一个学生都有他的闪光点，就看我们教师是否善于发现。有的学生学习成绩不是那么优秀，但他非常活跃，组织能力很强；有的学生沉默寡言，性格内向，但做事踏实，考虑问题很有深度；有的学生其数理化成绩非常拔尖，而人文学科的成绩却不尽如人意；有的学生其文化课不怎么行，甚至还较差，但却有文艺、体育方面的特长。诸如此类，不一而足。作为教师就应该尽可能地挖掘学生的闪光点，多启发鼓励，因循诱导，从而激发学生的学习兴趣，增强学生的自信心，使得学生的各种智力全面开花。

7.智力的发展有连锁反应。

多元智力理论认为，人的智力是会迁移的。也就是说，人的智力是多元的和潜在的，这些智力发展又是不平衡的，有些潜在智力被激活，而有些却没有被激活，也可能都没有被激活或激活得不够充分。一旦在某种诱因的作用刺激下，其某种智力就会发展起来，并连锁反应地促进了各种智力不同程度的发展，形成各种智力互相促进地发展的良好态势。在现实生活中，这样的事例屡见不鲜。比如，有些学生的学习几乎一无是处，但如果在体育或文艺方面的偶尔不凡表现被同学或老师发现并得到赞赏，这就可能会促使他发生意想不到的变化。作为教师绝不能把学生看死，特别是学习一时跟不上的学生，而应该善于诱导学生，想尽一切办法，激活学生的潜在智力，促成学生各种智力的发展或某些智力的发展。

8. 分层教学、小班教学应该是现代教育的基本模式。

多元智力理论揭示了智力的形成需要具备一定的社会文化环境条件。具体到中国的基础教育而言，分层教学和小班教学是不可忽视的重要内容。我国现在的基础教育不重视学生的个性特点和超大班教学是一种普遍现象，在经济文化较落后的地区尤为突出。在小学、初中、高中一个班级六七十人是非常普遍的了，我所在的学校一班九十多人也曾经有过，博白县甚至有一百二十多人的高中班级的。一个班级这么多人，教师如何实施教学，特别是个性化的教学？这是违反教育规律的。根据多元智力理论，学生智力的开发和形成需要有一定社会文化环境条件，如果缺乏这样的条件，学生智力的开发和形成是很困难的。所以，在 21 世纪的今天，分层教学、小班教学应该是现代教育的基本模式。

二、中国教育的最终出路就在于实施素质教育

纵观中国的传统教育，当然其可取之处也不少，但其弊端也是显而易见的，特别是到了 21 世纪的今天，中国的传统教育已经严重违背了教育规律，不适应现代教育形势发展的需要，阻碍了我国教育事业的发展，甚至扼杀了无数天才。中国传统教育的弊端概括起来主要有以下几个方面：

第一，教育思想上，我们还没有克服过去的精英教育模式，都希望把每一个学生培养成为学习的尖子，忽视了学生的个性特点，把每一个学生都打造成同一标准的产品。这就严重脱离了现代教育的具体实际，也严重地违背了教育规律。要知道，随着社会的进步，现代教育已经从过去的精英教育转变为现在的平民大众化教育了。我国早就实现了九年义务教育,有些发达地区已经实现了高中教育,就是高等教育也已经进入到了大众化教育阶段。我国的高等教育的毛入学率2006年已经达到22%,进入了国际公认的高等教育大众化阶段;此外,学生是一个个活生生的具有丰富感情的极有个性的个体。如果我们忽视了以上两个事实,我们的教育注定是要失败的。

第二,教育内容上,我们的教材基本上是全国一统天下,而且教材内容严重滞后。我国幅员辽阔,各地情况不同,特别是经济文化发展水平有较大差异。学生学习所使用的教材就应该有所差别。现在是知识经济时代,社会日新月异。我们的知识,我们的观念,学生所使用的教材都要跟得上时代的步伐。如果忽视了这个事实,我们的教育事业特别是教育质量的提高也会受到影响。

第三,教育方式上,我们没有摆脱应试教学的桎梏,没有真正贯彻"教师是主导,学生是主体"的教学原则,学生还没有真正参与到教学活动中来,学生仍然是被动地学习,积极性调动不起来。其中原因是多方面的,但我们教学方式方法落后是主要原因。也正是由于这个原因,学生的学习兴趣没有被激发出来,而没有学生的自主学习的学习活动是不成功的学习。

第四,教育过程上,我们的大班教学模式应该说是不成功的教学模式。我们这个时代是一个知识爆炸的时代,也是一个个性张扬的时代,每一个学生都有其独特的个性。这就要求我们教师在具体的教学活动中要充分尊重每一个学生,重视每一个学生。而我们的大班教学模式就不可能做到这一点。现在,我们学校的班级几乎每一个班都有六七十个学生,有的更多,连小学也不例外。教师在具体的教学活动中不可能照顾到每一个学生。这是一个严重的问题,必须引起我们教育行政部门的高度重视并加以解决。

否则，我们的教育改革就不可能取得成功，教育质量也就很难有提高。在具体的教育教学过程中，我们要多鼓励学生发言，多思考，多动脑筋。学生回答问题，我们教师要多加鼓励和表扬，即使答案是错的，我们在指出其错误的时候也要委婉一些而不能打击学生的积极性，绝对不允许用训斥的口吻。教师要注意不能用思维定势甚至是错误的思维来教育学生。学生回答问题的时候，只要学生动了脑筋，其答案尽管与课本答案不一致，但只要是有事实来支撑的，我们教师都应该给予肯定。像小学语文教学中，就有这么一道题："秋天来了，树叶______"答案是"掉下来"才是正确的，其他的答案都不算对。这样的教学完全禁锢了学生的思维和创造力，是失败的语文课教学！

第五，教育评价标准上，传统的教育教学基本上都是把学生的学习成绩作为衡量教育教学成败的主要标准甚至是唯一标准。这是严重违背教育规律的，在教育教学实践中也是十分有害的。现在，无论是教育行政部门评价一所学校，还是学校评价一个教师，抑或是社会对一个教师的评价，主要就是看学生考试成绩。特别是高中，就是看你的高考成绩。你高考成绩好，你就行；你高考成绩不好，你就不行。甚至在小学也不例外。现在有不少小学，学生考试成绩仍然是教师的命根子。这是评优、分配奖金等的主要依据。小学每次段考、期考，都要将学生的考试成绩排队，甚至张榜公布，看看哪个班级、哪个老师带的学生成绩好，这使得教师特别是学生压力很大。有个别教师就为这而作出透露考试试题或者偷改学生成绩等弄虚作假行为。成绩较差的学生更是脸上无光，甚至无脸见人。难怪现在有不少学生小小年纪就厌学甚至逃学，就是因为在学校学习成绩差，抬不起头来，久而久之，就不思学习了。试想，在小学阶段，成绩差那么十分几分有什么区别？即使到初中甚至高中，也不能凭分数将学生分为三六九等。这是对学生人格的严重侮辱！学生的智力不仅仅是学习文化知识方面的，他还有多方面的潜能。如果仅仅以学习成绩来断定一个学生如何如何，那不是无知就是短视。

第六，传统的教育提倡学习但不注重思考。美国残障教育家海伦·凯勒在谈到传统教育的弊端时说："首先，让我感受最深的是没有时间来沉思，自我反省。""人们进大学似乎仅仅是为了学习，而不是思考。"上课时，"一个人忙于一边机械地听讲，一边匆匆地记，是不可能把多少心思用在考虑讲课的主题或解决问题的方式方法上的"。这些观点击中了传统教育的要害。教师滔滔不绝地讲，学生一丝不漏地记。把大块大块的知识从教师的教案里搬到学生的笔记中，而学生则没有时间去思考和消化这些知识，这只是形式上的学习。即使学生把这些知识机械的记进脑海里，也只是死的东西，不能转化为分析问题、解决问题的能力，更谈不上有所发现有所创造。看看我国的传统教育几乎就与海伦·凯勒描述的一模一样。海伦·凯勒在100多年前就揭示出传统教育的这种弊端，并主张学生自主学习、独立思考，寻找解决问题的方法，在今天也有着重要的现实意义。

第七，学生学业负担过重，影响学生的健康发展。海伦·凯勒说："有好多次我都想将学习的知识去掉一半，因为许多内容只让人白费力气，只让人心灵超载，而不能容纳那些真正有价值的知识珍宝。"她还形象地描述了自己在过多的学习内容面前的窘态："每当我进入自己心灵王国时，就好像闯进瓷器店里的公牛，各种知识的碎片犹如冰雹一样朝我头上打来。当我设法躲过它们时，各种论文的鬼怪和大学的精神紧紧追赶上来。对这些特地前来膜拜的偶像，我现在真想把它们打个粉碎。"

海伦·凯勒深刻地揭露了传统教育学生负担过重的现象，认为学生如果心灵超载，后果则是“白费力气”。她甚至希望将学习的知识去掉一半，以求得自身的全面发展。海伦·凯勒的这些思想，对当前教育改革仍然有着重要意义。我们能否减轻学生过重负担，给学生留下心灵空间，让他们去获取“真正有价值的知识珍宝”呢？

第八，正是由于片面强调了传统的智育教育，而忽视了学生德育、身心健康方面的教育，造成了学生身心、人格方面的欠缺。特别是在德育方面，曾经把德育当成思想政治教育，20世纪五六十年代是讲“五爱”：爱祖国、爱人民、爱集体、爱劳动、爱护公共财物；改革开放以后是“五讲、四美、三热爱”，这些德育标准都很正确、也很具体，可是收效并不大，原因在哪里呢？“五爱”中的每一“爱”都很重要，都是德育的根本，德育的中心，结果多中心等于没中心，而相应地忽视了人之为人的根本的东西，如基本的道德品质，基本的做人标准，为人处世的道理等，加上又未能提出可以被中小学生躬行践履的具体途径与方法，于是就使这些正确的德育目标仅仅成为动听的口号，难以落实到人们的行动上。“五讲、四美、三热爱”也有类似的弊病。即使是近几年小学的“品德”课也令人很失望。老师的动机原本是为了让人学好，但却很难让学生心动。这种状况长期以来一直没有引起教育管理部门的重视，加上高考、中考指挥棒的作用，只重智育忽视德育的现象日趋严重，造成了德育教育游离于学生的思想、心理和实际生活之外，有空洞、教条、形式化之弊，导致许多学生有品德、心理等做人方面的缺陷，极大地影响了他们聪明才智的发挥，以致酿成“清华生刘海洋伤熊案”、“马加爵杀人案”等恶性事件。

总之，我国的传统教育中，严格的教育过分强调语文和数学等文化智能，贬低了其他认知方式的重要性。因此，许多学生的智力在传统的学业方面没有得到尊重，他们的特长难以发现，这对于学校和社会都可能是巨大的人力资源浪费，对个体来说，甚至是对人才的扼杀和摧残。中国的传统教育到了非改革不可的地步。

中国的素质教育就是在这样的大背景下提出的，霍华德·加德纳多元智力理论又给予了极大的理论支持。

1993 年 2 月，中共中央、国务院颁布的《中国教育改革和发展纲要》提出“中小学要由应试教育转向全面提高国民素质的轨道”，自那以后，素质教育问题日益受到人们的关注。1999 年，在国务院批转教育部《面向 21 世纪教育振兴行动计划》中提出实施“跨世纪素质教育工程”整体推进素质教育，全面提高国民素质和民族创新能力”。至此，素质教育观作为一种现代教育观才深入民心。

对素质教育内涵的理解，有三个方面的问题需要强调。

第一，素质教育是面向全体学生的教育。《教育法》规定公民“依法享有平等的受教育的机会”。受教育机会平等是国家法律规定的一项基本教育方针。对政府和教育行政部门来说，应当为所有适龄儿童少年提供平等的教育；对学校和教师而言，要努力使每个班和每个学生都得到全面而健康的发展。基础教育特别是义务教育的根本宗旨，是为提高全民族的素质打下扎实基础，为全体适龄儿童少年今后的学习和参与社会生活打下良好基础。实施素质教育要求面向全体儿童少年，促进每个学生的发展。

第二，素质教育是促进学生全面发展的教育。全面发展，这是党的教育方针的核心部分。它提出了教育所要培养的人的合理素质结构，包括生理的、心理的、思想的、文化的素质。教育是要教给学生文化知识，作为检验学习成果的重要方法之一，考试是重要的，也是必要的。“应试教育”的问题在于，它主要是为应付考试而教和应付考试而学，忽视学生的全面发展；在教育实践上，忽视德育、体育、美育和学生身心健康，造成学生的片面发展。有的人书念得很好，考分很高，但是没有正确的世界观、人生观、价值观，道德修养很差，缺乏与人交往、团结合作的能力，这不能认为是好人才。有的人只有书本知识，没有创造性，不会解决实际问题，"高分低能"，也不能认为是好人才。道德修养好和本事大的人，身体不好也派不上大用场。当然，在学校不好好学习，文化知识贫乏，便不能担起社会主义现代化建设的重任。我们决不能重犯"文革"中不学好知识，甚至提倡交白卷那种极其荒谬的错误。有一点要特别说明的是，全面发展不等于平均的全面发展，而是和谐的全面发展。实施素质教育就是要培养学生品德高尚、身心健康、知识丰富、学有专长、思路宽广、实践能力强，使学生学会做人、学会学习、学会劳动、学会创造、学会生活、学会健体、学会审美，成长为有理想、有道德、有文化、有纪律的社会主义事业的建设者和接班人。

第三，素质教育是促进学生个性健康发展的教育。人的个性是千差万别的，社会也需要各种各样的人才。实施素质教育的重要目的之一，就是为了使有不同天赋和爱好的孩子，在受教育的过程中，除了统一的基础课程外，还能通过各种教育方式给予他们能发挥天赋和爱好的空间和时间。培养人不能如同用一个统一的模子，把不同形态的材料都压成一模一样的东西一样。

总之，对于中国传统教育的严峻现实，借鉴霍华德·加德纳的多元智力理论，中国应该大力提倡和实施素质教育。这是中国学生的福音，中国教育事业的福音，更是中华民族的福音！如果不改革中国的传统教育，不实施素质教育，中国要崛起，要强大，要屹立于世界民族之林，那将是水中月，镜中花。

（此论文获2008年梧州市教育学会教学科研论文一等奖）

【主要参考文献】

1.（美）霍华德·加德纳：《智力的结构》，北京，新华出版社，1983。

2.（美）约翰·D.布兰思福特等编著，程可拉等译：《人是如何学习的：大脑、心理、经验及学校》，上海，华东师范大学出版社，2002。

3.（美）珍妮特·沃斯、（新西兰）戈登·德莱顿著，顾瑞荣等译：《学习的革命：通向21世纪的个人护照》（修订版），上海，生活·读书·新知三联书店，1999。

4.《IQ：告别传统，走向多元》，载《参考消息》2007年1月10日。

5.《决定成功的十种智力》，载《参考消息》2007年1月10日。

6.李岚清：《李岚清谈素质教育》，载《素质教育大参考》2004年第5期。

7.（美）海伦·凯勒著，林志豪译：《我生活的故事》，北京市，华文出版社，2004。

理性思考思想政治课自主探究型学习的几个现实问题

■ 张传基

【内容摘要】自主学习是目前我国正在不断探索的课堂教学模式。它主张在教学中以学生为主体，强调学习过程中的自主。自主学习模式的广泛运用适应了学生个体发展的需要和“培养创新人才”的现代教育目标的需要。但很多老师在采取自主学习模式组织教学活动时，由于认识上的偏差，还不同程度地存在着一些问题，致使自主学习长期停留在形式的层面。本文通过分析自主学习中较容易出现的认识误区，探索我国基础教育中自主学习的教学策略。

【关键词】自主学习　问题

新课程标准提出了新的学习方式即自主、合作、探究的学习方式。温家宝总理曾提出：课堂教学要培养学生独立思考和创新思维。要使学生自己掌握学习的方法，提高创新的能力。美国的阿尔温·托夫勒在《未来的冲击》一书中指出：“鉴于可预见的变革速度，我们可以推测未来的学生必须摆脱过时的观念，他们必须主动地学习……未来的文盲不是目不识丁的人，而是那些不会学习的人。”随着教育教学改革的不断深入，广大教育工作者逐步确立了“以学生的发展为本”的思想，更加确信在教学中要充分发挥学生学习的积极性和主动性，让学生成为学习的主人。学生主体角色的重新定位，在教学领域掀起了一场改革的“风暴”，它为我们的课堂注入了勃勃生机和活力。然而，冷静观之，或许是因为教育认识的偏差，或许是因为急于求成的功利思想在作祟，自主学习在很多时候、很多环节上不同程度地走进了误区。

一、注重形式化

教育的目的是通过教学行为使学生获得知识，继而实现知识的转移和应用，自主型学习的过程更加注重知识的迁移，提高学生多方面的能力，使学生能通过学习进而能解决社会、生活等各种问题，实现能力的提升。课程改革使政治课堂教学的形式灵活多样，教师通过设置教学情境引导学生积极参与，确实调动了学生的积极性，但是过分追求形式显然是片面的，有的教师不管问题的深浅难易，一律放给学生讨论，不论什么样的教学内容，一律运用多媒体课件展示，不论是否需要或者让学生表演，或者让学生演唱，或者对教学内容过分拓展等。这样，课堂教学是热闹了，但细细推敲一节课下来学生究竟获得了什么？课堂教学形式是重要的，但是形式再重要也应为内容服务，对于中学生，尤其需要由教师引导他们立足文本，理解文意，品味语言。试想游离于文本、忽略了内容的形式，对政治教学又有多大价值呢？年轻的教师思想开放，也大胆尝试新的做法，但在课堂组织方面有时会出现放得开，难收拢的局面。如何将“自主—探究—合作”的学习方式推向高的层次。合作小组中的学生之间应如何合作？教师又如何参与学生小组的活动？学生小组合作学习时，纪律应如何保证？这些都是摆在政治老师面前的亟待研究解决的问题。

面对自主学习，我们要在突出主体，在实效上做文章。

1.功效的再认识。对于小组讨论，更多的是为学生之间的互动、互补、互助提供舞台，小组讨论方式的运用与否，应该以是否有利于“三互”功能的发挥为标准。不顾学生的实际，不顾学习内容、环境的限制，盲目滥用只能事与愿违。

2.适用范围的再审视。确实，小组合作这一学习方式的积极意义已在很多的教学实践中得以证实。但“以偏概全，适用全体”的观点和做法都是不可取的。也就是说，并不是所有的内容都必须借助于合作才能进行学习，对很多新旧知识之间坡度较缓或需要通过深入思考逐渐领悟的知识，往往个体学习的方式优于小组合作学习。强调改善学习方式，决不意味着用一种学习方式代替另一种学习方式，而是强调从单一的学习方式转向多样化，并提高每一种学习方式的内在品质。

3.教师要深入地研究教材，研究学生，精心选择有探讨价值的内容，合理把握合作学习的时机，确保在教师的引导下，使学生有所悟、有所得。

4.关注养成教育。在课堂教学中组织合作学习时，一方面要先引导学生独立思考、形成自己的初步见解；另一方面要重视学生在倾听、协作、质疑等活动中所应具备的尊重不同观点，善于交流沟通，实事求是，服从真理等品质的培养。唯有这样，才能让学生在合作学习的过程中体验平等、感受公正，使不同天赋、潜质的学生在彼此的交流中得到最充分的发展。

二、脱离学生的实际

自主型学习更多的是学生对知识和社会、生活的探究，在这个过程我们不能脱离学生的实际，使我们的教学置于空中楼阁。学生是社会、生活的人，他们有自己的性格特点和生活环境，也有自己的生活方式和对社会、生活的看法，因此创设的自主型学习的平台，应该适合学生的环境和心理特点，不应该过于成人化或脱离学生生活的时代特征。这样的自主型学习更能激发学生的求知欲，也能使学生感受到我们现代的教学是适合时代信息的，是能解决社会生活问题的，从而提高学生的学习积极性，真正达到学习型学习的要求。

为此，教师应在教学中充分把握教材、从学生生活实际出发，选择学生身边的、感兴趣的事物，提出有关的政治问题，以激发学生学习的兴趣和动力，使学生初步感受政治与日常生活的密切联系，让学生用政治的眼光去审视生活，审视世界。长此以往，不断深化，就能逐步让学生学会用政治的眼光去看待周围的世界，从政治的角度出发提出一些生活中的问题，用政治的思想和方法去分析和解决问题，用政治的语言去解释得出的答案或结论，从而促进政治素养的提高。

三、放任自流

自主型学习是学生自主运用知识、探索知识的过程，在这个过程中，学生必须自主学习知识，发现问题、研究问题。这一过程强调学习的自主性，但自主学习并不等于放任自流，自主型学习是自主与系统的结合、自主与传授的结合、自主与管理的结合。学生是学习活动的主体毋庸置疑，但教师的主导作用同样不容忽视。新课程把教师定位于学习活动的组织者、引导者、促进者，就是要求教师有序、有效地组织好学习活动，针对不同的教学内容、教学对象、教学进程给予适当的引导扶持，促使学生的学习不断向新的高度推进。毕竟学习是在一定知识上的提高和应用。而这一定的知识还须教师的传授，自主学习中学生有新知识的获得和能力的提高，但还需要教师的引导和系统化，自主学习的过程可以由学生组织和管理，但还得靠教师的指导、管理和总结。

在课堂教学中，如何使学生做到放开、放胆而不放任，自主、自由而不自流呢？这是自主学习理论和实践研究中不可回避而又比较棘手的问题。我们要把握“自主”与“自流”、“放开”与“放任”的界限，有效地实施自主学习中的调控。学生都有自己的兴趣王国，他们的探究心性容易持续地逗留在那里，就像小孩子上街，呆在游乐场里不想走一样。教师要时刻注意学生在探究场景中是不是掉队或迷路。但如果因为害怕出现这种情况而完全不让学生紧跟着自己的方向，又容易挫伤学生探究的积极性和主动性。这就要求把握好其中的度。在教学中教师要提出问题，互相交流，引导尝试目标；通过重点指导，难点突破，疑点清晰，引导实施目标；通过总结学法，梳理程序，叙谈收获，引导检测目标。这样引导，既可最大限度调动学生自主学习的主动性和积极性，还主体于学生，使他们成为自主学习的主人，又可避免学生在自主学习中信马由缰，游离目标。

四、面向个体学生

教学面向全体学生，这是素质教育的要求，也是每个学生应得的权利，我们的教学设计要针对全体学生，教学目的要使全体学生的能力得以提高。自主型学习的过程，是学生各种能力的释放和综合素质提高的过程，而每一个学生的社会经历和现有的能力有所不同，当他们面对同一问题所表现出来的应对和解决能力也不同，因此我们不能对不同的学生采用同样的教学模式或要求，应该遵守具体问题具体分析的原则，对不同的学生的情况加以具体分析，通过分析找到适合不同能力和不同性格学生的不同的自主学习的方式，让他们在适合自己的思考、合作、探究过程中得到成长和提高。

我们要面向全体学生，让每一位学生的个性发展空间得到充分的张扬。因此，在课堂上，教师面对的是众多既有共同的身心特点，又有不同的遗传素质、家庭环境、智力水平、人格特征的学生，这就决定了教学既要面向全体学生，在德、智、体等方面向他们提出统一的要求，又要重视个别差异，采用多种不同的教育措施，使学生的个性得到充分发展，做到因材施教。

新课程从课程目标到教材内容都体现了尊重学生个体差异的多样化需求，针对学生发展，采用不同的教育方法和评估标准，为每一个学生发展创造条件。应该注意到，实施个性化的课程和教学的条件正在逐渐形成。信息技术的发展、多媒体计算机和网络在学校中应用范围的日益扩大，给个性化教学带来了新的机遇，创造了前所未有的条件。采用信息技术手段进行教学，尤其是基于互联网的多媒体教育网络中的教学，可以将个别化教学与整体性教学结合起来。课程个性化的时代内涵就是要利用新技术带来的可能和机遇，为各种不同特色的学校和不同程度的学生，开发和提供相适应的课程和教材，促进教学过程中的因材施教。

在现代教学中，自主学习已成为主流，教学探索是每一个教师必须面对的新课题。积极发现问题，善于解决问题是教学活动的基本要求。正确把握教学改革中的几对关系，能使我们少走弯路，提高效能，更好地实现教学转变。

（此论文获广西壮族自治区二等奖）

历　史

如何提高历史教师课程整合能力

■ 梁荣昌

【内容摘要】课程整合能力是新课标对高中历史教师的新要求。对历史教师而言，课程的整合能力体现一个教师对学科知识的把握；体现着一个教师对历史内在事件前后联系、纵横联系的高度概括。本文就如何在课堂之中提高历史教师的课程整合能力，提高教学质量，激发学生的学习兴趣，培养学生的历史学科思维，提出一些个人看法。

【关键词】课程整合　历史教师　新课程

能力是指个体在认识和改造客观世界的活动中所拥有的直接影响活动的成效和质量，决定活动能否有效地实施和完成的心理特征或素质的综合。教师能力是指从事教师职业的人所应具备的能力，主要包括教师的基础能力、教师的职业能力和教师的自我完善能力。历史课程整合能力是运用多媒体课件、结合新课标对历史教师教学提出新的要求。在历史课程整合过程中，必须要注意知识点的前后联系、中外联系。这就需要备课教师认真备课，认真把握好知识点，理清理顺各个知识点的关系，明确哪些知识点需要精讲，哪些知识点需要略讲。历史教师是历史课堂教学的实施者，课上得怎么样，具备什么样的效果，决定于历史教师在备课过程中对课程整合能力的深度和广度挖掘。本文就在历史教学过程中实行的对课程整合的方法，谈谈自己的一点看法。

一、历史教师课程整合能力的构成

一般情况下，每个教师针对自己的学科教学都有一套课程整合能力。就历史学科来说，历史学科的课程整合能力包括政治、经济文化、天文、地理、历史人物传记、历史典故等等，此外，还要联系实际，古今结合。这就需要历史教师有渊博的知识，去粗取精。所以历史教师课程整合能力包括历史学科与其他学科的整合能力和历史学科内的整合能力。

第一，历史学科与其他学科的整合能力。

在历史教学过程中，除了历史学科的知识之外，教师还需要掌握好其他学科的知识。因为历史是贯穿于古今中外人类社会发展的整个过程及人类活动的一切总和，所以历史学科的知识点就非常广泛。这就需要历史教师在了解本学科知识、熟悉本学科知识结构的同时，还需要联系其他学科知识，把其他学科的知识与历史学科的知识相联系。比如说：你要在课堂上讲中国古代文化的发展历程时，你就必须要掌握中国古代的思想、科技、天文历法、建筑、文学等等知识。要讲清欧洲殖民主义兴起的三国贸易时，你就需要有相关的地理知识。

第二，历史学科内的整合能力。

首先，历史教材的整合能力。教材是死的，教师与学生是活的。教材内容相对固定的情况下，怎样整合教材是一个优秀历史教师的最基本的要求。所以，历史教师在整合课程过程中，既要认真理通理顺教材，又要结合自己所教的学生的实际情况去整合知识。在备课过程中注意知识点的前后联系，中外联系，能够把学生的学与老师的教结合在一起，让学生在课堂教学中发挥主体作用，老师发挥主导作用。在《全日制义务教育历史课程标准》（实验稿）中提到：教科书的编写不必囿于《标准》所建立的内容体系，可以对内容标准中的知识内容进行重新建构，编写不同体例的教科书，如编年史、专题史、中外合编史等。因此，就有了三级课程（国家、地方、校本）的课程结构及四个版本教材的情况出现。特别是校本课程的设置，这需要教师有开发校本课程的能力。而校本课程开发的过程就是对诸多教材的整合，形成本学校的特色。

其次，教学手段的整合能力。教学手段是指师生为实现教学目的、完成教学任务、开展教学活动、相互传递信息的工具、媒体或设备，主要以物质的形式而存在，同时也受到教学理念的支配。在多媒体教学没有出现之前，传统的历史教学一般是以黑板、粉笔、图片、实物及模型等直观的教具作为教学手段，学生只是被动的听老师讲，听老师分析，教学容量小，教学效果不是很好。近年来，随着多媒体教学的出现，传统教学模式已经不完全适应新课标教学的要求。在新的条件下，我们应该把多媒体教学和传统教学结合起来，运用多种教学手段，提高教学效果，在课堂教学中再现历史现象，加深学生对各个历史知识点的理解。

在新一轮的基础课程改革中，历史课程标准中明确要求教师在教学实践中，“注意教学手段的多样化和现代化”，“要努力创造条件，利用多媒体、网络组织教学，开发和制作课件，开展学科的辅助教学”。而时下有很多历史教师虽然在教学中使用了多媒体课件等现代化教学手段，但只是追潮流、赶时髦、唯技术而技术，是教材内容在多媒体课件上的简单复制，并未发挥其作用；也有些教师从本质上就排斥这种新的教学手段，认为它是可有可无的，没有它照样可以讲好课，他们仍然固守着传统的教学理念，没能够认识现代教育技术的优点。我们应该明白，不论是哪种教学方法都有其优缺点，我们需要把两种教学方法结合在一起，取长补短，具体问题具体分析。在现实中，或许有些教师由于计算机技术不过关而排斥使用多媒体，这样的做法已经不适应时代的要求，所以这就要求广大历史教师尽快加强计算机应用知识和理论的学习，具备熟练操作、使用现代教育设备的能力；改变传统的教学理念，具备在教学中熟练掌握和正确使用多媒体设备的能力，结合历史实际教学内容，制作精美、实用的课件。发挥现代教育技术手段的优势，优化历史教学结构，但不能因使用现代化的教学手段就彻底舍弃了传统的教学手段，二者各有优势，教师应在教学中合理地、科学地将传统的和现代的教学手段加以整合。

最后，教学资源的整合能力。教学资源也可以称之为课程资源。课程资源是指形成课程的要素来源和必要而直接的实施条件。课程资源是我国新一轮基础教育课程改革的一个新亮点，过去我们在对课程资源的认识上存在一些误区，如简单地将历史教材及少量的历史挂图等直观教材理解成课程资源的全部，而按照新课程的理念，历史学科拥有大量的课程资源。在《全日制义务教育历史课程标准解读》中历史课程资源被分为六类：历史教材、学校图书馆、社会历史课程资源、历史音像资料、历史遗迹和各类博物纪念馆、信息技术和网络技术。传统意义上的课程资源只着眼于物力资源，现代意义上的课程资源不仅包括物力资源，还包括人力资源。教材仅是一种主要的课程资源，历史教学还有除课本教材以外大量的人力资源，具体到每一位历史教师、学生、家长、学科专家、阅历丰富的长者等。由于新一轮的课程分为国家课程、地方课程、校本课程三个层次，今后，历史教师也将要经常参与地方课程，尤其是校本课程的开发和建设，而校本课程开发的最大难点就在于它需要大量的课程资源。由于历史学科的独特性质，决定着它有着极其丰富的课程资源，而21世纪是科技与信息时代，知识经济的迅猛发展使得课程资源更加丰富。面对如此之多的课程资源，如何在有限的时间内去接受最多的知识与信息，这是作为教学实施者的教师需要进一步思考的问题。个人认为，一名历史教师应以教材知识为基础，以网络为桥梁，以媒体为手段整合课程资源，提高教学效率。

二、提高历史教师课程整合能力的四点意见

第一，加强培训，提高教师信息素养和教育理论水平。

教师的信息素养和教育理论水平是教师能否进行课程整合和整合实施的根本。历史教师应该进行各种信息技术培训，对现代化教育理论、教学设计的理论及实践、现代教育技术设备的使用等进行培训。通过培训掌握相关的技术，并把掌握的技术运用于教育教学之中。在教学过程中进行总结反思，提高自己对历史教学课程的整合能力。学与用的结合，在教学过程中遇到的问题，又通过课余时间去学。不断提高自己的能力，提高历史课程的整合能力。

第二，加强全体教师的合作，提高"整合"能力。

一个人的力量再大，在集体中的力量也是渺小的。所以我们要发挥集体教师的优势，开展集体备课。在集体备课过程中，就某一节课展开讨论，各抒己见，结合各家之长。通过全体老师的合作，从课堂的设计、学生、教材、教学手段、教学资源的利用等方面进行整合，整合之后再进行讨论并加以改进。通过集体备课的形式，不断提高教师钻研教材、分析教材、整合教材的能力。

第三，鼓励教师参与资源建设。

教学资源从某种意义上讲是课程整合成败的关键，不断添置和开发教学资源，以满足教师对教学资源不断增长的需求，是每一个在实施课程整合的教师必然面临的问题。历史学科需要查找的资料多，历史教师在整合课程过程中，会遇到很多问题，这些问题就需要通过查找资料的形式去解决。所以，各位历史教师就需要多参与历史资源的建设和开发；学校也应该帮助教师开发一些新网站，以便各位教师在备课过程中查找。在网站当中，很多教学资源网对历史教师的课堂整合能力的提高有很大的帮助。

第四，培养骨干，通过骨干带动整体。

历史学科课程整合能力需要有很强的历史学科知识和其他学科知识，对许多历史老师来说，一下子达到要求是比较困难的。所以，培养骨干教师，通过骨干教师带动整体教师的提高是非常必要的。通过摸索之后，就需要找出一个学科带头人，带领全体历史教师去理解和掌握怎样整合课程，怎样提高课堂效率。

总之，新课程改革给历史教师带来了挑战的同时，也给历史教师带来了不可多得的机遇。在新时期，作为课程实施者的教师应该转变教学观念，改变教学行为，不断提高自己的课程整合能力，更快地融入课程改革的浪潮。

（此论文获梧州市教育学会2012年教学教研论文一等奖）

【主要参考文献】

1. 郑其恭:《教师的能力结构》，广州，广东教育出版社，1993。
2. 罗树珍:《教师能力学》，广州，广东教育出版社，1997。
3. 中华人民共和国教育部:《全日制义务教育历史课程标准

（实验稿）》，北京，北京师范大学出版社，2001。

4. 梁励：《新旧历史教学之比较》，载《历史教学》2006年第5期。

5. 朱煜：《走进新课程，历史教师必读》，南京，南京师范大学出版社，2005。

谈谈利用课堂小评论培养学生能力

姚文凤

【内容摘要】培养学生的思维能力可以说是中学历史教学的中心任务，利用课堂小评论来培养学生的能力是有效的途径之一，本文试图从历史小评论在课堂教学中的作用、历史小评论在运用中应该注意的问题这两方面谈谈笔者的看法。

【关键词】课堂小评论　思维能力　作用　问题

中学历史教学有三大功能，即传授知识、培养能力和思想教育，其中培养能力可以说是中学历史教学的中心任务。可是，现阶段学校历史教学中却比较普遍地存在着一些弊端：重教轻学、重知轻智、重记轻思。我们想要改变这种状况，就要努力投入到中学历史教学改革的潮流中，把重点放在对学生思维能力即智力的培养上，把方法灵活的课堂教学摆在教学环节中的首要地位。历史课堂教学中充分发挥小评论的作用，以培养学生的思维能力和激发学生的学习情趣，不失为一种有效的方法。我在多年的高三历史教学理论研究和教学实践探索中做了一些有益的尝试。以下就历史小评论在教学中的作用及其运用中应注意的问题浅谈一些体会，以就教于同仁。

历史小评论在课堂教学中的作用主要有以下三个方面：

第一，可以提高学生的认识水平，达到思想教育的目的。教师在新课讲授结束时，学生在课堂中接受新知识的同时，已受到一定程度的思想教育，但有时其认识水平是肤浅的，有限的，或者不符合唯物史观，这时，教师应抓住时机、趁热打铁、精心设置评论题目，师生互相交流、共同评论，通过教师启发、学生动脑，让学生自己亲自获得理性认识，以澄清问题，提高认识，完成思想教育的目的。

例如：我在讲完世界现代史（必修）第一章后，在课堂上布置了这样一道小评论题目："十月革命的胜利和第一次世界大战的结束具有什么内在的联系，它说明了什么道理？"这个小评论并不难，学生刚刚学完新知识，经过学生思考和老师引导很快就能得出结论，二者互为因果关系。即帝国主义战争给人民带来了深重的灾难，给垄断资产阶级带来巨额利润。它激化了阶级矛盾，使交战各国面临着严重的危机。战争教育了人民，人民反对帝国主义战争；战争引起了革命，在帝国主义阵线最薄弱的俄国发生了二月革命和十月社会主义革命。苏俄坚决退出帝国主义战争，交战各国革命运动也空前高涨，奥匈帝国瓦解，德国发生革命并宣布投降。革命终于制止了战争，帝国主义战争结束了。通过这一小评论，仅用5分钟左右的时间，师生互相交流，提高了思想认识，真正懂得了战争教育了人民，人民渴望和平，战争引起革命，革命制止战争的道理。从而完成了这一章的主要思想教育目标。

第二，可以培养学生的思维能力，达到智力教育的目标。中学历史教学的三个目标中，能力目标是核心。学生能力培养的手段是多种多样的，但这一目标的实现主要通过课堂教学来完成。教师在课堂运用历史小评论，创设思维情境，让学生在已有知识的基础上，开动脑筋，展开讨论，教师适时给予启发、诱导，运用历史学科理论和唯物史观评价分析历史人物、历史事件和历史现象，从而逐步培养学生的比较、概括、评价、理论能力和语言表达能力。这样长期坚持，在潜移默化中，学生的思维能力得到逐步锻炼提高。举例如下：

我在高中《中国近代现代史》（必修）上册第六章“大革命的兴起和失败”的教学中，曾设计了这样一道分析评论题目供学生讨论：“广东国民政府在第二次东征中，陈赓在战场失利时，曾背负蒋介石脱离险境。延安整风时，康生对陈赓说：“当时如果你不救蒋介石的命，不就可以少打这么多年仗了吗？”陈赓坦然地答道：“如果当时蒋介石死了，不就成了烈士吗？””“康生的观点是否正确？为什么？”这道评论题一出，激起学生强烈的求知欲，学生马上热烈讨论起来。很快有多数学生回答说康生的观点不对。但我进一步追问为什么时，大多数学生却支支吾吾、不知所以，抓不住关键。这时，我就利用几分钟的时间，一个问题一个问题地逐步启发、点拨，使学生认识到：当时国共合作期间、反帝反封是共同目标，东征为消灭陈炯明部队，巩固广东革命根据地，为北伐奠定基础是两党的利益在。当时的蒋介石是革命的，陈赓相救属正常的救护行为。康生把蒋后来叛变革命与当时国民革命的东征相提并论，没有把历史人物放在特定的历史条件下加以评价，所以是错误的。之后，再进一步引导学生评论：陈赓反驳是运用了什么马克思主义观点？然后得出结论：人和事物是不断发展变化的（发展的观点），我们应当具体情况具体分析，不能一概肯定或一概否定，必须一分为二地看待问题和评价人物。这个小评论，使学生耳目一新，客观思维能力得到锻炼。

第三，可以激发学生学习兴趣、强化学习动机，以教促学。灵活多变的教学方法才能够调动学生学习的积极性。课堂中不时地运用小评论，师生共同参与，相互交流，学生的学习过程中由消极的被动接受变为积极的主动探求。这样，即可以激发学生旺盛的求知欲、启动学生思维，又可以培养学生的能力，开发学生的智力；既可以活跃课堂气氛、提高教学效果，又可以教促学，拉近师生情感。因此小评论成为培养学生学习兴趣的润滑剂。

例如：我在讲《戊戌变法》一节时，讲了由于袁世凯的告密、慈禧太后和荣禄发动了辛酉政变，戊戌变法失败了。我有意提出这样一个问题让学生评论："如果没有袁世凯告密，戊戌变法会失败吗？"一石激起千层浪、学生纷纷说出自己的见解。但是把握不住问题的关键（根本原因）。我因势利导，点拨学生从民族资产阶级的特点（软弱性和革命性），恶化帝国主义支持的中国封建势力异常强大来逐步分析，展开评论，终于使学生恍然大悟深刻认识到：中国民族资产阶级的本性决定了它不能完成中国民主革命的任务，只有无产阶级及其政党（中国共产党）才能救中国的道理。

所以说，历史课堂教学中，经常运用小评论可以培养学生的思维能力，激发学生的学习兴趣，并使学生从中受到思想教育，这是提高课堂教学一种好方法。

那么，历史小评论在运用中应该注意些什么呢？

第一，教师要进行充分的课前准备。小评论的运用是在学生掌握或知道了一定的基础知识上进行的，是以培养学生的历史思维能力为核心目标的。因此，在课前教师要努力吃透教材，创造性地驾驭教材，最好是对篇章融会贯通、准确熟练地把握各知识部分之间的内在联系。教师还要充分了解学生的学情，对在课堂师生共同参与评论时，可能出现的各种答案，课前应该周密考虑，做到有的放矢。教师在课前准备所设的小评论题目一定要与教材内容紧密相连，要把握住教材的重点、难点、疑点和关键点，精心设计评论题目。评论题目的数量要少而精，质量要高，题目要新颖，以最能激发学生求知欲望和最能发挥培养能力、开发智力为宗旨。当然，小评论的设计应当源于课本、高于课本，既不可偏难，也不能使学生不费吹灰之力就可以回答上来，以努力一跳能摘到果子为度。一般情况，新授课的小评论难度适当小一点，题也少一点（一题足矣）。复习课的小评论难度要放大，内容量要增大，且题量也可以适当增加（两个或三个）。

第二，小评论在课堂运用时教师一定要注意引导，方法要灵活。小评论在课堂的开头、中间、结尾时均可运用，课末时使用以重新焕发学生求知欲，振作精神、活跃思维，使课堂效果达到高潮。教师向学生出示评论题目以后，一定要给学生留有一定的思考时间，使学生的创造性思维投入到评论中，独立思考，才能使学生的思维受到锻炼，切忌一说出题目，老师就告诉答案，这样做起不到小评论应有的作用。在评论中，教师是主导，学生是主体，师生共同参与，以培养学生思维能力为目标进行师生教学合作，在民主的气氛下，通过教师启发点拨，让学生感受到知识和能力的获得是靠自己努力获得的，学生就会体验到通过自己思维劳动获得知识成果的欣喜和快慰，所学知识也就会经久不忘。此外，教师在引导学生评论的过程中应该以唯物史观为指导，把思想性与科学性结合起来，把观点和材料统一起来。

第三，运用小评论提高学生思维能力应该从高一高二抓起。那种认为能力的培养是为应付高考，是高三阶段的教学任务，是不符合学生思维和智力发展规律的。教师在平时经常运用小评论，在潜移默化的教学过程中，才能逐步使学生的能力受到训练并不断提高。

目前,在中学历史教学改革力度加大,高考命题改革步伐加快的情况下,越来越强调对学生能力的培养和考查。这就要求每一位中学执教者努力进行教学理论的钻研和教学实践改革尝试,探索各具特色的旨在培养学生能力的教学新途径。

(此论文获梧州市教育学会2012年教学教研论文一等奖)

地　理

高中地理课堂效率浅析

■张 薇

【内容摘要】地理是高中的重要学科。尤其是对于文科班来说，更是举足轻重。但是，这样一门需要大量知识储备的学科，安排的课时却是相当有限的，这就给地理教学带来了困难。因此，如何提高地理课堂效率就成为了摆在教师面前的问题。本文以备课、课堂入题、课堂提问、启发学生思维、教学过渡等五个方面为切入点，探讨高中地理课堂效率的提高。

【关键词】高中地理 课堂效率

高中地理内容全面，知识面广，课时却不多。教学过程中涉及多种模型，从以前的立体模型到现在的多媒体教学，进步了，教学过程中的难题却从未减少。如何在有限的课时内高效地给学生讲授知识就变成了一个值得探讨的问题。

一、以备课提高课堂效率

教材给的只是框架，血肉需要教师塑造。只有通过教师塑造的课堂才是有生气的。教师在课堂需要赋予教学内容更多时代的气息。因此，在备课中，教师应该更多地去关注时代的发展，学科的进步,将它们融入到课堂教学中。地理是一门综合性学科,涉及的知识面很宽,教师在平时也应该积累丰富的课外知识。将学科的进步与丰富的学科知识融入课堂,一方面可以激发学生的学习兴趣,另一方面可以活跃课堂气氛,达到提高课堂效率的目的。对于教师来说,备课本身就是一个知识储备的过程,不可谓不重要,需要很好地应对课堂中的学生提问。

二、巧妙入题提高课堂效率

入题,顾名思义,就是引导学生进入课题,作为课程的开始,其起到了引导学生思路,激发兴趣的作用。好的入题将是整节课的点睛之笔。入题的方法多种多样,可以是回顾式的导入、目标展示导入、联系实践导入、结合新闻导入、学生演讲导入或者是用多媒体图片、视频等导入。选择一个好的入题方式能够激发学生的学习兴趣,从一开始就将学生的注意力吸引到讲课内容上来。随着多媒体教学的日渐普及,在平时的教学工作中,通过多媒体入题的方式也就最为常见。在进入新内容之前,先让学生们观看相关的地理景观图片、视频,这是简单却又实用的方法。备课准备的关于时代发展、学科进步的内容也可以结合到入题中来。但是入题也应该注意,不能让学生的思维像脱缰野马驰骋课堂。一些相关的多媒体资料需适可而止,教师在激发学生兴趣的时候也要准确地把握方向。多媒体教学有许多的好处,融文字图片视频于一身,包含了更多的知识内容,融汇更多信息,学生们看起来都集中精神听课,事实上这很可能是假象。由于内容的增加,学生的反应速度、理解能力都必须要相应提高,做笔记的时间也变得更短,幻灯片一闪而过的时候,学生才记起来要做笔记,那个时候就迟了,因此,教师在讲解过程中也应该及时提醒学生做好笔记。重要的、需要重点记忆的知识还是应该使用传统的教学方式,让学生有更多的思考空间，而不是跟着幻灯片走。

三、有效的课堂提问提高课堂效率

课堂提问是一门艺术，是教师对教学内容的精心提炼和展示的过程。课堂上提出的问题必须是课堂教学的精髓。提问还能激励学生自主思考，积极探索，提高学生的自主学习能力，这是一项十分必要的教学手段。在前面入题的基础上，教师在讲解之后就应该趁热打铁，提出问题，让学生去思考和解决问题。课堂提问是教师与学生的交流，是调动课堂气氛的重要手段，并且通过学生的回答判断学生思维的误区，及时引导，及时调整自己的教学策略，让学生及时纠正思路，领悟课堂教学的精髓。但是在课堂提问中也应该十分注意，不应该提问与教学难点、重点无关的内容。学生在记忆过程中，总是对同学回答的、有趣的内容记忆深刻，而且总是对有限的几个瞬间记忆深刻。所以，如果将这个机会浪费在非重点难点上面，那就太可惜了。课堂提问难点、重点，尽可能地通过提问发现学生知识的盲点，并且当堂解决学生在难点、重点上面的疑问，然后通过布置相关课后练习来巩固记忆。课堂提问还要按照地理事物的发展现象的发生过程层层推进，先易后难，发挥学生的联想能力，从而促使他们向前探索。

四、启发学生思维

在日常教学中，启发学生思维似乎是最为困难的。学生的个性千差万别，教师却只有一个，教学方法相对学生来说，肯定是单一的。现实中，一个地理教师往往要兼任几个班的教学工作，所以教师在面对一两百个学生时，对每个学生拟定教学方案的想法是不切实际的。教师能够通过分析班级的“性格”来制定面对班级的大的教学方案。每个班都有自己的特点，因此教师启发学生思维的方式也应该因班而异。当面对理解能力普遍较强的班级时，可以提高讲课内容的跳跃性，使学生更多地去主动思考；给理解能力弱的班级讲课时，则应该把学生理解作为目的，把理解放在第一位。启发学生思维是提高课堂效率的关键所在，学生的主动思考比教师的反复讲解更为有效。讲解的过程中可以多用身边的例子，这类例子常见，学生的记忆就会更深刻一些。再者，一些适当的比喻也能加深学生的理解，使得课堂讲解事半功倍。照本宣科往往会限制学生的思维，打击学生思考的积极性，将学生活跃的思维扼杀在沉闷的课堂气氛中。以前有个学生就对我说，老师上课讲的东西都是普遍性的，其实就是告诉大家有这么一回事。要将老师给的东西原封不动的记忆是困难的，但是通过自己的思考，把它们用自己的喜好记忆，就容易很多。所以，教师在教学过程中，应该提示学生，在正确的基础上，用自己的方式去记忆，而不是非要与教师讲授的完全一致。如果学生在平时就能积极思考，用自己的方式去记忆，那么很多重点、难点就能准确记忆。学习也就事半功倍了。

五、正确教学过渡可以提高课堂效率

教学过渡是教学过程中由一个章节向下一个章节过渡的过程。教学过渡是教学过程中重要的部分，起着承上启下的作用。教学过渡是总结，也是一次小复习。教学过渡可以通过做练习来实现，也可以由教师进行总结归纳，还可以提问学生，由学生进行总结。教学过渡中，前面课程的重点、难点是必须提到的，而且对于学生疑问较多的点（多在课后发现）更应该着重回顾。承上的过程中还必须兼顾系统性，加固学生的知识框架。在回顾的过程中，也不能本末倒置，重视了小结而影响后面的课程的教学进度。在总结的基础上，可以运用过渡性的语言使得课堂连贯紧凑，让知识的整体性更强。地理教学的一个重要方面就是教会学生在已有知识的基础上灵活应用。在实际考试中，很多学生空有知识，却不知如何运用在解题之中，实在是令人惋惜。在过渡中，就能根据以往经验，通过习题的练习，具体讲解知识的应用。让学生练就举一反三的本领。

在平时的课堂教学中，仅仅有这五点是不够的。教学工作远远不止这五点。课堂效率的提高不代表老师讲得多，而在于学生记住了多少，但是很多教师往往会陷入讲得多就是效率高的误区，教师在教学中交给学生的时间越少，学生得到的锻炼越少，学生的思维活动能力增长得也就越慢。在考试中反而无所适从了。地理教学应该是课堂教学与课外活动的结合，但是，在现阶段并不允许高中生大规模的外出活动考察，这在很大程度上限制了学生对课本知识内容的理解，使得学生难有实际的操作和思维能力。所以教师就应该更加肩负起引导学生的思维的重任，通过更生动的讲解来激发学生的潜能。

教学过程中还可以穿插现今大热的环保问题，以现在严峻的环保形势来激发学生对地理学习的渴望。这样还能使学生在平时的生活中注意积累，运用地理知识去解决身边的问题。

总之，教学的方法千差万别，但都是为了一样的目的，那就是让学生学习得更有效率，发展得更为全面。高中仍然面临着考试、升学的压力，教学方法会受到很大的局限，但是这并不影响课堂效率的提高。教师在教学中积极探索，努力实践，必将找到一条适合自己、益于学生的教学之路！

（此论文获广西壮族自治区二等奖）

【主要参考文献】

1. 魏东辉:《新课程背景下如何提高地理课堂教学效益》,载《教育科学论坛》2007 年第 2 期。

2. 崔松:《捕捉学生的灵感,培养学生的个性》,载《中学地理教学参考》2004 年第 11 期。

3. 王著民:《地理课程理论与教学论》,杭州,浙江教育出版社,2008。

浅谈如何在高中地理教育中渗透环境教育

■周绍金

【内容摘要】如何保护环境，实现环境可持续发展，成为当今人类的历史使命。当今的高中生是21世纪环境的主人，如何对高中生进行环境教育，提高他们的环保意识、环保行为、可持续发展观念是一项十分必要和重要的基础教育工作。在高中地理教学中渗透环境教育是很有必要的，课堂教学中对学生进行环境教育时，重点进行科学的人口观、资源观、环境观和可持续发展观的"四观"教育，也可以通过地理课外活动培养学生爱护环境的行为和利用"世界环境日"进行环境教育活动。

【关键词】地理教育　环境教育　人口观　资源观　可持续发展

全球气候变暖、全球性资源和环境危机等等环境问题，直接威胁着人类的生存和发展，因此环境问题是当今各国面临的重大问题。如何保护环境，实现环境可持续发展，成为当今人类的历史使命。当今的高中生是21世纪环境的主人，对高中生进行环境教育（人口、资源、环境、可持续发展的教育），提高他们的环保意识、环保行为、可持续发展观念是一项十分必要和重要的基础教育工作。对学生的思想教育是德育教育的重要组成部分，德育是对学生进行思想和行为的教育，而思想教育本身就是使学生能够正确地认识客观事物，树立正确的人生观和世界观，培养学生正确的分析问题和解决问题的能力。在高中地理教育中，传授地理知识本身就是思想教育不可分割的一部分，因为这些知识在影响和改变着学生的认知水平和世界观的形成。通过地理思想教育促进学生能够得到全面的发展，也就是说使学生在知识、能力、思想情感方面能够均衡发展，成为具有良好素质的公民，以适应现代和未来社会发展的需要。所以在高中地理教育中渗透环境教育也是学校素质教育的重要组成部分。

在高中地理教学中渗透环境教育是很有必要性的：第一，新课改下，地理教学渗透环境教育是教学改革深入发展的体现。通过教学使学生深刻认识到人类与自然环境的深层联系，重视人类与自然环境的协调发展，这是体现地理教学价值的重要途径之一。第二，环境教育在高中地理教学中占据非常重要的位置，地理学是一门主要以自然环境及人类社会为研究对象，研究它们之间的关系的学科，综合性强，与环境教育的关系也十分密切。高中地理教学过程中渗透环境教育应着眼于揭示人地关系，以环境教育为主线，培养学生的可持续发展观念，并使其变成一种对社会负责的行为。因此，以人地关系为主线的高中地理教育，在教学中渗透环境教育是非常必要的。

高中地理学科环境教育的范围很广，内容也很丰富，归纳起来主要有：科学的人口观、资源观、环境观和可持续发展观。

一、课堂教学中渗透环境理念是对学生进行环境教育最佳的途径

高中地理课本编写的指导思想是从人类和地理环境的关系着

眼，要求老师把环境教育和可持续发展的观点作为主线，自始自终贯穿在整个教材。

整个课本知识体系是以地球的宇宙环境为开端，依次讲述大气圈、水圈、岩石圈、生物圈以及这些圈层中存在的供人们生产和生活利用的自然资源和能源，然后学习人类在生产与生活活动中相应形成的人文环境及其特点，那就是农业、工业、城市和人类自身的发展——人口问题，最后又归结到人类和环境及如何协调人类和环境的关系。因此教授学生有关地理环境基础知识的同时，还必须使学生懂得如何合理利用环境、改造环境和保护环境、趋利避害；使地理环境向着更有利于人类生产和生活的方面发展。

对学生进行环境教育时，重点进行科学的人口观、资源观、环境观和可持续发展观的“四观”教育。通过地理教育培养学生的科学观念，将会使学生对世界和未来有更丰富的和更客观的认识。

1. 人口观。当代急剧增长的人口对环境的需求正大大威胁着环境承载量，并使环境承载量下降。据统计资料，1957 年至 1985 年 28 年间我国耕地面积每年平均净减 800 多万亩，而同期我国人口增长 4 亿多，人均耕地从新中国成立之初的近 3 亩下降至现在不足 1.4 亩。许多发展中国家人口急剧增加，人们为了索取资源满足需要，往往无节制地滥伐森林，滥捕野生动物，过度放牧，另一方面又任意排放有毒物质，加剧环境污染等，造成的环境损失已远远超过环境所提供的各种资源的价值，导致资源枯竭，危及人类的生存和发展。教师要通过教育使学生认识到，人口的增长不仅要与经济发展水平相适应，而且要与环境的承载量相适应，这就是为什么人类自身的再生产要加以控制的根本道理，进一步理解“控制人口数量，提高人口素质”的基本国策。

2. 资源观。以土地资源为例，当前世界和我国土地资源存在的主要问题：(1)水土流失严重。据美国世界观察研究所的报告，由于土壤侵蚀导致全世界每年损失的沃土达260亿吨左右。我国平均每年被河流带走的泥沙约35亿吨，其中黄河为16亿吨。地表大量水土流失，使土层减薄、肥力降低、土地生产能力下降，侵蚀的表土被冲入河流、湖泊、水库，淤塞港口、河道，减少水库的蓄水能力，增加洪水的危害。(2)沙漠日趋扩大。全球大约有29%的陆地发生沙漠化，其中6%属于严重沙漠化地区。全世界每年约有600万公顷具有生产力的土地变成沙漠，即每分钟有10公顷土地变成沙漠。据调查，沙化面积的95%是各种人为活动引起的。教师通过课堂教学，使学生认识到地球上的自然资源是有限的，人类必须合理地开发利用各种自然资源，同时也让学生知道随着科学技术的进步，人类利用自然资源的范围和深度在不断扩大，自然资源利用的潜力是无限的，“悲观论”是没有必要的。

3. 环境观。通过课堂教学使学生理解人类与环境是对立统一的观点。人类为求自身的生存和发展所需的物质和能量来自环境，生产和生活所产生的废弃物排放到环境中去，如果人类活动与环境相协调，就会创造出更加适合人类生存和发展的美好环境；如果人类活动不注意保护环境，就会产生一系列的环境问题，造成人类与环境的对立，受到自然环境的惩罚。如CO_2增加使全球气候变暖，导致了冰川融化、冰盖缩小、冰架断裂。德国研究人员曾指出，目前全世界还有约16万处冰川，而它们正快速消融。比如，欧洲阿尔卑斯山的冰川面积比19世纪中叶缩小了三分之一，体积减少了一半；非洲最高山乞力马扎罗山的冰川，从1912年至今，其山顶的冰冠缩小了80%。冰川的消融使上述地区的永冻土层丧失了“黏合剂”的功能，致使山崩和泥石流频发。通过上述环境教育提高学生对环境问题的危机感、紧迫感和责任感，并努力规范自己的行为。

4. 可持续发展观。可持续发展的含义是指满足当代人需求又不损害后代人满足需求能力的发展。由传统的发展观逐渐向可持续发展观转变是人类思想发展的飞跃，实现可持续发展是人类发展的基本目标和任务，它将成为高中地理教学的主旋律。对学生进行可持续发展的教育，要在思想上潜移默化，逐渐使可持续发展思想在学生头脑中深化和升华，形成可持续发展的思想意识和科学的发展观。如我国北京的留民营村是我国第一个建立"生态农业"的村子，自从建立了"生态农业"，农民的收入增加了，农业也可以得到持续发展。这就是很好的例证，持续发展的农业，就是要满足当代人的需要的同时，又要解决好当代人发展与后代人发展的协调关系，其最终目标是追求整体效益——经济效益、社会效益、生态效益的统一，实现生产要发展、生活要提高、生态要改善的农业。

在渗透环境教育的同时，也要培养学生认识到环境问题是一个全球性的问题，也就是说对学生进行全球观念的环境教育。世界发展到今天，国家之间、各国人民之间的交往日益频繁，国家之间的经济、文化互相渗透，国际间的协作和相互依赖关系不断加深。比如高中地理教材中的人口问题、粮食问题、资源问题和环境问题，都是人类普遍共同关注的问题，不是一个国家或地区就能够解决得了的，除本国积极采取有效措施外，也希望与别国共同合作，共同发展，只有这样才能更好地保护环境。学生要明确保护环境是人类共同的责任、义务和行为，以及国际合作的重要性。

二、地理课外活动中培养学生爱护环境的行为

在学校组织的各种课外活动中，如地理科普活动，往往活动生动精彩，但遍地的纸屑果皮构成了另一道不协调的风景线，因此我们可以通过这一现象引导学生认识到破坏环境的危害和爱护环境的必要性,使学生养成爱护环境的良好行为和习惯。

三、利用"世界环境日"进行环境教育活动

1972年6月5日在瑞典首都斯德哥尔摩召开了《联合国人类环境会议》,会议通过了《人类环境宣言》,并提出将每年的6月5日定为"世界环境日"。同年10月,第27届联合国大会通过决议接受了该建议,要求联合国系统和各国政府在这一天开展各种活动来强调保护和改善人类环境的重要性。世界环境日的意义在于提醒全世界注意地球状况和人类活动对环境的危害。许多国家、团体和人民群众在"世界环境日"这一天开展各种活动来宣传强调保护和改善人类环境的重要性。因此,在环境日这天学校可以组织学生开展各项活动,如地理老师可以结合环境日的主题,进行地理试题渗透,利用探究活动让学生探讨"我们只有一个家园——地球"、"家园、校园与环境",利用板报宣传,影视手段放映环境教育专题片等等,通过活动加强对学生进行环境教育。

(此论文获广西壮族自治区二等奖)

【主要参考文献】

1. 段卿:《浅谈如何在高中地理教学中渗透环保教育》,载《地理探讨》2011第14期。

2. 王桂君、许振文、王雪、王学:《高中地理教学中渗透环境教育的探讨》,载《长春师范学院学报(自然科学版)》2010年第2期。

新课标下地理教学中非智力因素的培养

谢洪玲

【内容摘要】美国成功学大师拿破仑·希尔认为决定学生成绩好坏的因素，智力不是最主要原因，动机、兴趣、情感、意志和性格等非智力因素占了主导原因。非智力因素是成功人才的基本条件，也是人生决胜的关键。新课程标准的理念，把培养学生的学习兴趣摆在首位，强调非智力因素对学生学习活动的影响。本文将谈谈新课标下如何在地理教学中培养学生的非智力因素。

【关键词】非智力因素　培养　动机　兴趣　情感　个性品质

一、非智力因素

什么是非智力因素？从广义来说，凡智力因素以外的一切心理因素，统称为非智力因素，它是相对人的智力因素而言的。从狭义来说，非智力因素主要指动机、兴趣、情感、意志和性格。情感能直接转化为学习动机，成为激励学习的内在动力，如果具有高度的学习热情，就会如饥似渴地进行学习，从而提高学习效率；意志在掌握知识过程中同样发挥着积极作用，如果学生具有坚强的意志力，就能锲而不舍地去攻克难关，从而有效地提高学习的质量；个性在学习中的作用更为突出，个性品质表现在性格上，性格是个体心理特征的重要方面。它能够以较稳固的态度和习惯化的行为方式在学习中发挥着深刻的影响。一个人的成功＝智力因素＋非智力因素＋其他条件。古今中外有大量的事实表明这个公式的正确性。我们常常可以看到，一个智力水平很高的人，如果他的非智力因素没有得到很好的发展，往往不会有多大的成就。反之，一个智力水平中等的人，如果他的非智力因素得到了很好的发展，主观上努力奋斗，也会取得很大的成功。

二、如何在地理教学中培养非智力因素

使学生准确而牢固地掌握地理知识，形成地理技能和发展智力、培养能力是地理教育的重要目的。在达到这个目的的过程中，有多种因素在影响、制约着学生的地理学习。这里有智力因素，更多的是非智力因素。因此，在新课程实施下，地理教师应该了解非智力因素对地理学习的重要作用，并主动在地理教学中培养学生对地理学习的兴趣、端正他们的学习动机并培养他们对地理学习的坚强意志以及对地理学习的情感，这是每个地理教师的责任和应尽的义务。那么，我们应该怎样培养学生的非智力因素呢？

1. 地理教学中激发学生的学习动机。

（1）引起地理学习的需要。

阐述学习地理的重要性，激发学生学习动机，形成学习地理的动力。学习动机是直接推动学生达到学习目的的内在动力，直接影响学习效果。在教学活动中，教师要向学生阐明学习地理的重要性及目的要求，调动学生学习的主动性和积极性。要针对厌学和厌恶地理的种种原因进行学习动机、学习目的教育，激发学生学习地理的兴趣。如何激发学生学习地理的动机呢？一方面抓住学生的兴趣特点，利用地理知识的趣味性引发学习动机，在教学中善于利用奇闻趣事、各地风土人情、各种自然带珍奇动物、各种旅游景观巧妙的插叙，利用古诗、歌诀、谚语、顺口溜、谜语等“兴趣元素”来引发学生的学习动机。利用地理知识的实用性引发学习动机，通过国情教育、国土开发与整治、资源调查与开发、城市规划、农业发展、工业布局、交通建设、环境保护、商业贸易、旅游开发等地理知识的学习，培养学生科学的世界观、人生观、人口观、资源观、环境观，强化学习的目的性和地理知识的实用性。另外教师形象的描绘，生动的语言，巧妙的插叙，古诗、歌诀、谚语、顺口溜、谜语等的巧用都会使地理课堂增辉添彩，激发学生学习地理的动机，使学生在轻松、愉快的环境中掌握地理知识。讲“气候”时我用“沾衣欲湿杏花雨，吹面不寒杨柳风”（春）；“黄梅时节家家雨，青草池塘处处蛙”（夏）；“看万山红遍，层林尽染”（秋）；“忽如一夜春风来，千树万树梨花开”（冬）等诗歌导入。学生从诗歌中形象地体会到春夏秋冬的不同气候特点，从而激发了学生学习气候的兴趣。由此可见，全方位激发学生地理学习的动机，定会让学生发挥潜质，提高地理学习的质量。

（2）设置悬念，激活动机。

要使学生产生学习地理的动机，就必须打破原来的心理平衡状态：学生对于地理的自我满足状态。在教学时设置“悬念”是行之有效的方法，即通过提出问题，使学生处于迫切需要解决问题的境地，引导他们对于未知的研究，打破原来的心理平衡，促进心理的内部运动，从而产生学习地理的内部动机。

（3）创设合适的问题情境，促成积极向上的学习动机。

学生的创造欲望是一种强烈的内部动机，这是由于创造构成诱因所引起的。地理教学中教师精心创设适当的问题情境使学生产生疑惑感、新颖感、好奇感，激发其学习地理的情趣。比如：煤形成于气候温暖潮湿、植物生长茂盛的地区，而冰雪覆盖的南极大陆怎么会形成足够全世界用200年的大煤田；为什么极圈到极点的范围会有极昼极夜现象；站在北极点上，无论怎么走，为什么都是朝南走；为什么北半球的河流往右岸冲刷；为什么中东地区战事不断等等。类似问题或现象的提出，有利于引导学生主动学习有关内容，寻求答案，活学活用现有知识，解决实际问题。加上教师绘声绘色的描述和当堂板图、板画的过硬基本功；课内外幻灯、录像和多媒体等各种教学手段；教室里图片和地图的布置等等，这些学习情境的设置，能使学生沉浸在地理意境之中，随境生情，情缘物发，维持最佳心理状态，保持旺盛的求知情绪，同时在情感上受到美的熏陶。

2.提高学生学习地理的兴趣。

在地理学习中，兴趣的发生和发展，有一个由有趣，经乐趣，到志趣，逐步深化的过程。我们应按兴趣发生和发展的规律，结合地理本身的特点来培养学生学习地理的兴趣。

在地理教学中，丰富有趣的教学内容、教师生动诙谐的教学语言、向学生提供新奇而富有挑战性的问题情境、采用灵活多变的教学方法和教学手段，都能引起学生学习地理的兴趣，激发他们的学习动机，逐渐形成良好的地理学习氛围。比如，在课堂上结合教学内容，适当介绍一些教材中未揭示的自然之谜是激发学生兴趣最直接的手段之一。如在讲到《撒哈拉以南非洲》时首先利用多媒体课件投影本区的相关内容：沙漠、雨林、草原、珍稀动物，以及被誉为“地球的伤痕”——东非大裂谷，非洲的最高峰——乞力马扎罗山上奇特的赤道雪，维多利亚瀑布和维多利亚湖，非洲最深而狭长的湖——坦噶尼喀湖的秀丽景色等景观图片或播放简短的视频，最大限度引起学生的积极性，刺激他们的求知欲望。在《地壳物质组成和循环》教学中，讲到三大类岩石的内容时可以拿一些岩石给学生观察，引导学生结合课本内容将这些岩石进行分类，让学生学有所用，调动学生学习的积极性。此外还可开展多种课外活动，满足学生的好奇心，鼓励学生写一些地理小论文、参加地理知识竞赛等多种课外活动等。在这些活动中，学生既能学习地理知识，又能运用地理知识，促进学生在日常的地理知识接触中逐渐加深地理课兴趣。

3. 创造充满积极情感的地理教学环境。

列宁说过："人类在探究真理时，积极肯定的情感起激励促进作用，消极否定的情感起抑制阻碍作用。"苏霍姆林斯基说："教师的活动不仅包含学科的意义和内容，而且包含了思想的情感色彩。"因此，教师在教学过程中要重视增强积极肯定的情感，降低消极否定的情感。在教学过程中教师积极地利用、激发和培养学生的积极情感，可以创造出一个充满积极情感的教学环境，以取得发展学生智力的最佳效果。

如何培养学生积极健康的思想情感？情感是人类对客观事物的一种态度与心理体验。在教学中，教师要善于抓住学生的情感变化，察言观色，通过眼神、表情、语言变化等方式调动和激发学生的情感，使学生在学习中充满激情，把对地理科学的热情充分地表达出来，做到"晓之以理，动之以情"，提高学生的学习兴趣。同时教师要学会控制自己的情绪，态度要和蔼、亲切、不压抑、不专横，把微笑和激励带进课堂。教师要使学生在每节课上都充满激情，一方面要注意克服教学方法模式化的倾向，追求教法的新颖性，以新颖的形式激发学生的求知欲，使之保持稳定的注意力。另一方面针对地理学科内容多、知识杂、涉及面广的特点，照本宣科显然是不行的，必须要兼顾其他学科，多方涉猎，发挥诗词、歌曲、趣闻的激兴、怡情作用，增加课堂的趣味性。这就要求教师在课余时间要不断钻研，扩大知识面，课堂要精心编排教学内容。例如在讲第二章气旋、反气旋，气团和锋面活动时，在讲清基本原理的基础上，结合在民间广为流传的观云看天的谚语和天气预报及当地的天气变化，叫学生观察、分析，用所学知识解释，得出结论。讲地图时引入谜语“容纳千山万水，胸怀五湖四海，藏下中外名城，浑身绚丽多彩”，讲到蒙古高原时引用诗句：“天苍苍，野茫茫，风吹草低见牛羊。”讲长江时，让学生听一首《长江之歌》；讲青藏地区时，让学生听一首《珠穆朗玛峰》等。

在平常的学习生活中，学生通常会因为与老师有着良好、和谐的师生关系而对老师所讲授的内容深信不疑，这反映了师生关系对学生学习的影响。学生因为敬慕地理老师而对地理学习产生浓厚的兴趣，反之，也可能因为厌恶地理老师而失去学习地理的耐心或信心。教师对地理的情感、教师的意志品质都会对学生产生影响和震撼，乃至于影响他们的一生。教师要重视自身的人格魅力，与学生建立良好、民主、平等的师生关系。“学高为师，身正为范”是地理老师在培养学生非智力因素的过程中应遵循的最好标准。

4. 塑造优良的个性品质。

在地理教学中，使学生具有良好的个性品质，应从以下三方面考虑：

(1)培养学生积极的学习态度和科学的学习方法。

教师应该自觉地把对学生的世界观、价值观教育和理想教育渗透于地理教学之中。正确的世界观和价值观是一个人的人格是否完整的内在因素，是他们从事社会活动的原动力。因而，帮助学生树立正确的世界观并提高他们对地理价值的认识，包括地理的社会价值、教育价值和文化价值等，使他们产生学习地理的动力并内化成恒久的学习地理的兴趣。一个学生的理想会影响着他的近期学习目标，从而制约他的学习行动。因此，帮助学生树立远大的理想，使其产生学习地理的正确动机，并付之于努力学习地理的行动中去，这是地理教师应完成的重要任务。

帮助学生养成良好的学习态度和科学的学习方法。很多学生对地理学习缺乏良好的学习态度和科学的学习方法，虽能比较准确地掌握基础知识和基本理论，但新旧知识往往联系不上，孤立地贮存在头脑中，出现掌握不牢的现象。为了避免学生学习时的盲目思考，消除学生由于无效思维造成的倦怠情绪，教师要注重启发，细心引导，让学生能充分利用已有的知识去思考，去判断推理，逐步让他们将已有的知识形成网络，并让他们习得类比、归纳、总结等基本的学习方法。形成良好的、科学的学习方法。

(2)磨炼学生的意志，培养良好的学习习惯。

意志在学生掌握知识过程中的积极作用不可低估。如果学生具有坚强的意志，就会在学习上苦下功夫，锲而不舍，从而取得好的学习效果。教师应当在引导学生参与知识探究的过程中设置一定的困难，有意识地磨炼学生的意志。设计的提问或练习，要有一定的坡度和跨度，鼓励学生不畏困难，知难而进。同时，让学生学会用意志排除不良情绪(如恐惧、慌张、挫折、悲观、失望和狂喜等)的干扰，强迫自己保持平静的心境面对地理学习。通过适当的解题训练，既可培养学生的意志，又可增强他们的学习兴趣。

(3)让学生在成功体验中，增强自信心。

成功不但可以引起学生对地理学习的兴趣，还可以坚定学生学好地理的自信心。地理学习过程中非常强调地图的学习，怎样学地图，如何更有效的学习地图很有技巧。在区域地理复习中有个学生对我说不知道怎么去记和读区域图，于是每复习一个区域时我都请该学生到黑板上画出该区域的经纬网及轮廓图，并在旁边指导他怎么画。上课的时候我就以学生画的区域图作为蓝本进行复习。经过一段时间后，该同学的读图能力有了很大进步，自信心也越来越强。传统的学习方法比较注重读地图，如果把“读”改为“画”，我们会发现效果有显著的提高。画地图既培养了学生的综合能力与整体素质，又能轻松高效的提高学习成绩。“画”的过程强调多种学习器官的参与和配合，学习效率肯定比单一用眼睛“读”效果好。

中学地理教学能从培养非智力因素出发，调动学生的地理学习积极性，提高学生学习地理的兴趣，使学生掌握科学的学习方法，形成优良的个性品质，养成独立获取地理知识的本领。这样，才能达到新课标的要求：让学生主动的参与到地理教学活动中来，在体验中学地理，进一步加强学习地理的基础能力，培养终身学习和发展的能力。

（此论文获梧州市一等奖）

【主要参考文献】

1. 中华人民共和国教育部制定：《普通高中地理课程标准（实验）》，北京，人民教育出版社，2003。

2. 教育部基础教育司：《地理课程标准（实验稿）解读》，北京，北京师范大学出版社，2002。

生　物

梧州市高中生物课程资源开发利用的调查及分析

■ 周建莲

【内容摘要】课程资源是决定课程目标能否有效达成的重要因素。充分利用现有的课程资源,积极开发新的课程资源,是深化课程改革、提高教学效益的重要途径。而作为梧州市,其课程资源的研究还处于起步阶段,成熟的研究成果并不多见。因此,笔者通过问卷法对梧州市高中生物教师的课程资源意识和高中生物课程资源的开发与利用情况进行调查,并在对调查结果分析的基础上,对高中生物课程资源的开发与利用提出一些建议。

【关键词】高中生物　课程资源　开发　利用　梧州市

随着新课程改革的层层推进,生物科学的发展对生物课程资源的开发提出了新的要求,也进一步推动生物课程资源的迅速开发和利用。通过两个月对梧州市几所中学高中生物教师进行调查,其课程资源开发和利用情况概况如下:

1. 研究对象与方法。

(1)调查对象:梧州几所中学的全体高中生物教师。

(2)调查时间:2009 年 9 月—2010 年 2 月。

(3)调查目的:探查梧州市高中生物教师的课程资源意识和对生物课程资源的开发与利用情况。

(4)调查方法。

笔者以生物课程资源的功能特点作为分类的标准,在参考相关资料的基础上,根据梧州市生物课程资源存在的实际情况,按条件性课程资源、素材性课程资源进行分类,选择了一系列项目制成两份调查问卷。问卷Ⅰ为《高中生物教师课程资源识别情况调查表》,共设有 34 个选项。这 34 个课程资源项目基本涵盖了生物课程资源的所有种类,目的在于调查了解高中生物教师的课程资源意识。其结构见表 1。问卷Ⅱ为《高中生物教师课程资源利用情况调查表》,共设 22 个选项,以调查高中生物教师对常见的 22 种生物课程资源的利用情况。其结构见表 2。

不同类型的选项在问卷中是随机分布的,对于每一个选项,问卷设置"是"、"否"、"不清楚"三个向心指标,请教师根据自己的实际情况进行选择。

表 1:问卷 1 的结构总表

项目(条件性课程资源)		项目(素材性课程资源)	项目(素材性和条件性两者兼存的课程资源)
1. 生物教科书	12. 养殖场	23. 生物科学研究新成果	31. 网络
2. 生物学教学参考书	13. 自然界中的生物	24. 当地社区人士的生物学知识	32. 生物实验室

续表

项目（条件性课程资源）		项目（素材性课程资源）	项目（素材性和条件性两者兼存的课程资源）
3. 生物标本	14. 生物园	25. 学生的生物学知识	33. 学校图书馆
4. 生物学教学挂图	15. 广播电视等媒体	26. 学生创作的作品	34. 多媒体教室
5. 生物类图书	16. 医院（或卫生院）	27. 学生生病的痛苦感受	
6. 生物学教学软件	17. 生物高新技术企业（公司）	28. 学生见闻、生活经验	
7. 本地区植物分布情况	18. 科技实验田	29. 教师知识经验，教学智慧	
8. 生物科学画	19. 生物课件	30. 学生家长的生物知识、动植物种养经验	
9. 生物黑板报	20. 专项标本馆（蝴蝶馆等）		
10. 生物技术研究机构	21. 菜园、果园		
11. 自然博物馆	22. 动物、植物园		

表2:问卷2的结构总表

课程资源类型	选项
条件性课程资源	1. 您是否经常利用教室内的生物角、墙报等宣传生物学知识
	2. 您是否经常领您的学生到卫生院(或医院)参观、见习
	3. 您是否常带领您的学生在校园内上生物课
	4. 您是否注意广播、电视上的生物学信息,并结合教材,将有关的知识介绍给学生
	5. 您是否带学生参观动物园、植物园、专项标本馆
	6. 如果您的学校有多媒体教室,请您回答是否经常在多媒体教室上课
	7. 您是经常阅读生物方面的书刊、杂志、报纸
	8. 您在讲代表植物(或动物)时,是否用本地区植物(或动物代替或补充课本中的代表植物或动物)
素材性课程资源	9. 您在教学中是否注意渗透有关的健康知识
	10. 如果您的学校有互联网,请您回答是否经常在互联网上查找有关的教学资料
	11. 在您的教学中,您是否注意渗透与学生生活相关联的生物学知识
	12. 您是否请当地社区人士给学生进行生物知识讲座
	13. 您是否带领学生对校园植物分布做调查并挂牌
	14. 您是否请当地医疗卫生人员给学生讲授卫生保健方面的知识
	15. 您是否鼓励学生在日常生活中运用所学的生物学知识
	16. 您是否鼓励学生运用所学的生物学知识参与家庭事务的讨论
	17. 您是否请生物科技人员指导学生做与生产、生活等方面的调查、实验活动
	18. 您的学生是否在家中做些生物小实验
	19. 您是否请生物科技人员给学生讲授先进生物科学知识
	20. 您是否经常与学生家长沟通,以便家长协助您的教学工作

续表

课程资源类型	选项
素材性和条件性两者兼存的课程资源	21. 您学校的图书馆或图书室是否经常向学校开放
	22. 如果您的学校有生物实验室，请您回答学校的生物实验室是否经常向学生开放

2. 调查结果及分析。

（1）梧州市高中生物教师课程资源识别情况调查分析。

本调查共发放问卷 45 份，在收回的 39 份有效问卷Ⅰ《高中生物教师课程资源识别情况调查表》中，高中生物高级教师有 6 份，中学一级教师有 11 份，中学二级教师有 22 份。教师对课程资源的识别情况统计结果见表 3。

表 3：高中生物教师课程资源识别情况统计表

课程资源类型	中学高级教师识别率（%）	中学一级教师识别率（%）	中学二级教师识别率（%）
课程资源总识别率	88.26	80.46	69.21
条件性课程资源	77.27	76.37	49.93
素材性课程资源	87.50	65.00	75.00
两者兼存的课程资源	100.00	100.00	82.69

从表 3 中看出，梧州市生物教师的课程资源意识比较强，对课程资源概念明晰，对课程资源的平均识别率接近 80%。而且，课程资源总识别率与教师职称成正比，高级、一级、二级教师各相差接近 10 个百分点。但是也存在问题，对条件性课程资源识别，高级教师的识别率明显较高，为 77.27%；其次为一级教师，有 76.37%；二级教师最低，仅为 49.93%。素材性课程资源识别率

高级教师有87.50%，明显高于一级教师和二级教师；而二级教师有75.00%，又明显多于一级教师，一级教师仅为65.00%。分析其原因：高中生物教师中高级教师属于成熟型教师，年龄通常在40岁以上，教学经验丰富，对各类生物课程资源较为熟悉，判断比较准确；一级教师年龄通常在30—40岁之间，属经验型教师，大多数参加了新课程的培训，对新的教育理论学习理解较快，因此条件性课程资源意识明显较强。二级教师为年轻教师，处于熟悉环境、教学和学生的阶段，所以对条件性课程资源识别能力偏低，但对素材性资源的识别比较敏感。

(2)梧州市生物教师课程资源利用情况调查分析。

本调查共发放问卷45份，在收回的39份有效问卷《高中生物教师课程资源利用情况调查表》中，高中生物高级教师有6份，中学一级教师有11份，中学二级教师有22份。教师对课程资源的识别情况统计结果见表4。

表4:高中生物教师课程资源总体利用情况统计表

课程资源类型	经常利用(%)	很少利用(%)	从不利用(%)
中学高级教师	79.63	17.21	3.16
中学一级教师	63.33	29.17	7.50
中学二级教师	60.52	21.64	17.84

表5:高中生物教师课程资源分类利用情况统计表

教师职称	课程资源类型	经常利用(%)	很少利用(%)	从不利用(%)
中学高级	素材性课程资源	51.67	44.17	4.16
	条件性课程资源	57.23	34.44	8.33
	两者兼存的课程资源	100.00	0.00	0.00

续表

教师职称	课程资源类型	经常利用(%)	很少利用(%)	从不利用(%)
中学一级	素材性课程资源	40.00	52.50	7.50
	条件性课程资源	50.00	35.00	15.00
	两者兼存的课程资源	100.00	0.00	0.00
中学二级	素材性课程资源	30.00	43.75	26.25
	条件性课程资源	56.55	16.17	27.28
	两者兼存的课程资源	95.00	5.00	0.00

从表4中我们可以看出，梧州市中学生物教师对课程资源的利用情况较为乐观。具有高级职称的教师经常利用的课程资源接近总课程资源的80%，仅有20%的课程资源很少被利用或者没有被利用到；一级、二级教师对课程资源的利用情况则依次递减，但相差不大。进一步分析各类课程资源的利用情况发现，不论教师的职称如何，条件性课程资源的利用情况好于素材性课程资源的利用，见表5。其原因主要有两点：第一，虽然教学工作量大，教师在完成教学任务之余，对学校内可资利用的素材性生物课程资源引起了一定的重视。根据对《高中生物教师课程资源利用情况调查表》中部分典型的条件性课程资源和素材性课程资源选项统计分析，95%以上的生物教师经常使用互联网查找有关的教学资料；第二，教师充分利用现有的课程资源，调查选项统计数据显示，90%以上的生物教师经常使用多媒体辅助教学。但是，教师们对社区中素材性课程资源开发意识仍待进一步提高，调查显示，接近85%的教师很少或从不请当地社区人士进行生物知识讲座，超过90%的教师很少或从不与学生家长沟通，不主动请求家长协助教学。

3. 对高中生物课程资源开发和利用的一些建议。

本调查主要是对条件性课程资源和素材性课程资源方面进行调查，条件性课程资源直接决定课程实施的范围和水平，如设施和环境以及对于课程的认识状况等；而素材性课程资源主要指知识、技能、经验、活动方式与方法等。针对本次调查结果，笔者在此提出两点建议：

(1)积极开发高中生物课程资源的新渠道。

生物资源有着广泛的内涵和外延，结合高中生物课程的具体特点，可以从以下几个途径对高中生物课程资源进行开发，主要从两方面入手：第一，从学生群体中获取生物资源。学生作为学习的主人和课程资源的主体，学生的知识经验、切身感受等，当然是宝贵的课程资源。因此，如何使学生积极主动地、创造性地利用一切可用资源，并使其为自身学习、实践、探索活动服务，是丰富我们课程资源的重要途径；第二，从教师群体中获取生物资源。作为课程实施的组织者和促进者、学生利用课程资源的开发者和引导者的教师，应该充分利用校内外各种条件性资源和素材性资源，尤其是素材性资源，它直接关系着课程资源的有效开发。同时，教师应该充分挖掘各种资源的潜力和深层次价值，提高利用率。并且教师本身也是一种重要的课程资源。

(2)高效利用现有的课程资源。

充分有效地利用现有的课程资源，是深化课程改革、提高教学效益的又一重要途径。结合本次调查，可以从以下两点提高课程资源的利用率。第一，充分利用校内文化资源，重视校外素材性资源。一方面，学校文化作为一种潜在的、弥散在学校每个角落的课程资源，对课程和学生发展起着潜移默化的、持久的作用；另一方面校外资源丰富多彩，如科技馆、博物馆、生物科研院所、各种社区的科普教育基地以及所在地区高校可利用的科学教育资源等，还有日常生活和生产中的一些素材等等。第二，借助现代教育技术手段和现代信息资源开发等先进技术，主要包括网络资源和多媒体课件两个方面。网络资源具有信息量大、链接丰富、实时性和互动性等特点，而多媒体课件则具有表现力强、交互性好、信息量大等优点，两者的有效利用，可以使生物课程资源尽快丰富起来，不断补充最新的生物科学信息，及时反映生物科学的新进展，从而有效地促进高中生物课程资源的高效利用。

综上所述，按照实施新课程的标准要求，虽然梧州市中学生物教师具备较强的课程资源识别能力，但课程资源的开发意识还不是很强，对课程资源利用能力还比较低，许多素材性课程资源还没有被开发利用。调查结果还显示，特别是中学一级、二级职称的中青年生物教师，对课程资源开发和利用能力比较薄弱。因此，通过多渠道开发和高效利用相结合，来提高高中生物教师的课程开发和利用能力，还是任重道远的。

（此论文获广西壮族自治区一等奖）

【主要参考文献】

1. 徐继存、段兆兵、陈琼：《论课程资源及共开发与利用》，载《学科教育》2002 年第 2 期。

2. 范蔚：《实施综合实践活动对课程资源的开发利用》，载《教育科学研究》2002 年第 3 期。

3. 范兆雄：《课程资源概论》，北京，中国社会科学出版社，2002。

4. 褚慧玲：《重视课程资源的开发与利用》，载《中小学管理》2001 年第 12 期。

信息技术

如何利用生活知识把计算机专业知识实例化

■周绪锋

【内容摘要】在教学过程中巧用日常生活知识例子，把计算机专业知识实例化，并结合其他教学方法，创建对比教学情境，激发学生的学习兴趣，引导学生积极探究，让学生愉快地自主学习。从而有效提高课堂教学的效率，并实现寓教于乐。

【关键词】信息技术　计算机知识　实例化　对比

在广西，信息技术成为高中毕业会考科目已经有很多年历史了。同时，由于信息技术在各学科和生活中发挥了越来越重要的作用，因此信息技术越来越受到各学校师生们的重视。但是，由于高中信息技术教学中存在一些逻辑、抽象、专业的知识，学生们对这类知识往往很难理解和掌握，像我校这样的农村高中学生表现尤其明显，根据笔者了解，原因主要有以下两个方面：

一是本地一些农村乡镇初中学校和教师对信息技术教育的重要性认识不够。他们认为信息技术就是让学生自己玩电脑或是上网，而且学校开设信息技术课时相对比较少，甚至有些学校因为缺少设备等原因，干脆不开设信息技术课，有的学校把信息技术课改为自习或是别的学科，他们认为信息技术课可有可无。

二是很多学生家庭没有电脑，对电脑知识更是懂得很少，更不用说利用信息技术辅助自己的学习了。虽然有的学生家里有电脑，但也是用来玩游戏、上网聊天或看新闻等。因此，相对来说学生的计算机知识水平总体比较差且参差不齐，教师授课时候难度相对较大。针对我校这样的农村高中的特殊情况，笔者在教学实践中努力尝试，采取多种措施来实施教学，其中发现在教学中适当地利用生活知识例子来辅助，可以把计算机专业知识实例化，从而让学生顿开茅塞，快速掌握所学的知识点。

下面笔者介绍几个案例，希望能起到抛砖引玉的作用（以下案例中用到的教材为广西科学技术出版社出版的教材）。

一、如何向学生介绍“我的电脑”（高中第一册20页第二节，使用“我的电脑”）

该节中，课本是这样介绍的：在桌面上双击“我的电脑”，就可打开“我的电脑”窗口，其中包括了计算机中的磁盘、控制面板、打印机和拨号网络等图标。使用“我的电脑”可以查看计算机的各种信息，如文件、文件夹和打印机等。

针对这个知识点，对于比较熟悉电脑操作的学生来说，简直是易如反掌的，他们甚至觉得没有介绍的必要，是多余的。但是，对于平时几乎很少有机会使用电脑的学生来说，他们听课的时候往往分不清楚到底是“我的电脑”还是“你的电脑”，更不清楚“我的电脑”的用途。对此，笔者在进行教学的时候，通过引入学生熟悉的学校图书楼进行辅助解释。

首先，笔者向学生说明，其实我们打开“我的电脑”窗口，在里面看到的C、D、E和F等就是电脑中的硬盘的存储空间区域。电脑中几乎所有的文件都是保存在硬盘上的(这里不谈内存中的数据)。为了管理方便,人们才把硬盘分为 C、D、E 和 F 等不同的区域,即硬盘分区。其实它的管理形式有点类似学校中的图书楼。如下图 1 所示:

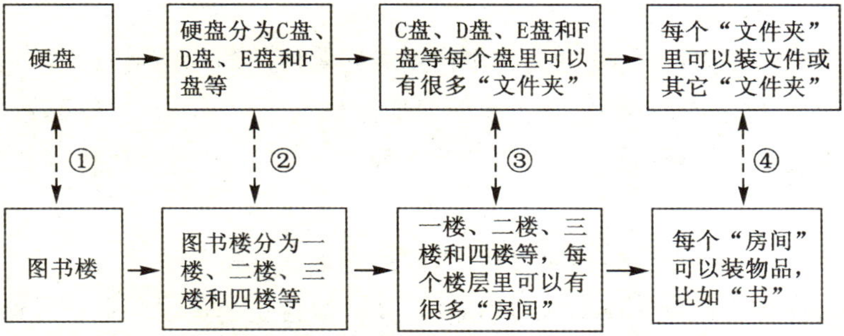

图 1

同时,在每个分区里,为了管理文件方便,又可以建立不同的文件夹,以存放不同的文件。也可以这样说,文件夹相当于书包一样,是用来装书籍文件的。当然,文件夹里面还可以装别的文件夹,就似一个书包里面还可以再装别的书包一样。必须指出的是,根据相似的情况,对应书包里可以装“书”,文件夹也可以装“文件”,但是必须让学生们知道,一个文件的具体内容是存放在“文件”里面的,即是写在文件里面,而不是把文件的具体内容直接存放在文件夹里面,就似“书”的具体内容是写在书上,而不是出现在书包的表皮上,虽然书是装在书包里面。

二、如何向学生介绍“因特网的工作方式”(高中第二册第 7 页第二节)

该节中,课本是这样介绍的:因特网的信息传递是按照统一的语言进行的,这个语言就是人们通常所称的因特网 TCP/IP 通信协议，该协议主要由两个不同层次的标准组成：IP 网际协议和 TCP 传输控制协议。

虽然 TCP 协议与 IP 协议有着各自不同的功能，但在实际运用中它们是一个整体，因此常常将这两个协议统称为 TCP/IP 协议。该协议有如下几个特点：

1. 在因特网上，允许多个使用者同时使用同一条通信线路，在同一条通信线路中容纳了不同源地的数据包（Packet，传输的数据分成许多小份，每一个小份称作数据包），它们将分别到达自己的目的地。

2. 在数据包的传输过程中，网络能根据各通信线路繁忙程度，为每个数据包选择最佳传输途径，使其以最快的速度到达目的地。

3. 如果在传输的过程中，某个站点已失效（这意味着它将不能接收信息），数据包将会自动进行迂回转接，通过其他站点进行传输，直至到达目的地。

4. 接受信息端计算机将对收到的数据包进行检查，如果发现有误或丢失时，只需重新传输有问题的数据包，而不用重新传输整个信息。

对于这个知识点，由于涉及计算机网络工作原理，并且网络工作过程是非常复杂的。就算是计算机操作水平比较高的学生，一时间都无法理解，更不用说是来自农村高中的计算机知识严重缺乏的学生了。面对这样的难题，根据教学的要求，我们只需要总体上介绍因特网的工作方式即可，而不用向学生介绍复杂的具体的 TCP/IP 协议。为此，笔者向学生引入了这样一个生活知识例子：张三从广州通过邮局向北京李四寄送一本书。通过这个例子，可以让学生从总体上认识因特网的工作方式。

首先，笔者向学生简单介绍网络协议，让学生明白网络协议的作用，让他们知道：人们日常交流通常用的是某种语言，比如汉语、英语或法语等，两个人之间，只有大家都懂得一门共同的语言，才能交流，否则无法交流；同样的道理，因特网上的两台计算机之间想要互相交流信息，它们也需要懂得一门共同的“语言”，这门“语言”就是 TCP/IP 通信协议，我们可以这样理解网络协议：它是管理两台计算机之间通信规则的集合。总的来说，因特网上的计算机收发数据方式基本上是以下情况，如图 2 所示：

广州 A 计算机向北京 B 计算机发送数据示意图

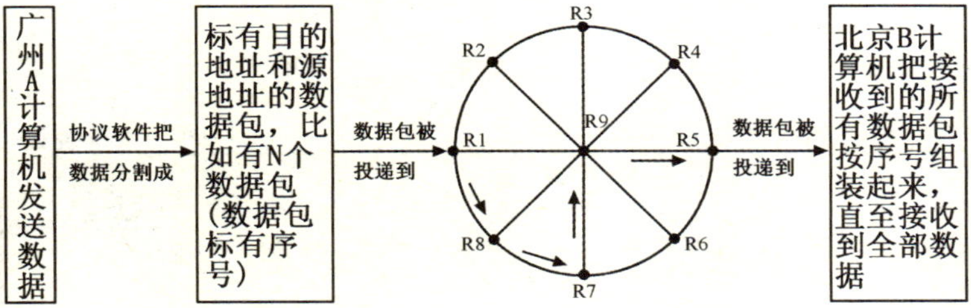

图 2

说明：图中的 R1 至 R9 分别是互联网中的不同地理位置的路由器，根据网络拥挤情况，每个数据包可能经过不同路径的若干个路由器。此例中假设某个数据包所经过的路径是：R1，R8，R7，R9，R5

过程解释：A 计算机想向 B 计算机发送数据，由于协议规则的原因，A 计算机不能一下子把数据全部发送出去，它需要运用协议软件把自己发送的数据分割成一个个带有目的地址和源地址的数据包，一共分成 N 个数据包，然后把它们一个个分时地投递到 A 计算机所在网络的路由器 R1 上，由于通信线路繁忙的原因，此后每个数据包可能会经过多个不同的路由器（尽量选择路径最佳的，以便快速到达目的地），数据包到了 B 计算机所在网络的路由器 R5 后，B 计算机接收数据包，B 计算机最后收到 N 个数据包，并按照之前 A 计算机对数据的分割顺序重新把所有数据包组装回完整的数据（如果 B 计算机发现有某个或几个数据包丢失或有误，B 计算机要求 A 计算机重新发送对应那一个或几个数据包，其他的不用重新发）。

经过上面的示意图，学生们对因特网的工作方式有了一定了解，但是还是可能被数据包和路由器之类的术语难倒，从而不理解，其实因特网的工作方式跟我们设想的用分页方式通过邮局寄书的生活知识例子是比较相似的。具体如图 3 所示：

广州张三向北京李四寄书过程示意图

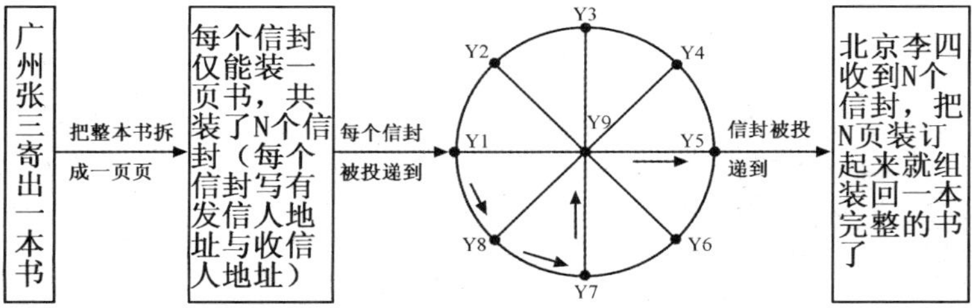

图 3

说明：图中的 Y1 至 Y9 分别是不同城市里的邮政局，根据交通拥挤情况，在邮政局安排下，每个信封可能经过不同路径的若干个邮政局。此例中假设某个信封所经过的路径是：Y1，Y8，Y7，Y9，Y5

过程解释：广州的张三想向北京的李四寄送一本书，由于邮局对重量限制的规则原因（假设每次邮局只允许寄 1 页纸重量），不能一下子把整本书寄出去，因此需要张三把一本书的各页都拆下来，分成 N 页，每页装进一个信封里（写明收信人和寄信人，每个信封相当于一个数据包），然后把这些信封一个个地分时投递到张三所在住地的邮局（相当于图 2 路由器 R1）里，由于运输线路繁忙的原因，比如公路断、桥断或塞车等，此后每个信封可能会经过多个不同的邮局（尽量选择路途最佳的，以便能快速到达北京），信封到达李四所在住地的邮局后，邮局派送信封给李四，李四最后收到

N个信封并拆开它们，并按照页码顺序把各页重新装订成一本完整的书(如果李四发现有某页或多页丢失了或是有误，李四要求张三重新寄对应的那一页或多页过来，其他的不用重寄。)

经过了向学生们介绍用分页方式通过邮局寄书这个例子，笔者把复杂抽象的因特网工作方式进行了实例化，化繁为简。至此，学生们很容易地理解了因特网的工作方式，而且也留下了深刻的印象。

三、如何向学生介绍“IP地址、域名和DNS服务器”(高中第二册第二节第8页)

该节中，课本是这样介绍的：为了确保信息在因特网上准确地传输，连接到因特网上的每一台计算机必须拥有一个唯一的地址，作为因特网上每一台计算机的空间定位，这个地址被称为因特网地址。因特网地址的表示形式可以分为两种：数字地址(IP地址)和文字地址(域名)。事实上，计算机只接受IP地址，为了定位，域名必须转换成该计算机所对应的IP地址，而转换工作可以由网络上的域名服务器(DNS)来完成。

面对这些知识点，虽然学生们曾经接触过网络，看过网页，自己也亲自输入过IP地址或是域名，但是对于这些名词术语不免也会感到迷茫。其实，DNS的作用跟我们平时的手机通讯录的作用是相似的。

为了让学生真正理解DNS的作用，笔者首先向学生介绍IP地址的作用，向他们说明IP地址类似我们生活中的电话号码，公网IP地址具有世界唯一性，同样我们的电话号码也是世界唯一的，为什么呢？因为从外国打进来时候，要加国家代码，再加区号，再加电话号码，所有这些连起来就是世界唯一的了(可以同时向学生说明，类似宾馆内部电话号码一样，还有私有IP地址情况，只要局部保持唯一性即可，这种私有 IP 地址不是世界唯一的，世界上各企业单位内部都可以任意用)。其实，平时人们访问网站的过程是这样的，如下图 4 所示：

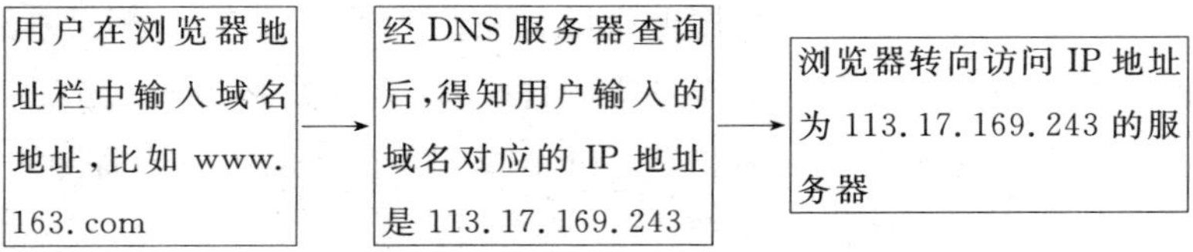

图 4

过程解释：用户想要访问网易网站(163)，先打开浏览器，并在地址栏中输入网站地址 www.163.com，但是计算机是不认识这个域名地址的，它只认 IP 地址，而且最终还是二进制形式的 IP 地址，所以，他的电脑首先要询问网络运营商(比如电信)的 DNS 服务器，DNS 服务器就会告诉他的电脑：这个域名地址 www.163.com 对应的 IP 地址是 113.17.169.243，这样，浏览器就会去访问 IP 地址为 113.17.169.243 的服务器，服务器则会返回信息，并显示在电脑显示器上。

经过了这样解释，学生好似是有些明白了，但是印象不深，或许过一段时间又忘了，因为总是觉得 DNS 这个名称太过专业化。其实，它的作用类似我们的手机通讯录。如下图 5 所示：

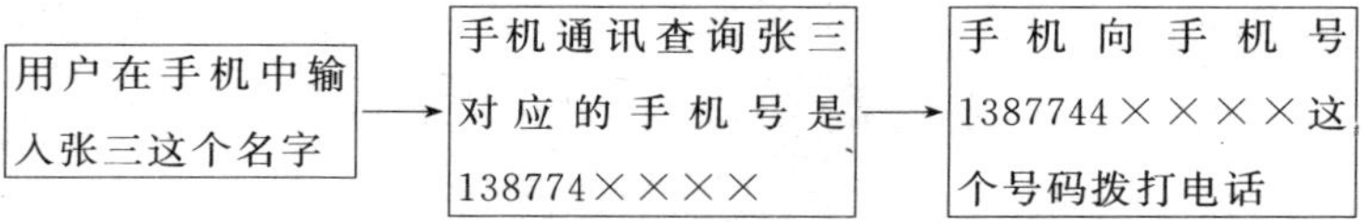

图 5

过程解释：假如我想给张三打电话，如果直接在屏幕中输入“张三”两个字肯定打不出去(假设通讯录中没有张三的话)，因为张三只是一个名字而不是手机号码，因此它要查询我的手机通讯录，如果通讯录中能查询到对应张三的号码是1387744××××，我的手机就会向1387744××××这个号码拨号。否则是无法拨打出去的。通过了通讯录功能，今后我们打电话就可以只输入名字就可以拨打了，就不用每次打电话都要输入1387744××××这样难记的电话号码了。同理，通过DNS服务器，人们上网时候就只要输入www.163.com这样的域名地址，而不用去记忆烦琐的又长又多的阿拉伯数字。

在这个例子中，虽然名字和域名是没有完全相同的可比生，因为域名是世界唯一的，而名字世界上有可能是很多人重名的，但是在特定的手机里，这个名字一般是唯一的。因此，这并不影响我们介绍DNS服务器的作用，从而给学生留下深刻记忆。

四、如何向学生介绍"网站、网页、域名和虚拟主机（空间）"（高中第三册网站制作）

学生们经过在高中第一和第二册的学习，他们在计算机操作基础和网络基础方面都取得了很大的进步，对计算机有了一定的了解，并对计算机网络充满了向往。在高中第二册的时候，学生们曾经学过如何上网，观看过别人做的网页，如今自己又要亲手做个人网页了。在高中第三册时候，课本特别介绍了如何利用Frontpage2000这个软件制作个人主页。这让学生在学习过程中充满成就感和喜悦感，学习积极性也比较高。笔者觉得，教材在介绍Frontpage2000的各种操作时候都比较详细和全面，但是美中不足的是，课本中却没有介绍如何上传网站内容，有些学生可能还在为网站和网页这两个名词苦恼，分不清楚它们的区别。其实笔者认为，我们可以在教学中引入开商店的例子，让学生充分理解网站、域名和虚拟主机（空间）等知识。

笔者向学生们介绍，做网站其实跟开商店是有相似之处的。

首先要求学生们明白网站与网页的联系和区别，网站是一个整体概念，网页是一个局部概念。好比一本书和一页有文字内容的纸一样，单独的一张，我们叫他是一页文章，可是把所有有内容的纸张装订起来后，我们就可以把它叫做一本书。我们把各不同的网页，通过超链接有机地联系起来，方便人们访问，能让互联网上的人看到，那么我们就说自己做了一个网站。一般可以说，做网站的过程归根到底就是做每一张张网页的过程。做网站跟开商店的过程是相似。首先让我们看一下建网站的一般过程（假设注域的域名为 myweb. com）与开商店的一般过程（假设商店名为理想超市），如下图 6 所示：

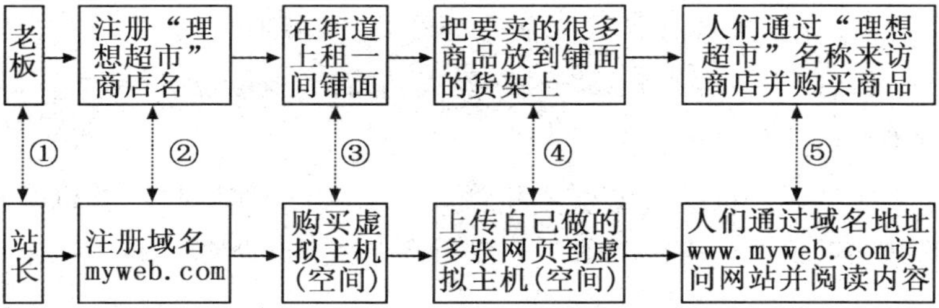

图 6

为了让学生更加全面地了解网站相关知识，笔者向学生指出，网站的域名注册后，一般情况下应当避免更改，主要是考虑到要保护品牌和有利于宣传，就似商店的店名向工商局注册后不应当乱修改一样，如果今天一个名称，明天一个名称，这样就不利于品牌保护和宣传了。但是，出于速度、安全和性能方面考虑，建网站所购买的虚拟主机（空间）是可以随时更换的，更换虚拟主机后，只要重新把自己的网页上传到新的虚拟主机上即可，互联网上的人还是可以通过对应的域名地址 www. myweb. com 访问你的网站，当然这需要重新设置域名指向。就商店来说，所租的铺面是可以随时更换的，出于客源或门面是否热闹等情况，可以从河西搬到河东，从人口稀少的地方搬到人多的地方，但是，商店名还是不变，人们还是可以通过“理想超市”来访你的商店并购买东西。经过这个简单的生活知识例子，学生们完全理解了网站、网页、域名和虚拟主机的关系了。

必须指出，在信息技术教学中，适当地采用生活中简单易懂的例子加以对照会促进教学，反之却会影响教学，甚至会混淆学生对知识的理解，让学生觉得更加深不可测。作为信息技术教师，我们在备课时，要认真研究教材中的抽象知识本身是否有必要进行实例化，能否找到合适的生活知识例子，要考虑学生对此种生活知识是不是很熟悉等因素。同时，笔者也认为在教学中要分清楚什么时候是要求学生总体把握的，什么时候是要求局部认识的，尽量做到举例恰当，整体对照与局部对照相结合。在选择有关生活知识时候，建议要注意以下几点：

1. 所选的生活知识例子要为学生熟悉并能够理解的，要符合学生的生活和年龄，否则就失去原有的作用，反而使学生对知识掌握更加糊涂不清楚。比如学生从来没见过手机和用过手机的话，再举例他们也不会懂得通讯录与 DNS 服务器的共同之处。

2. 所选的生活知识例子要与抽象知识具有某种同一性和相似之处，否则不能起到启发学生思考、认知与建构，反而会模糊学生的理解，浪费教学的时间，得不偿失。比如介绍网络工作方式时候不能用开车的例子，因为与他们没有什么联系。

3. 选用生活知识例子辅助教学是手段而不是目的，能起到过渡启发认知作用即可，在使用时，不应避免喧宾夺主。

总之，在教学过程中巧用日常生活知识例子，把计算机专业知识实例化，并结合其他教学方法，创建对比教学情境，激发学生的学习兴趣，引导学生积极探究，让学生愉快地自主学习。通过学生熟悉的事物对比、联想、启发和识知，实现对抽象专业知识的含意建构，加深学生对抽象概念的理解，促使学生思维能力的培养，从而有效提高课堂教学的效率，并实现寓教于乐。

（此论文获2011年广西中小学及幼儿园教育教学优秀论文一等奖）

【主要参考文献】

1.施伯乐:《信息技术》(高中第一册、第二册、第三册)，南宁，广西科学技术出版社。

2.(美)多伊尔、(美)卡罗尔著，葛建立、吴剑章译:《TCP/IP路由技术》(第1卷)(第2版)，北京，人民邮电出版社，2003。

3.张洪星、刘爱国:《信息技术基础教程(第2版)》，北京，电子工业出版社，2004。

4.中小学信息技术教学网，http://www.nrcce.com。

体　育

实施高中体育高效课堂的有效措施

■甘任泉

【内容摘要】高效课堂是走向素质教育的"金钥匙",是促进学校教育教学质量提高的最佳方法。要提高学校的体育教学质量,就要以"培养学生良好学习兴趣"为切入点,以"提高课堂教学效益"为宗旨,突出"有效、自主、互助"的特点,充分聚焦课堂,全面提高效率。新课程标准把"激发学生运动兴趣,培养学生终身体育的意识"作为体育教学的基本理念之一。学生运动兴趣的激发必须依据中学生的心理特点,认真研究教材,讲究教学的有效方法,才能为学生营造体育教学的乐学、会学环境。

【关键词】高中体育　高效课堂

新课程标准把"激发学生运动兴趣,培养学生终身体育的意识"作为体育教学的基本理念之一。然而教者发令,学者强应,身顺而心违的现象在高中体育教学中还是普遍存在,致使出现了学生喜欢体育但不喜欢体育课的怪现象,严重地影响了体育课的教学效果。高效的课堂应该是学生想学、会学、乐学,教师乐教,学生不仅掌握了知识,能力更是得到提高。进而开发学生的潜能,优化

教学效果。那么,如何让体育课堂也变成高效的课堂呢?我想在今后的课堂中应该做到以下四方面:

一、选择适合的教学方法,教学目标是动态、可及的,利于达成

把教学内容游戏化。游戏是一种遵循很简单的规则让人有很大自由活动余地的运动,可以随意支配动作的难易与数量,比如"网鱼"游戏规定在一定范围内运动,而跑直线还是折线、曲线,是急停急起还是跑跳结合均不加限制,只要跑动者不被围捕者逮住即可。游戏法特点之一是参加者全体在运动,这保证了练习的密度与强度;二是动作难度自己控制,比如"贴膏药",速度快与追捕者离得远可以多绕几个圈,速度慢可就近处置;三是在练习中练习,不会作游戏的人,只要参加了一次练习,也就会作这个游戏了,学习效率比单纯的组织学生学要高很多,其基本过程是"练习—学习—练习",实用性大,练习次数多,而不是学示范动作那样"学习—练习";四是不同气候不同场地条件下均可作游戏,受外界的限制较小;五是游戏内容丰富形式多样,可以活跃气氛,提高练习质量;六是可简化教学内容提高学生兴趣。众所周知,学生性别、身体素质与个性都不同,如果我们只规定一个统一教学目标,许多学生势必无法达到,就会挫伤大部分学生的学习积极性,从而与体育课及体育教师产生无形的抵触情绪,不利于教师的教和学生的学。如在"引体向上"的教学中,如果规定每个学生必须达到20次,由于一部分学生臂力差、动作不协调,很难达到要求。这样学生就会陷入困境。这时,最明智的办法是给学生设置一个"可及"的达成目标,对身体素质好的学生要求达到10次、20次,并要求做到肩部与铁杠相平,而对身体素质不好的学生要求达到1次、2次,只要鼻尖碰到铁杠就算达到要求,或者只要头顶碰到铁杠就算完成任务。学生在实现目标的过程中能不断获得成功的体验,激发起个体活动的动机，从而提高目标本身对个体的吸引力。教学目标是动态的、可及的，随着学生的身体素质与技能的提高，教学目标也适当提高。让学生享受到成功与快乐的情绪体验，大大提高了他们的学习积极性。

二、让学生成为教学活动的主体性，学会探究和创新，使学生想学、要学和会学

让学生成为课程教学的主人是调动学生学习积极性的重要因素之一。中学生在学习和实践中，他们逐渐学会独立思考，在面临各种问题时能有根有据地表示自己的意见。他们常常产生疑问，喜欢争论和议论。因此在体育教学中，我们可以采用探究法进行教学，利用课中学生正在使用的器械，进行拆装比赛，来培养学生分析问题和解决问题的能力。在游戏中增加些器具进行分类比赛，培养他们的记忆、思维、识别能力。采用教师先示范，接着让学生自己进行模仿练习，并要求学生自己去发现完成动作的最后方法，然后，再通过问答启发，让学生根据自己完成动作的体会，通过团结合作说出动作要领，完成各种练习任务，培养他们独立思考和分析的能力，成为课堂学习的主人。例如，在“障碍接力”的游戏中，可以改变以前先讲游戏规则，然后进行比赛的方式。把学生分成四组，告诉学生在 60 米内所要完成的动作：前滚翻过垫、钻过山洞、跳绳 20 次、俯卧撑 10 次、篮球原地跨下 8 字交接球 10 次、举哑铃 20 次。然后要求各组在规定的时间内设计出各种障碍物的摆放顺序，引导学生思考，怎样摆放才会更合理、更有效，使学生由原来的被动接受者变为主动参与者。在游戏结束时，教师根据学生设置的顺序，让学生说明摆放的理由，使学生由最初的设计者变为理性的思考者。这样，学生就产生了一种“我是主人”的感觉，激发起学习的热情，享受到成功的乐趣。

爱因斯坦说:“想象比知识更重要,让想象插上翅膀,让学生驰骋于想象的空间,无疑给学生提供了一个广阔的创新的空间。”高中学生思维的广阔性和灵活性有了很大的发展,能在思维过程中比较全面地看问题,注意事物之间的各种联系,能从各种不同的角度去分析研究问题。因此在体育教学中,我们不但要引导学生去主动探究,还要注重引导学生去想象、去创新。

例如在武术教学中,学生学了手型手法、步型步法、跳跃练习和平衡等基本功练习后,要求学生自由组合,以小组为单位,配上屠洪刚的《中国功夫》,自己创编一套练习动作,最后展示各小组的创编成果。实践证明,给予学生充分发挥和想象的空间,由学生自编自导自练,学生的积极性极高,课堂气氛十分活跃,并且创造出很多新的武术套路,学生创新意识与团结协作精神也得到了培养。

三、合理运用教学评价的激励性

评价的主要目的是为了了解学生在学习中取得的成绩与存在的不足,从而改进教学,同时也为学生提供一个展示自我、认识自我、发展自我的空间。新课标对体育教学的评价重心逐渐转向更多地关注学生的运动体验过程、探究的过程和努力的过程,因此必须注重教学评价的激励性。心理学家威廉姆·杰士说过这样一句话:“人性最深切的需求就是渴望别人的欣赏。”因此,作为一名体育教师,我们首先要转变观念,不能眼睛只看着学生的缺点,要看到学生的长处、闪光点,学会欣赏他们,在与学生交往的过程中,增强和谐、温暖和美好的感情,让学生体验到学习的快乐。在对学生进行鼓励的同时,也必须对学生的不足做出正确、合适的引导。学生在做体育动作时失败了,教师如果认为是学生能力不行,就会严重挫伤学生学习的积极性和自尊心。如果是把它归于自身的努力不够,学生就可以发奋图强来弥补自己的不足。如果说是任务难度大，学生可能就会选择放弃，也不利于发挥学生的潜能。如果说动作的失败是由于运气不好，也许会激发学习的热情，学生还会再试试看。以鼓励、引导来代替指责，以调动学生潜在的能力，自觉地克服缺点，弥补不足，从而增强学生的自尊心和自信心。

四、教学管理的艺术性

高尔基说："爱孩子，这是母鸡也会的事。"克鲁普斯卡娅说："光爱还是不够的，必须善于爱。"在高中体育教学过程中，学生与学生之间、学生与教师之间的冲突和矛盾是在所难免的。这就需要我们教师注意教学管理的艺术性，主动、积极、巧妙地加以解决或化解，使师生关系始终处在融洽或趋于融洽的格局之中。"水至清则无鱼，人至察则无徒。"教师如果一味苛求学生，到头来只能使师生关系紧张，而且还会影响学生的身心发展。只有让学生做到"亲其师"，才会"信其道"。在教学活动中教师要运用多种多样的教学手段和方法，并且尽可能地使这些手段和方法符合学生思维的发展规律，有效地调动学生学习的积极性，这样才会使教学呈现出艺术的魅力。教学艺术是教学活动的精髓，教学的最高境界是有艺术风格的教学，其显著标志便是教学艺术的娴熟运用。

实践证明，良好的教学氛围可以帮助学生通过感性支撑点，启动抽象思维能力的发展，增强学生的内心体验，引起学生的愉快情绪和探索兴趣，激发学生的学习积极性，促进学生身心得到健康发展。我们每一位体育教师，只有改变观念，以科学的态度，求真的精神来研究每一个预设，每一个过程，采用形式多样的教学方法，才能不断地激发学生的创新欲望，让他们发挥各自的想象力和创造力，这才是我们所倡导的高效课堂的真谛。

（此论文获2010年梧州市一等奖）

【主要参考文献】

卢家楣:《情感教学心理学原理的实践应用》,上海,上海教育出版社,2002。

心理辅导

如何调整高考应试心理

■ 黄旭姬

【内容摘要】只要是正常的具备自我意识的人，在考试前都会自然产生适度的紧张情绪。心理学研究表明，适度的紧张不是坏事，它有利于集中注意力，提高学习和工作的效率，增强“战斗力”。

【关键词】适度紧张　大脑神经机制　抑制　兴奋

在心理咨询实践中，临近高考，学生紧张，家长也紧张，每年一到三月份，进行心理咨询的学生就特别多，其中以高三的居多。这几乎成了一个规律。许多同学这样诉说：面临大考，自己感到不能再保持平静，心里很紧张，吃不下饭，睡不好觉，说是患了考试焦虑症。可是经过咨询和测试，大多数同学属于不必挂在心上的轻度焦虑，是正常的考前适度紧张。

什么是考前适度紧张呢？

考前适度紧张是指这样的一些状态：面临重要的考试体验到一种紧张情绪，从而有一种时间上的紧迫感，复习处于兴奋状态并且不容易疲劳；睡眠也许不如平时那样踏实，但醒后立即觉得精力充沛；进考场之前心跳加速，拿到试卷后仍然心绪难平，但不久就能专心致志地答题;有时一想到考试便觉得很紧张,但只要进入学习状态,这些想法就消失了。这些都是属于正常范围内的紧张,大可不必为此感到压力重重。

一些同学之所以只要感到紧张和压力,就怀疑自己患有考试焦虑症,是因为他们从一个偏颇的前提推论的结果,这个前提就是:正常人考前是不紧张的,只有一点都不紧张的人,才是一个能在考场上发挥正常的人。他们按照超常的标准要求常人,这是不切实际的,是一种主观偏见。真实的情况是,只要是正常的具备自我意识的人,在考试前都会自然产生适度的紧张情绪。

一、考前为什么会出现适度紧张呢

心理学家曾研究了对人有重要意义的各种条件,并将它们按引起紧张情绪的重要程度打一个分值,如给人造成最严重紧张的事件依次是配偶去世、婚姻破裂等,连结婚、搬家、转学、升迁、接到大学录取通知书都有相应的紧张分值。你看,这些看上去令人高兴的事情,也都会造成紧张和压力,如此说来,面临大考感到紧张就是情理之中的事情了。

这是人的大脑神经机制在起作用的结果。人类的大脑是经过千万年的进化形成的,它的主要功能就是认识现实世界,预测现实危险。如果我们面临一个重要事件,其结果可能会极大地影响我们的利益或前途,大脑就会自动处于适度的紧张状态,提醒我们不要“大意失荆州”,以保证万无一失。所以,凡遇到重大的事件时,我们就难免不由自主地紧张。

如果我们换个角度来看考前紧张的问题,可能对它会认识得更清楚一些。

在心理咨询中,常常有家长抱怨说,自己的孩子在临考之前的问题不是焦虑紧张而是不紧张,这些同学面对高考这样的重要人生事件，丝毫不紧张，根本不当回事。深入了解，就发现这些一点不紧张的同学平时成绩特别差，有些科目不及格，他们认为玩是胜过一切的最重要的事情。其中一些同学之所以对考试不抱有任何信心，是因为他们对自己不抱任何信心，他们认为，以目前的实力和成绩已经决定了他们大考的失败。原来，在不紧张后面的真正动机是对自己的放弃和绝望。

二、考前适度紧张对我们有哪些好处呢

由上可见，考前的适度紧张和焦虑对于复习和考试不仅没有坏处，反而有好处，会帮助我们考试取得成功。

首先，适度的紧张能使我们保持学习的警觉性，保持注意力的集中。它使我们具有一种明确的考试意识，时刻提醒我们自己现在是临考前的非常时期，要安排好自己的学习生活，我们会因此而觉得时间的宝贵，会珍惜每一分钟，提高学习的效率。紧张还能提示我们面临的考试目标，使我们知道按照事情的重要程度进行安排，如果我们做了不重要的或是可能妨碍考试的事情，就会自责，从而积极调整心态。

其次，适度紧张会调动身体的能量，使我们以充沛的精力完成学习任务。在紧张的时候，人的精力和体力比平时要强。在非常时期，有些人会使出平时难以想象的力量完成任务。如在危急中，一个人会搬动上百斤的大石头，而事后再让他搬，他或许怎么也搬不动。紧张时人体内会分泌肾上腺素，有助于人战胜困难。可见，考前的适度紧张会提高我们的整个体能。

最后，适度紧张还有助于保持大脑足够的兴奋性。平时，我们在学习中难免会有抑制的时候，容易疲倦，但在紧张的时候，就会兴奋，因而促进大脑提高工作效率。比如在考试中，我们一般不会感到抑制，即便在两个考试之间的休息中，大脑也处于兴奋状态。

就是说，正是适度的紧张使我们的大脑保持了大考必要的兴奋状态。

当然，紧张过度则有害无益。高考学生过度紧张有的是由老师和价值造成的。不少老师和家长总是担心考生对考试不够认真，因而不断地对学生强调考试多么重要，千万不要掉以轻心、不要给老师家长丢脸等，用种种方式给考生加压。如果学生意识到父母、老师为其考试成绩焦虑，他们的焦虑紧张情绪就会加重。有的紧张是学生自己造成的。一些学生平时成绩优异，家长、老师都对他寄予厚望，都认为他能考出好成绩，而学生自我要求也很严，平时就不允许自己有不会的题，不允许自己出错，经常性的自我强迫，形成心理压力，情绪放松不下来。

在考场上，学生因情绪问题过度紧张而使实际水平得不到正常发挥的临场状态，心理学上称之为“考试境遇性焦虑障碍”，俗称“怯场”。学生可以从以下几方面着手，以减少考试的怯场。

1. 做好应试前的准备工作，包括带好证件和所需文具，熟悉到达考场的路线，如果发生意外，要及时求助于老师，这对考生的情绪和临场发挥都有重要作用。

2. 进行积极的自我暗示。即坚定“我一定能考好”的信念，这种积极的自我暗示会使人充满信心，增强克服困难的勇气。可以根据自己怯场的原因与情况，心里反复默念“我能考好”等积极自我暗示的句子，以使自己情绪稳定，提高信心，这对降低紧张的情绪有一定的帮助。

3. 愉快的想象。当感到紧张时，可以闭上眼睛，默默地回想自己以前十分轻松顺利地通过考试的情形，回想得越逼真越好，然后不断地在心中告诫自己，这次考试我也一定会那样轻松顺利地通过。这绝不是盲目不现实的乐观，而是一种积极的自我期待，这种积极的自我期待有助于减轻紧张，使人心情舒畅，注意力集中，思路敏捷。

4.深呼吸。放下笔，双手平放在双腿上，做深呼吸 3—10 次。吸气要长但不要急，呼气要慢。做几次深呼吸对缓和心理紧张会有一定帮助。

5.考场上，万一出现了意外的情况，要及时求助于监考老师，不要慌张，要记住，在当时当地，最主要的就是赶快答好试卷。

另外，考试期间也要注意保持生活的规律性，有人过于强调考前的临阵磨枪，还有人过于强调考前的放松和休息，这些都是不正确的。人的生理和心理活动都是有节律的，过分调整常常会打乱人体的节律，如本来每天晚上 11 点睡觉，但是为了考试时保持精力充沛，考前提前到晚上 9 点上床，结果也许是过了晚上 11 点也不能入眠；再如考前的大补，常常导致学生失眠、头晕、流鼻血等。作息时间可以稍有调整，但要保持相对稳定，频繁改变会消耗大量精力才能使自己去适应，反而对考试不利。

（此论文于 2007 年 5 月参加由中央教科所教育文摘周报社和北京三个面向教育科学研究所举办的“求是杯”全国教育科研优秀论文、教案评选活动，荣获一等奖）

藤县中学百年华诞系列（1913-2013）

藤中魂

教师论文集

下

Tengzhong Hun Jiaoshi Lunwen Ji

主编 范永荣

GUANGXI NORMAL UNIVERSITY PRESS
广西师范大学出版社
·桂林·

图书在版编目（CIP）数据

藤中魂：教师论文集：全 2 册 / 范永荣主编.
桂林：广西师范大学出版社，2014.2
ISBN 978-7-5495-4538-4

Ⅰ. ①藤… Ⅱ. ①范… Ⅲ. ①中学－教学研究－
藤县－文集 Ⅳ. ①G632.0-53

中国版本图书馆 CIP 数据核字（2013）第 259665 号

广西师范大学出版社出版发行
（广西桂林市中华路 22 号　邮政编码：541001
网址：http://www.bbtpress.com）
出版人：何林夏
全国新华书店经销
桂林日报印刷厂印刷
（广西桂林市八桂路 2 号　邮政编码：541001）
开本：880 mm × 1 240 mm　1/32
印张：20.125　　字数：470 千字
2014 年 2 月第 1 版　　2014 年 2 月第 1 次印刷
定价：60.00 元（上、下）

目　录

下篇　教育管理篇

班主任管理

附　录

下　篇

教育管理篇

班主任管理

浅谈高中班主任工作策略

■范永荣

【内容摘要】班主任工作联系着学校和学生，其工作的好坏会直接关系到老师和学校的声誉，更关系到学生的成长和成才。那么班主任又该如何做好本职工作呢？其重点是要抓好爱、励、勤、严、实。爱，就是对学生在生活与学习上给予无微不至的关怀。励，也就是对学生在学习和生活上进行鼓励、勉励、激励。勤，就是作为班主任要勤到班，勤到宿舍，勤过问学生，勤了解学生，勤总结等。严，就是要对学生严格要求。实，就是要务实，有实干精神，还要对所布置的工作落到实处。只要我们能把以上几点落实好，班级工作的许多难题将迎刃而解，想成为一个优秀的班主任将不再是一件难事。

【关键词】爱　励　勤　严　实

班主任是学校教学工作的实施者，又是班级管理的组织者，班主任工作联系着学校和学生，其工作的好坏直接关系到老师和学校的声誉，更关系到学生的成长和成才。尤其是高中的班主任，其面对的是人生观、价值观正在形成的青少年，班主任工作的成败更是关系到国家的未来，因此，高中班主任在班级常规管理工作中更应注重技巧和方法，讲究策略。

班主任的工作千头万绪，但重点是要抓好爱、励、勤、严、实。

策略之一：爱。

所谓“爱”，就是对学生在生活与学习上给予无微不至的关怀，让学生感受到老师的温暖，从而激发其上进心和无尽的学习潜能。

一、让爱成为责任

爱是教育的基础，是教师教育的源泉。没有爱，就谈不上班主任工作，热爱学生，是班主任工作的前提。苏霍姆林斯基说：“教育技巧的全部奥秘，也就在于如何爱护学生。”列夫·托尔斯泰也说过：“如果一个教师把热爱教育事业和热爱学生结合起来，他就是一个完美的教师。”无数事实证明，凡受到班主任喜爱、信任和尊重的学生，他们对生活总是充满信心，努力学习，力求上进；相反，如果学生总是遭到班主任的斥责、辱骂和惩罚，他们往往会产生悲观、失望、怨恨、对立或自暴自弃等消极情绪，从而产生厌学情绪。

二、对不同的学生关爱的方式不同

首先，“宠爱”后进生。“不可爱”的学生最需要班主任的爱，班主任要把爱倾注在最需要爱的学生身上才能成为一名真正的班主任。这类学生如果缺乏了老师的爱，往往会走向极端，或是自暴自弃，或是出现逆反心理。其次，严爱优等生。优等生，每个老师都喜欢他们，对这类学生，不能宠爱他们，更不能迁就他们，而是时时提醒他们，做一个正直的人，勤奋的人，向上的人。优等生不仅是学习成绩优，更重要的是人品要优。再次，博爱中等生。中等生往往是一些班主任容易忽视的群体，他们不像优等生那样容易产生优越感，也不像后进生那样容易放弃自己，他们希望老师重视他们，对这类学生，要摸清他们的心理特点，调动他们的积极因素，始终如一地尊重、理解、信任、关爱他们。

三、尊重学生，用心沟通

尊重是爱的前提，没有建立在对学生的尊重和信任基础上的爱是肤浅而苍白的。蔡元培说："教师的天职是以思维、思辨、思考之真，道德、道理、道义之善，文明、文化、文采之美来感染教育人。"所以教育应以尊重、信任为基础，建立在"情"字之上，建立在宽容与乐观的期待之上，保存在无言的感动之中，这是一种情的教育，无声的教育，胜过写检查与当众的批评。班主任一般不要大声训斥学生，而应设身处地，想学生之所想，替他们分析问题，分析他们的心理，帮他们认识和评价自己，提出解决办法，与学生进行深层次的心与心的交流。深入了解学生，会发现有的学生陷入了早恋的困境中；有的学生在承受着成绩退步的苦恼。作为班主任要扮演父母的角色用心去和他们沟通，教会他们怎样处理好这些问题，让他们从困境中解脱出来。所以，班主任要管理好班级，就要注意培养和建立师生之间相互信任、相互尊重、相互友爱的人际关系，以更多的理解和尊重来感化他们、爱护他们。

热爱学生，是班主任职业道德的核心，也是班主任热爱党和人民教育事业，对祖国未来具有高度责任感的具体表现，要做好班主任工作，必须从热爱学生开始。

策略之二：励。

杨振宁曾说过："中学时代，最重要的教育是励志教育。"当班主任的单有"爱"是不够的，还要有"励"。"励"，也就是对学生在学习和生活上进行鼓励、勉励、激励，使其对学习和生活充满信心，敢于面对困难，挑战困难，战胜困难。让学生的学习成为一种自觉行为，从"要我学"变为"我要学"，认识到学习是为自己而学，为家庭而学，为社会而学。

励的方法很多，以我个人经验来说，主要从以下几个方面来激励学生。

一是通过典型事例鼓励。校友和社会成功人士的事迹是对学生最好的鼓励。通过校友和社会成功人士的榜样作用，使其明白学习知识带来的实惠，激发学生对知识的向往和热望，然后渴望成才，努力成才。

二是加强校园文化建设，通过名人名言激励。古今中外许许多多的名言警句对激发学生的学习热情有很大的作用，它能鼓舞学生的学习斗志。如“宝剑锋从磨砺出，梅花香自苦寒来”“有志者，事竟成，破釜沉舟，百二秦关终属楚；苦心人，天不负，卧薪尝胆，三千越甲可吞吴”“为中华之崛起而读书”“书是人类进步的阶梯”等，这些富含哲理的名言警句都可以对学生起到激励作用。

三是通过表彰奖励。表彰奖励可以激励学生的自豪感和优越感。学生得到物质和精神的满足，尝到了学习的甜头，会更加投入到学习中去。我校在对学生的奖励方面做得很好，不但设置了优秀奖，还设置了进步奖及其他奖项。奖励面较大，达到了学生在竞争中共同进步的目的。尤其是对学困生的鼓励，要善于发现其闪光点，通过助学奖学活动鼓励他们学习，使之永不放弃，完成学业。

策略之三：勤。

勤，就是作为班主任要勤到班，勤到宿舍，勤过问学生，勤了解学生，勤做学生的思想工作，勤做记录，勤总结。

常言道：“人勤地生宝，人懒地生草。”班主任工作与农民种地、花匠养花的道理是一样的，只有“勤”字当先、方法得当才有可能做好工作。具体在工作中要做到四勤：

第一，腿勤。教室、寝室、食堂等学生活动的场所，班主任能到的要尽可能多到。首先要常往教室跑，不管是课间还是上课时间，以便随时掌握和了解学生的学习情况；对发现的问题及时解决及时处理，这样既让学生觉得你时时在爱护他、关注他，又使学生觉得你对班级的工作勤勤恳恳、兢兢业业，对学生的日常生活更加关心，无形中树立了教师的榜样形象。其次是勤跑寝室。这是因为进入高中的学生很多都没有集体生活的经验，自理能力较差，需要老师及时给予指导，才能较快地适应学校生活。有些学生重视学习，不注意遵守寝室卫生和纪律。班主任应每周至少到寝室两三次，及时了解情况，解决问题。同时，还可以通过寝室管理员了解掌握每个寝室的学生情况，特别是班干部和寝室长的情况，知道哪些班干部和寝室长能以身作则，并且在班上表扬他们，将他们树立为榜样，带动所有寝室纪律、卫生上一个新台阶。

第二，嘴勤。班主任要多和学生接触、谈心，以便了解每个学生的不同情况，掌握第一手资料。班级学生情况良莠不齐，班主任要通过与学生多接触、多谈心，及时掌握每一个学生的性格、爱好、家庭情况等，以便有针对性地做好工作，早点扫除学生心中的阴霾，促进学生健康成长。经常对学生进行思想及品德教育，经常提醒和警示学生，经常向学生灌输学习和生活的理念，帮助学生学会学习，了解当今社会。同时要经常与家长沟通。与家长沟通的好处有很多，虽然只是打打电话，写写书信等，动动嘴，动动手，但通过沟通确实能够全面了解和掌握学生在家庭的活动情况，这样会给你的工作带来很大的帮助。

第三，手勤。做好班级的各种记录，随时记录发现的问题，以及学生和任课老师反映的问题，使这些问题能及时落实、及时解决。这就需要多动手。其实只要你简单地动动手，就会收到意想不到的效果。我在当班主任时，记得有一次，因有急事未能及时到班，好在头一天下班时，我在黑板上进一步强调班干部的分工，并且要求班干部要在我上班时向我汇报工作。果然，这一天下来班级所有的工作都完成得非常出色，就像我在班时一样，一点问题没有。试想，如果我不强调分工，明确责任，那结果就不知怎么样了。这就是手勤的效果。手勤，绝对不是动手打学生，施用暴力体罚或变相体罚学生，而是记录一些有用的东西、书写一些必要的材料或经验性的论文等。

第四，脑勤。也就是要勤于思考，多动脑筋。迷恋网吧、早恋、叛逆、离家出走等都是现代中学生容易出现的问题。作为班主任应该及时了班级的情况，针对不同年龄不同阶段不同性别的学生的生理特点和心理特点，易于出现的问题、产生的原因，考虑如何正确引导他们向良性方向发展，想出预防与解决问题的具体措施与办法，力争做到防患于未然。

如果这些问题处理不好，就会出现不良后果。

当班主任不仅要腿勤、嘴勤、手勤，更重要的是脑勤，经常思考班级、学生存在的问题，不断寻找更好的教育方法。这样，做好班主任工作就不是难事了。

策略之四：严。

严，就是要对学生严格要求。要求其言行符合中学生日常行为规范，不能让学生在学习和生活上放纵自己，而要约束自己，管理好自己，以利于身心健康和学习。严格管理之下学生更容易成材成器，"严师出高徒"，道理便在此。

一、树立班主任的威信

要当好班主任，对学生严格要求，首先必须树立班主任在班级中的威信。我认为班主任的威信应该有这样三种内涵：权力威信、能力威信、情感威信。权力的威信令人畏，叫人不敢违；能力的威信令人敬，使人不能违；情感的威信令人亲，让人不愿违。也就是说一个好的班主任要让学生对他又敬又畏。敬的是其学识、能力与道德品质的高尚,畏的是其治学之严谨与要求之严格。有了高尚的师德,学生才会信服;治学严谨,不断更新、提高自己的教学业务水平,学生才能对严格要求不反感。不少初出茅庐的老师,为提高学生成绩,一开始就布置较多的作业,没有意识到一下子增加了学生的课业负担,结果遭到学生的反感。但多数都能在提高自己的业务素质和课堂效率后,既减轻学生的负担又能取得优异的成绩,从而赢得学生的尊重和赞誉。对于个别后进生,管理较为困难,有老师这样形容:"面对学生,我是怒目无言以对。"对于他们是要严格要求,严格要求下,会有学生有意见,有意见也不能放弃严格要求。总之,严格要求要有底线,严要求、高标准并不是个人专断、老师说了算,而是教育原则之下的言之有理、行而有据,这样才有可能赢得学生对你的敬畏。古人云:亲其师,信其道。我以为反言之也很有道理。学生"信其道",从心里认可、崇拜你的教学能力,更容易"亲其师",那么能力威信何愁不能树立。

二、严格要求与学生养成习惯的培养

严格要求对学生良好性格的养成显得尤其重要。叶圣陶先生说得好:"什么是教育?简单一句话,就是养成教育。"养成教育是学校教育的重要内容,实施养成教育就是要对学生严格要求,严慈并举,常抓不懈。严格要求不等于简单粗暴,严格要求要严得恰到好处。为人师者,不严可能会误人子弟;严得不恰当,同样也会误人子弟。

三、严格要求学生要有艺术性

严格要求是以尊重学生为前提的。因此,教师本身首先要严于律己,言传身教,做好学生的榜样。只有对自己严格要求,才能对学生严格要求。要重视自己的表率作用,要求学生做到的,应首先自己做到，己所不欲，勿施于人。因此，要求学生早起，班主任要比学生起得更早；要求学生按时到校，班主任也要按时到校。“教育成功的秘密在于尊重学生。”不尊重学生，便得不到学生的尊重。为了让他们接受严格管理，我校班主任是以尊重学生为前提，同时给予他们关心、关怀。当学生生病时，立即带学生看病；当学生有困难时，及时地尽快解决。

策略之五：实。

实，就是要务实，有实干精神，还要对所布置的工作落到实处。

天下大事必作于细，古今事业必成于实。实干就是能力，落实才是水平。在班主任工作中会遇到许多问题和困难，解决这些问题和困难，最基本的就是真抓实干。实干就是解决问题、克服困难，就是开拓前进。作为班主任，要不断提高自身的业务水平和解决问题的能力。班主任在平时的班级管理过程中，要脚踏实地，深入班级与宿舍，了解学生所思、所想、所言、所行，比如学生的学习态度、学习方法、学习目标，学生在生活、情感和纪律方面的问题，以及学生的思想和情绪波动情况。然后针对不同学生在不同时期的表现，采取相应的对策，与家长形成合力，配合家长共同做好学生的教育工作，为学生的健康成长营造良好的氛围。可以说，班级管理质量与汗水成正比，离开了班主任的辛勤劳动，班级管理就是空中楼阁，所谓“遥控指挥”的班级管理，是绝对不现实的。班主任工作只有真抓实干，才能完成教书育人的任务，实现教育目标，培养出一批又一批学会做人、学会学习、学会处事的优秀学生。

班主任工作任务能否全面完成，关键在于抓好落实。而落实能够体现一个班主任的个人修养，能够体现一个班主任的工作原则，能够体现一个班主任的思想素质，更能体现一个班主任的责任心和事业心。班主任工作中抓落实，要明确应该落实什么，落实到什么程度，谁去落实。作为班主任应该主动贯彻落实学校以及各职能部门的工作要求，直接落实到学生身上，做到坚决服从、动作迅速、部署到位、落实有策，经常性地抓好班级管理中的组织、协调、督促、检查和小结五个环节的工作。

此外，班主任还要发挥班团干部助手作用，建立班级值周日记和学生成长记录卡，经常性地加强对学生的集会、早操、早读、卫生、午休、晚休和自习等督促检查并考核登记，阶段性地坚持每天对早读、午休、晚休、卫生情况或自习情况进行突击检查，经常性、随机性地观察其他任课老师上课时学生的学习和纪律状况，力求掌握更多的第一手材料，以便有的放矢地加强动态管理，在深入学生的学习、生活和活动中及时了解、关心、教育并且督促其良好习惯的养成，同时发挥教师的言传身教之示范作用。建立班级学生成长记录卡，记录学生每月的行为表现、学习常规、考试成绩、学生自我小结和老师的话。通过班主任和学生干部的组织、协调、督促、检查与小结，才能使班级的管理目标和学生的学习目标得到真正落实。

与此同时，班主任还要经常反思落实的效果，根据落实的情况开展整改，不放弃任何一次教育机会。

近年来，我校狠抓班级常规教学管理取得了良好的效果，在连续三年的高考中取得了优异的成绩，誉满桂东南，这与我们要求班主任工作中认真落实“爱”“励”“勤”“严”“实”是密不可分的。只要我们能把以上几点落实好，班级工作的许多难题将迎刃而解，想成为一个优秀的班主任将不再是一件难事。

浅谈做好高中班主任工作策略

麦剑源

【内容摘要】良好班集体的形成得益于班主任的正确领导。要搞好班集体的工作,需要从以下七个方面开始做:一、认真抓好德育教育,关爱学生健康成长;二、切实做好感恩教育;三、树立榜样形象,做到言传身教;四、努力成为学生"好习惯缰绳的牵引者";五、多找学生谈心;六、建立健全的班委会,搞活班集体;七、团结一致,精诚合作。班主任工作繁琐又艰巨,只有本着"尊重、理解、为学生服务"的原则,用心去对待每一个学生,让每个学生的身心得到健康的发展,才能做好班主任工作,才能得到学生的喜爱。

【关键词】德育　感恩　尊重　理解

"班主任"作为班级"直接责任人",这就决定了班主任工作的繁琐和艰巨。只有当班主任工作开展得比较顺利时,才能够让学生信服,才能营造出一个良好的班级氛围,才能够更好地促进学生的各个方面的健康发展和成长。实践证明,良好的班集体的形成得益于班主任的正确领导,要想让学生喜欢班主任,需要把学生引导到健康的轨道上来,而这要讲究一定的技巧。特别是高中,90

后的学生思想"百花齐放",要搞好班集体的工作,需要高中班主任具有较好的工作艺术。以下就以我在藤县中学工作经验为例浅谈做好高中班主任工作策略。

一、认真抓好德育教育,关爱学生健康成长

教育的本质是教人如何做人,因此在班主任工作中,首要的出发点是让学生学会如何做人,而德行修养则是做人的具体体现。学生的行为出现异常,归根结底落在思想上,因此提高学生的思想品德则成为了教学过程的重中之重。从学生刚进高中,我们的第一堂课就是要学生"学会如何做人",因此借助我校校训"德以立身,学以立业"教育学生:要想在学业上取得成功,首先要有良好的思想品德做保证,这样才能使自己有立足之地;同时和学生一起学习学校的管理规章制度,班级上和学生一起制定出本班级的管理理念,这样为以后的班级管理做铺垫,假使日后有学生违规,就可以用校训和班级管理理念进行教育,让学生思想始终围绕在"如何做人"上,让学生健康成长。总之,在整个高中阶段,让学生学会做人是一条主线,也要时不时地给学生灌输一些德行教育事迹和例子,例如当看到学生在思想上出现波动时,我会放一些视频如《汉宾惠人》给学生看,再结合里面的故事教育学生要在思想上解决问题,才能更好地跟同学相处。这样既能提高学生的思想修养,又能增进同学之间的友谊,久而久之,班级的凝聚力就能得到极大提升。

二、切实做好感恩教育

当一个人经常说"感恩"的时候,他的生活便少了分报怨,多了分珍惜;当一个社会经常说"感恩"时,他的世界便少了分纷争,多了分和谐。感恩是一种生活态度,是一种知足,一种珍惜,一种前进。因此,让学生懂得感恩,学会感恩,也是我们班主任的一项重要工作。当学生心想感恩老师、感恩家人、感恩帮助过自己的人时，心中便有了方向，有了前进的动力。“滴水之恩，当涌泉相报”，感恩的力量如此伟大，在班主任工作中，我把感恩放在很重要的位置。经常拿一些感恩的视频在班会课上放，挑选一些有关感恩的好文章让学生来念，跟学生一起学习，感化学生。经过感恩教育，学生提高了自控能力，自觉遵守纪律，自觉学习；同学之间也形成了互相学习、互相帮助的习惯，在教室里我也能经常听到“谢谢”这个词。

三、树立榜样形象，做到言传身教

班主任工作经常要和学生打交道，适时地树立学习的榜样，对于优良班风的形成具有很强的导向作用。榜样一经树立便成了大家学习、竞争和赶超的对象。在榜样的带动下，大家竞争意识觉醒了，学习兴趣增加了，学习效率提高了，这就是榜样的作用。另一方面孔子说过：“其身正，不令而行；其身不正，虽令不从。”言传是身教的基本方式，身教是言传的有效手段。我们常常听到这样的话语：“老师自己都做不到，还要求我做。”可见，教师的言行对学生的影响有多么大。教师要作好学生的表率作用，班主任更要以身作则。所以班主任一定要言而有信，言而有度。言必信，行必果。只有这样才能在学生心中树立良好的榜样形象，建立起崇高的威信。也就是说，对学生，班主任要言教，更要身体力行。作为班主任要时刻注意自身的品格、学识、涵养对学生潜移默化的影响，特别要注意一些小事和细节。如果老师言行不一，学生就不佩服，老师也容易失去威信，不利于班级管理。所以，班主任工作者一定要特别自尊、自爱、自信、自强，为人师表，用自己的良好风范吸引学生。这样才能让学生从情感上接纳你，给自己的班主任工作带来潜移默化的效果，进而为班主任工作打下良好的基础。

四、努力成为学生"好习惯缰绳的牵引者"

英国小说家萨克雷说:"播种行为,收获习惯;播种习惯,收获性格;播种性格,收获命运。"教育其实是一种早期的习惯,而习惯是人生的主宰。因此,如果在高中的开始阶段,让学生形成良好的习惯,则可以达到事半功倍的效果。如果没有习惯的保证,天性的力量和华饰的语言都是不可靠的。高中学生虽然已经相对成熟了,但自我约束能力较差,往往出现在老师面前是一个样,背后很可能又变了一个样,短时间一个样,时间长了又变了一个样。如果一个班级在开始时习惯差,以后在高二高三的学习过程中,班规班纪的作用就不明显,会导致学生学习吃力,班主任工作费劲的结果。虽然学生的不良习惯并不是无法改变的,但是,到了高二高三之后,能敞开心扉继续接受改造的学生不会很多。因此,在一开始的时候,千方百计培养学生的好习惯,到高二高三时就是"顺其自然"的事了,学生学得轻松,老师教得也愉快。

五、多找学生谈心

谈话是班主任与学生沟通感情、融洽师生关系的重要方法。谈话既是一门学问,又是一门艺术。班主任的谈话不能像一把小锤子一样往门上砸去,这只能在门上留下累累伤痕,却不得而入;也不能像春日里不着边际的风,学生听了入耳不入心;而应像一把金钥匙,一下就能打开学生心头的锁。在班主任工作过程中,我认真研究与学生谈话的技巧和艺术,以促使自己对学生的谈话行之有效。同时也经常找学生谈谈话、交交心,当然这并不是千篇一律的对话,而是千方百计地去了解每一个学生的性格特征和家境状况,根据不同学生的不同性格、不同兴趣、不同能力、不同特征和不同生活环境区别对待,正确引导,让每一个学生获得最好的健康的发展,也让学生感到我就是他们的良师益友。

六、建立健全的班委会，搞活班集体

班干部是班主任的得力助手，对班主任做好班级管理工作起着非常重要的作用。作为班主任，对于我选拔的那些精明能干的班干队伍，若是他们能够通过班委会解决的事，我是放心让班委会自行解决的，若是解决不了，则由班主任出面解决。对于班干，我热心培养他们，指导他们，教会他们正确的工作方法和如何处理好干群关系，并努力帮助他们妥善处理好工作和学习之间的矛盾。同时对班干的工作予以肯定、表扬，鼓励他们，让他们带好头。每当班干遇到比较难处理的事情，我是第一时间帮助班干解决，为他们管理创造良好的条件，这样可以提高班干的管理积极性。另外，借助班干的力量组织好班级的团体活动。比如开学的军训，还有校运会和篮球赛等等，通过这些团体活动，跟他们玩一玩，闹一闹，乐一乐，顺便为他们拍拍照，将自己融入班级，也让每个学生感到班级就是自己的家，感到自己是家里不可缺少的一员，都有自己存在的意义和价值。

七、团结一致，精诚合作

老师的教学作风很大地影响着班级学风建设。为此，我绞尽脑汁团结任课老师，为任课老师服务。班级的事务多和任课老师交流，让任课老师熟悉我的管理方式。对于班级一些性格、兴趣比较特殊的学生，跟他们一起分析，让他们在最短的时间内熟悉学生的基本情况。也时常跟他们谈及学生的一些想法，让他们也参与班级管理，拉近师生之间的距离，降低他们的工作难度。在团结老师的同时，我也教导学生如何团结老师，督促学生落实学习环节，课堂认真思考，积极回答问题，记好必要的笔记，作业一丝不苟、规范整洁、有错必改，尊重老师的劳动成果。对老师要带着欣赏敬佩的眼光去看待，把老师当成自己最亲密的朋友。

我的班主任工作经历虽然很短，但让我越来越深切地感受到班主任工作的重要。它不只是一项工作，更是一门艺术。要想在这一门艺术中得心应手，取得成果，只有本着“尊重、理解、为学生服务”的原则，用心对待每一个学生，让每个学生的身心得到健康的发展，才能做好班主任工作，才能得到学生的喜欢。

力争上游,坚持到底

■陆　艺

【内容摘要】要做好班主任,最主要突出一个“争”字:既要有“力争上游”的决心,又要有“坚持到底”的精神。班主任是否有“力争性”是整个班级是否成功的首要条件,接下来就是要有坚持到底的精神。班主任要做到“力争上游,坚持到底”,首先,要树信心,加大学生前进的动力;其次,要狠抓细节,把常规管理落到实处;最后,要贴近实际,引导学生渡过难关。

【关键词】力争上游　树信心　抓细节　贴近实际

要做好班主任,首先要突出一个“争”字:要“力争上游”,要“坚持到底”。我觉得一个班级成功与否的前提条件就是班主任是否存在“力争性”,接下来就是要有坚持到底的精神。有了“力争上游”的决心,就有了战胜一切困难的斗志,有了“坚持到底”的恒心,就为成功的获得奠定了基础。

每个班主任心目中都有一个自己认为的最完美的班级。但实际班级的面貌与班主任心中的理想都有或多或少的距离。没有十全十美的学生,也没有十全十美的班级,但是班主任必须从对教育工作的责任心出发，从职业道德的高度出发，坚定信念并且坚持到底。班主任工作是一份繁琐而且需要耐心的工作，在工作上遇到的困难也是对“力争上游”的很好考验。班主任工作需要耐心并且需要良好的心态，最重要的是要学会换位思考，要学会站在学生的立场和角度看问题。尽力去帮助学生建立信心，学生如果有了信心，也就时刻有着一股动力去完成任何事情，他们就不会惧怕遇到的挫折和困难。

如何做到“力争上游，坚持到底”？我将从以下三点谈谈我的想法。

一、树信心，加大学生前进的动力

学生们现在最缺的是自信、学习的动机和动力，很多心理学和教育学书籍里都提到：“学习的积极性、主动性如何，学习的努力程度怎样，这都与学习动机的水平和强度密切相关。”一个人如果有信心，心理活动就积极，就会以持久的毅力去实现自己的预定目标。爱默生也说过：“自信是成功的第一秘诀。”

由此可知，自信是成功的柱子，能撑起精神的广漠天空，自信是一片阳光，能驱散迷失者眼前的阴影。事实证明，那些有自信的人做事成功率远远超过自我否定倾向较明显的人。开学时，我把“我承认落后，但不甘落后”、“厚积薄发”等标语挂在了黑板的上方，狠抓目标激励，让他们在小卡片上写下自己的短期目标和长期目标，并让每一位学生在班内选择一位竞争对手。班会课，考完试，我都会不失时机地提醒、激励他们，和他们分析考试结果，让他们学会总结，保持信心，戒骄戒躁，明白厚积薄发的道理。我利用一切机会，跟他们讲励志故事，经常对学生进行激励性的评价。例如交上来的作业，时不时地写上一些激励性的评语。在班级里创建一个进步栏，每个月对学生学习或操行上的每一点进步都予以表扬，并在进步栏里贴出来。特别对完成自己设立目标的学生要给予大力的表扬，这样更能激发他们的斗志。学校在这方面也给了很多帮助，如分学期表扬，每周评选出表现优秀的班级，颁发流动红旗等。从各个有利于增强学生信心的角度给予表扬，使其优点不断得到强化，从而树立他们的自信心，帮助他们克服自卑感。

二、抓细节，把常规管理落到实处

费尔斯通公司创始人哈维·费尔斯通说过："成功是细节之子。"很多时候，细节决定成败。我坚持把班级日常规范的细节落到实处，强调班级的民主管理，力求培养"严格、奋进、团结"的班集体。一个看见老师不愿打招呼的学生，在学习上难以拥有良好的心态；一个经常迟到的学生，不可能在学习求知上具有恒心；一个内务不整理卫生不打扫的学生，学习往往缺乏合作精神；一个早操马马虎虎的学生，学习时不会认真刻苦。因此，要建立一个成功的班级，一定要狠抓细节，在班级常规管理的细节上下苦功夫。

我在民主讨论的基础上，制定了符合本班实际的班规，并完善了班级管理的各项具体奖罚制度。我将学生在校内外的行为加以具体规范，从早读、午读、晚读、听课、作业、考试等各方面提出明确具体有效的要求，并监管和落实到位，详细规范考核的原则和方法。发挥班干作用，班干分工合作，细心记录，使每位学生都有自己的一个小档案。通过不断努力，我所带班级的班风日渐良好，特别在量化管理这方面表现优秀，学生的学习态度日益端正，学习目的更加明确，学习氛围日益浓厚，学习成绩显著提高。

三、贴近实际，引导学生渡过难关

心理学教育学表明，在学习过程中，学习者往往起步很快，随后有一段时间成绩保持相对稳定。另外，学习中成绩还会时升时降，表现出起伏，而且学习成绩高低因人而异。这一系列特点都有可能出现在每个学习者的学习过程中。作为班主任要让学生明白出现这种现象是正常的，要时刻留意学生在每个阶段的变化，时不时和他们谈心交流，防止学生因这些情况的出现感到失望甚至沮丧。据有关资料显示，学习情趣可以分成四种时期：开学初的兴奋期，无刺激的疲软期，考试前的紧张期和考后的波动期。每个时期具有不同的特点。学习（练习）中会出现“高原现象”，即学习成绩并非总是直线上升，有时会出现暂时停顿的现象。“高原现象”出现的原因有许多，例如学习热情下降，身体过分疲劳，旧的技能结构的限制，等等。这一系列问题往往也是班主任工作的侧重点。

学生在兴奋期是学习情绪最高昂的时候，斗志也最昂扬。这时候应该注重学习方法的教育。疲软期是管理最困难的时候，这时候学生已经努力了一段时间，没有了新鲜感，但有些学生不一定有进步，而容易出现浮躁、焦虑等现象，这一时期学生会有放弃的念头，甚至出现一些逆反情绪，容易做出违纪的事情。这一阶段要很细心地观察他们，发现他们的细微变化后要及时地给予帮助。对于“高原反应”，班主任也要细心观察，发现出现“高原反应”的学生，要引导他们多运动以减少学习上的疲劳。若对某个科目学习兴趣下降了，可以暂时学习另一门功课，或者在感到厌烦的功课中寻找自己未发现的新的兴趣点，以重新激起学习的兴趣与热情。班主任在解决这一系列问题的时候，应该多倾听，多安慰，多鼓励，尽量不要训斥。这样才能在学生学习过程中的特殊时期给予他们最重要的帮助，得到他们的认可。

“力争上游，坚持到底”，是一个口号，更是一种信仰。坚持这种信仰，就为班主任工作的成功奠定了基石，坚持这种信仰就是我们做班主任工作获得成功的起点。

【主要参考文献】

1. 何昭红:《心理健康与成功人生》,桂林,广西师范大学出版社,2006。

2. 李宏翰:《心理学》,桂林,广西师范大学出版社,2004。

高中班主任工作艺术

■黄信尤

【内容摘要】班主任工作繁琐而艰巨，要搞好班集体工作，高中班主任应具有一定的工作艺术，如领导艺术、教育艺术、言谈艺术、情感艺术、倾听艺术等。对班级管理工作，高中班主任一定要有足够的耐心和顽强的毅力，这样才能提高学生的综合素质。

【关键词】高中　班主任工作　工作艺术

对某班"负主要责任"的人即为"班主任"，因此，这就决定了班主任工作的繁琐和艰巨，且呈现出时间上的持久性和空间上的广泛性。只有当班主任工作开展得好时，才能够营造出一个良好的班级学习氛围，才能更好地促进学生各个方面的健康发展。特别到了高中，学生相对比较"理性"了，要搞好班集体的工作需要高中班主任具备应有的工作艺术。

一、领导艺术

实践证明，良好的班集体的形成得益于班主任的正确领导，要想把学生引导到健康的轨道上来则要讲究一定的领导艺术。

选拔"班干部"，任人唯贤。班干部是高中班主任工作的得力助手，建立一支优秀的班干部队伍，对做好班级管理起着非常重要的作用。

在班级管理中，要避免班主任一个人说了算的情况，否则班主任与学生的关系容易变成对手关系。如何变对手关系为助手关系呢？这是班主任工作的艺术所在。我觉得应该让班里所有学生争做班干部，并鼓励他们珍惜机会，努力表现自己，为班级做贡献。学生有了当“官”的机会，既有了荣誉感，又感受到了压力。他们会严格要求自己，不断克服缺点，发挥特长。经过锻炼，才华显露了，能力提高了，班集体的凝聚力更强了，班主任的工作也就好做了。

在选举班干部之前，首先班主任要从多方面观察、了解学生，发现他们的个性特长，有针对性地安排班级职务，做到知人善任，分工具体。其次应制定完善的班级管理制度，从思想品德、行为习惯、学习纪律等方面制定明确又切实可行的目标。使学生有章可循，照章行事，自觉规范自己的行为，也便于班干部管理。再次要调动学生的积极性，使学生全员参与，让每一个人都成为良好行为规范的管理者和执行者。此外，班干部是全班学生的带头人，是班级的核心力量，是班主任的得力助手。在班级的管理工作中，班主任紧紧抓住班干部的工作，就是抓住矛盾的主要方面，因此，班主任要对班干部委以重任，这样会对老师的工作起到如虎添翼的效果。经常肯定班干部的工作成绩，班主任对为班级工作做出成绩的班干部要给予及时表扬、热情鼓励，这既是对班干部成绩的充分肯定，工作上的大力支持，又是对班干部的信任，也是促进班干部努力工作不断进取的动力。这样会激励班干部鼓足干劲，以饱满的热情努力地工作，以争取更大的成绩。

二、教育艺术

教育也是一种艺术，应该按教育规律循序渐进地进行。因此，我们在班主任工作中，虽然各个方面的工作都要抓，但是也要抓住各个时期的重点工作。

（一）高一教育——班主任要努力成为学生“好习惯缰绳的牵引者”。

教育其实是一种早期的习惯，而习惯应该是人生的主宰，如果在高中的开始阶段即高一，让学生形成良好的习惯，则可以达到事半功倍的效果。如果没有习惯的保证，天性的力量和华饰的语言都是不可靠的。高中学生虽然已经相对成熟了，但是自我约束能力较差，往往出现在老师面前是一个样，背后可能很快变了另一个样，短时间一个样，时间长了又变了一个样。如果一个班级在高一时习惯差，以后在高二高三的学习过程中，班规班纪的作用就不明显，会导致学生学习吃力、老师工作费劲的结果。虽然学生的不良习惯并不是不可纠正的，但是，到了高二高三之后，能敞开心扉继续接受改造的学生不会是很多的。因此，在高一的时候，千方百计培养好学生的好习惯，到高二高三时就是“顺其自然”的事了，学生学得轻松，老师教得愉快。

（二）高二教育——班主任要努力成为学生的“学习效率最优发明者”。

有了好习惯，学习效率也就有了保证。而高二是奠定优秀高考成绩的最关键时期，如果高二成绩不理想，真正通过高三冲刺上来的优秀学生相对还是很少的。因此，高二主要任务就是使学生的学习效率达到最优化。许多学生学习成绩不佳，往往源于学习效率不高。我们采取了多种有效办法：一是宣讲学习效率高的成功例子，以供学生借鉴；二是“对症下药”，查找出个别学生学习方法的不足之处，帮助纠正；三是目标激励，帮助学生树立远大目标激励学习，从而提高效率；四是科学兴趣引导，某学科成绩相对较差的学生，一般对该学科不感兴趣，老师要通过一定的办法使学生对该科的“厌恶”转化为“兴趣”；五是统筹计划学习，根据学习内容，科学地安排作息时间。

（三）高三教育——班主任要努力成为学生的“心理医生”。

由于学生现在所处的年龄阶段以及学习竞争压力，学生容易出现种种心理问题，这就需要班主任及时发现，及时帮助学生。“心伤”比外伤更难治疗，因此，老师平时要经常观察和了解学生的学习状态、较薄弱的学科、家庭状况等，给予及时帮助，帮助学生摆脱困境。

三、言谈艺术

谈话是班主任与学生沟通情感，对学生实行教育的重要手段。一个优秀的班主任要经常与学生谈谈话、交交心。谈话既是一门学问又是一门艺术。班主任的谈话不能像一把小锤子一样向门上砸去，这样只能在门上留下累累伤痕，却不得而入；也不能像春日里不着边际的风，学生听了入耳不入心；而应像一把金钥匙，一下就能打开学生心头的锁。我们的班主任应该认真研究与学生谈话的技巧，讲究谈话的艺术，以促使自己对学生的谈话工作行之有效。

（一）个别交流——要区别对待，不要千篇一律。

班主任作为班集体的权威人物，对学生的一言一行都起着不可低估的作用。因此班主任在与学生交往中，一定要根据不同的对象区别对待，为了适应不同层次的学生的不同兴趣、需要、能力和气质特征，班主任必须尽可能地了解每个学生。根据学生不同层次不同特点和不同阶段区别对待，加以正确的引导，让每个学生获得最好的发展。

（二）局部交流——要注意激励帮助，不要冷嘲热讽。

任何一个班级都不可避免地存在着考试上的所谓“后进生”。大多数“后进生”最讨厌被批评、指责和教训，如果班主任善于帮助鼓励他们战胜困难和失败，“后进生”就会很快摆脱困境，奋发努力，迎接挑战。事实证明，激励帮助是学生前进道路中必不可少的动力，是加油站。

（三）集体交流——要求团结友爱，强化竞争意识。

只有团结、友爱、向上的班集体，才能为学生的成长提供最肥沃的土壤。在进行集体交流时，灌输团结友爱思想，培养他们的集体观念是非常重要的。在班集体中使学生明白团结力量大，在生活中、学习中发扬团结友爱的精神，才能促进个人的健康成长，才能更好地维护集体的荣誉。集体交流旨在增强班级的凝聚力，使同学们以饱满的热情投入到学习中，以更加团结的态度共同创建我们的和谐班级。集体交流也要强化竞争意识，让学生在学习中学会竞争。这样，学生在比、学、赶、帮、超的过程中陶冶情操、培养能力，养成良好的行为习惯，这比班主任苦口婆心的教育效果要快得多、好得多。

四、情感艺术

艺术是人类情感和精神生活的创造性表现，任何艺术表现形式都包含着特定的情感和思想。班主任管理班级，就要含着特定的情感和思想，只有和学生情感融洽，交流畅通，才会带出一个朝气蓬勃、团结向上的班集体。班主任在班级工作中要创造一种宽松和谐的环境，让每个同学都感到他的“主人翁”地位，有发表自己观点的权利，要使同学们相信，他们提出的建议或意见会受到重视。不应该把师生之间的交往变成直接命令式，如果这样，久而久之部分学生会产生抵触情绪，对班主任避而远之，影响师生之间的情感交流。

要做到这些，首先是爱心的投入。在学习生活中班主任要做到“动之以情，以情育情，以情动人”，让师生之间进行和谐的情感沟通，以真挚的感情感染学生。通过个体感染力向他人提出要求，使对方感到亲切。其次要以饱满的热情向学生传递相关内容。因为班主任的热情会诱发学生喜爱该事物的情感，从而使学生积极主动地进行相关的活动过程。情感是传递能量的载体，马克思说过：“热情是一个人努力达到自己目标的一种积极力量。”所以班主任的良好精神风貌有利于提高学生各个方面的能动性，班主任不应把自己的喜怒哀乐变幻无常地表现在学生面前，影响学生正常的学习生活。最后班主任要根据特定的内容和情况，恰到好处地树立良好的演讲形象，因为人的各种表情都能有效地传递信息。比如，当我们关心大地震灾区时，班主任脸上该有悲伤的表情和真情讲述，学生会与老师产生共鸣。

总之，以情动人，以情感人，以情服人在班主任教育工作中非常重要。注入了感情的工作将有事半功倍的成效。

五、倾听艺术

有位成功的企业领导人说：“优秀的管理员应该多听少讲。”

班主任作为班级的管理者，要懂得一定的倾听艺术，即倾听的方式和技巧，这有利于班级管理和学习生活的健康开展。

有效的四种倾听方式包括：一是倾听不仅要用耳朵去听，更重要的是用心去听，切记不能对谈话内容漠不关心；二是要“所问即所答”，这表示你在与人交流，在倾听的过程中，适时加上自己的见解，以使给予和吸收两个方面平衡；三是要对“红牌”词语加以警惕，特别是“权威型”班主任，这些词可能会引发过激反应，或者造成偏见；四是要尊重学生的隐私，用真诚的态度给予适当的回复，有利于增强师生间的信任。

对班级管理工作，高中班主任一定要有足够的耐心和顽强的毅力；始终坚持"锲而不舍，金石可镂"的信念，从学习、纪律、生活等各个方面不断努力，培养学生良好的行为习惯，耐心细致地做好工作，使学生的综合素质稳步提高，一步一个脚印地向前走。

【主要参考文献】

1. 魏书生：《班主任工作漫谈》，桂林，漓江出版社，2008。

2. 刘旭：《经营班级——中学班主任工作艺术》，成都，四川教育出版社，2007。

抑扬有度，张弛结合

粟有庆

【内容摘要】班主任工作要坚持“以人为本，以学生的发展为本”的理念，关爱学生，尊重学生，坚持“学生的错误都是美丽的”这样的观点。在工作中要高度负责，注重情感教育，帮助学生树立充分的自信。班主任工作是一门艺术，而艺术只有经过创新才能表现出生命活力。“抑扬有度，张弛结合”，把握好尊重与要求相结合的原则，既鼓励冒尖，也允许暂时落后，促进学生健康发展。

【关键词】班主任　工作　艺术　要求　尊重

班主任工作极琐碎又复杂，极细致又繁重。学生一次考试不及格或不交作业，一次迟到或撒谎，一次泡网吧或夜不归宿，一次争吵或情感的移位，一次成功的尝试或失败的体验……单独看起来可能是微不足道的，可是每一件事都有可能会影响学生知识的获得，品德的形成，个性的发展，健康的成长，因此班主任的工作任重而道远。这就要求班主任在实践中要不断探索和研究工作的方法和艺术。不同层次的班级的班主任都要有一套自己的管理方法和经验。以下是本人在班级管理工作过程中的几点体会。

一、坚持“以人为本，以学生的发展为本”的理念，关爱每一个学生，与学生架起沟通的桥梁

我在班级管理过程中，首先把学生看做是一个人，是一个正在成长的人。因此，我努力构建平等、和谐、民主的新型师生关系。康德有一句名言：“人只有通过教育才能成为一个人，人是教育的产物。”为了把“人”培养成为人，必须首先把“人”当做人。教育教学是培养“人”的工作，教师非常重要的任务是要挖掘学生的潜能。我认为，教师只有把学生当做平等的人、自主的人，才能科学地、艺术地爱学生，也才能得到学生的爱戴，产生心灵的共鸣，共同进步。学生是人，是人都会有尊严。帕斯卡尔说：“人的全部尊严就在于思想。”我们常说“金无足赤，人无完人”，何况是学生？学生在求学、成长过程中出现这样或那样的不足或问题是正常的、难以避免的。我坚持的一点就是：学生的错误都是美丽的。我们都经历过学生时代，因此在工作中我时刻注意将心比心，蹲下来看学生，不求全责备，“己所不欲，勿施于人”，注意教育的方式方法，让学生感觉到受到了批评心里也不记恨。学生出了问题或者犯了错误，就说明我的工作有漏洞，不能做到防微杜渐。学生出了问题或者犯了错误，我从来不在公开场合严厉批评他们，而是语重心长地分别找他们谈话。在公开场合或个别谈话教育学生时，我先检讨自己的不足，从来不说脏话、粗话、重话。这样做，应该更有利于学生健康、健全人格的形成、发展。班主任教育学生要因人而异，充分相信并善于发现学生的闪光点，鼓励他们，让学生在老师的肯定中找到安慰，找到安全感，最大限度地发挥自己的潜力。班主任不应该采取恨铁不成钢的态度，盯住学生身上的缺点加以斥责。我想，这也应该是班主任工作的要旨所在——在教育学生“成人”的基础上引导他们“成才”。

班主任在班级管理工作的过程中，我认为除了坚持“以人为本”“以学生的发展为本”的理念外，还应该以爱为本，把爱心像阳光般无私地洒向学生，把慈爱的微笑带给学生，温暖每个学生的心灵。爱因斯坦曾经说过，只有热爱才是最好的老师，它远远超过责任感。教师有了爱，认识到学生是正在成长的人，才会设身处地为学生着想，才会尽心竭力去关心学生、爱护学生。也只有心中有了学生，有了爱，才会用赏识的眼光来看待学生。在班级管理工作过程中，我很注意激励学生进步。注意寻找学生的优点，给学生以成功的体验，让学生发现自己的价值，激励学生健康发展，以自己的长处比别人的短处以求自信，发扬自己的优点，学习别人的优点弥补自己的缺点以求全面发展。心理学研究表明，只有心心相印、情感交融的教育，才会引起学生感情上的共鸣。

我们常说“尊师爱生”，其实“尊师”和“爱生”是相互的，应该把它当做互文来解读：学生尊重教师也爱护教师，教师爱护学生也尊重学生。爱默生说：“教育成功的秘诀在于尊重学生。”我们教师要教育学生“学会做真人”，首先应当尊重学生。人们常说“亲其师，信其道”，一旦学生感到教师的可亲可敬，教师的话就很容易被学生接受，师生间容易擦出理解、信任的火花。此时，教师再耐心正确地引导他们如何学习、如何做人，学生必能向着其引导的方向发展，取得事半功倍的效果。这远比板着脸来说教的效果要好得多。纪伯伦说：“爱不仅使爱者尊严高贵，而且使被爱者尊严高贵。”总之，尊重、关爱学生，与学生建立起和谐融洽的师生关系，架起沟通的桥梁，做学生的知心人，做他们的良师益友，是做好班主任工作的重要基础。

二、精心培养良好的班风，营造良好的成长环境。学生的学习、生活、交往、娱乐离不开班集体

一个具有良好班风的集体，对学生的健康成长是非常重要的。"环境育人"，好的环境能够激励人，可以改造人。我们知道，可塑性是教育的前提，以人为本教育的根本目的是为了人并塑造人。如何使受教育者在好的环境影响下获得最大值？教育归根结底是一种方法，诺丁斯的道德关怀教育理论认为所有的教育行为、过程与方法都应该具有道德性，即关怀性，否则将不能称其为教育。而关怀就既要考虑效果，但又不是功利的。在这一理念下，教育必须改变只见"学生"，不见"人"的状况。做好班主任工作必须注意培养班集体。班集体的力量是强大的，它能向每一个学生提出要求，指出努力的方向，并通过集体的活动、纪律与舆论来培养学生的品德。它能紧密配合班主任开展工作，成为班主任依靠的主要力量。

如何培养正确的舆论和良好的班风？大家都知道，班主任工作劳心劳力，特别是高中班主任肩负着重大的育人责任，因为高中三年是学生时代最关键的时期。在班级管理过程中，我把班主任工作当做一门艺术来看待，热情面对、认真探索。我认为重视对学生的思想政治教育工作是培养正确的舆论和良好的班风的关键。在工作中，我通过团委、学生会、班委等多种组织，充分利用班会、辩论会、座谈会、报纸杂志等多种途径，对学生进行思想政治教育。学习政治时事、道德规范、人生哲理小品文等，提高他们的认识，树立正确的人生观、价值观。坚持表扬好人好事，批评不良思想行为，形成正确的舆论。加强对学生的集体主义教育，要求学生在学校集体性活动中树立良好的班级形象，人人都具有班级荣誉感，从而增强班级的向心力、凝聚力和战斗力。生活在一个优秀的班集体中，学生会觉得更加快乐和自信。

管理班级，班主任要有一个总体思路、一个根本的指导思想。没有总体思路，班级工作随意性太强，学生有时就会感到不能适应，久而久之就会减弱班级的向心力、凝聚力和战斗力，等于班主任给自己增加了工作障碍。班主任不但要给班级确定一个适度的奋斗目标，激发学生的的热情，而且也要帮助每一个学生建立适度的目标，让每个学生都体会到成功的快乐，让他们时时感受到自己在进步，这样，学生才会觉得自己是有希望的。如果不能根据实际情况，好高骛远，把目标定得太高，学生在历尽千辛万苦之后也不能达到，这就会挫伤学生继续进取的自信心，对自己的能力产生怀疑。如此，无论是对学生个人，还是对班级，都是不利的。

管理班级，班主任要注重情感教育，让学生时刻感觉到老师在关心着自己。教师要注意培养学生健康的心理，做学生的朋友和导师，帮助学生消除不良心理因素，克服不良心理情绪及障碍。要善于发现各个学生的心理特点，有针对性地进行心理教育和心理矫正。尤其是对后进生，他们在心理方面具有与其他同学不同的特点。一般说来，他们因常受到老师的批评，同学的埋怨，家长的训斥，感到在班级里抬不起头，老是觉得自己不如别人。进取向上的心理失去平衡，消极地对待学习，信心不足，自甘落后，形成自卑心理，对前途失去信心，自暴自弃。他们对老师和同学的讲话很敏感，这些学生的学习行为受情绪制约的程度更大。因此，作为班主任，要为每一位学生，尤其是存在心理困扰的学生，创造宽松友善的学习环境，要以关心、亲切、平等的态度对待学生，善于发现其闪光点，引发其求知欲，促其上进；帮他们燃起自信之火，扬起进取之帆，让他们充分感受到教师对他们的理解、期待与信任，让他们感受到生活是充实的、美好的，应该积极地去面对，积极参与学习过程；使他们获得心理的愉悦感，逐步养成良好的学习习惯。

自信是一个人学习、做事乃至活下去的支撑力量。自信能化渺小为伟大，化平庸为神奇。一个人有了坚强的自信心，他的机会之多，非那些犹豫不决、模棱两可、拖拖拉拉之人可比。人一旦没有了自信心，就等于自己给自己判了死刑。有自尊心而无自信心，等于一座房屋有栋无梁，它的维系力量必然是很脆弱的。

三、宽容有度，严格要求

班主任工作是一门艺术，而艺术只有经过创新，才能表现出生命活力。“一张一弛，文武之道”，班主任在管理班级时既要让自己和学生有必要的紧张和压力，同时也应有必要的散漫和自由。大弦嘈嘈，小弦切切，弹奏出来的乐章才能和谐悦耳。班主任工作是创造性劳动，班主任和学生都需要自我发展、自我实现。这就要求班主任给学生缤纷的个性搭建多彩的舞台，要给群舞之外的独舞保留一点精彩回旋的空间。“水至清则无鱼，人至察则无徒。”如果教育的自由空间最终被所谓的制度和竞争格式化，那么，教育的理想魅力和人文光辉也将如星坠平野荡然无存，这样的班级表现出来的是沉闷的、压抑的氛围，会扼杀学生的灵性。

我想，作为教师，特别是班主任，要时刻正确对待有较多知识缺陷的学生，认真正视有品行缺陷的学生。这些学生在求学、成长过程中表现出来的毛病、缺点、错误等，是很正常的，我们不要轻易地定性这些学生就是“坏”学生。“坏”是从本质上去评价一个人，就如同一匹狼，即使披上了羊皮，也还是掩盖不了其狰狞的本性；而毛病、缺点、错误等，只是一些表象，就如美丽的花瓣上，偶然布上些微尘，在班主任的引导和学生自身的努力下，是能够将它拂去的。

美国著名思想家爱默生说过：“事实并不重要，重要的是这事实给你心灵的印象，或是对于你心灵的影响。”

在《读者》上看到过这样一个动人的故事:一位住在山中茅屋修行的禅师,有一天乘着月色到林中散步。在皎洁的月光下,他突然开悟了。他喜悦地回到住处,见到自己的茅屋遭到小偷光顾。找不到任何财物的小偷,要离开时在门口遇到了禅师。原来,禅师怕惊动小偷,一直在门口等待,他知道小偷找不到任何值钱的东西,早就把自己的外衣脱掉拿在手上。小偷遇见禅师,正感到惊愕的时候,禅师说:你走这么远的山路来探望我,总不能让你空手而回呀!夜凉了,你带着这件衣服走吧。说着,就把衣服披在小偷的身上。小偷不知所措,低着头溜走了。禅师看着小偷的背影穿过明亮的月光消失在山林之中,不禁感慨地说:可怜的人呀!但愿我能送一轮明月给他。禅师目送小偷走了之后,回到茅屋赤身打坐,看着窗外的明月进入了空境。第二天,禅师看到他披在小偷身上的外衣被整齐地叠好放在门口。禅师非常高兴,喃喃地说:我终于送给他一轮明月!"人非圣贤,孰能无过","海纳百川,有容乃大"。我想:作为班主任,每天面对一群鲜活而有个性的学生,其中不少是有这样那样的毛病、缺点,如果我们也能像那位老禅师一样,心怀宽容之心,而不是冷眼、斥责、鄙视、粗暴,我们也可以送一轮明月给学生,唤起学生埋在灵魂深处的爱和良知,让他们的心被一轮明月照亮,从此变得皎洁如雪、晶莹如玉;让他们的灵魂如沐春风、如逢甘露,从此变得双眼明亮,让学生在宽容中学会忍让和体谅,以便更好地发现、追求生活中的真善美。

但宽容不等于包庇,不等于溺爱,不等于纵容。爱心无限,宽容有法。只有宽容有度有节、有对象区分时,宽容才是一种智慧,才是一种成熟。其实,宽容也是一种责任。学生是正在成长的人,班主任在班级管理过程中还是要严格要求学生的。严格要求学生必须把学生当做平等的教育对象,以尊重学生的人格、关心学生的发展为前提。有了真诚的关心，就会有严格要求，学生才可能有最好的发展。进入了这个境界，班主任也才能真正领悟到“尊重”的真谛。苏联教育家马卡连柯明确指出：“我的基本原则永远是尽量多地要求一个人，也要尽可能地尊重一个人。在我的辩证法里，这两者是一个东西……当我们向一个人提出很多要求的时候，在这种要求里也就包含着我们对这个人的尊重，正因为我们向他提出了要求，所以我们才尊重他。”在教育实践过程中，应认真把握尊重与要求相结合的原则，反对没有要求的尊重，更反对没有尊重的要求，因为前者很可能导致无原则的迁就和放纵，产生不良的后果；后者则可能出现过分的限制和不人道的苛求，影响学生的能力发展。

教育需要管理，管理需要方法。德国教育家斯普朗格说过：教育的核心是人格心灵的唤醒，教育的最终目的不是传授已有的东西，而是要把人的创造力量诱导出来，将生命感、价值感唤醒。作为班主任，我们要充分认识到，学生具有独特的个性、独特的精神世界和内在感受，有不同于成人的观察和解决问题的方式。生活在信息时代的学生已经有能力影响成人世界。但同时，学生是正在成长的人，需要班主任的关爱和正确的引导。因为，有效的教育有赖于建立在充分尊重学生群体特征、与学生沟通、获得学生认同和配合的基础上。班主任在班级管理过程中，要把握好尺度，抑扬有度，张弛结合，要既鼓励冒尖，也允许暂时落后，重要的是及时发现学生的潜能，尊重学生的人格，维护学生的权益，发展学生的个性。让我们在班级管理过程中超越教育技巧，随时为学生扬起成长的风帆！

（此文获2006年广西教育科学研究所论文评比一等奖）

躬身践行铸忠诚，勤细严爱育英才

■栗有庆

【内容摘要】“亲其师，信其道。”班主任在班级管理中，以高度的责任感，通过自己实实在在的“勤、细、严、爱”，形成自己独特的人格魅力，散发出无穷的感染力，让学生可观、可感，可以收到事半功倍、“此时无声胜有声”的效果。

【关键词】勤细严爱　躬身践行　班主任　人格魅力　管理学生

亲其师，信其道。

班主任靠什么去管理学生？这是一直以来所有身为班主任者普遍关心并思考、探索的问题。一个好的班主任能够轻轻一句话令别人无法控制的场面顿时平静下来；能够长时间不在学校而让自己的班级运作如常，不出任何问题；能够让全班同学心甘情愿地团结在自己周围，为老师分忧，为集体着想。靠的是什么？我想，这根本在于班主任身上所具有的独特的人格魅力。

具有独特人格魅力的班主任，其语言让人感到无比亲切，具有无穷的感染力，其行为让人钦佩，散发出动人的华彩。这种人格魅力，并非与生俱来，也并非一时一刻所能形成的，而是在长期的班主任工作中，在点点滴滴，一言一行的管理实践以及学生的交往中逐渐构建起来的。概括起来就是四个字：勤、细、严、爱。

一、以勤治班，真抓实干

勤，是对每一位班主任最基本的要求。受智力、学识、理解力、视野等主客观因素的制约，班主任之间在班级管理的能力、水平上，也往往存在或多或少的差距。而“勤”，却能弥补个人在工作能力和水平上的不足。

勤到班，能让你及时、全面地掌握班中的情况，做到对症下药，有的放矢；勤与学生交谈，能让你准确把握每位学生的思想动态，拉近师生间的距离，增进理解与沟通；勤下宿舍，能让你及时地了解内宿生的纪律、生活、思想状况，在为内宿学生排忧解难的同时，提高德育教育的实效；勤家访，能行之有效地加强与学生家长乃至社会的交流与沟通，从中挖掘到学生纪律、思想形成的根源，为班级管理奠定良好的社会基础；勤思考，能让你洞察先机，及时地发现问题并找到解决问题的有效途径，能让你想到更多、更好、更新的管理办法，提高管理的效能。

勤，要勤到实处，真抓实干，绝不能是走过场，走马观花，浅尝辄止，而是应针对实际问题，扎实而深入地开展工作。就拿下宿舍来说，有的班主任是直接探入到学生中间，从学生就寝前一直待到学生睡着后，与学生交谈，帮助学生解决生活上的难题；有的班主任虽也是天天下学生宿舍，却只是到学生宿舍，甚至只是在宿舍门口、楼下打个转就离开了，两者相较，其效果显而易见。

勤，要勤得早，先声夺人，抢占先机。班主任工作最忌临阵磨枪，匆匆忙忙。有的班主任往往在假期就拟订了下学期的工作计划，做好了开学初的一切准备工作，在开学后，又能依据学校计划，在学校开展某项工作、某项活动之前制订好措施，及早地做好准备，因此工作起来，从容不迫，有条不紊；而有的班主任却偏要等到开学了，工作布置下来了才动手，结果工作积了一大堆，忙得焦头烂额不说，更重要的是实效性大大降低了，特别是在处理学生出现的违纪问题上。如果等到问题出现了才处理，就好比是消防员，只是忙于扑火，可烧起的火却已经烧坏了不少东西；如果是在问题出现之前，通过深入地观察、了解、沟通，发现问题的苗头，或者根据自己的经验，在问题可能出现之前，通过宣传教育、谈心、家访、举办相应的活动等形式，给学生先打打预防针，问题就不会出现或扩大，而不致出现多处“火头”一起冒，疲于奔命的情况。

二、深入细致，防微杜渐

何谓班级细节管理？班级细节管理就是在管理班级时发现暗含玄机、攸关成败的细节，并对细节进行感知、洞察、思考和处理，从而使班级处于正常的发展态势的一种管理方式。如果我们的班级管理能够关注细节，并且解决一些细节问题，我们的班级管理就可以说是成功的。可谓细节往往关系到班级工作乃至整个教育事业的成败，不可不深究。

见微知著：从细节中认识学生。

古人云：阅人以微。我们的祖先主张从微细之处去认识一个人，这便有了流行数千年的识人术。明末的经略洪承畴被捕后，大有用一死报效大明皇帝的架势，清朝统治者差点手足无措，打算杀了他。但一位有经验的老臣看到洪承畴在想方设法去掉衣服上的污渍这一细节，就认定他是一个贪生怕死之徒。最后清朝还是成功地劝降了这位“大义凛然”晚明遗民。我们确实可以从一些细小的行动，不多的语言，以及神态中去判断一个人的能力、性格和思想品德。

我们的校长一直致力于向老师灌输这样一种理念：能够管好一个班级就能够管好一所学校，能够管好一所学校就能够管好一个局，能够管好一个局就能够管好一个县……从某种角度来说，所有的管理都是相通的。而我们的这位校长就是从一个班主任当起，晋升到校长。这种从细节中认识别人的方法是非常正确的。我们认识学生又何尝不是这样呢？

一个学生初来学校热情地和老师同学打招呼，那他应该是个活动能力强而且活泼的家伙；一个学生郁郁寡欢，独来独往，那他一定有什么心事或者有一个特殊的家庭；一个学生如果衣冠不整，那他应该是个懒散或者放荡不羁的人……我想只要是认真地观察过学生的老师都有这方面的经验。

任何事情的发生都有其先兆，所谓“山雨欲来风满楼”，学生如果有什么事情更能够看出端倪，毕竟他们涉世不深，还不懂得跟大人一样掩盖自己的意图，还没有那么深的城府。他们的心理特点让我们这些班主任能从学生的日常生活中的细节中认识他们的性格和思想，从他们行为神态的变化预见将要发生的事情，并采用正确的方法解决。

言传身教：用细节行动教育学生。

马卡连柯曾说过：“从口袋里掏出揉皱了的脏手帕的教师，已经失去了教师的资格了。”这句话就非常形象地告诉我们，作为一个老师如果你不能在细节上教育学生，就不能当好学生的导师。捷克教育家夸美纽斯曾说过：“教师的职务是用自己的榜样教育学生。”为了使学生的人格得到健康发展，教师必须致力于塑造自己的高尚人格。要照亮别人，自己身上必须要有光明；要点燃别人，自己心中必须要有火种。教师的劳动就是一种以人格培育人格，以灵魂来塑造灵魂的劳动。而一个教师的人格和灵魂并不只是表现在大是大非上，更多的是表现在平时的一言一行上，表现在与学生相处的一点一滴中，这些细节可以说是一丝丝“随风潜入夜，润物细无声”的春夜喜雨。

佛教曰：种什么因，得什么果。这句话在教育中也是可以用上的，你在学生心中种下了爱，学生就懂得爱，你在学生心中种下了严谨，学生就学会了严谨。因此老师要在平时的教育中用自己的行动种下善的因，去收获美的果。

潜移默化：用细节感染学生，提高执行力。

“细节管理”是行动的学问。除了缜密的思考和周全的计划，管理要取得效益，终归还是要落实到行动上。我们用“班规班约”来考虑班级的长期稳定发展，而执行则是达到目的的根本保证。班级管理者也就是班主任应该致力把“细节管理”的精神贯彻到执行中，重视执行的每一个环节。

要提高班级决策的执行力，班主任要注意执行方式的细节。完成同一个任务，执行方式的细微差别，会使学生做这件事情的情绪有很大的差别，并导致完成任务的质量有很大的差别。班主任在这方面下点功夫，是“磨刀不误砍柴工”的。

要提高班级决策的执行力，班主任要重视执行的各个环节。班级管理是牵一发而动全身的事情，决策执行时更要注意执行的各个环节，得到各方面的支持。一要让执行政策者也就是你的学生知道你的意图，不要到了要执行决策，大家还丈二和尚摸不着头脑。别人不理解你的意图就不能很好地执行你的决策。二要在执行决策之前说服班干部，让他们很好地支持你，而不是祸起萧墙地反对你，得到了他们的支持，你的决策地执行就有了保障，往往一个学生干部他更能站在学生的立场上去说服学生去执行某项决策。三要得到领导的支持，最好在执行前取得领导的同意，如果不是这样，学生一向领导提意见，你的决策可能就胎死腹中。四要和任课老师合计，让他们也来做好你的说客。以上几个方面在班级管理中都必须做到，不能有一个学生唱反调，说风凉话来影响你百分百地执行一项对学生和班级有利的决策。

班级管理没有什么奥秘，它不过是由一个个细节组成。细节是深入浅出的学问，细节管理包含在管理的整个过程中，并且要从班主任个人管理做起。班主任讲求细节不一定能使班级管理成功，但成功的管理必定讲求细节。我们与其到处走马观花地去学习经验（结果只看到了别人的管理制度，却看不到实实在在的内部的管理方式），还不如自己坚持不懈地把每个细节处理好。

三、为人师表，以德服人

“学高为师，德高为范”，为人师者首先要做到为人师表，以己之德去感染学生，影响学生，建立自己在学生中间的威信。

学生的眼光是很敏锐的，他们常常很在意自己班主任的言行，也总会将班主任（包括任课老师）的言行、品质当做衡量自己行为的一个重要标准，甚至会刻意去模仿、学习，特别是高年级的学生，他们对老师品行的态度甚至会直接体现在言语、行动之中。

因此，要提高班级管理的实效，必须得提高班主任自身的德行。班主任之德，体现在平常的一言一行之中。第一，勤是班主任之德的最直接的体现。绝大多数学生都很喜欢和钦佩工作勤奋的老师，也往往会被老师的勤所折服。我做班主任时，曾经有几个同学跟我说：“老师，每天看到你比我还早到教室，又经常和我们在一起，我实在不好意思再迟到、再违反纪律了。”这也许说出了大多数同学的心声。第二，关爱学生也是建立班主任之德的一项重要条件。一个懂得关心爱护学生，时常为学生排忧解难，给予学生无微不至照顾的老师，理所当然地会得到学生的尊重，而且这种爱心还会“传染”给每一个学生，增强班级的凝聚力；相反，一个不懂得关爱学生，对学生的困难漠然处之的班主任，他也不可能会得到学生的尊重和信任。

另外，班主任的日常生活行为习惯也不应忽视。对学生的教育，也包括了对学生行为习惯的培养，也就是我们所说的“养成教育”，除了平时的宣传教育、引导外，更直接、更有效的方式是班主任、老师通过自己良好的行为习惯去为学生做好表率，做好示范，去感染和引导每一位学生。正如上文所说的，学生往往会将老师的言行当作衡量自己言行的重要标准，如果连老师都做不到或没做好，又怎能要求学生做到、做好呢？我们不难想象，一个不讲究卫生，经常随手扔垃圾，总是满口粗言秽语，衣着不整，在劳动时怕脏怕苦的老师，他对学生的教育会是怎样的效果，他能带出怎样的学生来。

在我担任班主任工作期间，几乎每一次劳动，我都是和学生一起干，遇到脏的、难搞的活，我总是率先做个示范，因此我所带的班在劳动中很少听到有学生嫌脏嫌累而不愿干的，学生的劳动意识吃苦精神明显地增强了。

有不少老师总在埋怨，现在的学生越来越不懂礼貌了，在路上见到老师也不叫，这固然有学生本身的因素，那么作为老师又该不该负些责任呢？如果一个老师平时见到学生总是板起脸孔，一副神圣不可侵犯的样子，面对学生的打招呼，不回礼，也不点头微笑示意，学生又怎会喜欢和这样的老师打招呼呢？一个平时不懂得关心、爱护学生的老师，又怎能让学生由衷地喊一声“老师好”呢？其实，学生也渴望自己能被老师尊重。

作为班主任，言传身教，始终要比空喊一千遍口号更能达到教育的效果。

四、宽严结合，平易近人

严，就是严格要求，严格按照有关的规章制度去规范、衡量和处理学生的行为，坚持原则。只有这些，才能使学生明白纪律和要求的严肃性，才能杜绝制度中的漏洞。

严，还应该落实到学生学习、生活的方方面面上，从说话的语气、上课的坐姿、学习的态度到课室、宿舍、卫生、平时的生活习惯等等，都应按照合格中学生的标准去严格要求，促成学生养成良好的学习、生活习惯。

但是严并不等于严肃，也不等于一成不变。一味地严肃，遇上问题除了批评就是指责，不仅会加深教师和学生间的隔阂，切断双方相互沟通的渠道，令学生对老师避而远之，而且会给学生造成一定的心理压力，令人感到压抑。虽然对学生严肃能保持一段时间的稳定，但若时间一长，其反弹就会在一些学生的身上或明或暗地呈现出来，特别是一旦换了个班主任，要求上稍微松一些，就很有可能会出现令人一时难以控制的局面。

对学生的批评教育，不仅要有暴风骤雨式的批评，还应有润物细无声的教育，既要做到严格要求，又要能够在不违反大原则的前提下，根据实际情况有所变通。对违纪行为，在违纪学生明确表态改正的情况下，能从轻处理的从轻处理，能不处理的不处理，能够不召见家长的不召见家长，只要能够达到教育并使之改正的目的即可。而并非凡事都非处理不可，似乎不处理或不严肃处理，不足以解恨，这就偏离了批评、处理、教育的实质意义了。

有的班主任在学生面前总爱板起脸孔，似乎不这样就无法体现出老师的威严，其实，威严并不是靠外表的严肃来体现。面带微笑、态度坚决的批评和教育往往也能起到意想不到的效果，更能被学生所接受。

因此，班主任在严的同时，也应要善于“宽”。一是要善于营造宽松的环境，使学生敢于而且能够经常地向你反馈意见、反映问题，建立畅通的沟通渠道，为更深入全面地了解和掌握学生的思想、行为、动态创造条件。二是要有一颗宽容之心和宽阔的胸怀。班主任工作中，难免会因理解或沟通不足，而招致学生的一些非议，甚至指责，有时也会因判断失误，处理失当，引起学生的不满，此时的班主任更应保持冷静，任何急躁、冲动的反驳、辩解都不如心平气和地解释，甚至一笑置之，确实是自己的失误，也不妨向学生认个错，说声对不起，这不仅不会降低班主任在学生心目中的威信，相反，更能令学生钦佩和信服。任何因学生屡次违纪导致班级荣誉受损而暴跳如雷、劈头指责都是毫无意义的，这样不仅有可能会激化学生的逆反心理，而且会让学生感觉到你的无能，倒不如和风细雨，以柔克刚。

但宽不等于可以放纵学生，也不能为了讨好学生，不按制度办事，甚至给学生的某些有悖原则规定的行为提供方便，其结果实际是制度不严，处事不公，更容易引起大多数学生的不满，德育效果也必然会大打折扣。

只有宽严结合，宽严适度，才能营造出宽松、民主、活泼而不失规矩有序的班级氛围，创造出良好的班风。

五、细心周到，关爱学生

一个不爱学生的老师，绝对不是一个称职的班主任。没有对学生的爱，没有把学生的利益放在重要的位置，也就缺乏了工作纯正的动机，也就不可能会有强烈的工作责任心。

当班主任坚持不懈、真心地去关心、呵护自己的学生并让每一位学生都能感受到你公正无私的爱时，学生才会真正体会到你的良苦用心，才会真正感受到你的每一句话、每一次教育甚至每一声批评都是实实在在为他好，而不致产生抵触、反叛、逆反的情绪。

对学生的爱应体现在学生的学习、生活、思想的每一个方面，尽可能地周到、细心。

天凉了，提醒学生多添件衣服；快下雨了，提醒学生记得带伞；学生情绪不对了，主动问问什么事；学生思想上有疙瘩了，耐心地帮他们开解；学生没来上课，打电话问问什么原因；学生病了，带他们去医院看病，甚至垫付医药费；学生在生活上有困难了，细心地帮助他解决，教给他们的生活的常识……每一声关心，每一次体贴和帮助，都会将你和学生的距离拉近、再拉近，学生在感受到老师无微不至的关爱时，也从心底里由衷地爱戴着自己的老师，有了这种爱的纽带做基础，又还有什么工作开展不了的呢，又怎么会出现学生顶撞自己班主任的现象呢？

更深一层来说，只有爱学生，工作才有可能勤奋、扎实；只有爱学生，才会具有一颗宽容之心，包容百川；只有爱学生，才会时时站在学生的角度思考问题，考虑学生的感受，从而积极去探寻更多，更好，更适合不同学生的教育手段和方法。

爱，是一切工作的基础。

六、公平公正，说到做到

作为学生，他也许可以不在意老师的批评，但他必然会在意老师在处理事情时是否公平公正。一个工作再积极，再有才华的班主任，如果处事不公，有所偏私，都将会导致学生的不满，甚至影响班内的团结，大大降低班主任在学生心目中的威信。

公平公正的原则，就是要求班主任在工作中要平等对待每一位学生，公正处理每一件事，不因成绩好而宠爱有加，成绩差就冷眼相对，也不因平时表现好，犯了错误就可以不批评不处理，平时表现不好，即使做了好事，也不给予表扬。不论男生女生，先进落后，在处理同类问题上都应按同一标准对待，才会令受批评的心服口服，受表扬的得到大家由衷的赞许，只有这样，才会有利于班级的团结，增强班主任的号召力、公信力和班级的凝聚力。

此外，作为学生，还会十分在意班主任的诚信，也就是能否说到做到。作为班主任，他应该让自己的学生认识到自己说话是算数的，这不仅仅是诚信的问题，也是班主任所说的话在学生心目中占有多少分量的问题。说过了，并能做得到，学生就会重视你说的每一句话，重视你所交代的每一件事情；说过了，却经常做不到，学生就会对你说的话有怀疑，不相信，甚至不去理会，因为，他总认为你说过就算了，不会动真格的。

说过的话，作出的承诺，记在心里，认真对待，不管有多大困难，都能实践这些诺言，这样的班主任才能得到学生的尊重和信任，提出的要求，才能得到学生不折不扣的执行。

七、全面发展，与时俱进

班主任不仅是班主任，他首先是一名教师。学生不仅要求自己的班主任能管理好一个班，也希望自己的班主任能讲好课。对于绝大多数的学生来说，他们清楚地意识到自己来学校的目的是为了学到更多、更好的科学文化知识，他们更需要一个知识渊博、课讲得出色的班主任。

从现实来看，知识广博、能言善辩、多才多艺、长于教学、一专多能的班主任更易于为学生所接受所钦佩，在此基础上的班主任工作，也往往更易于达到预期的效果。

因此，作为班主任，不仅要提高自己的思想素质，还要不断提高自己的业务水平，丰富自己的知识，扩大自己的知识面。钻研业务，博采众长，深入浅出，轻松活泼，形成自己的独到的教学风格，让学生得到实实在在的实惠。多看书，多浏览报刊，尽量多地了解更多更广的知识，使自己成为杂学家。勤学苦练，使自己拥有一项甚至更多的超越别人的特长。我们不难想象，当一个班主任上的课学生爱听、爱学；所写的文章，获奖的信息，经常见诸报纸杂志；各种知识都能谈上些；各种活动都有他活跃的身影；还有着较强的实践、动手能力，学生在敬佩之余更会为自己班有这样的班主任而自豪。建立在这种敬佩和自豪基础上的班级管理工作，还有什么不好开展的呢？

（此文获2007年广西教育学会论文评比二等奖）

【主要参考文献】

1. 王桂芝:《班主任成长日记》，北京，开明出版社，2006。

2. 朱永新:《反思与借鉴：中外教育评论》，北京，人民教育出版社，2004。

浅谈班主任表扬与批评的艺术

伍智恒

【内容摘要】作为班主任，要时刻注意学生学习上的点滴进步，关心学生纪律上的细微变化，及时给予表扬、鼓励。平时要注意适时地表扬学生，以增强学生的信心，使其人格发展健全。与此同时也要把握好批评的尺度，批评以尊重学生、爱护学生为原则。

【关键词】表扬艺术　批评艺术

班主任在常规的班级管理工作中要注意适时地表扬学生，以增强学生的信心，使其人格发展健全。当学生出现不良行为和习惯时，要给予一定的批评，以转变学生，引导其建立积极的人生观。为了使表扬和批评更具效果，必须讲究表扬的科学性和批评的艺术。让学生认清是非对错，以便调整自己的行为。

一、表扬学生的艺术

想要调动一个人的积极性，要付出报酬，这是一个原则。社会中，工作有业绩的人，有物质报酬，有精神奖励。同样，做学生工作，想要调动学生，给什么报酬呢？表扬激励的言语就是一种最合适的报酬方式。著名的特级教师王兰说："不是聪明的学生常受表扬，而是表扬会使学生更聪明。”作为班主任，要时刻注意学生学习上的点滴进步，关心学生纪律上的细微变化，及时给予表扬、鼓励。这样就能激励他们产生强大的内在动力去战胜困难，积极求上进。表扬是对学生取得成绩、进步的一种肯定，其目的在于鼓励先进，激励后进，使正确的思想和言行得到认可，并发扬光大。学生都有强烈的自尊心，他们都有通过努力取得成绩从而得到班主任的肯定和表扬的心理动机。当他们的进步得到承认并受到表扬时，就会萌发欣慰、幸福的内心体验，满足自尊需要，从而激发他们采取更加积极的行动，去争取更大的成绩。所以，对学生进行表扬，要把握艺术性，要恰到好处，把握火候。在多年带班工作实践中，我有如下体会：

1. 表扬要适时。

表扬要抓住时机，不可拖延，发现了学生的点滴进步，或闪光点，我们要趁热打铁，及时表扬、鼓励。不要等到学生失去了兴趣、新鲜感才表扬、鼓励，那就一点儿用处也没有了。表扬错过了时机，效果也会降低。

2. 表扬要具体。

表扬要具体，要根据学生的实际情况，讲适合的话。不能盲目而随意。因为每个学生的性格特点、思想状况是不同的，有针对性的表扬比一般化的表扬能收到更好的效果。如对于有进步的学困生，说他比以前进步多了，如果再肯经常向老师、同学请教，你与优等生的距离会更短；如果表扬学生作业的卷面，我会说，看到你的作业卷面这么干净整洁，让人看了像吃了冰激凌一样清爽。表扬不同的人，采用不同的表达方式，就会使学生难以忘怀，行动上表现得更好。

3. 表扬要从小处赞美学生。

大多数班主任都只关注学习，忽略了从其他小事上去表扬自己的学生，这是因为现实生活中班主任与学生的交集不多，难以做到对学生的了解面面俱到。也有班主任认为某事是学生应该做的，做得好应该，做不好要批评。或认为区区小事，不足挂齿，不用说。其实这些态度都是应当克服的。就某些小事而言，它也许没有太重大的意义。但按辩证法的观点，却是事无小事，几件小事加在一起也有可能产生意料之外的重要意义。小事犹如一块未经雕琢的璞玉，需要班主任于细微之处见真谛，善于在平凡中发掘不平凡。如果你缺少一双发现的眼睛，不能细心鉴别，它就永远泯然于顽石之中。所以我们要善于从小事中发现学生的亮点，通过表扬使学生树立更强的自信心。如有一位平时纪律比较差的学生，我发现他在校运会中积极参加班级啦啦队，为参加比赛的同学鞍前马后，就在随后的班会课上重点表扬这位同学有强烈的集体精神。慢慢地，大家就发现这个同学的纪律有了改观，特别是迟到现象大为减少了。由此可见，每个学生都有闪光点，只要班主任善于发现，并加以表扬，就会对学生的发展产生深远的影响。

此外，班主任要善于挖掘学生不明显的优点加以赞扬。爱因斯坦曾经说过，别人赞美他思维能力强，有创新精神，他一点都不激动，他作为大科学家听这类话听腻了，但如果谁赞扬他小提琴拉得棒，他一定会兴高采烈。由此看来，表扬学生不要老是停留在学生惯常的优点上，而是要去挖掘学生身上一些鲜为人知的优点，表现出班主任的独特眼光，让学生有新鲜感，效果会更好。如班里有个学生学习成绩优秀，一直是我号召其他同学学习的榜样，一次偶然机会我发现他把班上有故障的风扇修好了，就赞扬他手巧，这位同学听后兴奋不已。

4. 充分考虑表扬的影响范围。

为给学生的积极性提供动力，表扬应该公开进行。要注意表扬某位同学时不要无意中伤害其他学生，不要激起其他学生的逆反心理，造成被表扬者“荣誉的孤立”的尴尬局面。一般地讲，凡是受到班主任表扬的学生都易受到其他的人嫉妒，班主任要尽量化解学生的这种情绪。其实对事不对人的赞扬也是一种很好的鼓励方式，在赞扬学生时不掺杂个人好恶的感情色彩，客观公正地评价事实，会令大家心服口服。如表扬某同学成绩好，同时对其他学生的能力和合作表示肯定，切不可用他的成绩与平庸生或差生作比较。

二、批评学生的艺术

批评作为教育的一种手段，是班主任指出学生错误、促其积极改正错误的有效教育方式，是搞好班级工作、抓好常规教育管理的重要形式，是德育工作中不可缺少的组成部分。

在学校，我们会经常会看到这样的现象。当学生违纪时，班主任总是恨铁不成钢，忍不住高声训斥，大发雷霆。在高压下，有的学生表面上接受了，认错了，但实际上口服心不服。有的学生则当场就与班主任顶撞起来，给班主任难堪。结果问题没解决，反而可能使矛盾激化，师生间的感情受到损害，给日后的工作带来了难以估计的困难与阻力。

班主任如何进行批评教育，使学生心服口服，并能在日后的行为规范中自觉遵守纪律、不断改正自身的缺点，与班主任的批评艺术是有很大关系的。所以，班主任对学生进行批评教育，也应讲究艺术性。

1. 批评的程度要把握。

批评的程度要把握，以尊重学生、爱护学生为原则。苏霍姆林斯基说过:“唤起人实行自我教育的教育,按照我的深刻信念,乃是一种真正的教育。”从心理学角度看,高中阶段的学生,他们的自我意识增强,特别希望得到他人的理解和尊重,心理方面特别敏感,但由于心理发展的相对滞后,自尊心显得非常脆弱,且易走向极端,所以班主任在对他们进行批评时,不仅要针对问题进行说服教育,还要注意批评时尊重他们的人格,保护他们的自尊心。这样才能让学生乐于接受。如果班主任动辄公开批评或训斥学生,一旦刺伤他们的自尊心,不但学生难以接受,而且还容易使其对班主任产生反感抵触情绪。

美国著名作家爱默生曾说:“教育成功的秘诀是尊重学生。”当学生有缺点或犯了错误时,班主任能多多换位思考,为学生着想,让学生感觉到班主任的关心、爱护,即使班主任的批评严厉一些,他也能接受。反之,如果班主任批评只停留在警告,施加压力,甚至挖苦、讽刺、歧视,让他们觉得难堪的层面上,这样的批评就会伤害学生的自尊心,很可能导致学生自暴自弃,悲观消极,甚至走向极端。其实,学生的很多缺点或错误均是无心之过,犯错后他们的心理正处于脆弱状态,更需要班主任的关怀和尊重。青少年在中学阶段,世界观、人生观和价值观尚未定型,他们有着丰富、复杂、易变的内心世界,这个时期的学生有缺点或犯错都是很正常的。作为教育者,就必须要有崇高的思想境界,宽广博大的胸怀,真诚相待的态度,耐心细致的方法,才能达到预期的目的,取得理想的教育效果。

2.批评要严中有宽。

这里说的宽不是对学生的缺点、错误放任纵容,而是批评教育的方式方法要灵活变通。批评得把握一个时机。有的班主任在学生出现错误后立即进行批评,希望通过一次警告或一次批评教育学生就能使其认识错误、改正错误，其实这样的做法值得商榷。因为这时学生正处在自我保护的应激状态中，不当批评易激化矛盾。如果我们在批评教育时给予刚犯错误的学生适当的宽待，不要忙于批评和指责，而是设置一个冷却时间，等到学生心平气和，能够理智地对待问题和接受老师的批评时，再找他谈，这样反而会有意想不到的效果。批评严中有宽可以有如下的操作：

（1）时间和场合上的宽待。有些学生在班级里犯错，如果班主任非得当场进行批评教育并让学生认错，往往效果不佳，甚至会搞得自己难收场。班主任处理这种情况可给予时间和场合上的宽待，即另外找时间，在个别场合进行批评教育。最好不要把地点选在班级里、教室走廊、办公室里，而应该选择人少、周围环境幽静、能够让人心情愉悦的场所进行，这样就体现了教师对于学生的人格尊重，学生对老师的批评也容易接受。

（2）态度上的宽待。我们常常会遇到这种情况：学生一时不能认识错误及错误的程度、性质、后果，或态度不诚恳，甚至顶撞班主任，作为班主任如果不与学生计较，而是依然从容地动之以情、晓之以理，保持理智的头脑与学生交谈，这样就可以设置一个缓冲，让学生的“冲”劲被无形地化解。学生一定会被班主任的态度折服，最终还是会接受批评教育的。

（3）评价和处理方式的宽待。中学生的日常行为有某些缺点或犯错是不足为奇的，可以说是正常的。作为班主任必须全面地看待学生，不能因为他们的缺点或犯错就一棍子把他们“打死”。缺点归缺点，但优点必须肯定，更不能随意将学生的缺点或错误上纲上线，甚至翻出陈年老账一并算。在处理上如果学生能正确地认识，就可以给学生一个自我警醒、自我教育、自我改正的机会。再者就是学生的问题班主任自己能处理的，就尽量不要上交。

3. 批评要先扬后抑、循循善诱。

当班主任发现某个学生的缺点(并非一定是犯了什么错误)时,班主任批评教育的方式和态度会直接影响到教育的效果。如有时我们会发现某些学生不关心集体、比较自私或骄傲自大,不尊重班主任、同学,心胸狭窄,等等。面对学生这样的缺点,班主任找学生谈话时如果开门见山地指出缺点,让学生认识这样的缺点有什么不好时,学生易产生抵触情绪,他们会认为自己既不影响教学,又没有违反班规校纪,班主任似乎多管闲事,是戴有色眼镜,这样的批评就适得其反了。面对这种情况,我认为宜采取先扬后抑的办法。先对学生各方面的优点充分肯定,让学生放松下来,有一个愉快的心情,再提出学生在某方面存在的不足,让他知道若能改正自己的不足或缺点,他将会更完美,更能受到大家欢迎、尊敬,何乐而不为呢? 这样一来,学生觉得班主任并不是讨厌他的缺点,而是为了他好,为了他的将来,他会从内心接受批评教育。利用先扬后抑的批评方式时班主任要有耐心,循循善诱,让学生真正认识到他的缺点对自己和别人的危害,从而自觉地、积极地去克服、改正缺点。

综上可知,表扬与批评是班主任教学和管理班级时常用的一种教育手段,然而不当的表扬与批评不仅没有效果,有时甚至是有害的。在教育管理实践中,如果每个班主任都注意表扬和批评的艺术性,针对学生的不同实际情况,适时、适度、灵活地运用多种方式方法进行表扬和批评,必然会使学生珍惜赞扬,乐于接受批评,从而正确地引导、发展、完善丰富的学生人格。

【主要参考文献】

1. 傅宏:《班级心理健康教育理论与操作》,南京,南京师范大学出版社,2007。

2.魏书生:《魏书生班主任工作漫谈》,桂林,漓江出版社,2008。

3.刘守旗:《班主任教育艺术》,北京,教育科学出版社,2007。

4.马力:《全国模范班主任和教育思想管理艺术高中卷》,长春,东北师范大学出版社,2000。

5.张国宏:《中小学班主任工作策略》,南京,江苏教育出版社,2006。

班主任教育艺术之表扬

■潘楷树

【内容摘要】班主任工作是一门技术，也是一门艺术，尤其是其中的表扬艺术。班主任要以成长的观点、发展的理念来看待学生。关爱学生，鼓励学生，让每个学生都具有充分的自信，礼貌大方，积极向上，热爱生活，健康成长，这是我们班主任的义务，也是我们班主任的责任。

【关键词】表扬艺术　适时鼓励　家校沟通

班主任工作是一门管理人的艺术，要把一个几十人的班级带好是一件不容易的事，有许多管理之术需要我们去探讨和实践。经教育实践总结出，表扬是班主任教育不可或缺的方法。以下就是本人在班级管理中运用表扬之术的一点体会。

要调动一个人积极性，是需要奖励的。做学生工作更是如此，要调动学生，给什么奖励呢？我想，表扬和激励是最合适的。我们面对的是未成年的学生，他们正处在身体发育和心理健全的最关键时期，思想还不够成熟，身上又承受着来自各方面的压力。如果我们把师生关系仅是看成是猫和老鼠的关系，连一点表扬都吝啬的话，关爱就无从谈起，学生也就无法健康地成长。罗曼·罗兰说得好：“要散布阳光到别人心里，先得自己心里有阳光。”表扬就如和煦的阳光，能使枯萎的小草重新发芽，能使学生在阳光灿烂的日子里健康成长。绝大多数人的内心都是渴望得到别人的赞许和认同的。对别人的称赞，既是一种鼓励和肯定，又是一种信任和友好，让人倍受鼓舞。每位学生也都是有自尊心的，都需要老师和同学维护自己的自尊心，一句赞扬和鼓励的话，往往能使他们如沐春风，信心百倍。

我们班主任要在日常的学习生活中，多关注学生的学习、生活细节，在学生在最需要的时候给予关爱和表扬。良性循环，学生得到关爱的同时，也会爱他们的班集体，爱他们的老师，爱他们的学校。也只有这样，学生才会在和谐的校园中健康成长，学校才会培养出社会所需的优秀人才。因此，班主任要以成长的观点、发展的理念来看待学生，充分地尊重学生，关心他们的成长。让每个学生都具有充分的自信，礼貌大方，积极向上，热爱生活，健康成长，这是我们班主任的义务，也是我们班主任的责任。

当然，对学生的表扬和鼓励，要恰如其分，做到表扬与批评相结合，宽容有度，严格要求。以下是我在多年班工作实践中的一些具体做法。

一、尊重学生，适时表扬

在日常工作中，我要细心观察每个学生，发现其闪光点，找准机会进行表扬，让学生感受到老师的了解和尊重。如在每次考试后，能够找到那些学习进步的学生，哪怕只是某科的某道题答得不错的学生，都应该给予一定的鼓励，让学生意识到老师在关注自己，感受到老师的关爱与鼓励。此外，对个别学生还须特别对待。记得高一下学期文理科分班不久，有一位女同学因从重点班下到了普通班，觉得自己在进入重点班的同学面前抬不起头来，无法承受到普通班的打击，情绪非常低落，不能够融入到新的班集体。我找她谈话，开导她在重点班和普通班都是差不多的，关键是自己能否把握好自己，认真学习，踏实地走稳每一步，成绩肯定不会比别人差，甚至悄悄地就超越了快班的同学。况且我校历届有很多这样的情况，在普通班的同学只要努力学习，也有考上重点院校的。后来在班会上，我对她坚持刻苦学习、逐渐摆脱进入非重点班的阴影、敢于挑战自我的行为给予了充分的肯定和大力的赞扬，同学们以热烈的掌声鼓励她，使她感到集体的温暖，老师的呵护，同学的关爱，她顿时热泪盈眶。从此，她的精神面貌大为改观，学习状态越来越好，成绩一步步提高。同时她经常从学习上、生活上关心、帮助同学。由此看来，学生的人格和自尊如果得到了相应的尊重，产生的动力是不可估量的。

二、批评与鼓励相结合，做到先抑后扬

鲁迅曾经说过："恶意的批评，如在嫩苗的地上骑马，那当然是十分快意的事情，然而遭殃的是嫩苗。"因此，我在批评学生时总是慎而又慎。每次收假回来，学生的心往往还停留在假期当中，不能够静下心来学习，学习相对放松，玩耍、打闹也多些，违反学校纪律的情况自然也多些，可以说"大错不犯，小错不断"。这时的批评要慎重，因为学生可能没有意识到这些问题的严重性，批评多了，就会形成逆反心理。所以，这时就要讲究批评的艺术了。学生犯了错误，我会及时批评，毫不手软，规范班级行为。但批评往往会导致学生心理失衡，情绪低落。所以在批评过后，我会记在工作笔记中，记上被批评学生属于哪一个层次，因为什么事情被批评，在什么环境下，学生的反应如何，等等。然后进行冷处理，让他先反省错误，几天后，再找他谈话。从学生这方面看，挨了老师的批评，自然惴惴不安，担心老师有成见，在同学中威信降低，一旦老师找他谈话，他会感到温暖，因为学生都有想得到老师亲近的愿望。我一般会告诉他在某些方面是很不错的，老师很欣赏，但所犯的错误不但影响他自己的学习，还影响到了班级的荣誉，让同学们和老师很为难。所以老师当时说得有点过火，还请你原谅；以后班级还有很多事情需要你出点子，需要你和大家把咱们这个非重点班搞上去，与重点班比美。这几句话一说，学生往往既伤心又自豪，伤心自己做错事，自豪老师信任自己。他没想到老师会这样跟他讲话。之后，在班级管理中充分利用好这些有特殊能力的同学，让他们为班级做事，找到自信。再利用课堂提问、班会等找机会表扬他，肯定他某方面的优点，让全班学生知道，老师没有因为批评而嫌弃他，如果说这个学生挨批时，心里还像有褶皱的衣服的话，那么这几句话就像熨斗一样把它们熨平了。

三、利用作业批语引导学生、鼓励学生

作为班主任，管理着班上所有事物。但班主任同时也是该班的任课老师，因此，利用批改作业之机引导和鼓励学生也是我常用的方法。作为一名教师，我会尊重学生的劳动成果，认真分析他们的作业，以平等的姿态平心静气地与学生讨论学科作业和周记中存在的问题。因为，我觉得教师下评语的目的，不是要在学生的作业本上留下工作后的痕迹，而是要使学生知其然又要知其所以然，掌握知识，学会做人。如果仅是一个分数或者是钩和叉这两个符号，是达不到这个效果的。因此，在给学生批改作业或周记时，我注意选择让学生容易接受的语气和句式，如有的同学作业答得不错或周记写得较有文采，但书写潦草，于是我就写这样的批语："过程很简练、答案很准确，但就是缺乏整齐的书写与之相配。"这样的批语，既鼓励了学生，又含蓄地点明了他存在的问题。语气温和，易和学生进行平等交流。我曾给一位基础较差但坚持不懈的学生写下了这样的批语："数学意识较以前有一定的提高，解题也有了一点思路，但解题过程等一些细节的地方还处理得不好。上课若能将老师讲的解题过程弄清楚，课后加以巩固，并对一些过程和细节多问几个为什么，这样就可以学得更扎实了。"这位同学看了批语后，写下了这样一句话："我由衷地谢谢你，老师，你的鼓励我用心记下了，我一定力争上游。"有时我也会采用感叹句的形式来表示我的期待。我想，学生也是有感情的，他们一定会从我的良苦用心、平和委婉的评语中，读到我对他们的赤诚之心，从而引起他们的深深思索的。

四、家校沟通，双管齐下

班主任家访或电话联系家长，是学校教育和家庭教育沟通、配合的主要方式。但习惯上，班主任总是在学生违反纪律后通知家长，要求家长配合学校教育。因此，学生普遍害怕班主任家访或打电话回家。但自从我担任班主任后，我并不这样做，而是学生在学校有哪怕一丁点儿进步，我就立即告诉家长，也让家长肯定其子女的成绩，表扬自己的子女，促使学生继续向良性方向发展。当然，对学生的错误，我也会不客气地告诉其家长，但同时请家长不要对子女简单批评，而是与家长共谋解决问题的办法。经过多次沟通，家长、学生也不再害怕接到我的电话，而是喜欢与我进行电话交流了！

当然，善于表扬一个人不是征服学生的法宝，也不可能是解决学生问题的万能金钥匙，但我深信，它会使每个学生在其人生的航程里产生不尽的动力，因为他的心头有灿烂的阳光照耀着。

浅谈班主任与学生谈心的技巧

■郭金丽

【内容摘要】新课改理念要求构建和谐的师生关系，班主任要与学生交朋友，真诚沟通与交流，以达到教书育人的目的。因此，作为班主任，肩负着德育的教学任务，有必要转变谈话的模式，由谈话变成谈心。

【关键词】谈心艺术　谈心技巧　闲聊　诱导

谈心是一门艺术，苏霍姆林斯基指出："教育的艺术首先包括谈心的艺术。"谈心不同于谈话，谈话给学生的感觉是自己犯了错误，班主任才找谈话的，心理上不自觉地产生抵触心理；谈话往往是上级对下级、由上而下的，无形中造成了双方地位的不平等，学生心中有了这个想法，就不可能与班主任真诚交流，也就无法达到教育的目的。谈心则是班主任首先在心里就把自己定位于学生的朋友，双方地位平等，自然效果就好。新课改理念要求构建和谐的师生关系，班主任要与学生交朋友，真诚沟通与交流，以达到教书育人的目的。因此，作为班主任，肩负着德育的教学任务，有必要转变谈话的模式，由谈话变成谈心。

一、谈心的环境

精心选择交谈的环境，是提高谈心效果的重要因素。班主任应区别对象和内容，选择适当的环境进行谈心。谈心环境不同对学生的心理影响也不同。如在教室当众谈、在办公室个别谈、在草坪上个别谈等，学生会有不同的反应。因此我们要针对不同的环境，确定是否要谈心及如何谈心。

一般来说，能动式谈心，交谈环境以办公室为宜。这是因为办公室常常给人一种庄重、严肃的感觉。这种场合师生关系次第分明。在这种氛围中对学生提出直截了当，甚至是严厉的批评，他们不易产生反感情绪。

二、谈心的方式

作为班主任，必须对每一位学生进行客观分析，然后采用灵活多样的谈心方式分别对待。以下几种谈心方式是值得借鉴的。

1. 诱导式——这种谈心方式是班主任以“诱”为主，对学生动之以情、晓之以理，从而使他们发现自身的不足。此种方式对好、中、差生都适用。

2. 鼓励式——对成绩较差的学生较合适。这类学生往往有自卑心理，班主任应在他们有了某些进步时，进行个别谈心予以鼓励，使他们感到班主任的关爱，感到学习上有奔头，激励他们的上进心。

3. 闲聊式——这种谈心可以在无拘无束的环境中进行。如在放学回家的路上，在校园中偶然相遇时。通过与学生随意聊天，使学生产生班主任可亲近的心理，班主任再适时地对学生提出一些具体要求，学生往往乐于接受。

4. 安慰式——这种谈心方式适合于那些学习成绩突然下降或学生家庭突遇不测事件等情况。他们承受不了这种挫折，思想包袱沉重。这时，班主任要及时通过个别谈心帮助其分析原因，安慰疏导，帮助他们树立信心。

5.预约式——这种谈心方式是班主任事先跟学生打招呼，促使学生在谈心前有个思想准备，使其回想自己近来的学习表现。这种方式可督促学生自我反省，班主任的谈心会起到点拨作用。

三、谈心的技巧

针对学生及有关实际情况，谈心要灵活应用各种科学方法，启迪和激励学生，如对待与自己交往密切的学生、熟悉信任的学生，可直接“开门见山”地交谈，真诚相待；对待心理隔阂大，有对立情绪的学生，可创设“情绪氛围”因势利导，婉转求同；对待高傲的“无理争三分”的学生，可“旁敲侧击”，避免“顶撞”；对待个性好强及性格内向的学生，可点到为止，留有余地，因为这样的学生对待谈心非常敏感，他们往往对谈心的目的“心有灵犀一点通”，因此无须过多的语言，便可启发他们自省，而又不伤其自尊，从而激励他们自觉进步。

谈心时要注意影响谈心的各种因素：

(1)要注意语言修饰，表达要恰当、得体，讲究语言表达艺术效果，一般的简洁婉转的语言易于学生接受。

(2)要注意学生的情绪反映，及时调整自己的角色和谈心方式，或语重心长，或激情高昂，或低沉婉转，或严肃活泼、宽严相济，或趁热打铁，或适可而止。因此我们可采取心理换位的方法，多站在学生的角度，体验学生的心理感受，防止以自我为中心，主观臆断。

(3)要注意抓住时机。抓住有利的时机谈心，学生易于接受，往往能收到事半功倍的教育效果。一般地当学生对新事物引起兴趣时，当学生心理失衡时(如失败痛苦、成功得意、内疚负罪等)是学生情感最为强烈的兴奋点，这时他们的心理最为敏感和脆弱，渴望得到别人的理解、帮助或表扬鼓励，这是我们谈心的有利时机。因此我们要善于发现和创造谈心的有利时机。

（4）要注意克服感情冲动。我们与学生谈心，最忌感情冲动，有的班主任"火气"一上，便失去理智，没有"章法"和策略，动不动就"提审""揭丑""怒责""讽刺挖苦"，企图通过"高压"强迫学生"就范"。这样的谈心，非但学生不会接受，反而会造成对立情绪，增大教育难度。

有一天，一名学生下课后找到我，说上节课她根本没有违反纪律，而是她旁边的同学没有注意听讲，任课老师却把她批评了。说话的语气，是气呼呼的，给人感觉受了多大的委屈似的。我一看，这是来告状的。看学生的表情，任课老师可能真的批评错了。怎么解决？听完后，我稍停了一下，然后问她，你是不是感到心里特别的委屈？是呀，学生回答。接着我又问她，问你一个问题，人这一辈子，有没有不受一点委屈？她说，没有，谁能一辈子一点委屈都不受？我说，是呀，人都有受委屈的时候，这样人就有一个承受委屈的能力问题。能够承受委屈的人，在委屈面前就能调整好自己的心态，不被意想不到的委屈压垮，活得就刚强，就自我。不能承受委屈的人，一点小的委屈，就可能把自己压垮。而承受委屈的能力，也不是天生就有的，也是锻炼出来的。每受到一次委屈，挺过来了，承受委屈的能力就强了一点。让我说啊，你今天是占了个大的便宜，第一，任课老师批评你，客观上是在关心你，这点对吧？她点了点头。恰恰是任课老师的失误，让你真实地感受到一次受委屈的体验，如果正确对待，你就有了一次锻炼的机会，而且是很难得的机会。你说是吧。听我这么一说，这名学生不再生气了，而是笑了。一次误会，变成了一次教育学生的机会，而且是机会难得。

(5)在谈心过程中要多让学生表达内心的真实想法。学生表达的多少其实正代表着他对班主任的信任程度,所以班主任要注意诱导学生自己说,班主任可以从中发现问题,并加以指正。只有学生肯将心里话说出来,才能够证明谈心起到了一定的作用。而对学生的表达,班主任一定要用一定的行为表现出自己正在认真地听,给学生以鼓励。学生所说的与自己的观点不同时,不要急于打断学生,要先理清自己的思路,在学生表达完之后,再说出自己的观点,并与学生平等交流。

聪明的班主任对自己的用语非常敏感。他知道学生获得多少知识有赖于班主任的教学和管理风格。因此他能够善解人意,在对话中传达对学生的尊重和理解。我觉得班主任的言行直接影响学生的成功与失败,表扬学生还是批评学生,促进学生进步还是抑制学生发展,今后还需要我们在教育教学实践中进一步探索。

班主任与学生交往的技巧

吴 颖 甘任泉

【内容摘要】要善于沟通和交往。班主任与学生相处的关系及交流的态度会直接影响工作质量。师生间只有建立了正常融洽的沟通,才能使学生心悦诚服地接受班主任的教导,修正和提高自我。班主任的工作是否能顺利开展,取决于班主任是否能以人为本,与学生真情融洽地相处与沟通。

【关键词】沟通 交往 平等 真诚 宽容 一视同仁

班主任几乎每天都与班上的学生接触,这种交往是班集体建设过程中最必不可少的一个重要环节。有利于班主任在第一时间了解班级的动态,及时处理各种班级事务。因此班主任与学生相处的关系及交流的态度就会直接影响工作的正确开展。师生间只有建立了正常融洽的沟通,才能使学生心悦诚服地接受班主任的教导,修正和提高自我。反之,则会导致学生产生逆反心理,不情愿、不愿意接受班主任的管教,师生间的矛盾就会不断升级,不断激化,不利于班级的发展。班主任的工作是否能顺利开展,取决于班主任是否能以人为本,与学生真情融恰地相处与沟通。班主任如何以人为本优化与学生的交往呢？可以从以下几方面入手。

一、灵活运用笔谈和面谈方式与学生沟通交流

笔谈的方式即是“谈话”，可又胜于“谈话”，这种方式比“谈话”更亲切，更容易让彼此接受。不定时地围绕学生日常生活、学习中遇到的问题、困惑，通过笔谈的形式用一个独立的本子与班主任交换意见和看法。

学生的笔谈本每周上交一次，班主任亲自来收，并互相约定未经学生本人允许，他人一律不得以任何理由查看，保证每一位学生的个人隐私。这样使得交流的双方都有很大的思考空间，不像面谈那样看着学生马上就要做出答复。至少从班主任的角度，可以更理智地思考怎样更好地回答学生提出的问题。有些问题避免了面对面的尴尬，比如学生当面指出班主任老师的不足很难，可是写在本上就容易了许多。减少了师生间冲突的发生，可以无声地化解许多矛盾，使得表达歉意和感激远比谈话更容易。在笔谈的过程中不使用红笔。一方面我们认为红色是老师的特权颜色，另一方面由于多年的习惯，学生在看到红笔的回复时总有被“批示”的感觉，既然是谈，那首先就要平等，为了以示差别我们总用与学生不同的黑色或蓝色水笔。

面谈可以针对不同性格的学生采取恰当的谈心方式。

差生通常是指学习不理想，思想品德方面存在某种缺陷和不足的学生。他们成为差生的原因各不相同，性格又迥异，班主任要认真钻研心理学，用独特的眼光来判断学生的性格，采用最合适、最有效的谈心方式。对性格内向拙于表达的学生宜用耐心询问方式，用和蔼的态度，亲切的语气，循循善诱，使其敞开心扉；对脾气倔强易激动的学生，采用启发诱导方式，态度沉着冷静，深入浅出地进行分析引导；对争强好胜荣誉感强的学生，采用先褒后贬，褒多贬少，积极鼓励与严肃指出不足相结合的方式；对健谈善辩心高气傲的学生，要在充分准备的基础上采用辩论式，用鲜明的观点和有力的论据来批驳对方，以理服人，让学生分清是非，纠正错误。

二、让平等、民主、真诚作为沟通的砝码

班主任是班级学生的教育的引导者和班级活动的决策、指导者，但班主任与学生的关系不是自上而下的关系，而是平等的师生互动的伙伴关系，二者相互联系，相互影响，相互制约。因此班主任要平等地对待每一个学生，让每个学生都接受平等的教育，得到平等的锻炼机会，享受平等的待遇，使其积极参加班集体建设。如在班级实行干部交流制、民主选举制、班长轮值制（每位学生轮流当一周班长）等。通过深入各活动场景检查督促管理，使每位学生体验到管理者与被管理者双重心理活动，他们的组织能力、管理能力、交际能力也可以得到不同程度的提高。在评学生年度操行等级时，可采用学生自批自评、小组互评、班干部讨论、任课老师参评、征求学生个人意见等五个步骤，使评语不仅鲜活而且发挥其导向功能，学生对这样的评语不仅心服口服，而且理解了民主开放客观公正的办事原则。

三、热爱学生是班主任永恒不变的宗旨

热爱学生，诲人不倦是教师职业的核心。谁爱学生，学生就会爱他。只有用爱才能教育学生。因此要做一个好的班主任，组建一个良好的班集体，班主任要真心实意地关心学生，充分尊重、信任学生，严格要求学生。作为班主任，对学生要给予耐心的帮助与引导，给犯错误的学生一定的宽容，让他们有机会自己证明自我能力的大小或强弱，增强进步的信心与动力。对学生积极改正错误取得明显进步的要给予肯定和赞赏，因此宽容常比惩罚更有影响力。班主任只有内心充满对学生的爱和尊重，才会事事从学生的利益出发，处处为学生着想，维护他们的自尊心，在他们需要帮助时伸出援助之手，在他们取得点滴成绩时投去赞许的眼光。同时班主任的爱能拉近师生的距离，是增强师生关系的润滑剂。班主任的母爱精神具有巨大的感召作用和教化力量，他能彻底地化解学生的逆反心理和对抗情绪，最大限度地激发学生的学习主观能动性。在日常教学中，班主任像母亲一样，无微不至地关心学生，帮助学生，对差生不嫌弃，不歧视，多给他们一点爱，就能极大地激发学生的积极性，使其在学习上有无穷的力量源泉。很多教师的成功经验都证明了母爱力量的神奇作用。

学生最反感的是特殊化管理模式，普遍能接受的是一视同仁的管理。在管理学生、教育成才的过程中，我们要努力做到一视同仁。在成绩面前一视同仁，在错误面前也应该一视同仁。不轻易对某个学生施以特殊的恩惠，而是对全体同学予以一个师者应有的关心和照顾。总之，作为班主任要与时俱进，时刻牢记以人为本的德育理念，建立一种和谐的师生、生生关系，优化与学生的交往，从而增强班级的凝聚力，提高学生的学习兴趣，推动班风学风的建设，进而搞好自己的工作。

育养成教育之花,结全面发展之果

陈　健

【内容摘要】知行并重,爱励相济,是养成教育的根本所在。只有晓之以理,导之以行,爱字当头,"励"兵秣马,方能育好养成教育之花,结出全面发展之硕果。所谓教育,就是要让学生养成良好的习惯。

【关键词】个人操行　班规条约　感恩　知情达理　践行

现代教育家叶圣陶说:"教育是什么,往简单方面说,只需一句话,就是要养成良好习惯。"播种行为,可以收获习惯;播种习惯,可以收获性格;播种性格,可以收获命运。良好习惯的养成,对学生将终生受益,而且裨益于社会。然而,当今高中生习惯养成的问题仍然突出:独生子女的"娇""骄"两气俱全,生活上缺少自主性,学习上缺少自觉性,处处要催,时时要逼,要教师"牵"着走。这些不良习惯,严重影响着学生的身心发展。对此,著名大学者朱熹所提倡"论先后,知为先;论轻重,行为重"的知行并重理念,不失为养成教育的好理念。因此,知行并重,爱励相济,是养成教育的根本所在。只有晓之以理,导之以行,爱字当头,"励"兵秣马,方能育好养成教育之花，结出全面发展之硕果。

一、知情达理

(一)集思广益制订班规条约。

道德行为养成教育要制度化、规范化、具体化、精细化，勤抓严管，细抓落实。入班先入规，入乡要随俗，班主任接手新班，在宿舍卫生、休息纪律，教室卫生、学习纪律，清洁区卫生纪律，升旗集会纪律方面，让学生在民主讨论，提出建议，勾画蓝图，人人参与，约定俗成一系列制度。对提出好制度的学生，以其名字命名此制度，以培养学生集体荣誉感。在此基础上，广开言路，集思广益，组织学生制订形成《学生个人操行量化评分管理制度》《学生奖励制度》《清洁区、教室、宿舍、抬水轮值制度》《学生请假制度》及《教室纪律管理班干具体分工责任表》，细化制度，细化操作。

(二)组织集中学习班规条约。

约定俗成一系列制度后，采取学考结合、奖惩相济的形式，让学生对班规条约能熟记于心，规范教育才深入人心。熟于心，表于行，学生在完全知情情况下，方会更好地参与，方会更懂事明理，才能时时严于律己，处处以身作则。

二、导之以行

孔子说："力行近乎仁。"感于心，践于行，成于效，养成教育最重要的就是"践行"。

(一)创先争优，先锋示范。

1.组织评出"感动我们团队"年度人物，列举出其感动事迹。

2.开展造"星"活动。组织评出"行为规范标兵"。

(二)落实检查，真抓实干。

抓在细微处，落在实效中。落实才是水平，实干就是能力。实行精细化管理，做到"事事有人干，人人有事干，时时有人干"。

1. 做好班干选举、培训、分工和检查落实工作。实行职位差额选举、培训、任职和分工的“一条龙”模式。制订《班干职责分工表》，细化班干的职责分工，明确分工，明确责任。以星期天班委例会为契机，进行班干培训，使他们敢于管理，善于管理，勤于管理，全面提升管理能力。

2. 依据《教室纪律管理分工督查责任表》，每周采取抽签方式，对教室纪律的检查管理进行分工，做到详细记录，及时汇报，班干对教室纪律的督查管理结果实行“零汇报”制度，每天向纪检委员汇报，以及时掌握班级纪律动态。

三、爱字当头

爱人者人恒爱之，敬人者人恒敬之。班级“常规管理法典”不能成为束缚、制约学生发展的手铐，应严而有情，严而见爱，严而有方，严而有度，我们无私的爱是班级常规管理的润滑剂。节假日为孤身独影住读生加餐补身体时，教辅资料赠予经济拮据的同学时，卧病在床的学生体验到浓浓关爱时，意志颓废沉迷网络者悔过自新时，感激的泪花定会在他们眼角闪烁，此情此景，我们谁不会在精神上得到一种升华。爱在细微处，落在实效中。时时处处都浸染着爱，营造爱的氛围，让团队里的每个人都能感受到浓浓爱意。

（一）推行感恩教育活动。在每年的感恩节，倡议学生开展感恩活动。让学生盘点出一年来应心存感激之人，制订出感恩计划并付诸实施。

（二）编纂制作团队《爱的纪念》影视宣传册，记录团队中爱的瞬间。将校运会上的志愿者风采、爱心捐助、互助互学等爱心活动全收其中，由此宣传团队之爱，感受团队之爱，践行团队之爱。

四、“励”兵秣马

不断注入“润滑剂”，学习才会有强劲动力；死水般无味的学习，终将泛不起半点涟漪。

(一)挑战学习极限，挑战未来人生。

暂时的落后并不可怕，再大的困难亦不可畏，方法总比困难多，我们要扼住命运的咽喉，它绝不能使我们完全屈服。组织开展“巅峰对决”学习挑战赛，采取个人挑战与小组挑战相结合，竞争与合作相结合的形式，挑战学习时间极限，挑战学习成绩极限，挑战学习效率极限。只有敢于挑战，善于挑战，挑战自我，挑战他人，方能激发潜能，追求卓越，学有斗志，学出王者风范；方会学在状态，学出信心，始终以昂扬必胜的姿态去高效学习。

(二)开展激情学习，养成高效习惯。

学习时如狼似虎，学而不倦；考试时龙马精神，考而不厌。

1. 组织成立疯狂晨读小组，抱团学习，永葆激情。

2. 编纂《学习生活反思录》，让学生对生活、对学习进行自我反思，每天三省其身：踏着雨露，想想自己，今天准备学什么？迎着朝阳，看看自己，今天准备怎么学？面对夕阳，问问自己，今天学到了什么？让学生始终满怀激情，斗志昂扬，始终处在最佳目标状态，能高效学习。

“随风潜入夜，润物细无声”，知行并重，爱励相济，养成教育之花必将绚丽绽放，全面发展之硕果必将挂满枝头。

【主要参考文献】

1. 叶圣陶、刘国正：《叶圣陶教育文集》，北京，人民教育出版社，1994。

2. 赵玉英、张典兵：《班主任工作新论》，北京，中国广播电视出版社，2011。

3. 周达章：《21 世纪班主任工作案例精粹》，宁波，宁波出版社,2009。

4.倪敏:《新时期怎样做好班主任——100个优秀班主任工作心得》,南京,江苏人民出版社,2010。

新时代的我们应该做一个什么样的教师

陈　萍

【内容摘要】教师是人类灵魂的工程师。新时代的我们应该做一个这样类型的教师：能进行自我反思，不断学习以求发展的充满智慧和幸福感的教师。不管是教师自身还是社会都应该重新定位教师的角色，而我们教师更要重新定位自己。“无私奉献”就是新时代教师的品格。

【关键词】反思　幸福感　教学方法

打从蹒跚学步、牙牙学语起，我们就和老师有了紧密的关系。在我们传统的观念里，教师的职业是很伟大的职业，被认为是太阳底下最光辉的事业。

有人把教师比喻成园丁，辛勤地浇灌着祖国的花朵；有人把教师比喻成火种，点燃了学生的心灵之火；有人把教师比喻成阶梯，承受着学生一步步踏实地向上攀爬；还有人把教师比喻成蜡烛，照亮了别人，耗尽了自己。而斯大林把教师说成是类灵魂的工程师。

从这些比喻来看，我们可以把它们归纳为两个共同的特点：一是教师职业很伟大;二是教师具有无私奉献精神。这些比喻都过分强调人的外在付出,不谈收获。特别是从蜡烛的比喻来看,教师是不求回报,只求付出。

可是,在本人看来,我们不应把教师看成是具有蜡烛特点的人。把教师看成是用燃烧着的生命之光为别人带来光明的蜡烛,教师在照亮别人的时候却毁灭了自己。这样的比喻也许赞颂了教师职业“无私奉献”的品格,但却是片面且消极的。一方面,它把充满创造性的教学活动解释为被动的知识输出,似乎教师将自己身上横溢的才华无私地转移到学生身上就是职业内涵的全部,结果,失去创造性的教学变成了低层次的简单劳作,传道授业解惑的职责变成了可尊敬的单向消耗,与其说这是“赞颂”,不如说是“贬低”。另一方面,它把学生成才与教师发展对立起来,似乎教师命中注定就只能在飘洒的粉笔灰中自我淹没,教师唯一的安慰只能来自于白发苍苍之时学生戴着功勋奖章的感谢,这也成为一些教师安于现状无所作为的借口,一辈子辛辛苦苦、窝窝囊囊、逆来顺受、与世无争,还自诩为“伟大的牺牲”。假如把牺牲性的行为看成是只对别人有意义而对自己毫无意义的行为,这恰恰意味着自己只不过是一件工具而不是一个显示着人的价值的人。因此,甘当蜡烛、为他人牺牲的“蜡烛观”虽然崇高却未免悲壮而凄凉,它不仅没有给教师带来振奋和激励,反倒常常使教师产生一种委屈和吃亏的心理。在这种压抑的氛围中,乐教难以体现,苦教倒是真的。

中国人民大学公共管理学院组织与人力资源研究所等中国教师职业压力和心理健康调查显示:82%的被调查教师感到压力大(34.6%压力非常大,47.4%压力比较大),86%的被调查教师出现轻微的工作倦怠(58.5%中度倦怠,38.5%心理健康状况不佳),64.4%的被调查教师工作满意度比较低。今天的教师调查中发现教师的心理压力越来越大，有来自社会、学校和学生的；有来自评优和职称晋升的；有今天不努力工作，明天努力找工作的紧迫感；也有所谓的没有教不好的学生，只有不会教的教师的永无止境的追求。人们对老师的期望越来越高，所以老师的责任也越来越重。面对如此的境况，本人认为不管是教师自身还是社会都应该重新定位教师的角色，而我们教师更要重新定位自己。在强调素质教育的今天，学生的学习方式、角色变了，那么与之紧密相关的教师的教学方式、教学思想和教学观念也应该转变了。我认为新时代的我们应该做一个这样类型的教师：能进行自我反思，不断学习以求发展的充满智慧和幸福感的教师。

一、在教学中我们要不断地进行反思

反思是一个教师走向成熟的阶梯，是一个教师走向专业化的必经之路。苏霍姆林斯基对我们来说并不陌生，他之所以能成为世界著名的教育家，就是因为他勤于动手，坚持不断反思。他一生写了四十多本书，一百多篇论文，他的教学日记积累了无数本。我国教育学会副会长叶澜教授说过："一个教师写一辈子教案不一定成为名师，如果一个教师写两年的教学反思，就有可能成为名师。"因此，一个教师只有做到了勤思考勤动手，才能不断超越自己，使自己的教学走向更完美。好多人教了一辈子就是缺乏学习和总结反思，永远不知道自己的问题，也不去学习别人先进的方法经验，到老还是那样。其实反思不仅仅是针对明显的教育失误，也包括对自己一切教育（含教学）行为的反思：和学生谈一次心，上一堂课，组织一次活动，甚至和学生交往过程中的某一个蕴含教育因素的细节，都可以成为我们反思的内容。养成这种习惯我们就会在反思中成长，在反思中走向专业化。

二、追求上进，以学习来促发展

众所周知，教师的职责是教书育人，但我们也要做一个学习型的教师，即教师要学习。这看上去似乎自相矛盾，其实不然。有人道："教师不是用一小时、两小时来备课，而是用他的一生。"作为一名教师就当有这种"活到老，学到老"的精神。教师专业水平的提高，最重要的是必须有自我更新知识、终身学习的意识和自觉学习的意识。

1966 年，联合国教科文组织和国际劳工组织就提出《关于教师地位的建议》，对教师专业化做出了明确的说明，提出"应把教育工作视为专门的职业，这种职业要求教师经过严格、持续的学习，获得并保持专门的知识和特别的技术"。

放眼世界，所需人才绝不是专一型而是一专多能型或多专多能型的。作为培养人才的教师，尤其是教人以方法、启迪人智慧的哲学教师，如果没有丰富的多学科知识和多种技能，拿什么教给学生，启迪学生？随着当今信息网络技术的发展，学生信息来源途径增多，教师如果还只是就课本知识而讲课，课堂肯定枯燥乏味，学生不讨厌不反感才怪呢。所以，作为现代教师的我们应跟上时代的步伐，更新自己的学科知识，洞悉当今世界时态，调整知识构成，传授给学生有时代感的知识。教师必须尊重自己的专业，了解自己的专业。有发展自己的意识，才有可能获得发展。

海德格尔在《人，诗意的安居》中指出：教难于学，因为教所要求的是学，让学生学。实际上，称职的教师要求学生去学的主要内容是"学"本身，这就是教会学生学习，而非其他。正因为如此，教师应当比学生更善于学习。作为课堂教学的组织者，教师能否激发学生的学习情绪，能否启发学生积极思维，往往取决于他本人的教学素养。课改的关键是变革学生的学习方式，要实现这个目标，教师必须改进教学方法，建立适应教学革新的新的思维。有经验的教师会认识到这样的现实：学生的语文素养不是教师教出来的。他们不主张让学生孤立被动地读书，而是主张教会他们“找食吃”，要为他们的自主学习提供必要的条件（特别是保证他们的阅读时间），通过广泛阅读，积累感悟，获得语文素养。从这个意义上说，教师自己应当是个“自主学习者”。教师应当比学生更好学也更会学；在专业进修方面，教师也应当比学生更好教。对学生而言，终身进德修业的教师才是值得学习的楷模。

三、在教学中充满智慧和幸福感

（一）充满智慧的工作。

在班级管理中，我们也往往会碰到那种屡教不改又很任性的“问题学生”。从学生的成长经历来看，他们始终伴随“试误”活动而发展。由于家庭、社会和学校教育等等影响，学生难免出现这样那样的问题行为。作为教育者，我们怎样做到用情去感化，用心去引导，用脑去处理，根据问题行为的轻重大小对症下药，这是摆在我们每一位教育工作者面前的一个新的课题。并不是一味蛮干，一味苦干，一味任劳任怨就可以解决问题。面对当今的学生，单纯用“严师”不一定能出“高徒”，单用“棍棒”也不一定能出“孝子”，我们必须得炼就一双火眼金睛，灵活而有智慧地处理问题。

另外，尽管在中国，教师曾被列入“天地君亲师”的序列，在外国有人称教师是“太阳底下最光辉的职业”，但现实生活中教师的地位却仍然低微，pedagogue 这一教师的蔑称就来源于“教仆”的称谓。而生活的拮据、清苦，捉襟见肘的寒酸更使不少教师在职业生活中难有自由的心境。于是，教书不过是获得生存的一种手段，上课仅仅是养家糊口的一种方式。由于缺少了精神支柱，缺少了人生信念，所有的工作便都“降低为机械的习惯，降低为虚伪的、半心半意的例行公事”，从外部强加给他的职业角色，势必使他对职业要求漠不关心，他在职业中找不到自己、失落了自己，生活就在令人气馁的矛盾中挣扎。确实，当人以功利化的心态去应对周遭的世界，去从事一种职业时，他自身也就被功利化了。他与这个世界只是实用主义的关系，失去了诗意的存在状态，而是在冷冰冰的孤寂或喧闹的物欲中寻求生计。他没有内心的自由。马克思在《1844年经济学—哲学手稿》中分析了这种“劳动的异化”，指出：“劳动的外在性质，就表现在这种劳动不是他自己的，而是别人的；劳动不属于他；他在劳动中也不属于他自己，而是属于别人。”马克思还指出：“作家当然必须挣钱才能生活，写作，但是他决不应该为了挣钱而生活，写作……诗一旦变成诗人的手段，诗人就不称其为诗人了。”

智慧型教师却超越了单纯功利的追求而达到了自由的境地。这首先建立在教师的职业信念基础之上。教师的职业信念是使教师摆脱功利的诱惑、教书匠的困惑、漂浮无根的惶惑，使平凡工作得以升华，变得更有意义的关键所在。

充满智慧的教师视教师职业为极富创造性的职业。这种创造性首先表现在教师对学生内心世界的不懈探索和教育事业的不断创新上。由于教师所面对的教育对象千差万别、教师所面临的教育情境千姿百态、教师所面向的教育内容千变万化，因而教师成为特殊形式的艺术家。他必须根据具体的对象、情境和内容因人而异、因地而异、因时而异，创造出适宜的教育方法。因材施教是创造，教育机制是创造，推陈出新是创造。它表明教师在教育中没有现成的模式可以套用，没有一成不变的方法可以照搬，它需要每一个教师用自己的聪明才智去工作。

(二)做一个幸福的教师。

德国哲学家费尔巴哈说过:“生活和幸福原来就是一个东西。一切的追求,至少一切健全的追求都是对于幸福的追求。”生活和生命的意义最后都可以归结为对幸福的追求。幸福教育,是对生命的终极关怀。幸福教育,始于幸福教师的出现。那么,怎样做一个幸福教师呢?

(1)健康工作,奠幸福之基。

何为幸福教师?幸福教师首先必须是一个健康的生命个体。在今天亚健康越来越严重的今天,在超负荷的工作压力下,教师更应该关注自己的身体健康,加强体育锻炼,每天不管多忙都应抽出一小时锻炼。有健康的体魄才能更胜任教师这一行业。当然这里的健康,不仅仅指身体健康,更重要的是心理的健康。要追寻真正的幸福,就要拥有良好的心态。降低自己的要求或欲望,在达不到目标时,不妨宽容一下自己;遇到挫折时,试着去做其他令自己放松的事,学着疏导自己,释放自己,解放自己;不管取得什么样的成绩,都不要得意忘形,忘记自己姓甚名谁;遇到困难,多和朋友交流,争取得到更多人的支持和鼓励;拥有良好的心态可以使你找寻到幸福的方向。正如卢梭说过的话,如果世间真有这么一种状态:心灵十分充实和宁静……处于这种状态的人就可以说自己得到了幸福——不是残缺的、贫乏的和相对的幸福,而是圆满的、充实的、使心灵无空虚欠缺之感的幸福。一个身体健康、积极向上、内心充满幸福感的生命个体,才会具有成为幸福教师的前提条件。

(2)快乐工作,启幸福之门。

朱小曼教授指出:教育的目的,应该指向人的和谐发展与终身幸福。换言之,教育就是追寻幸福、创造幸福、享受幸福的过程。伊壁鸠鲁告诉我们:“快乐是幸福生活的开始和目的……我们的一切取舍都从快乐出发;我们的最终目的乃是得到快乐。”快乐之花的盛开,需要智慧的汗水去浇灌。快乐可以传染,需要预设。每天走进教室之前,我都会问问自己:今天,你准备带给学生什么?准备引领他们走向哪里?每天走出教室之后,我也会问问自己:今天,你引领学生追寻幸福的效果怎样?学生是否都感到幸福快乐?给学生带来快乐,我们也能从工作中得到快乐。在一种轻松的教学中,我们可以把苦教变成乐教,让学生把苦学变成乐学。

(3)诗意工作,揭幸福之秘。

海德格尔认为:“人,诗意地栖居在大地上。”“诗意地栖居”,不仅要诗意地生活,更要诗意地工作。米尔顿指出:“心,乃是你运用的天地,你可以把天国变成地狱,亦可以将地狱变成天国。”诗意地工作,源于一颗诗化的心灵。诗化的心灵,让教育犹如一方晴朗的天空,清澈、明净、纯洁、透明。诗化的心灵,让教育犹如一条涓涓溪流,滋润、荡涤学生的心灵;让工作像诗一样美丽、动人,而又充满灵性。

其实教师职业绝不是照亮别人却毁灭自己的“蜡烛”,而是促使自我不断进步的动力源泉,教师从职业中体验着创造性的工作所带来的充实与幸福,获取人生价值的永存和人格的升华。教师也不是“苦行僧”,而是安贫乐道的积极进取者,是美好生活的创造者,教师从职业活动中创造出知道怎样生活和怎样全然享受人生的年轻一代。把教师比喻成电灯吧,既照亮别人也照亮自己。不是照亮别人而燃烧了自己,因为只有教师自己有源源不断的水源才能浇灌更广阔的领域,才能造就更多的栋梁。做一个能进行自我反思、不断学习以求发展的充满智慧和幸福感的教师吧,把自己的事业当做创造精神生命的工作,在创造精神生命的工作中发现美、创造美,也贡献美。

班主任应该是学生精神生活的关爱者

■ 农绍业

【内容摘要】爱学生，是班主任能做好工作的基本要求，也是最高要求。我们的爱，必须赢得学生的思想与心灵。要到达这一高度，就必须让我们能进入学生的精神生活，成为他们精神生活的关爱者。

【关键词】尊重　爱护　公平　公正

苏霍姆林斯基说：教育技巧的全部奥秘就在于如何爱护学生。我校班主任的工作有五字要求：爱、励、勤、严、实，爱排在第一位。爱学生，是班主任能做好工作的基本要求，但又是最高要求。

我们爱学生什么？爱他们优异的学习成绩？爱他们的勤奋？爱他们的乖巧听话？还是……这没有什么不对，但这远不是我们爱学生的全部。要是学生学习成绩不好呢？要是学生不勤奋呢？要是学生累教不改呢？你还爱不爱？

一直以来我们总说爱是无私的奉献，强调爱的付出，这当然是对的，但如果我们付出的爱总撞不开学生的心扉，总消融不了学生心中的壁垒，总激不起学生心海的涟漪，总不能让学生的心田开花

发展。

当学生犯错时，班主任要耐心教导，用爱心帮他们指引航向；当学生遭受挫折时，班主任不要怨他们无能，这时候，他们最需要你的抚慰，最需要你的鼓励。班主任不要让学习有困难的学生去完成与学习无困难的学生难度相同的学习任务；班主任不要有一个手势、不要有一句话让学生感到你对他失去信心；班主任要注意爱护贫困生、学困生、留守学生、单亲孩子或者孤儿……班主任给学生一枝花，学生不一定能感受到春天的温暖，而班主任给学生一块冰，学生却会感受到冬天的严寒。

学生有困难或者班级有困难的时候，班主任要与学生站在一起，直面困难，寻找解决困难的办法。这种同舟共济过程中产生的情感会让班主任与班级融为一体，让学生深刻地感受到班主任的人格魅力。

2010 年 H1N1 流行的时候，我班前前后后有十几个学生中招。感染了 H1N1 的学生都留在学校隔离治疗，那一段时间，我奔走于教室与宿舍，奔走于感染了 H1N1 学生与正常未染病的学生之间，一边备课上课，一边为染病的学生量体温、送医、送水、送药。学校有班主任染上 H1N1，而我，凭着良好的体魄与坚强的意志挺了下来。当所有患病同学身体都恢复正常后，一节班会课上，那些曾经染病的同学在其他同学的掌声中逐一上来与我拥抱表示感谢。那一刻，我知道，我进入了他们的心灵，我的辛苦是值得的。

要能进入学生的精神世界就要以“关爱”为桥梁，这样才能走进学生的心灵深处，达到深层次交流。如经常利用课余时间和学生谈谈心，聊聊天，了解学生的学习情况、生活情况和一些兴趣爱好等。天冷的时候，提醒学生多加件衣服；学生回家的时候，提醒学生注意安全；学生生病的时候，送上真挚的关怀；学生生日的时候，送上诚挚的祝福等。充分利用各种场合，达到“润物细无声”的效果，让学生感受到老师浓浓的爱意，如沐春风。

二、给予学生公平与公正

公平公正比太阳还要有光辉！公平公正也是学生的一种精神需求。“一切为了学生，为了一切学生，为了学生的一切”，三个“为了”，体现了素质教育的要求，也体现了公平教育的内涵。

高中生自主意识渐强，班主任要放下“师道尊严”架子，走下神坛，真正地走入学生的心里，与学生民主、平等地交流、沟通，从中产生理解与信任。学生是学习的主体，是一切教育的主动参与者。学什么，怎么学，做什么，怎么做，他们的意见才是主流。尤其是班级活动，要让学生积极参与，就一定要听取学生意见，平衡各种看法，找到最大的共同点。

班主任要用自己对教育事业的爱、言行一致的品质去感染学生，不偏信偏爱，要始终信奉“没有最好，只有更好”。对一些成绩暂不太好的学生，也要用一种发展的眼光去看他们。要对官二代富二代的学生和家境贫困的学生一视同仁，要对成绩好成绩差的学生一视同仁，要对听话的学生和顽皮的学生一视同仁，要对男生女生一视同仁……班主任要公平公正地对待学生、公平公正地赏罚学生、公平公正地爱护学生。班主任公平公正有利于学生学习积极性的发挥，有利于学生健康人格的形成。班主任公平公正可以告诉学生是与非，可以引导学生走向高尚。班主任不公平不公正，会让一部分学生产生自负心理，会给另一些学生造成心灵的阴霾，会恶化师生关系。受到不公平不公正对待的学生，往往会敌视班主任，往往会不公平不公正地看人看事，形成不健全的人格。

三、赞赏学生

我们学校里有一条标语：以尊重的态度待老师，用欣赏的目光看学生。这很有道理。

古人云："水不击不越，人不激不奋。"心理学认为一个人在受得正确而充分激励的情况下，他的能力可以发挥80%—90%，甚至更多，而在没有受到激励的情况下，他的能力仅能发挥20%—30%。欣赏学生，鼓励学生，学生会变得很自信。闪光点出现时，渴望表扬是人的本性，当取得成绩并得到师长的充分肯定时，就会自然地产生一种积极向上的信念，也会觉得自己的价值得到了别人的理解和肯定。因此鼓励和表扬可以让学生发挥潜能，能使学生产生成就感，产生更高的学习热情和积极性。批评和指责只会挫伤学生的自尊心和自信心。所以班主任要抓住学生的每一丝好的表现，多给予表扬，不断增强学生的自信心和积极性。

学生的成绩高低差异，学生的性格多种多样，学生的爱好各有不同，学生的能力参差不齐……班主任应该明白"尺有所短，寸有所长"；班主任应该明白往往不是学生缺少闪光点，而是自己缺少发现。班主任眼中的学生不应该是"差生"，都应该是"优等生"：学习成绩优等生，人格品质优等生，身体素质优等生，美学素养优等生，体育运动优等生……往未来再看十年，二十年，你就会发现一些当初不起眼的学生甚至一些老师眼中的差生在社会里有不凡的成就。

四、了解和满足学生的需求

处于认识世界和改造世界进程中的每一个人，无时不受其心理需求的支配。通过激发或抑制人们的心理需求，可导致人们产生特定的行为。同样，作为班级群体的直接组织者、领导者和教育者，班主任应很好地利用教育学和心理学有关原理，懂得中学生有哪些心理需求，并对学生施行健康的心理导向。

了解学生的成才要求。每个中学生都希望自己品学兼优，将来能成为一个有益于社会和家庭的人才。这种心理需求是学生要求上进的一个闪光点，班主任可采用目标导向对其加以激发和利用。所以平常要关心学生的学习成绩和学习表现，特别是每次考试后学生会因为自己的学习成绩差产生心理波动，这时班主任要做好安抚工作，同时要给予学生学习指导。这样让学生正确看待成绩，做到胜不骄，败不馁。

了解学生的表现需求。人人都有一种被人赏识的心理渴望，这种渴望得到满足的途径就是要通过各种表现。中学生由于受年龄、知识、经验等方面的限制，这种心理需求比成年人要更加强烈。这种心理需求对成绩好的学生而言容易得到满足，而对成绩差且无特长的学生来说，这种心理需求难以得到满足，长期下去就容易造成学生孤僻的性格，有些学生还可能会通过其他形式，如破坏纪律等表现出来。因此，班主任要适时地组织开展一些适应中学生身心发展需要的活动，来进行正确的活动导向，从而有目的、有意识地引导学生在活动中发现自己、发展自己，让学生顺着这一心理需求不断地进步。我在班上开展过各种活动，如宿舍才艺表演、班级辩论赛等，这些活动对缓解学习压力，促进班级团结，丰富学习生活，增加学生的表现机会都有正面作用。

了解学生对班级同学正常友谊的需求。对青年期而言，友谊是一种最主要的情感依恋和人际关系。生活在同一个环境里，同一个班级的同学们对友谊有一种更加强烈的心理需求。一个班级没有友谊温暖，学生会缺少归属感与幸福感。这友谊有同性的友谊，有异性的友谊，有同室的友谊，班主任要做好思想工作，做好恰当引导，通过各种活动让学生的友谊得以发展，但不偏离正常的轨道，这对于一个班风的培育，班级的凝聚力增强有很大的帮助。

总之，班主任在严格要求学生的同时，教师必须尊重每一个学生做人的尊严和价值，要倾情关爱每一个学生心灵的成长，要学会运用宽容、理解善待学生的不足，满足他们发展的需求，并能和学生一同去品尝他们的成长和快乐。这样班主任才能走进学生的心灵世界，才能把爱付出又能得到爱的回应，成为学生精神生活的关爱者。

【主要参考文献】

1. 周湖北:《新时期做好班主任的十大举措》，陕西，陕西师范大学出版社，2010。

2. 林向东:《经营班级——中学班主任工作艺术》，成都，四川教育出版社，2007。

学会做一个轻松快乐的班主任

■ 吴美慧

【内容摘要】班主任应该在重重压力之下努力改变自己，从忙中找乐，从学生中找乐；从管理上多找技巧，学会放手，多锻炼学生，学生能做的事尽量不插手；学会放松自己，要学会“忙里偷闲，闲里偷乐”！要善于运用自己的智慧，当一个民主、有效而轻松快乐的班主任。

【关键词】无为而治　不教而教　领悟　体会　反思　践行

说到班主任，所有的班主任，所能想到的字眼大概都是“辛苦、繁杂、事多……所有没有当过班主任的老师可能也会一味地排斥、逃避班主任这个岗位。的确，人们把教师称为人类灵魂工程师，班主任又是教师的“班头”；家长期望高，把一切希望寄托在教师身上，班主任又是当仁不让的第一责任人；再加上一个班上的学生多，每天给你出点小乱子，心情的确好不到哪里去。

有人说，班主任是天下职位最小的主任，但是，又是天下最繁忙的主任。面对如此重的压力，班主任该怎么办呢？我们经常挂在嘴上的是“你的作业呢？怎么没有交啊？”“你的校牌怎么又没有带啊？今天你又被扣分啦！”“××同学，快过来打扫卫生，今天是你值日，你又想溜？”……确实，当班主任真是累，什么事都是我们自己的事情，什么事都我们自己操心、提醒，怎么办呢？我认为，班主任也应该在重重压力之下努力改变自己，从忙中找乐，从学生中找乐；从管理上多找技巧，学会放手，多锻炼学生，学生能做的事尽量不插手；学会放松自己，要学会“忙里偷闲，闲里偷乐”！

从忙到闲，是做班主任的一种状态。补缺补差、追缴作业、调解纠纷，甚至“破案”……班主任可谓“两眼一睁，忙到熄灯”，真是怎一个忙字了得啊！如此之忙，何闲之有？更可悲的是，班主任呕心沥血，犹如春蚕蜡烛，尽情地挥洒着光阴，但期望值与收获却成反比：学生并没有感恩戴德，甚至视“师”如仇。如此之悲，快乐何言？我们应该从平凡而伟大的班主任工作中深深地感觉到，教育不是牺牲，而是享受；教育不是谋生的手段，而是生命价值的体现。显然，班主任要在工作中体验“职业的尊严和内在的欢乐”，那就要优化师生关系，创新评价方式。那就要从苦力劳动中解脱出来，那就要忙里偷闲，闲中偷乐。

忙里偷闲、闲中偷乐不是偷懒，逃避责任，更不是不负责任，那是把功夫都花在平时，能让我们抽身出来，又可以让我们把事情做好，解放班主任。那么如何忙里偷闲，闲中偷乐，当一个民主、有效而轻松快乐的班主任呢？

一、无为而治，促进有为

何谓“无为而治”？“无为”即按客观规律办事。即无悖道之行，顺其自然而为。所以有“圣人处无为之事，行不言之教”。班主任管理工作中的“无为而治”应重“理”轻“管”，对事不对人，将理说通，将理摆正，执行工作，就由学生自己去把握了。做到班主任无为而能治也。

那么如何做到“无为而治”呢？

新课程改革要求教师必须发挥教师的主导作用，保证学生的主体地位。教师的作用关键是引导、指路，下面该怎么走就应该交由“主体”——学生自己决定了。让学生实行自我教育，开发自己潜在的积极因素，引导其开悟。“无为”教育的目的，正是提高受教育者的悟性，这一过程是因势利导的，其核心在于用教育者的“无为”促进受教育者的“有为”。就是说，班主任“无为”而学生“有为”。那么，如何用“无为”促进“有为”呢？

具体说来，应该做到以下几点：

1. 要理顺关系。

班主任要处理好班级各项事务以及人与人之间的各种关系。其中主要是理顺师生之间的人际关系。能否具有和谐、融洽的师生关系，是班主任工作成功与否的前提。因此，班主任不应总在学生面前板着脸，表达所谓的严肃，这样自己累，学生也累。班主任应该以朋友、师长的双重身份，多与学生交谈，倾听他们心灵深处的话语，切实地帮助他们解决成长中遇到的麻烦、困难。如果学生尊重、信任、爱戴老师，那么班级工作的开展还会不容易吗？

2. 要分清职责。

班主任对自己应该管理的范围要有个明确的认识，不要事无巨细，一概都管，而要“专管自己应该管的事”。有些班主任对班级中出现的一些小现象或学生个人表现出来的行为太过“敏感”，不许学生这样，不许学生那样。实际上，人无完人，不必对还是孩子的学生太过苛刻。给学生一个较为宽松的环境，反而更适合于他们身心的成长。尤其在学生犯了错误以后，要给他自我改正的机会。

3. 要兼顾中差。

两端是班级中最让班主任头疼的学生。一端是特别活跃，特别容易犯错的学生，他们道理都懂，就是磨枪上阵的那会儿，约束不了自己。对于他们不能一味地施以训斥和责备，而应重谈轻罚，积极鼓励，懂得原谅，让他们勇于承认错误，承担责任，知错就改。而另一端是特别不活跃，性格压抑，不会犯错的学生。这样的学生更需要老师主动去发现主动去关心，为他们开辟一条通向群体的道路，适当地犯些小错对他们更有益处。

4. 要舒缓情绪。

教师一方面要使自己的情绪经常保持轻松、愉快，另一方面也要帮助学生摆脱许多不良情绪的困扰。班主任天天与学生、同事打交道，遇到不顺心的事情是常有的，这些将影响工作情绪。情绪具有传染性，不好好地调节，将直接影响到教育教学的效果。班主任应做到，在一件事上产生的不良情绪不影响到另一件事上，在一个人身上产生的不良情绪也不要转到另一个人身上，而且要做到喜怒不形于色，切莫让不良情绪支配自己。这就需要班主任经常理顺情绪，大事化小，小事化无，让心理上的阴云散去，把阳光和笑意写在脸上。用你的快乐心情去感染身边的每一位学生。

5. 要活跃气氛。

活跃班级气氛，而不是让学生与老师之间关系紧张，学生与学生之间充满不信任、敌意的氛围。为了有效而轻松地管理班级，班主任有时也需要幽默。恰到好处的幽默，可以大大缩小师生间的距离，增加亲切感，为班主任的管理工作打下基础。如有一个学生上课的时候在座位上跷起了二郎腿，我微笑着对全班同学说：我看到了一只潇洒的腿。大家不约而同往后看，笑声四起，那位同学在尴尬中收起了腿。

二、以生治生、自治自管

作为一名班主任，要深知德育的核心在于“育”，是心与心的交流，是在日常生活中、在点滴小事中感受道德规范，是谆谆教诲，循循善诱，靠点点滴滴、日积月累、滴水穿石。德育的最高境界是“不教而教”，要引导学生自己去领悟、体会、反思、践行。“无为而治”就是班主任要淡化以往的“人治”观念，强调学生的“自治”，使人的主观能动性得到充分发挥，从而达到治理班级的最终目的。那么如何达到学生的“自治”呢？

1. 下放班主任的管理权力。

应该说，没有体验，就不会有觉悟。“无为”是学生作为主体来自我管理。新课改理念要求班主任的主导作用是让学生在实践中认识到自己的能力。所以班主任要充分鼓励学生，培养学生的主动性和自信心，把自己手中一些可以放开的权力都交给学生，由学生行使权力，这样可以从根本上让学生感到自己成为自己的主人。如让平时无心学习却在班上说话有分量的学生来做纪律委员；实施“值日班长制”让每一位学生轮值班长参与“全员管理”。班主任对此加以分类，做好监督，定期评比，主持公正，宣布结果，总结反思。通过这样的管理方式，可以更有效地了解、锻炼每一个学生，让班级工作自动化、合理化，让学生都能以主人翁的态度自治自管，真正达到“无为而治”。

2. 隐蔽班主任的教育意图。

苏霍姆林斯基说过：“把自己的教育意图隐藏起来，是教育艺术十分重要的因素之一。”集中概括了“无为”教育的首要特征。有一个小女孩初学小提琴，琴音如同锯木头，父母不愿听。她一气之下跑到树林中去练，却听到了老妇人头一回的赞许：我的耳朵聋，什么也听不到，只感觉你拉得不错。小女孩受到鼓励，每天为老妇人拉，老夫人说：谢谢，拉得不错！家长惊异地发现女儿优美的琴声，忙问受什么名师指点。这时，小女孩才知老妇人是著名的器乐教授，耳朵从未聋。装耳聋，引自信，认真听，给鼓励。虽没施展琴艺，进行说教，但给了动力、智慧和信心。班主任管理中若也能做到教育意图的隐蔽性，那么，学生就能逐步达到“自治”了。

3. 发挥班主任的榜样作用。

“德高为师，行为示范”，崇高的师德是最具魅力的“无为”教育。通过教师的示范，学生也能在不知不觉中达到“自治”。班主任是与学生相处时间最多的老师，学生对班主任外表的感知，再到对班主任情感的反映，最终到对班主任的接纳和学习，正是一个正常人认识事物的过程的体现。他们可以有很多机会从不同的角度和方面去感受你，了解你。至于学生是否喜欢、热爱你，则取决于班主任的人格魅力。学生不接受你的为人，就不会接受你的教育管理。古人说“其身正，不令而行；其身不正，虽令不从”，也就更谈不上学生“自治”了。因此，作为班主任，就要公正无私，以身作则，言传身教。

4. 转变班主任的观念意识。

其实师生没有高低贵贱之分，只有称谓职责不同。作为班主任，姿态不应该是高高在上的。在工作中应该主动弯下身子和学生说话，让你和学生处在同一高度，这样可以给他们更多的安全感。然后要让你的语气轻柔，真正用关心的口吻和他们交谈，让他们在轻松的环境下说出自己的想法。再次，由老师引导学生分析自己的行为是错还是对，让他们真正为自己的行为感到内疚和羞愧。最后，老师要善于运用自己的权力作出适当的处罚，并在此过程中让学生感到心服口服，自觉自愿，并对其勇气给予鼓励。这样才能让学生真正感觉到你是他们的朋友，让学生真正对你敞开心扉，这样才能更有利于学生的成长，才能让今后的班主任工作顺利地开展下去。

总之，我们班主任应把学生作为一切工作的核心，应该融入其中又高于其中，敬畏学生又被学生敬畏，欣赏学生又被学生欣赏，学习他人又被他人学习。生命的意义在于创造，工作是美丽充实的，生活是丰富多彩的，需要我们用心细细品味；生命是宝贵的，学会珍爱是我们义不容辞的责任。不要让穷忙和瞎忙毁掉了我们的生活，用忙里偷闲，闲中偷乐来享受生活，善待生活。我们要做一位轻松快乐的班主任！

如何管理高一新生班级

■ 唐海洲

【内容摘要】做好高一班主任工作的做法是：注意抓住良机进行“感情投资”，巧妙选拔班干部，培养同学们的主人翁意识，立好规矩，开头好，树立远大理想，激发学习的动力，言传身教，以人格魅力去感染学生，培养正确舆论和良好的班风。

【关键词】班主任工作　管理　青春期　高一新生

在高中三年学习生活中关键是高一，这一年是学生学习习惯和行为习惯的进一步形成时期，是学生学习生活中的一个重大的转折点，也是转化后进学生，帮其树立自信的良机。高一新生班主任工作的成功与否直接影响到学生整个高中三年甚至更长时间的发展。以下结合自己的实践和学习，就如何做好高一新生班主任工作谈谈我个人的看法。

一、注意抓住良机进行“感情投资”

人对新的环境都有好奇感，特别是正值青春期的高一新生。他们对学校、老师、同学都感到很陌生，对一切都充满新鲜感，对学校，对老师也很好奇。他们第一个想知道的就是自己的班主任是谁，她（他）是一个怎样的老师。而且这时他们会留心观察班主任的每一个动作、每一个眼神、每一种表情，会细心倾听班主任的每一句话。我认为这时是感情投资的最佳时机，要给学生留下良好的第一印象。因此，我每带高一新生班时，就抓住学生对我有好奇心时进行感情投资。我不是急于宣布我的规章制度，而是微笑地进行自我介绍，然后就以一个“缘”来架起师生沟通的桥梁。我会跟学生说：“作为老师，我很庆幸能有缘认识大家。作为同学有缘相聚，相聚这个班，我们一定要好好珍惜这段缘分。我相信大家在今后相处的日子里一定会互相理解、互相支持。”再适当加一些鼓动性的话，让你留给学生的第一印象是我们的老师是位和蔼可亲的老师，比较民主、平等，不戴有色眼镜的。这使得在以后工作中便于与学生沟通。然后利用军训这个契机，加大投资的力度，因为军训时班主任老师与学生吃住一起，这良机绝不可错过。军训对这些“小皇帝、小公主”来说是一次严峻的考验，无论在心理上还是生理上，会有许多学生适应不了。记得去年军训时，我们班与另一个班的学生同时出现头晕的现象，那位班主任跑过去凶巴巴训斥她的学生说：“你怎么搞的，身体这么差，是不是想偷懒，丢我们班的脸。”当我走到我们班的学生面前时，他很担心我会像那位老师一样，但我只是很温和地对他说：“我早就看到你大汗淋漓，你能坚持到现在已经很坚强了，要不要我扶你去医务室吃点药，休息一下。”然后递上一张餐巾纸，送上一杯热水。当时我就发现那位学生眼睛都红了，他说：“老师，谢谢你，我休息一下就没事，我不会给班级丢脸的。”在以后的训练中，同学们个个都表现得非常坚强，真正做到“轻伤不下火线”。后来学生在日记中对此事大发感慨，他们认为这样的老师才是真正爱护他们的老师。

二、巧妙选拔班干部，培养同学们的主人翁意识

一般的老师在刚接一个班时，选拔班干部都是由老师指定，而我每次接高一新班后，首先从军训一周的观察入手，配合学校政教处和团委组织的一系列的活动，以及根据自己班级的实际情况组织很多活动，如演讲会、各种文体绘画比赛、各种劳动等，从中发现、挖掘有头脑、有能力、有口才、有吃苦精神、有自信心、有主人翁意识的人才。然后，让他们自己选择班干部的职位进行竞选。最后，通过民主评议，推选出班委成员。这样选出来的班干部有工作热情，责任心强，有强烈的竞争意识，有工作的魄力和向心力。比如我班的班长，不仅是班级演讲的第一名，还是学校甚至省演讲会的第一名，同时又是校里的名歌手、运动场上的体育健儿，在学习上也是前十名，而且在班级的管理上有自己的一套方法。还有文艺委员，既是有名的主持人，又是小作家和能歌善舞的多才多艺的文艺骨干。

三、立好规矩，开好头

高一班级，学生来自不同的学校，各个学校的规章制度不同，管理的松严也不同，这时你就必须自己制订新的规章制度来统一规范学生的学习和生活习惯。而这规矩的建立，又不能只凭班主任的主观臆断，闭门造车，必须在充分了解本班学生的实际情况的基础上，广泛听取班干部、学生、任课老师的意见，然后委任班干部针对自己所管的方面制订一些措施出来。然后逐条让全班同学讨论，老师补充成文。这样就制订出来了《班级管理条例》。它共分为四个部分：第一章为班级基本目标，它有一个中心，即以学习为中心；两个基本点，即纪律和卫生；三个学会，即学会做人、学会学习、学会处事。第二章为班级精神，它指自信、合作、务实、奋进。第三章为班规，它包括学生文明行为“十必须”、“十不准”。第四章为班级管理机构，它明确了班干部的职责。这样制订出来的班规可行性和操作性较强，才能实现管理到位，才能真正做到行之有令、有令必行、有禁必止，让学生在很短的时间内规范自己的言行，养成良好的习惯。

四、树立远大理想，激发学习的动力

一个人如果没有理想，就好像大海上一艘迷失方向的船，飘到哪儿算哪儿，没有目标，没有动力。在我的第一学期工作计划中，我在第三周班会上就跟同学们谈了谈关于他们在三年后的高考中理想中的大学是哪一所，再要他们谈谈自己现在的情况，找出差距，明确努力的方向，然后我又趁机组织他们学习《北大（清华）状元谈高考》《北大女孩》《哈佛女孩刘亦婷》，观看王金战老师的《学习哪有那么难》的讲演；利用“十一”长假回家休假的我校清华北大和各名牌大学的学姐们组织《如何更充实地过高中三年》的座谈会，让他们明白，尽管现在有差距，但只要自己努力，愿望是可以实现的。这样他们就有了学习的动力，从而优化本班的班风，培养学生刻苦学习的精神。

五、言传身教，以人格魅力去感染学生

高尚的道德情操、丰富的文化知识、大胆的创新精神、科学的教学方法所共同组成的优秀的人格魅力，无疑会对我们的学生形成强大的言传身教、潜移默化的作用，可以使我们的工作取得事半功倍的效果。论语有云：“其身正，不令则行；其身不正，虽令不从。”有一次课间，我看见教室地上有很多纸屑，于是弯下身子将纸屑一片一片地捡起来，学生们看见我在捡，也都加入了我的行列，教室很快就变干净了，自那以后我就很少看见教室地上有纸屑。短短几分钟我一句话也没说，但却收到了很好的教育效果。教师只有规范自己的言行，做到为人师表，才会使学生如沐春风般地受到教育，使每个学生的心灵得到净化。

六、培养正确的舆论和良好的班风

一个良好的班集体要形成正确的舆论和良好的班风去影响、引导每个学生的心理，规范每个学生的行为。正确的舆论是一种巨大的教育力量，对班级每个成员都有约束、感染、熏陶、激励的作用。在扶正压邪、奖善惩恶的过程中，舆论具有行政命令和规章制度所不可代替的特殊作用。因此，班内要注意培养正确的集体舆论，善于引导学生对班级生活中一些现象进行议论、评价，形成“好人好事有人夸，不良现象有人抓”的风气。因此我经常利用早读前的时间，做一些有关励志方面的小讲座；还有每一次班级或学校组织的大型活动后，我都用即时的全面的正确的积极的心态进行总结，从而在舆论上造成积极向上的风气。

万事开头难，一个班的管理如果有了一个良好的开端。那就是说你这位班主任在管理这个班级时已成功了一半。

（此论文获得梧州市一等奖）

浅谈高中班主任如何培养学生自主学习的良好习惯

■梁　洁

【内容摘要】本文通过对自主学习的良好习惯作用的分析，提出了高中班主任培养学生自主学习的习惯的必要性及相应的措施，即强化自主学习的信念；创设良好环境；激发学生学习的热情；要求学生学会不找借口；关爱学生。

【关键词】高中班主任　自主学习　良好习惯

播种行为，收获习惯；播种习惯，收获性格；播种性格，收获成功。良好习惯和成功之间，有着密不可分的关系。高中阶段的自主学习的习惯是指学生在教师的科学指导下，通过能动的创造性的学习活动，实现自主学习的良性发展。教师的科学指导是前提条件和主导，学生是教育的主题、学习的主体，学生能动的创造性的学习是教育教学活动的中心。培养学生自主学习的良好习惯是教育教学活动的目的，高中班主任作为教学工作的主要实施者，要帮助学生提高认识，树立远大理想，养成良好的学习习惯。

英国唯物主义哲学家、现代试验科学的始祖、科学归纳法的奠基人培根深有感触地说:“习惯是一种顽强而巨大的力量,它可以主宰人的一生,因此,人们应该通过教育培养良好的习惯,特别是自主学习的习惯。”可见,培养良好的学习习惯意义重大。习惯是人们在较长的时间内形成的规律性的行为方式,一但形成便难以改变。长期地、有规律地安排好自己的学习,便可以养成自主学习的良好习惯,因此,高中班主任要努力做好这方面的工作。

首先,要明确什么样的习惯才是自主学习的良好习惯。

第一,一心向学的习惯。

一心向学的习惯,是所有学习习惯中最重要的。这种习惯一旦养成,学生就会自动自觉地甚至不由自主地把周围事物都与学习联系起来,学生的感观便会成为知识信息的扫描仪和接收器,成为容纳知识百川并且对其进行过滤、加工、再造的法宝,同时会感到生活到处都有乐趣。具有一心向学习惯的人,能够充分地利用时间,都能把注意力的“光圈”调到与学习相关的“目标”上去;能够利用所有的闲暇时间直接或间接地做与学习相关的事。有一心向学习惯的人,通过这种日积月累,时间转化成了知识,知识转化成了智慧,逐渐形成了优势;有一心向学习惯的人,最能调动潜意识的作用。科学家巴斯德说“机遇只偏爱有准备的头脑”,一心向学的头脑便是有准备的头脑。

第二,专心致志的学习习惯。

专心致志的学习习惯,是学生必须养成的起码的学习习惯。心理学上曾有人做过对比研究:请来两组知识能力大致相同的学生,让第一组的同学边听故事边做简单的加法习题,而第二组也做同样的两件事,但是两项内容分开进行。同样的时间后,检查加法题的成绩,并请每个人复述听过的故事。结果是第一组习题与复述的错误率都明显高于第二组。由此看来,一般人不可能同时高质量地做好两项或两项以上的事情，如果硬要同时做，必然会使每件事的质量都有所降低。一心二用不利于提高学习效率，学习必须专心致志。

第三，严格执行学习计划定时定量的学习习惯。

严格执行学习计划定时定量的学习习惯，是实现目标、克敌制胜的法宝。谁能根据奋斗目标制订出科学的计划，并且定时定量地完成计划，谁就能脱颖而出。一般说来，目标比较容易确定，计划也比较容易制订，难的是定时定量地完成学习计划。这就是通常所说的“知易行难”。定时学习是完成学习计划的前提。定时学习，包含两层意思：一是每天必须保证必要的学习时间，二是到了该学习的时候马上学习。俗话说“不能一口吃个胖子”，“不能一锹挖个井”，讲的都是这个道理。因此说，定时学习是完成学习计划的前提。完成学习计划，就等于在这条道路上不断前进，当知识的量达到一定程度时，便到达了目标。只有每一天都能定量学习，才能获得较好的学习成绩。因此，定量学习是完成学习计划的保证。要想保持优异而稳定的学习成绩，就必须养成定时定量学习的习惯。

第四，认真思考的学习习惯。

认真思考的学习习惯，有利于提高学习质量，有利于培养人的能力，尤其是有利于提高人的发现、发明和创造能力；认真思考的学习习惯，是学生比较高级的修养，养成认真思考的学习习惯，可以加深对知识的理解和记忆。通过认真思考，可以把感性认识上升到理性认识，找出所学知识之间的相互联系，把分散的知识点连结成有机的整体，从总体上把握知识体系。这种思考，在初学一章一节时，显得不是那么重要，但随着学习的深入，随着相关知识量的增加，这种思考就显得越来越重要。科学家爱因斯坦，在整个科学生涯中，始终信奉“怀疑一切”这句格言，正是凭这种“怀疑一切”的精神，爱因斯坦提出了划时代的“光量子”概念，创立了相对论。

其次，要明确怎么样培养自主学习的良好习惯。

第一，强化学生自主学习的信念。

这是培养学生自主学习习惯的前提。根据班级学生的特点，提出不同阶段的学习要求、目标要求，向学生展示名校的图片资料、名人的成功经验以及艰辛的奋斗历程，以激发学生的自主学习的动力。可以按照以下思路逐步展开：反思过去—明确目标—落实行动—坚定信念—自主学习—顽强拼搏—取得成功。同时分阶段推出班级口号：“我学习，我快乐”“我学习，我会学习”“坚持，拼搏，再坚持，再拼搏”。目标明确，学习就不会迷茫，作为班主任要让学生明确目标。养成自主学习的良好习惯，不但能成就自己的事业，更能造福国家和人民，这样在很大程度上激发了学生的自觉意识和竞争意识，树立起学习的坚定信念。

第二，创设良好环境，激发学生学习热情。

班主任可以组织班干在教室开创一个学习园地，内容可以是名人名言，也可以是同学们自己的学习心得，学校可以在教学楼走廊边的名人名言、宣传橱窗里的图片短文对学生进行思想教育；召开主题班会“规划人生理想，实现人生蓝图”，由同学们畅谈人生理想，激发学习的热情；另一个方向是班主任号召学生自己组成学习小组，大家确定共同的学习目标，形成一个相互竞争、相互帮助的氛围，这个氛围一旦形成，往往对学生的学习影响很大。

第三，要求学生学会不找借口。

美国的西点军校的校训——不准找借口。我发现现实生活中，很多人做错了，却不肯承认错误，不去深刻地认识错误的根源在哪儿，而是找一些客观原因。所以有时候，一些学生不能完成学习任务，或者做错了事，就会反反复复地解释，给自己找借口，他的智商、他的智慧，全用在怎么找借口上。人最容易原谅自己，事情没做好，想办法找一些原因，让自己心安理得。这是一种坏习惯，它会让人软弱，让人偷懒，让人逃避，让人丧失勇气，让人不去反思，不去分析原因，不去总结经验，结果就丧失了智慧。从找借口到编借口，最终会失去学习的动力。

第四，要关爱学生。

缺乏爱的教育是苍白的，也是达不到预期效果的，所以作为班主任要懂得关心学生的生活，关心学生的学习，特别是学生在学习、生活中最无助、情绪最低落的时候，老师如果能及时拉他一把，那么这个学生就会用优异的成绩来回报老师。要相信种瓜得瓜，种豆得豆。有较长的班主任工作经历的老师都会发现欣赏学生也好鼓励学生也好，都不如感动学生的作用大，只有触动到学生的心灵深处，才会把学生的潜能挖掘出来。学生感受到来自老师的爱与关怀，他就会怀着一颗感恩的心去学习，他就会比旁人多一分积极进取，持之以恒，那么，良好的学习习惯就形成了。

第五，注重学生的心理健康。

关注学生的心理健康，鼓励学生，培养他们的自信心，使他们对学习和生活充满热忱，始终保持积极向上的态度和热情投入到学习和生活中去。高中班主任要转变观念，改变过去只看成绩而不注重心理健康的做法，应随时观察学生的心理动态，对情绪有波动的学生进行有针对性的个别谈话，以慈母般的爱心感染学生。在教育和教学中，切实落实“以人为本”的思想，尊重学生的个性和需求，创造和谐的教学环境，建立良好的师生关系，致力于学生健康人格的培养，不断提高学生的能力素质、心理素质。高中班主任一定要清醒地认识到，对中学生健全人格的教育是良好学习习惯形成的的重要环节。心理教育是人的素质结构的核心因素，优良的心理素质，是学生健康成长、成功学习的基础。

总之，一个人要养成一种良好的习惯，可能一开始会难一点，但是一旦达到一定的高度，或者坚持了一段时期，就会形成一种自然状态，由自然入习惯，由习惯入自主，也就达到我们的教育目的了。因此，高中班主任在培养学生自主学习的良好习惯上任重而道远，要持之以恒。

让学生自主学习成为一种习惯

——班主任如何引导学生自主学习

李日强

【内容摘要】如何提高中学生学习的自信心，引导他们找回自主学习的感觉？本文从激发学生的学习动机，引导学生制定合理学习目标，指导学生掌握学习方法，帮助学生养成良好的学习习惯，鼓励学生体验成功，激发学习兴趣等方面进行了阐述，具有一定的启迪意义。

【关键词】学习动机　学习目标　学习习惯　学习方法　学习兴趣

我在班主任工作中发现，有些学生存在“不知道自己现在该学什么，怎么去学；我已经很努力了，但成绩怎么上不去；现在努力还晚不晚；我还能赶上学习进度吗”等一系列问题。这些现象都是中学生心灵的呼唤和成长的渴求，反映了他们积极向上、奋发进取的迫切愿望，这时作为班主任就要满腔热情地给予他们特殊的关爱，提高他们学习的自信心，引导他们找回自主学习的感觉。作为班主任，应利用一切可能的时间走进教室、走进学生，与他们一起学习，了解他们的学习需要、学习困难等。一旦学生发现班主任非常乐意帮助他们，他们的学习积极性就会大大提高。下面我就将引导学生自主学习的方法给大家简单介绍下，以便共同交流学习。

一、激发学生的学习动机

要激发学生的学习状态，就要抓住学习过程中的核心环节——学习动机。培养学生的学习动机可以通过教育教学过程加以培养，比如启发学生的自觉性；激发好奇心与求知欲，帮助学生通过直观或实践活动形成稳定的学习兴趣；对于缺乏学习动力的学生，还可以利用其爱好游戏或体育运动等原有动机，通过必须掌握知识才能完成的游戏或体育活动造成动机的转移，以形成学习的需要。当学生已经有了种种学习需要之后，为了使他们得到维持、加强或进一步发展，还必须做好动机的激发工作，如采用新颖而生动的教法、创设问题情境启发学生积极思维、适当开展学习竞赛等等。

每个人都有天生的求知欲，每个中学生都希望改变自己过去的状态，只要我们班主任能抓紧学生的心灵深处的需要，积极引导，就会改变学生的学习状态，激发学生的学习动机。作为班主任要帮助学生分析厌学的原因：是对学科不感兴趣，对授课教师不满意，入学成绩差，没有学习目标……虽然原因有很多，但是厌学所带来的结果都一样，为了提高学生的学习水平，班主任要帮助学生改变学习态度，培养学习兴趣。我们班主任不能对学生轻言放弃，不能经常在学生面前流露出失望的情绪。只有传达积极的信息，才能增强中学生的自信心，激发他们学习的热情，从而收获教育的硕果。

二、引导学生制定合理的学习目标

学习目标是学习努力的方向，明确且适当的学习目标能够激励学生的学习动机，因此班主任在对学生提出要求时，要考虑学生的心理接受能力。中学生往往没有明确的学习目标，班主任这时应该帮助他们确立梯级学习目标：由浅入深，由小到大，由易到难，由表及里。切勿操之过急，急于求成。如果要求过高，容易造成中学生的心理抗拒，使他们丧失努力的信心，只有让学生“跳一跳才能够到桃子”，才能让他们坚持下去，达到学习的目标。当中学生通过努力依然没有达到学习要求和学习目标时，班主任要注意防止学生因为挫折或失败而产生的一些消极心理，班主任这时应告诉学生“不以成败论英雄”的道理，告诉他们，努力了，即使失败也是有价值的，鼓励学生重整旗鼓，保持积极、健康的心态，继续面对学习上的挑战。

三、指导学生掌握学习方法

“授人以鱼，不如授之以渔。”一般情况下，班主任也是本班某门课的任课老师，作为任课老师，可以从制订计划、课前自学、专心上课、及时复习、独立作业、解决疑难、系统小结这七个环节入手，逐个环节指导学生学会学习。有些教师与学生朝夕相处，认为自己该说的都说了，该教育的都教育了，时间一长，在早自习、班会课上都觉得无话可说了，让学生自己安排自习，要么看书，要么写作业，这样就不能有效地协助学生找到学习的薄弱点，难以形成有效的学习方法。这时我们班主任就要帮助学生锻炼自己自学的能力，转变学习方式。要改变单纯接受的学习方式，特别是在新课标指导下，要学会采用接受学习与探究学习、合作学习、体验学习等多样化的方式进行学习，并要在班主任的指导下逐步学会“提出问题—实验探究—开展讨论—形成新知—应用反思”的学习方法。

这样，通过学习方法由单一到多样的转变，中学生在学习活动中的自主性、探索性、合作性就能够得到加强，成为学习的主人。

四、帮助学生养成良好的学习习惯

中学生要想取得好成绩，具有良好的学习习惯是至关重要的。学习习惯是学习行为的自动化，不需要特别的意志努力，不需要教师的监控，一种良好的学习习惯能够坚持下去，足以让人终身受用。

有的中学生没有养成良好的学习习惯，对学习的认识不正确。很多班主任都有这样的体会，有的学生在课堂上也能认真听讲，能跟上教师的思路，在教师课堂提问时，也可以积极回答问题，而且回答正确，可是考试的成绩却一直不理想。这是由中学生存在的学习习惯差异造成的。此类学生就是课堂能够认真听讲，但课后不能及时复习，所以，班主任要充分了解学生的学习习惯，因人施教，分别指导。

五、鼓励学生体验成功，激发学习兴趣

成功能促进学生产生更强烈的学习动机，而且成功的体验能给学生带来情感的愉悦。事实证明，不断获得成功，经常得到表扬的学生，会产生一种自豪感和成就感，而且心理还不断地想要体验这种体现自己能力和价值的情感满足，为了重新获得这种崇高的情感，就会加倍努力地学习；而屡遭失败，经常受批评、斥责的学生，就会变得越来越厌恶学习，越来越沮丧，甚至对学习丧失信心。在某种意义上说，没有学生学习活动的成功也就无所谓“乐学”。班主任应不断给学生创造成功的机会，让他们更多地品尝到成功的喜悦。一次成功就会增强自信心，学生回答问题就要及时给予表扬、鼓励，让所有的学生都有机会体验成功的感觉。

心理学认为：“一个人只要体验一次成功，便会激起无休止的追求意念和力量。”学习上的多次成功，对于中学生来说，其积极意义和作用是非常明显的。反复成功可以促使学生产生一种内驱力——渴求学习，可以使学生在积极、愉快的情感支配下，主动学习，积极学习，从而促进学生的发展。因此，在学生获得知识的探索过程中要让学生体验成功的愉悦，感受自主探索的乐趣。学生品尝到自主探索带来的成功甜美时，他会出现再次追求这种情感体验的愿望。

总之，作为班主任要与时俱进，不断增强自身修养，树立自己在学生中的威信，要让学生自主学习成为一种习惯，要坚信每一个学生都能成人成才，对待每一个中学生都像自己的孩子，满怀深情地感染他们，信任他们，培育他们，让学生们在充满希望和爱心的班集体中快乐学习，拼搏进取，自强不息，成长为国家栋梁之材。

【主要参考文献】

1.（美）H. O. 林格伦著，章志光等译：《课堂教育心理学》，昆明，云南人民出版社，1983。

2. 孙树东：《帮助学生养成良好的学习习惯》，载《辽宁教育》2009 年第 6 期。

3. 詹盈雅、金华祥：《在差异教学中让学生体验成功》，载《广西教育》2008 年第 17 期。

多一把衡量的尺子

■ 魏文财

【内容摘要】“世界上没有两片完全相同的树叶。”学生之间是存在差异的，对于不同的学生，老师应该采用不同的教育方式。因此，班主任应该“多一把衡量的尺子”，要做到心态要好，尊重差异；眼睛要亮，抓住差异。如此才能创设一个有利于学生发挥自己特长，张扬自己个性的学习环境。

【关键词】差异　个性

有一次，孔子讲完课，回到自己的书房，学生公西华给他端上一杯水。这时，子路匆匆走进来，大声向老师讨教：“先生，如果我听到一种正确的主张，可以立刻去做吗？”孔子看了子路一眼，慢条斯理地说：“总要问一下父亲和兄长吧，怎么能听到就去做呢？”子路刚出去，另一个学生冉有悄悄走到孔子面前，恭敬地问：“先生，我要是听到正确的主张应该立刻去做吗？”孔子马上回答：“对，应该立刻实行。”冉有走后，公西华奇怪地问：“先生，一样的问题您的回答怎么相反呢？”孔子笑了笑说：“冉有性格谦逊，办事犹豫不决，所以我鼓励他临事果断。但子路逞强好胜，办事不周全，所以我就劝他遇事多听取别人意见，三思而行。”这个典故告诉我们，学生之间是存在差异的，对于不同的学生，老师应该采用不同的教育方式。

“世界上没有两片完全相同的树叶。”凡事一刀切，工作中就会遇到这样或那样的麻烦。比如说，班级的学习管理，如果班主任要求每个学生都做到和班级很高水平的学生同一水平，对于“学困生”来说是根本做不到的，甚至说班级很多同学都达不到。结果只能弄得“老师吵、学生闹”。再比如纪律管理，有的同学天生活泼好动，上课犯点错误本属正常现象，很多班主任偏偏抓住不放，批评教育、斥责、罚这罚那，结果呢，越教育越差。有的班主任甚至还抱怨：老师苦口婆心教育你，你怎么就听不进去呢？也有的班主任感觉工作很累。我们能不能换一个角度想问题，学习成绩不一定都达到很高的水平，班里还是有同学犯错误，但是他们在原来的基础上是否有进步呢？我们再换个角度想问题，学习不优秀体育是否有特长？上课纪律不好劳动是否好？因此，要想采用不同的教育方式，班主任就应该“多一把衡量的尺子”。

第一，要做到心态要好，尊重差异。班主任老师要平静地欣赏差异的美丽，正所谓十个指头长短不一，学生存在差异是再正常不过的事情了。古罗马时期教育家昆体良指出：一个青年比别人更适合研究历史、一个青年宜于写诗、一个人适合研究法律，也许有些人只适合种庄稼。班主任们，谁敢保证你们班的同学都考上大学？谁又敢保证你们班里没有发明家、艺术家、世界冠军？时代已经不需要培养“乖乖孩儿”了，我们决不能用“一把尺子”扼杀学生的个性。也许学生今天身上的劣势就是明天的优势。

第二，要做到眼睛要亮，抓住差异。要想“多一把尺子”对学生因材施教，就要有敏锐的观察能力。韩愈的《马说》里这样写道：

“故虽有名马，祇辱于奴隶人之手，骈死于槽枥之间，不以千里称也。”由于我们工作上的懒惰、心不细、责任感不强、不掌握育人方法，很可能在只用“一把尺子”的情况下不觉间消灭了“千里马”。看一个学生不能只看学习成绩，要多角度观察他。教育家李维斯编著这样一个寓言故事：森林里的动物们要建一所学校，学校要开设跑步、游泳等课程，规定每个学生必须学好。鸭子是游泳能手，可跑步对它来说就太难了，它磨破了脚掌，勉强过关，可自己的游泳强项也因此变得平庸；兔子是跑步冠军，可是游泳对它来说却是难上加难，由于心理压力大，兔子终于精神崩溃；鹰由于活泼好动，一开始就受到了老师们的严格管制，在爬行课上的一次测试中，他战胜了所有同学，第一个到达顶端，但它用的是自己的方式而不是老师教的那种方式。因此，他并没有得到老师的表扬。学期结束时公布成绩：泥鳅，由于游泳还马马虎虎，跑、跳、爬成绩一般，也能飞一点，因此他的成绩是班级里最高的。毕业典礼那天，他作为全体学员的唯一代表在大会上发了言。这个寓言告诉我们“多一把尺子”何等重要。

总之，在班级管理中，学生的差异是客观存在的。面对这些差异，任何整齐划一的做法都是注定要失败的。正确的选择应该是尊重差异，把差异当做一种资源来开发。教师要全面观察分析每个学生，善于发现学生潜在素质和闪光点，不能用“一把尺子”衡量所有学生，也不能用“一把尺子”衡量一名学生的所有。因势利导，创设有利于学生发挥自己特长，张扬自己个性的学习环境。也就是说班主任要对每个学生负责，要对学生的一生发展负责。

高中学生自主管理模式的探索

张传基

【内容摘要】实行自主管理不能离开本班学生实际。要充分考虑本班学生长期生活的社会环境，考虑他们之前的教育方式及他们对新事物的接受程度，实事求是，把本校较好的班级作为本班的努力方向，让身边好的榜样来感染每一位同学，注重学生的自主意识，培养其自主管理能力，以适应中学生身心更好地发展。

【关键词】学生自主管理　义务　权利

现代班级管理与传统班级管理的区别，主要在两个方面：一是教育者是否充分发挥了学生的自主性，让学生成为班级管理的主体，全体学生能否积极参与班级管理，自觉地担负起班级责任；二是班主任是否能转变角色，从班级管理的“总管”角色中解放出来，更多地思考和做“导演”。本人在所在的县级重点高中的几年探索中，得到了一些体会。

一、学生自主管理的推行的理论依据

高中生正处在人生急剧变化发展的时期。随着社会接触面不断扩展，知识不断丰富，由依赖向独立，由盲目向自觉方向发展，体验自我成就的心理逐步强烈。他们的独立意识和成人感意识增强,热衷于独立自主地进行各种活动。传统的班级管理方式在很大程度上已经不能适应时代发展的要求。注重学生的自主意识,培养其自主管理能力,以适应中学生身心发展的需要已成为大势所趋。

二、学生自主管理效果的预期与目标的确立

有这么一句话:“乞丐不羡慕百万富翁,他只羡慕那些收入比他更高的乞丐。”这句话说明了羡慕通常只存在于同一层面,而且身边的人对你的影响远比那些离你遥远的高大的英雄人物要深远得多。因此,对实行自主管理的效果预期并不能离开本班学生实际。充分考虑本班学生长期生活的社会环境,考虑他们之前的教育方式及他们对新事物的接受的程度,实事求是,把本校较好的班级作为本班的努力方向,让身边好的榜样来感染每一位同学,教育就如春风般“随风潜入夜,润物细无声”。由于学生的原始责任心,对管理效果预期往往比较理想化,因此在遇到挫折时容易灰心,或埋怨同学或否定自己。作为班主任,在引导他们制定管理目标时不能给予太大的压力和不可完成的任务,最好是遵从几何递进的方式让他们在品尝到自主管理果实之后再提升要求(逐步拓展自主管理的层面,提升自主管理的高度)。要求学生定期检查,定期总结效果,通过主题班会、班干会、室长会等形式,让学生表达自主管理的心得体会,引导他们不断地修正自主管理中出现的问题。

三、自主管理模式中学生身份的正确定位

在传统的班级管理中,班主任和班干部是绝对的管理者,普通学生则是被管理者,等级关系比较明显。目标的制订和活动的主动权掌握在老师和班干部手中,绝大多数学生只能按要求去执行。不利于激发学生的参与热情。在自主管理模式中,学生既是目标

的制定者，也是目标的管理者，更是目标的实现者，是管理者与被管理者的统一。学生自主管理体现在人人有事做，事事有人做。班上的很多事情都分给很多人具体管理，比如学风、休息、黑板报、卫生工具、宣传栏、教室的每一台风扇和每一个窗户的开关、每一个宣传栏的粘贴和保管都具体到每一位学生去管理。他在这方面是管理者，在其他方面是被管理者。这样可以培养学生的责任感，让他产生为集体做贡献的自豪感，因为为集体做贡献也奠定了他在群体中被认可的成就感。特别是通过各种交叉性的管理活动，尽可能地为全体学生创造成功的机会，使每一个学生都有展现自我的空间，发挥他们的聪明才智，增强班级意识和班级凝聚力。通过开展班级活动，有利于建立同学之间的人际关系并使之取得协调，学生在共同活动中承担了各种任务，同时与班集体和同学个体开展相互交往，从而建立起“我为人人，人人为我”的行为准则和价值观念。

四、学生自主管理中义务与权利的确定

权利和义务的关系，是一致的，不可分割的，两者之间是互动的关系。没有义务，权利便不再存在；没有权利，便没有义务存在的必要。同时，权利和义务，又是为权力所保障的。权利和义务各有其独特的、总体上又是相互补充的功能。权利以其特有的利益导向和激励机制而更有助于实现人的自由。义务以其强制某些积极行为发生、防范某些消极行为出现的特有约束机制而更有助于建立社会秩序。

自主管理是学生在新历史时期学校生活中的一项权利。自主管理成员有设定班级、宿舍以及小组管理目标的权利，有一定的活动自主权，对组织成员有一定的奖励和处罚权利。权利的享有要以履行一定义务为前提。作为管理指导者的班主任，推行学生自主管理时必须使学生明确应承担的各方面义务。学生自主管理应该承担的义务是多方面的：对自己的义务，对班级的义务，对学校的义务。

五、自主管理下放权与引导

在任何一种管理模式里面，放权是必要的。一个人的能力是有限的，能力再强的人也不能把所有的工作都干完。放权不是放弃，而是集中精力抓好更重要的。

"自主管理"是指班级学生在班主任有意识地培养和引导下，充分发挥自身的主体，协调一致地实现预定的班级教育管理目标的过程。它包含两方面的含义：一方面是指全体学生积极参与班级管理，自觉地担负起班级一部分组织管理工作和思想工作，它主要通过班级干部来实现班级成员的愿望和要求，为班级服务，在班级里起着组织和协调的作用；另一方面是指班级中每一成员，对自己的活动和行为，能够按教育目标的要求，自行控制与调节，为实现班级预定目标而努力的过程。

在学生自主管理模式中，班主任要大胆下放各种权力（管理目标制定的权力，组织班级活动的权力，奖励和处罚的权力）。学生能干的，班主任坚决不要干。大胆放手，把一些具体事务派下去，建立层次分明的立体型管理体系，如公物维修、书刊保管、活动组织、班干部选换、班规制定等等，这对于高中班级管理来说有着重要的现实意义。但由于学生的社会阅历有限，思考欠缺全面性，对问题的看法及处理会过于单一或急躁，从而影响管理的效果。因此班主任的合理及时引导就显得尤为重要。指引学生在管理中坚持以下原则：其一，民主性、客观性原则。学生自主管理的班集体，应是让全体学生参与管理，参与全面管理，参与管理的全过程，即无论班级的大小事情都让学生参与决策、参与行动、参与评价，从而体现他们在班集体中的主人翁地位。其二，公开性、公正性原则。公开是实现民主教育的重要条件和手段。班级管理也应有相当高的透明度，以体现师生间、学生间的平等关系，从而赋予学生了解权和知情权，这样才能调动学生参与班级管理的积极性，建设好班集体。其中实施和推进班务公开是班级民主管理的必要举措。其三，轻松、和谐原则。自主管理的目标不是要制造紧张氛围，而是通过学生的自觉行动实现既定的管理目标。所以管理的效果应是形成轻松愉快、坦诚互信、和谐协调的班级心理氛围。那种管理随意、宽严无据的班级，则造成学生无所适从，或紧张压抑，或散漫懒惰，妨碍学生的健康成长。

实践证明，在班级管理中注意发挥高中生在班级管理中的积极作用，不仅有利于班主任从繁琐的班级事务中解脱出来，而且有利于提高学生的自信心，挖掘学生的潜能，使学生自我价值得以体现，促进班级管理民主化，达成有效的班级管理目标。同时提前培养学生的实际能力，以适应现代社会管理的要求。

高中阶段班级量化管理存在问题及对策

■ 吴宏亮

【内容摘要】推行班级量化管理这种行之有效的管理模式，对于规范学校常规管理、形成良好校风班风都起到了积极的作用，为学生的成长成才创造了有利的外部环境。但是这种管理模式也普遍存在一些问题，针对这些问题，本文也提出了相应的对策。

【关键词】班级量化管理　自我管理能力　自律意识　道德品质

高中阶段班级量化管理是一种根据高中学生的年龄、心理、学习、生活等特点而制定的对学生的出勤、纪律、卫生、学习、生活、劳动、素质等方面做出相应量化综合评价的管理模式，它对培养学生的良好行为习惯，提高学生自我管理能力、自律意识和道德品质等有着极为重要的作用，是班主任的主导和学生的主体地位有机结合，是学校常规管理的重要手段。其实质就是把竞争机制引入到班级的管理中，具体表现为两个方面：一方面由学校的值日老师和学生会干部对各班的纪律、卫生、仪容仪表等方面每一天都进行检查并按照评价标准做出量化评分，每一个星期总评一次，评比出优秀的班级，由学校奖励“流动红旗”；另一方面是班主任通过对本班学生的扣分情况及时掌握班情和学情，做好班级管理工作，促进良好班风学风的形成。

一、班级量化管理过程存在的问题

（一）缺乏大局意识，犯“小团体主义”的错误。

由于学校把班级量化管理的成绩与优秀班主任及其他评优活动直接捆绑，因此，班级量化评比成绩关系到班主任的个人利益。有的班主任管理意识只局限于自己的班级和眼前的利益而忽视整个学校的管理，为了追求班级量化评价少扣分，获得优秀班级，不惜弄虚作假，在学生会干部面前为被扣分的学生辩护；有的班主任甚至阻碍学生会干部对本班的检查。其实这是得不偿失的，班级扣分少了，也可能为班级争来一时的荣誉，却换不来良好的班风，也改变不了存在的问题。相反，这些班主任不仅在学生会干部面前损失了老师的尊严，还会在自己班的学生面前失去威信，一个做人处事没有原则的班主任，又怎能获取学生的信任呢！更何况高中学生已经具备相应的观察能力和判断能力。更为严重的是，班主任的这种“小团体主义”会给学校的管理造成混乱。

（二）过于强化管理者的作用，忽视了学生的主体地位。

再好的管理模式也要由人去落实、执行。作为班级的直接管理者，班主任的作用将是关键的。因此，有些班主任在班级管理过程中热情很高，抱负很高，期望很高，为了在短期内取得管理效果并树立起自己的威信，往往会忽视学生的实际情况而推出自己的治班策略，制订一些班规条约，所谓“新官上任三把火”，希望取得立竿见影的效果，然而“心急吃不了热豆腐”，不了解班情而草率制订的“班规”是没有群众基础的，执行起来困难重重，甚至在推行过程中受到学生的抵制，引发师生矛盾，既不利于学校的教学管理，又不利于学生良好学习行为习惯的养成。

（三）缺乏灵活，忽视学生的个性差异。

古人云：金无足赤，人无完人。高中阶段学生的人生观价值观还在形成过程中，难免会犯这样那样的错误，有的班主任忽视学生的个性差异，用同一个标准、同一个模式来塑造学生，如果学生不按照班主任所要求的去做就会受到严厉的批评；由于学生的家庭环境、社会经历不同，他们的性格特点、习惯爱好也有所不同，有的班主任不能理解尊重学生的个性差异，不能善于发现学生积极的一面，因势利导，教育管理效果往往事倍功半。比如说学生迟到，如果学生满头大汗、气喘吁吁地奔向教室，尽管会被值日老师扣分，但他尽力地跑来，老师应能看出他积极向上的一面。班主任不能一味地批评，要先了解学生迟到的原因，再引导学生该如何培养时间观念、合理安排生活，这样班级管理效果会更好。

二、解决班级量化管理存在问题的对策

（一）“内强素质，外树形象”——要构建良好的班风学风。

班级量化管理评比中，获得“流动红旗”是了不起的成就，是一个班级综合实力的体现，能提升班级的良好形象，对建设一个积极进取的班级有重要意义。要想在班级量化管理评比中脱颖而出很不容易，班内每一个学生的都要严格要求自己，基本上要做到人人不被扣分，才有可能获得“流动红旗”。班级管理要强调“内强素质，外树形象”。荣获“流动红旗”是一种最有效的教育方式，关系到每个学生的形象以及班级形象，班主任重视，学生在乎，学生的主人翁意识就会变得强烈，班级内部就会形成一种争先创优的好氛围，自发形成“班荣我荣，班耻我耻”的班级荣辱观，每个学生都会按照学校要求规范自己的行为。集体荣誉感不再空洞，而是落到实实在在的行动上，良好的班风学风自然形成。

（二）“没有规矩，不成方圆”——要培养学生的良好行为习惯。

著名教育家叶圣陶先生说过：“教育是什么，往简单方面说就是一句话，就是培养良好的行为习惯。”由此可见，养成教育应该是教育的核心。俗话说：没有规矩，不成方圆。养成教育需要班主任在思想上的引导和行为上的规范。班级量化管理过程中，班主任要把班级的目标管理与过程管理结合起来，把培养目标明确化、具体化，让学生在日常学习生活中有据可循。同时，班主任要根据学生的日常表现及时记录并进行扣分或加分，并在班上公布出来，全班同学参与监督，增强班级管理的科学化、规范化和民主化，对于学生良好行为习惯的形成起着重要作用，这样可以避免班级中“一团和气”和“老好人”等消极现象的发生。量化扣分使班级每个人的日常生活学习情况一目了然，有不良行为习惯的同学被一一曝光，不但有损个人形象，还影响到班级获得“流动红旗”。在班主任的指引下，不良的行为习惯将面临全班同学强大的舆论压力，而失去“生存”的空间和环境，班级量化管理营造“形势逼人强”的外部环境，有力地促进学生良好行为习惯的养成。

（三）“管是为了不管”——要提高学生的自我管理能力。

陶行知先生说过：“教是为了不教。”那么可以借用这句话，班级管理的目标就是“管是为了不管”，因而，培养学生的自我管理能力就显得尤为迫切和重要。班级量化管理同时也是一种在班主任的指导下由学生自主对班级日常事务进行量化、评价、管理的方法，它改变了原来由少数班干部管理多数同学的局面，而让每位同学都能参与管理，激发学生对班级工作的积极性和主动性，让学生的能力得到锻炼和提高。班主任要采用班干部轮换制，进一步激发学生的管理热情，让每个同学都能体验到当家做主的快乐，在管别人和被别人管的实践中，加强对学生的教育与引导，提高学生的自我管理能力。

总而言之，在高中阶段学校推行班级量化管理过程中虽然存在一些问题和不足，但是这种行之有效的管理模式对于规范学校常规管理、形成良好校风班风都起到了积极的作用，为学生的成长成才创造了有利的外部环境。

浅谈对学生的分析

■彭剑峰

【内容摘要】学生是班级管理的核心人员因素，班主任做好班级管理工作的前提，是对这个核心人员因素要有细致深入的调查了解。这种调查了解应该落实到每一位学生身上，同时应该是全方位的，要了解学生的过去、现在以及未来的设想，为学生提供符合他们实际情况的切实有效的帮助。

【关键词】调查了解　班主任　学生

过去、现在、未来是班主任了解学生的时空基础，班主任要采用多种方式、方法、途径了解学生。只有了解学生，才能有效地帮学生。班主任要了解学生的行为认知特点，他们有不同的认知方式，班主任必须按着他们的认知方式，施加影响，才能收到较好的效果。

学生是班级管理的核心人员因素，班主任做好班级管理工作的前提，是对这个核心人员因素要有细致深入的了解。不了解学生的班主任，就不可能在学生成长过程中，为学生提供切实有效的帮助，就不可能真正管理好班级。一般地讲，做过几年班主任，凭经验便会对学生有个大概的常态的了解，但仅有此还是远远不够的。班主任应该对学生有个更为细致深入的调查了解。这种调查了解应该落实到每一位学生身上同时也应该是全方位的。班主任对学生了解的程度，将直接影响到班级管理的效果。

一、了解学生的过去

调查了解学生是帮助教育学生的前提。刚刚接任班主任第一件要做的工作，便是要主动地去调查了解学生。其方法有：

1. 通过自然情况的调查了解。

需调查了解的内容大体上包括：姓名、性别、年龄、民族、是否是独生子女、家长姓名、在原来的班级内担任何种职务、有何爱好、简历等。如果是高一新生，还可以加上毕业学校、毕业班级、原班主任姓名等，也可将身高、体重等列入调查了解的内容。上述内容的调查了解可通过绘制成表格的方式进行，这样比较方便一些。对于自然情况，还需要分类整理。如男女生比例，年龄分布，爱好差异等。分类有利于对情况的分析，可作为研究学生成长变化的基点，从而找出规律性的东西来。别小看这些自然情况，只要善于分析，班主任可以从中获得许多有用的信息。即使是姓名看似仅为符号信息，其实也有着家长对孩子的寄托与希望，从中也可以看出家长的文化素养，因为对于中国人来讲名字可不是随便起的。而其他内容，更是具有明显的个性特点信息。班主任要注意到这些个性信息的分析。例如年龄便与学生的生理、心理发育有着一定的内在联系。那些年龄大一些的学生，生理、心理发育往往早于年龄小的学生。年龄小学习又好，基本上是思虑单一、智力又好的学生。年龄又小而学习又好，又是班级干部，那说明这个学生在心理发育上，相对同年龄的学生来讲，比较成熟一些。而作为班主任就要注意到年龄的增加，对这样的学生所带来的生理上的变化以及心理上的影响。一些学生高一还是很用功的学生，到了高二大了一岁，结果跟变了一个人似的。因而不同年龄的学生发展变化有着明显的差异。通过年龄的分析，班主任便能注意到这种差异的存在，这样有助于班主任思想引导工作有目的地进行，做得好可以防患于未然。再如简历的填写，同样能获得不少的有用的信息。一直在一个班级学习的学生与变换过多所学校、多个班级的学生，其对环境的适应能力是绝对不一样的。如果一个学生变换多个学习环境，而学习又很不错的话，那么这个学生对环境的适应能力一定是很强的，如果跟学生谈到环境对人的影响这一话题，这样的学生便可作为学习的榜样。看似简单的一组学生的自然情况，其信息含量其实是很大的。只要班主任善于分析，便可从对自然情况的分析中，获得大量的第一手信息资料。班主任要学会做好这种分析，以利于自己的工作的开展。

2.通过个性习惯、意志品质的调查了解。

这种调查了解可分为两类。一种是对学生日常行为习惯的调查了解，二是对学生日常行为习惯取向的调查了解。这种调查了解可用表格的方式进行，也可用问卷的方式或其他的方式进行。

所要了解的内容都是学生日常生活中已经发生了的事情。学生的个性习惯意志品质，总要通过行为表现出来。也就是说个性习惯意志品质与行为表现有着必然的内在联系，通过对学生日常行为习惯的了解，便可通过所了解到的情况，对学生的意志品质做出分析。就拿吃早饭一事来讲，这里就有个性习惯问题。那么这个习惯是个好习惯，还是个不好的习惯呢？班主任应该不应该帮助学生正确认知这个习惯呢？我觉得班主任有责任帮助学生形成良好的生活习惯，这既有利于身体健康，又有利于学生在校的学习，同时还有利于使学生养成良好的饮食习惯。不调查了解，班主任就不知道哪些学生有不吃早饭的习惯，缺少具体的对象，即使班主任想到了这个问题，也只能是泛泛而言，教育的效果，远不如落实到具体学生身上明显。再如从晚上的睡觉的时间，从所喜欢的明星，从劳动内容的选择，从到校的时间等，都可间接地获得学生意志品质方面的有用的信息。对日常行为习惯的调查了解，班主任还应该注意到要依据学生心理接受程度，有所选择地进行。这是因为有些话题，如果让学生回答，确实很让学生为难。例如，在表格中设计这样一项填写内容“你的学习成绩怎样？”具体分为优、良、可、劣四级，让学生填写。学习好的学生自然有一种优越感，而学习差的学生则会很不舒服。

再如，在表格中让学生填写“在小学初中读书阶段，你打过几次架？”学生或许撒谎，或许直接填写。撒谎者，可能有一定的自尊；而直接填写者，可能已经不在乎了，还可能起到强化的作用。像这样的话题，尽量要回避为好，尽量选择学生较容易回答的中性话题。班主任可以依据所要了解的内容，设计出许多话题，并可将一些话题设计为交叉话题。因为这些问题带有中性的特点，所以不易引起学生的反感，学生回答起来也没有什么顾虑，学生更易易说真话。只要问题设计得合理，班主任便能从多项回答中，分析出学生的个性习惯、意志品质，推测出我们所要了解的情况。对日常行为习惯的调查了解，班主任还应该注意到要依据学生心理接受程度，有所选择地进行。班主任可以设计出许多这样的问题。这些问题都是学生曾遇到过的事情，是学生生活中已经存在了的，有的是学生亲身经历过的事情，但学生却很少去想它，很少去思考。学生对这些问题的认识，实际上，早就以自然的潜在的形式存在于学生的认知中，并支配着学生的言行。当班主任通过这样一种方式，将其明朗化后，便会引发学生的思考，而这种思考是建立在学生真实认知基础上的思考。班主任在学生思考后的答案中,可以获得大量对学生了解的信息。依据这些信息,班主任可以对学生个性特点意志品质做出判断,找出思想引导工作的重点,发现需要解决的问题,使工作做到有的放矢。

二、了解学生的发展现状

这种了解应该是动态的了解。在调查了解的过程中,应该侧重于相关材料的积累分析。因为现状的本身是一个不断发展变化的过程。而调查了解的目的,便在主动地把握这一变化过程,使之成为学生不断进步的一个过程。平时看上去,班主任每天都在与学生接触,但如果不注重相关材料的积累分析,班主任对学生的了解很容易停留在表面现象上,或停留在片面或局部的认识上。班主任的记性再好,也不可能把与学生接触过的,与学生相关的事情都记住。就拿大家都关心的学习成绩来讲,说到某一个学生时,可能记得近一两次考试成绩,或记住某几科的成绩,但很难全部记住,更何况是全班的学生。如果需要对某一学生的学习态度做出评价,或对全班学生学习情况做出评价,那么这时便常常会局限于感性的认识上。

如果平时注意到全班学生学习成绩资料的积累,只要把几次成绩做一下比较分析,便可看出学生在学习上的变化发展趋势。是进步了,还是后退了,就能看出进步、后退幅度的变化情况。再如对学生迟到早退的记录,依据记录做进一步的分析,可以从中反映出许多问题。偶然发生与经常性发生,其原因必然不同,偶然发生与偶然发生其原因也会不同,经常性发生与经常性发生其原因也会不同。因为现象的相同,不等于原因的相同。同一现象可能是由多种原因造成的。学生迟到早退,可能是天气的原因,可能是身体原因,可能是思想原因,可能是一种意识习惯,也可能是意志问题等。要不然，学生有时可能在外在压力下从表面改正了错误，而内心深处的认识却没有变化。压力可以使学生达到班主任提出的要求，但屈从于压力的改正又很容易使学生的个性发生扭曲，这种扭曲往往表面上看不出，但对学生以后的发展会产生不利的影响。要做到从原因解决问题，班主任就需要想得细些，分析得细些，这样才能对症下药。这个细的前提便是对现状动态情况的了解。对学生发展现状的调查了解，可涉及的内容很多。有学习方面的：课堂上的表现，完成作业的情况，考试成绩等。有纪律方面的：课堂上的表现，自习课上的纪律，课间的纪律，活动中的纪律等。有出勤方面的：全天出勤情况，课堂出勤情况，活动中出勤情况等。有劳动方面的：每天的收拾卫生，校内校外的劳动，家务劳动等。有思想品德方面的：人际关系，对事物的看法认识等。还有意志品质方面的，个性特点方面的，行为习惯方面的等。

班主任在自身的工作实践中，可不断地扩充完善需要了解的内容。需要调查了解的内容很多，需要整理分析的信息量也很大，这些都由班主任自己来做，恐怕很难完成。在实际上操作上，班主任可以有针对性地确定重点需要调查了解的内容。有些调查了解的内容可同班级常规管理结合到一起，指派学生帮助完成。

学生的参与，一来可以解决资料积累的所需时间问题，二来可以帮助班主任了解到更多的实际情况，三来可以调动学生参与班级管理的积极性。虽说需要调查了解的内容很多，但分解开去，一人一项或几人一项，也是不难完成的。在资料积累的形式上，班主任可根据不同的内容，确定不同的形式。像学习成绩、出勤记录、完成作业等多用表格式的，而课堂纪律、劳动分工、人际关系多用记录式的。但对所积累资料的分析，需要班主任自己来完成，有的分析也可让学生参加进来，因为有时学生比班主任更了解学生的实际情况。

当班主任对学生的发展现状做到了心中有数后，帮助教育学生也便有了依据。

三、了解学生对未来的设想

在对学生情况的调查了解中，这是最容易为班主任所忽略的一个方面。尽管对未来的认识不存在于现实生活之中，但却决定着现实生活的走向。看来是虚的，实际上却有着实实在在的意义。试想，一个对未来生活有追求的人，与一个对未来生活没有追求的人，其现实中的生活态度，工作的热情，为人处世的方式等能否一样？看似生活在同一个蓝天下，处于同一时空中，实质上差异是很大的。人的生存方式，很多时候是虚实的结合。人不可能不回顾往事，当人回顾往事时，人的意识便处于以往的时空之中；人不可能不向往未来，当人向往未来时，人的意识便停留于未来的时空中。往事的回顾也好，未来的向往也罢，不可能不引发人的情感波动，而这些往往又会带来意识上的、观念上的、行为上的变化，而这些变化又往往会成为新的现实起点。就个人而言，现实往往是非现实的回顾与想往的再现。没有此便没有彼。一个人不想早晨去公园散步，在公园晨练的现实中便没有他的身影。某一天，这个人感觉身体状况不太好，想想以往是不是太懒了点，想想同事说的晨练对身体的好处，觉得自己也应该锻炼锻炼身体，这时很自然地会想到如何晨练的问题，便可能想象到去公园晨练的情境。想好了，第二天来到了公园，于是在公园晨练的人群之中便有了这个人的身影。其实现实生活，就是人的想象中的多种可能中的一种可能。这种由非现实转为现实的事每天都在发生着。有些是人们有意为之，有些是无意为之。有意为之，是自我意识在现实中的体现；无意为之是一种习惯意识支配着我们的生活。有意为之，人的行为表现为一定的有目的继承性；无意为之，人的行为表现为习惯性行为的继承性。有意为之，人的行为可发生有目的方向性的转变；无意为之，行为的方向性的转变常常为一种不自觉的行为。社会的进步，更多的是人类有意为之的结果。就像中国社会现代化的发展，实际上是把想到的可能转为现实的过程。为了实现这种转变，国家公布社会未来发展计划，让人们了解国家未来的发展趋势，而这种了解将激励人们更加努力地工作。其实作为个人也有这样的计划，有的具体些，有的朦胧些，有的仅存在于人的潜意识中。

了解学生未来的设想，便是这样的一种情况了解。

班主任知道了学生对自身未来发展的设想，就能主动地去帮助学生实现这样设想。班主任不了解学生对未来生活有何设想，又怎能谈得上帮助学生走好以后要走的路呢？了解了才能谈得上影响学生，才能谈得上帮助学生，才能谈上从学生的发展的角度来指导学生。这种了解，还有着提醒学生思考这个问题的作用。学生在教师没提醒之前，可能没有去思考这个问题，班主任提醒了，就会引起学生的注意，引起学生思考这个问题，学生对在现实的选择上就多了一种可能，而这将有利于学生的发展。了解学生未来的设想就其内容方式来说，可以是多种多样的。一般来讲，有消极设想的人很少，更多的学生设想呈积极态度。对于班主任来讲，有消极设想的，班主任更应有耐心。学生的消极自有消极的原因，班主任要进一步了解这种原因，帮助指导学生转为积极的设想。具有积极设想的学生，班主任应该给以更多的关注，给以更多的指导，给以更多的鼓励。只要学生有设想就好，不管这种设想是长期的，还是近期的。班主任应该帮助学生努力实现设想，帮助完成由一种可能向成为现实的转变，这样会使学生在校活动更具目的性，更具主动性，同时随着时间的推移，随着学生的成熟，学生对人生的认识也将更具有理性。

过去、现实、未来是班主任调查了解学生的必须把握的时空基础。过去是现实的基础,而未来是现实的追求,这是一个动态的过程,不断变化的过程。班主任不了解学生,就会在这一动态变化过程中,处于被动地位,而无法为学生提供符合他们实际情况的切实有效的帮助。

浅析班主任与任课老师之间的关系

■ 陈利华

【内容摘要】班主任是一个班级的教育者、组织者和协调者，是班级联系学校、家长和任课老师的桥梁。班主任如能与任课老师建立良好的关系，对减轻班主任的工作负担，加强信息交流，充分发挥任课老师的主动性、积极性和聪明才智，优化教书育人环境，多角度地开展班级整体建设起着十分重要的作用。班主任与任课老师应协调好关系，充分发挥任课老师的主观能动性，激发任课老师的激情，在管理方法和教书育人的目标上达成共识，做到彼此心心相印，心灵相通，这样才能心情愉快地投入工作，管理和教学才能相辅相成、事半功倍。那么班集体才会成为优秀的班集体。

【关键词】班主任　任课老师　良好关系

一、班主任与任课老师建立良好关系的重要性

班主任是班级工作的开展者、组织者和管理者，没有务实有序的管理工作，就没有良好的班级班风建设，学科教学的开展也会步履维艰；但是，如果只靠班主任“孤军奋战”来维持整个班级的管

理，也很难收到良好的效果，甚至有的时候会因为教育方法单一而导致学生的反感。很多时候，在管理过程中，任课老师的重要性是不容忽视的。任课老师在传授知识的同时，也在培养学生的品德，也在为班级的建设努力。忽略任课老师在班级管理中所起的作用，不仅会使班主任与任课老师感情生疏，在教学和管理上不能达成共识，也会使班主任不能全面地了解学生和合理地评价学生。一个班级的荣辱兴衰，要靠全体老师的团结协作、共同努力。班主任与任课老师应协调好关系，充分发挥任课老师的主观能动性，激发任课老师的激情，在管理方法和教书育人的目标上达成共识，做到彼此心心相印，心灵相通，这样才能心情愉快地投入工作，管理和教学才能相辅相成、事半功倍。那么班集体才会成为优秀的班集体。

二、班主任与任课老师建立良好关系的前提

能力是顺利完成某种活动所必须具备的前提。班主任首先是一个任课老师，应具备优秀任课老师的基本条件，掌握娴熟的执教能力，受学生欢迎，这样，老师们与这样的班主任合作，才会轻松愉快、有成就感。娴熟、优良的执教能力是班主任教好学生、树立威信、扩大影响、增强凝聚力的重要条件。正所谓“亲其师，信其道”，学生通过由敬重教师的才华上升到对教师的拥戴。这样，才能在教育活动中和学生沟通，受到学生的信任与爱戴。其次，作为一个班主任，应当具有较强的责任心和比较全面的组织管理能力。全面的组织管理能力是班主任能力素质的核心。班主任毕竟是班级的组织者和管理者，班级班风建设的好坏直接决定于班主任的责任心和管理水平。只有责任心强，会管理的班主任，才能带出好的班风和学风，学生的学习才能搞好，学生个性特长才能得到尊重，教师的才情才能得到充分施展，教师的课才上得轻松、上出味道来。最后，班主任要有好的个人修养。仅有“才”不够，还要有好的“德”。这既是师德对班主任的要求，同时也是班主任受任课老师欢迎的一个重要条件，即使前面两个方面做得好，这个方面却不称职，都会极大地损害班主任的形象，进而失去对学生和任课老师的向心力。如有的班主任自以为能干而不把任课老师放在眼里，特别是看不起那些能力稍欠缺的任课老师；有的班主任心胸狭窄，目光短浅；有的班主任喜欢评头论足，搬弄是非等。所以说，只有德才兼备的班主任，老师们才乐意与这样的班主任合作，带着轻松愉快的心情工作，对未来充满希望。

三、班主任如何优化与任课老师之间的关系

第一，班主任要关心和帮助任课老师。班主任对任课老师适当地关心和帮助，是两者之间建立和保持良好关系的有效途径。只要善于把握，在工作上相互关心帮助的机会还是很多的，如某老师人在外地不能及时赶回来上课，需与班主任调课的，班主任要尽量给予方便；段考或期考结束后因任课老师兼的班多，改卷任务重，班主任可在适当的时候帮帮忙，任课老师会非常感激的。在生活上帮任课老师解决一些实际问题，如任课老师有困难时向他们伸出援助之手，任课老师住院班主任看望生病教师，教师节、新年组织学生自制卡片，写上其肺腑之言送给辛勤培养他们的任课老师等。工作上的支持帮助和生活上的关心爱护会使任课老师倍感温暖，这样班主任与任课老师的关系就更“铁”了，任课老师对该班的工作也会更投入，更有激情了。

第二，班主任要与任课老师多接触，多交往。任课老师是自己的同事，更可以成为自己的朋友。班主任常与任课老师一起参加如打球等活动，能增加相互了解，加深情感；班上有如班会、家长会、春游、野炊、晚会等活动的时候应积极邀请任课老师参加，这会让任课老师进一步体会到被人尊敬和重视，能增进相互间的情感，促进教与学。常与任课老师谈论班级的有关情况，体现了班主任对任课老师的尊重和信任，也能使任课老师畅所欲言，使班主任对班级情况的了解更及时、全面，管理、教化班级更有针对性。任课老师对班级建设所提的中肯的意见或建议班主任要积极采纳，这样他们才会常提、多提意见或建议，推进班级建设。大致每月召开一次任课老师会议，及时交流学生情况，群策群力。

第三，班主任要与任课老师的家人建立良好的关系。班主任不仅要与任课老师建立良好的关系，并细心呵护，使之稳固、长久，而且还应重视和加强与任课老师的家人建立良好的关系，如遇见任课老师的父母、丈夫等应主动、热情地打招呼，有时逗逗他们的年幼孩子，关心他们子女的学习、生活。如果自己有某方面的特长，如会电脑、打球、弹钢琴、英语等，可经常给他们的小孩在这些方面予以指导，平常到任课老师家串串门，节假日又到他们家走动走动。这些看似平常的事却能博得教师们的好感，这对与任课老师良好关系的形成和巩固有着不容忽视的作用。作为班主任，应重视它，研究它，用好它。

第四，班主任做好服务与协调工作。班主任要有服务精神，为学生服务，为任课老师服务，这是班级建设的需要。班主任为学生的服务工作做得好，学生就会有个好的学习、生活环境；班主任为任课老师的服务工作做到位，教师的工作就好开展。如座次表是班上学生的座次及名单，有了它就便于师生交流和教学活动的开展。班主任要早早把它印出，及时发到班干和任课老师手上。段考、期考成绩出来后，很多任课老师都想关心所教班级的情况，有不少班主任甚至包括一些老班主任常常对这些问题有所忽略，致使任课老师对所教班级的全面情况一无所知，导致他们对班主任的工作产生怨言，对该班的情感进一步淡化。此事虽小，但不可小觑。班主任是任课老师的排头兵，要做好任课老师的协调工作，把握好整体。只有这样，教学工作才能协调发展，才能形成教育合力，提高教师群体的战斗力，增强教育教学效果。

总之班主任应该做好以下三方面的工作。一是协调好任课老师各学科间的关系，与任课老师就科学育人、全面育人方面达成共识。二是协调好任课老师确定学生的教育教学的目标和内容，使每一任课老师都清楚每一阶段班级工作的重点和难点，达到因势利导、因材施教的目的。三是协调好任课老师教学时间和作业量，统筹好学生的学习时间，使学生全面发展。针对学生的学习心理和学习规律去因材施教，因此班主任只有协调好任课老师，才能形成和谐的人际关系，促进任课老师乐业，使其拧成一股绳，教和学产生共振，才会产生智慧和火花。

教育家马卡连科曾这样建议："教师应该是这样一个集体：有共同的见解，有共同的信念，互相帮助，没有猜忌，不追求学生对个人的爱戴，只有这样的集体，才能够教育儿童。"班主任需要与任课老师建立良好关系，也应力争与任课老师建立起这样良好的关系。

（获广西教育教学论文比赛一等奖）

【主要参考文献】

1. 南京师大教育系编：《教育学》，北京，人民教育出版社，1985。

2. 陆海富：《班主任班级管理的艺术》，哈尔滨，北方文艺出版社，2008。

3. 魏书生：《班主任工作漫谈》，桂林，漓江出版社，2002。

4. 道客巴巴，企业档案——培训资料：http://www.doc88.com/p－615600293555.html。

班主任如何处理与家长的关系

原金池

【内容摘要】班主任与学生家长必须有效沟通。做到有实效的双方互动——就学生的思想、心理、学习等方面的问题共同切磋，相互理解，达成共识，以便从全方位了解学生，从而去影响、引导学生，达到学生自我教育的目的，最终促进其全面健康地发展。

【关键词】班主任　家长　有效沟通

学校、家庭、社会是对学生进行素质教育的舞台，而家庭与学校教育合力的大小，对学生的发展起着基础性的作用。如何使学校与家庭教育合力趋于最大化，其中最重要的因素之一当属教师与学生家长的有效沟通。

一、当前存在的问题及其原因

1. 在沟通的思想认识上存在着急功近利的倾向。班主任与家长往往把沟通简单化、空泛化，主要表现为沟通前准备不足，沟通后追踪不到位。有效的沟通应该是教师与学生家长在沟通前充分准备(尤其是提出沟通的一方)，沟通中双方互动，就学生的思想、心理、学习等方面的问题共同切磋，相互理解，达成共识，以便从全方位了解学生，从而去影响、引导学生，达到学生自我教育的目的，最终促进其全面健康地发展。教师与学生家长沟通时，尤其应该关注学生的心理、情绪、思想素养。但在现实的情况下，有些教师在沟通中往往不愿听家长谈有关孩子学习以外的情况；有些家长，则不切实际地向教师提要求，要最好、最高、最全。

2. 沟通形式单一，沟通无实效。目前来看，我国大部分中小学校的老师主要采取家长会的方式与家长沟通，在家长会上又只是笼统的强调学习成绩，并且由于既要顾及成绩好的学生家长，又要顾及成绩较差的学生家长，所以老师在家长会上谈的多为共性，对每一个家长正确定位自己的孩子并没有提供实质性的意见。因此，很多家长会只能解决一些形式上的问题。而家访、约见等形式又因为种种原因常常被老师遗忘或回避。

3. 在沟通时机上重结果而轻过程，且沟通无系统性。具体表现：和家长的单独沟通更多是在学生出现问题以后，如打架、逃学、吸烟、酗酒等情况下才进行沟通。这恰似“堵”与“疏”的关系，教师的工作应该是“疏导”，应注重过程的掌控。反映在沟通问题上，学生出问题时要沟通，而平时更要形成与家长的系统性的沟通，以防头痛医头，脚痛医脚。

产生这些问题的原因有很多，我认为主要有以下几个方面：首先是从整个大的社会环境来说，素质教育虽然一直在倡导，但社会的大环境没有改变，在这种情况下考大学就是学生家长的首要要求，而升学率成了评价教师和学校的唯一标准，所以重成绩而轻能力成了造成以上问题的根本原因。其次是任课老师课程紧任务重。现如今老师除了要上好课，还得配合学校的各种评估、个人职称评定、课题研究等，占据了任课老师的很多时间，导致任课老师很难大范围深入地与学生家长进行沟通。再次，如今教师趋于年轻化，很多都是刚从大学毕业，在与家长正确沟通方面还缺乏经验，在与家长沟通时不能很好地运用方法，解决问题。

二、与家长沟通的方式

首先，开家长会是班主任与学生家长沟通最常用的方式。要让家长起到应有的作用，就要做充分的准备，运用合理的形式。在开家长会之前班主任要做充分的准备，确定好主题，以免在家长会上出现随意性和盲目性。同时要避免满堂灌的家长会，召开家长座谈会时，有的班主任口若悬河，而家长们则噤若寒蝉，以致座谈会出现教师单纯汇报情况的局面，将家长座谈会开成了训话会，家长话匣难开，不能很好交流沟通，使家长座谈会难以达到预定目标。因此在召开家长会时要尽量做到民主开放，要腾出时间给家长说。给家长以说话的机会，家长会有被尊重的感觉。虽然有些家长会借故推辞，但内心还是很高兴的。这样一来，家长与班主任的关系也拉近了一步。

其次是家访。访问是老师与家长沟通的最佳方式。一方面可以面对面地与家长交谈，能交流更多的信息，另一方面能亲眼目睹学生的家庭状况，此外也能体现老师对学生的关心和对家长的尊重。无形中拉近了老师与家长的距离。但这种方式的局限性很大，它要求老师与家长居住的位置要比较近，要求老师有足够的时间等。但当今社会能同时满足这些条件的情况很少。因此，这种方式虽最好，但不是能够得到推广的方式，但即使这样，老师也要尽可能地对具备这样条件的家庭进行适当的访问。

再次是约见。约见也是班主任与家长沟通的必不可少的方式。在约见家长时如果自己能联系上，最好不要让学生通知，应主动与家长进行联系，以表示老师的诚意与对家长的尊敬。最关键的是在电话中可以与家长沟通好见面的时间、地点，以免耽误家长的工作。

最后是电话联系，目前电话联系是班主任与家长沟通最常用的方式，也是最快捷、最方便的方式。这种方式基本不受时间、场所的限制。有时可随时联系。这种方式保证了家庭与学校教育的结合落到实处。

三、班主任与家长沟通的艺术

首先，要尊重学生家长。尊重学生家长是处好班主任与学生家长关系的首要条件，不论在任何情况下请家长到校，都应主动给家长让座、倒水，特别是因为学生犯错而要求学生家长到校时更应注意这一点。现在的家长其实也都希望能有一个引以为荣的子女，也都很爱面子，他们也都是“望子成龙”、“望女成凤”的，孩子出了问题已经使他们懊恼不已，这个时候班主任决不能“越位”训斥家长，把对孩子的气撒在家长身上。请家长来主要是解决问题，寻求一种“合力”来帮助学生发扬优点，改正缺点，争取新的进步的。

其次，与学生家长交流要讲究语言艺术。在与家长交谈时要注意你们是平等的关系，切不可说话时居高临下，盛气凌人，尤其是在学生犯了错误的情况下，班主任说话一定要随和、婉转，不能把对学生的不满发在家长的身上。如果说话不注意方式，脾气好的家长可能还会礼貌以对，脾气暴躁点的家长可能就会当场责备班主任，以使你下不了台，也使问题无法解决。

再次，在学生家长面前做到多表扬，少批评。现如今很多学生都是独生子女，孩子就是家长的骄傲，如果在与家长交谈时，一开始就数落学生的缺点，一定会引起家长的不悦，不利于后面的交谈与沟通。因此，在与家长交谈时最好先说说学生的优点，在家长面前肯定他孩子的闪光点，以使家长对老师、对孩子都充满信心，然后再委婉地提出学生现在存在的问题。这样可以使家长更容易接受，也使家长与班主任更易交心。

最后，与家长沟通要善于倾听。不少班主任在约见家长时，说得多听得少，只顾自己痛快，情绪发泄完事，自己累了，家长耳朵也塞满了，家长原先准备的话还没说出来，只好闷在心里，回去再拿孩子撒气。所以，教师不如换个方式，当个听众，先请家长谈谈学生在家的表现，以及发现的一些蛛丝马迹。倾听有两个好处，一是营造平等的谈话气氛，二是便于从中捕捉信息。现在的学生家长很多都有很高的学历，有很高的认识水平和管理孩子的水平，如能经常征求并尊重学生家长的意见，会让家长觉得我们当老师的比较民主、诚实可信，有利于班主任和家长的联系沟通。

【主要参考文献】

1. 金建明:《浅谈班主任与家长沟通时要注意的问题》，载《徐州教育学院学报》2007 第 1 期。

2. 张传达:《班主任如何架起与家长沟通的桥梁》，载《成功(教育版)》2007 年第 5 期。

3. 刘年春:《班主任如何与家长沟通》，载《民营科技》2007 年第 8 期。

4. 姜霞:《班主任与家长沟通的方式和艺术》，载《现代企业教育》2006 年第 11 期。

5. 邱洪平:《班主任与家长协同教育提高学生素质》，载《中小学教师培训》1993 年第 12 期。

6. 王保文、马丽香:《家长会要不拘一格》，载《教书育人·教师新概念》2006 年第 12 期。

7. 陈立凤:《中小学教师与家长在沟通中存在的问题及对策》，载《现代中小学教育》2005 年第 11 期。

8. 丁翊春:《与家长沟通要讲究策略》,载《教学育人·教师新概念》2006 年第 11 期。

9. 徐燕南:《新时期班主任与家长合作的策略》,载《教学与管理(小学版)》2003 年第 11 期。

10. 高登朝:《重视家校沟通　开好家长座谈会》,载《青海教育》2007 年第 7 期。

激励，托起学生未来的希望之光

陈　景

【内容摘要】激励，不仅给人一种积极向上的力量，激发人产生实现理想的欲望和冲动，甚至能改变个人的人生轨迹。正处于青春期的青少年，更需要来自各方的激励。作为教师，只有点燃学生心灵的灯芯，才能让学生发出耀眼的光芒，穿越黑暗。在激励中成长的学生，将不断完善自身，充满自信。

【关键词】激励　经常性　及时性　有效性

每个独立的心灵都需要激励，如同春天播撒下的幼苗，需要温暖的阳光和甘甜的雨露滋润，才能发芽，才能茁壮成长。正处于青春年华的青少年，更需要来自各方的激励。作为教师（特别是班主任），只有点燃学生心灵的灯芯，才能让学生发出耀眼的光芒，穿越黑暗。在激励中成长的学生，将不断修正自己，完善自己的人格，充满自信。

激励，在《现代汉语词典》中的解释为“激发鼓励”。台湾著名作家於梨华回忆道：“在我 14 岁那年，语文老师把我叫到办公室，指着一篇作文说，‘你的这篇作文写得实在好，明天我把它贴到布告栏上。好好用功，将来你可以做一个好作家，你可一定要记住我今天的话哦！'正是老师的这些话，点燃了我心中的激情，让我对自己的人生有了一种瑰丽的构想和期盼。"所以教师在日常教学管理中，运用好激励的招数，做起工作来会更加的得心应手。

如何在教育教学中运用好激励招数，笔者认为有以下三部曲：

一、激励的经常性

许多学生对未来的成功都充满着期待，渴望实现自己的人生价值，但是在长期的学习生涯中，他们被难以学懂的知识，难以完成的作业，难以通过的考试压垮了弱小的身躯，这时，如果他们的内心缺少来自周围的激励，就会在坎坷的求学之路上被失败蒙住双眼，再也看不到前方美丽的风景。所以，教师就要经常对班级里的学生进行激励。

1. 利用每周班会课的时间，向学生推荐一个故事。故事蕴含了一定的哲理，能激发学生的热情，美其名曰"用故事说话"。利用这些故事，鼓舞激励学生。如《发光，从现在开始》，故事讲述了一位大学里的数学老师在学生毕业前的最后一节课上，通过太阳、天狼星、牛郎星和织女星的光线走到地球上所需的时间，告诉学生们最朴素的道理，"人生就像天际中的一颗恒星，我希望你们从现在开始，从此刻开始，努力地发光。10 年后，20 年后，我就能见到你们最亮丽的人生"。教师在讲故事的过程中，可以观察学生的表情，有的放矢地融入自己的感受，让学生在"感兴趣"地听故事的同时，获得心灵鸡汤的抚慰。

2. 借助周记平台与学生交流。作为语文教师，笔者要求学生每两周写一次周记。同时，作为班主任，笔者通过周记走入学生的心灵世界。从开学初到现在，学生在周记中诉说自己进入高中以来的五味生活。面对不同学生周记中提到的各种问题，有针对性地进行解答。不变的宗旨有一条“不忘激励”。所以，学生周记中经常有如下评语回复：“相信你会做得更好！”“你协助老师管理班级，是老师的得力助手，希望在学习上你也是老师最骄傲的学生！”“未来的大作家，希望老师能做你的第一个读者！”“大明星（与某明星的名字接近），你也是最闪亮的那颗星吧，那么，从现在开始积聚能量吧！”通过周记反馈回来的情况，学生对班会上的“用故事说话”的激励方式是满意的，用他们在周记中说的话就是“我要让自己发出最耀眼的光芒，我要积累能量，让别人目瞪口呆”！这就激发了学生奋斗的动力和激情，何乐而不为？

二、激励的及时性

高中阶段的学生，特别是住校生，远离了父母的视线，就像是脱离了牢笼的小鸟，有了更多的自主决定权，他们容易扩大自主权，在行为上出现偏差，逆反举动，尤其是男生表现得更严重，会出现各种违纪现象。此时，教师既要对这类学生进行严肃教育，又必须关注后续动态，及时发现这些学生的闪光点，在全体学生面前大力表扬他们，让他们“无路可退”，只好奋勇前行。每个学生都渴望得到教师的表扬激励，一句简单的话语，学生都会兴奋一整天，既然如此，何必吝啬那些激励的词句呢？

不完善之处需要激励，完美之处更需要激励，而且最好是在第一时间，抢在人先。比如，以笔者的经历为例，学校高一、高二年级在11月份有黑板报评比。我提前交代宣传委员要在规定时间前完成，剩下的工作就交给学生自己处理了，我不过问。评比结果新鲜出炉时，我无意中了解到本班荣登了榜首，并且第二名与我们的总分相差了十几分。课间到班上时，刚巧宣传委员在走廊站着，我立刻给了她一个拥抱，并告诉她这个好消息。她没反应过来，愣了，还问道：“老师，会不会弄错了？你看清楚了吗？”我从她的话语中捕捉到了一些信息。当晚晚读时,我将“拥抱事件”描述了一番,班上学生只感兴趣于老师拥抱了宣传委员,而对黑板报得奖似乎不感冒。我及时调整思路,将侧重点转移到“我们的总分比第二名多了十几分,全年级只有我们班的总分在九十分以上”。学生没想到我们班那么厉害,“哗”地欢呼起来。他们终于感受到自己的强大。打铁还需趁热,我借机大力表扬了负责此项工作的班干们及为此付出努力的同学,不忘问一声:“有没有漏掉哪位无名英雄?”立即有同学提醒,我一并表扬,同时请大家一起为这些“英雄们”鼓掌。我发现,雷鸣般的掌声将所有人的心都凝聚到一起了,体现了班级的凝聚力。接下来,我以此事作为基点,向他们陈述了最朴素的道理:付出总会有收获,你的付出与收获成了正比呀!激励学生在生活中要有付出精神,不计较个人得失。

如此一来,学生还能埋怨老师的关注不够吗?

三、激励的有效性

如果说,“经常性”与“及时性”体现的是教师工作的耐性与细致,那么“有效性”考察的则是教师的感染力。有效激励需要教师会“煽情”地调动学生的积极性,激发学生的热情。比如要进行广播操比赛,学生刚开始斗志昂扬,慢慢地在练操过程中失去热情,这时就需要教师去“煽情”了。挑了自习课的时间出现在教室里,聊起昨天和别班同学的谈话。

对话内容如下:

师:你们班主任生病回来,你们有什么表示?

生:没什么表示……不过我们想在广播操比赛中拿个第一,回头买蛋糕庆祝一下!

我装出无奈的样子,对学生感慨道:“你们看,×班的班主任多幸福啊!不知道我有没有机会吃蛋糕?”学生眼中闪过一道光,他们喊道:“不就是蛋糕吗?我们拿了第一就去买回来!”我逮住机会问道:“大家有没有信心拿第一?”学生答“有!”不过底气不足。我说:“声音不够洪亮,到底有没有信心拿第一?”这次学生不再犹豫了,78个声音齐呐喊:“有!”我见好就收:“那我们现在下楼练操吧!”学生动作迅速,不用我催了。

可见,煽情点找准了,激励的成效立竿见影。学生有了动力,老师就可以在一旁偷着乐了。

一位人才学家曾说:“许多人的平凡或平庸,其实与命运没有任何关系,而是成长的过程中缺乏一个不断激励他积极向上的人文环境。他人的赏识和自我的激励,往往能让一个人雄心勃发、豪情满怀,在通向卓越的路上义无反顾、百折不挠。”

教师在做工作时利用好激励手段,能让学生充分体会到自信带给心灵的快乐,点燃学生渴望成功和优秀的奋斗之火,能让学生透过现在看到未来美好亮丽的人生!让激励照亮学生的心灵,成为托起学生未来的希望之光!

采得百花方成蜜，为谁辛苦为谁甜

——班主任工作漫谈

江壮生

【内容摘要】班主任，就像一只小蜜蜂，每天忙个不停，班主任工作为谁辛苦为谁甜？为自己、为学生、为学校、为家长、为社会。班主任工作要有技巧，意欲采得百花方成蜜，需从师生共识、授人以渔、持续鼓励、扬善规过、堵疏点面等方面下功夫。

【关键词】辛苦　甜蜜　成果

唐朝诗人罗隐有诗云："采得百花方成蜜，为谁辛苦为谁甜？"作为班主任，就像这样的一只小蜜蜂，每天忙个不停。我们为谁辛苦为谁甜？我们应该如何做才能享受甜蜜？

屈指算来，从1995年出来工作至今，我做班主任工作居然已经有14年之多，两年的初中班主任工作，十二年的高中班主任工作，十几年的班级管理，十几年的学习思考，让我慢慢找到了一些班主任工作的"秘方"，现在拿出来分享，希望对读者有所启发和帮助。

一、为谁辛苦为谁甜?

思想决定行动,有什么样的思想动机就决定了什么样的行动质量。为谁辛苦如此?为谁甜蜜这般?如果这个问题没有得到很好的解决,那么就难以得到真正意义上的成就,他的事业就难以得到可持续性的发展,最终难以收获体现生命重量的真正的甜蜜。

1. 为自己。必须明确这一点,我的辛苦肯定也是为了自己。当然,这并不仅仅体现在名与利上。虽然班主任工作做得好,作为学校领导和教育管理部门,往往也会给予一些名与利。作为班主任,作为教师,他一天的时间大部分就在教学管理中度过,如果他不能把这份工作当做自己的事业,不能在这份工作中倾注自己的心血,不能在工作中收获快乐和幸福,那么,他就是不幸的。毕竟,他不是学校的临时工,而是教书育人工作的长工,长期从事的工作居然没有自己想要的乐趣,那真是一个莫大的悲哀。人总是有精神需要的,作为一个教师,作为一个班主任,他的精神满足主要来自自己从事的教书育人的工作中。我们的甜蜜来自教学的成效,来自学生的成材,来自周围人的肯定。所以,为了这样的甜蜜,我们采尽百花,我们辛勤酿蜜,这一切的行为,我们可以用一个字来形容:值!

2. 为学生。俗话说:“铁打的营盘流水的兵。”我们老师、学校,就是铁打的营盘;而学生,来来去去,如流水一般,就是流水的兵。所以有些责任心不强的老师就会有意无意流露出这样的看法:学生嘛,教谁都一样,我只是当老师的,几年又一届,他们结果如何,看他们的努力与造化吧。可以这样说,在教师的地位待遇都不高的今天,这样的老师肯定不少。其实,流水的兵也是有生命的兵,也是父母兄弟亲人的兵,也是有思想有感情、追求成功渴望幸福的兵。我们得对这些兵的现在负责,对他们的将来负责!如果通过我们的努力，他们能够得到更好的发展，那就是对他们做了件功德无量的事情。何况，我们的责任，我们的使命，就是带好这些兵。所以，为他们劳心劳力，我们责无旁贷，我们义不容辞。

3. 为学校、为家长、为社会。我们从事的是教书育人的工作，我们的成败荣辱跟学校、家长、一方社会关系很大。我们不能说自己的工作只关系到自己，自己仅仅是“为稻粱谋”而已，与其他人无关。要知道，自己的工作关系到一个学校的声誉，关系到一个家庭甚至一个家族的兴衰，关系到一方社会的发展。如果我们培养出一个人才，那么相关的人或地方多少会受到一些正面的影响；相反，如果这个学生最终不能成材，那么他就有可能成为一个负担。可见，“为谁辛苦为谁甜”，我们的辛苦与甜蜜，是多么有意义的事情啊。

总之，虽然我们不敢自我标榜自己从事的是太阳底下最光辉的事业，但是，有一点我们是必须明确的，那就是我们教师、班主任是通过成就学生来成就自己的，学生的成就越大，成就越多，那么，我们老师也就越有成就感；反之，如果学生普遍感到失败，那么，我们老师的成就感也就荡然无存了。

二、采得百花方成蜜

端正了思想，明确了我们工作的目的意义，接下来就是要想方设法把班主任这份神圣的工作做好的问题。蜜蜂酿蜜，需要广采百花，方可酿成，我们做班主任工作的，也一定要多观察，多思考，多学习，多交流，平时说的“勤细严爱”只不过是基本的原则和基本的行动，具体有很多做法技巧是非常重要的。下面是我在长期的工作中酿成的一些蜜，把它们捧出来，希望能对读者有所启发和思考。

1. 师生共识：打造一个有共同信念的团队。这个共同信念应该是普遍的共识，是普遍接受并支持的。具体表现为做人与做学问上，或者说是纪律上和学习上，要怎么做，起码要达到什么目标，必须要让学生明确并努力实现它。最好形成文字，并通过班会课和其他手段，明白无误地传达给每一个成员，同时明确其目的意义和途径方法。一句话：一定要让绝大部分成员认识其重要性和可行性。

2. 授人以渔：寻找、培养"替手"。作为班主任，班级工作绝不能大包大揽，这样对学生的成长不利，也会让自己活得很累。因此，我们一定要有意识地寻找并培养"替手"，就是通过训练让学生在处理一些具体工作时，能力和作用跟自己差不多，达到能够替代自己的目的。这需要寻找可塑之苗，然后培养他们。班团干往往有分工，有时还会有值周班干等，这些人我们一定要好好利用，教会他们学会观察、思考并处理事情，让他们慢慢地能够逐步替代自己。这对班干部的成长，对班级的管理，作用非常明显。

3. 持续鼓励：永不消逝的电波。鼓励不用上税，也不用浪费自己多少的时间和精力，但是，对学生而言，则是能量之源，是勇气和信心的保证。鼓励要注意对象、时机、场合和方式方法。鼓励的方式主要有三种：当面鼓励、背后鼓励、集中鼓励。一定要明白，老师是学生精神力量的重要来源，我们持续不断的恰当鼓励，就让学生像收到永不消逝的电波一样，得到的永远是昂扬向上的信号。

4. 扬善规过：扬善于公堂，规过于私室。这是我从曾国藩那里偷来的一招，他这一招让我明确了对于学生的"善"与"过"的处理原则。每一个人都希望自己得到肯定和表扬，并且自己的"善"越多人知道越好；同理，每一人都不希望自己的"过"放在众目睽睽之下。这是虚荣心和自尊心使然，是人之常情。所以，我们表扬的时候，最好是在集体的场合；而批评教育的时候，最好是私下或少人的场合。这样处理,效果往往事半功倍。

5.堵疏点面:一个都不能少。学生的问题,一定要“堵”“疏”结合,“点”“面”兼顾。“堵”就是堵源头,堵漫延扩散;“疏”就是疏理引导,让学生明白应该如何看和怎么做。“点”就是个别现象孤立问题,主要应该通过私下个别解决;“面”就是带有一定普遍性的现象或问题,主要通过集体来解决。总之,遇到问题解决问题时,一定要有意识地处理“堵”与“疏”的关系和“点”与“面”的关系,这样,效果往往会更好。堵疏点面,一个都不能少,切记之。

三、采得百花成蜜后,苦甜岂但寸心知

十几年的班主任工作,十几年的学习、摸索,十几年的收获与感知,这一切让我心中明白,自己辛苦与甜蜜究竟在哪里?对于学生而言,自己的价值又在哪里?

1.说说高考的成绩。下面表格是最近三届我当班主任的高考成绩情况。

	2005年(75)	2008年(76)	2011年(79)
一本	10	20	21
二本	45	63	71
三本	63	75	79

注:括号为全班总人数。

数据虽然不能说明全部的成果,但是,肯定是最重要的成果之一。基于吸引优质生源的需要,也为了培养年轻老师的需要,近几届学校安排我循环教学,平时的教学管理成绩就没有必要说太多,就拿大家都认可的高考成绩来说事,几年下来,成绩是有目共睹的。

(1)说说“流水的兵”。且不说每逢大一点的节日,收到的短信动辄数以百计,且不说学生亲切的称呼、热烈的话语、衷心的感激。

这里只举一个例子，不知道哪个已经毕业的学生听说我得了骨质增生，后来他们自发联系发动，天南地北地帮我寻找所谓的特效药，虽然最终没有什么很特效的药，但是，他们的一番心意，让我久久难以忘怀，使我坚定自己的认识：学生虽然像流水一般，一波来的时候，一波已经走了，但是，有一些东西也像“铁打的营盘”一般，是永远不会流走的，那就是学生对老师的感恩与怀念，老师对学生的牵挂与祝福，这些，是铁打不动的。

(2)说说我自己。作为班主任，我还身兼两个班的语文老师，师徒结对的带班师傅，学校科研处副主任，学校工会副主席，学校尖子生辅导负责人等，换为一般人，根本做不了这么多的工作，所以很多人认为我实在是太能干了。事实上，我觉得班主任工作并非是大家想象的那样辛苦，思路正确了，就见机行事，顺势而为，很多事情已经教会学生处理了，多数时候我就像一个甩手掌柜，而班级则是一片垂拱而治的状态，这让自己挺有成就感的。还有，这些年来，自己获得的各级“优秀老师”“优秀班主任”奖励是挺多的；同时，因为身兼数职，所以出勤报酬也比一般人多，高考成绩好，获得的奖金也高。这些都是实实在在的甜头啊。

总之，十几年的班主任工作，十几年采花十几年酿蜜，十几年辛苦十几年甜蜜，十几年付出十几年收获，看到一个一个学生成材了，远走高飞了，到更广阔的天地去圆梦了，我们也收获着物质与精神的财富，收获着赞美与祝福，感受着生命的起承转合的自然与美丽，也许，这就是幸福吧。

春风细雨化作爱，无声润心助苗长

——浅谈高中班主任工作

■ 李献玲

【内容摘要】对高中生的教育工作应该按教育规律循序渐进地进行，班主任工作虽然各个方面都要抓，但要想有效果，应该抓各个时期的工作重点。高一教育的工作重点是要抓养成教育，高二教育工作的重点是学法指导，高三教育的工作重点则为心理指导、励志教育。总之，对于班级管理工作，高中班主任要从学习、纪律、生活等各个方面不断努力，培养学生良好的行为习惯，耐心细致地做好工作，使学生的综合素质稳步提高。

【关键词】高中生教育　工作重点　行为习惯

在整个学校教育工作中，班主任是学生班集体的教育者、组织者和领导者，也是学校教育工作，尤其是学校思想品德教育工作的主力军，是学生健康成长的领路人，是联系协调各方面教育力量的纽带和桥梁。可以说，班主任工作的好坏直接关系到整个学校教育工作的发展。本人从事教育工作已有 23 年了，担任班主任工作也有十多年了，其中有很多酸甜苦辣，但从中却学到了许多东西，有许多感悟。特别是在藤县中学担任班主任工作这三年当中体会颇深。班主任工作就像春风，就像细雨，虽然不大，但却能滋润大地，让万物生长。班主任工作虽然琐碎，点点滴滴，看起来似乎没有什么，但对学生的成长却起着关键的作用。特别是在高中阶段的学习生活中起着至关重要的作用。本人对如何做好班主任工作谈几点看法，与同行共同进行探讨和研究，其实我的很多经验和做法也是从其他的优秀班主任的工作经验中学来的。

高中生一般正处在青年时期，这个年龄段上的人至少有两个特点：其一，生理与心理发育迅速，趋向成熟，加上知识的积累和阅历的增加，独立意识与成人感逐渐增强，对人对事往往有自己的见解和看法，不苟同他人。其二，内心情感日趋丰富，但不稳定；对异性兴趣增加，但不外露。内隐趋势严重，内心世界与外部世界缺乏沟通，想法与言行往往不一致。上述两个特点就决定了对高中生的教育，切忌表面化和空洞说教，那种游离于学生内心情感之外的一般说理教育都是徒劳的。因此我们的教育工作应该按教育规律循序渐进地进行，班主任工作虽然各个方面都要抓，但要想有效果，应该抓各个时期的工作重点。

一、高一教育工作重点——养成教育

教育其实是一种早期的习惯，而习惯应该是人生的主宰。因此，如果在高中的开始阶段即高一，让学生形成良好的习惯，则可以达到事半功倍的目的。这段时期本人主要抓一下几方面习惯的形成：

1. 养成三个时间段按时到教室学习的习惯。即早上6:40，下午2:25和晚上6:30按时到教室自习。如迟到的话，自己自觉处罚自己。（让学生心甘情愿，他们容易接受，也容易迫使自己去形成一些良好的习惯。事实证明,这样做是很有效果的。)

2. 养成在教室保持安静的好习惯。这是一条很重要的好习惯,有利于形成良好的学习环境,所以每个同学都必须做到。刚开始很多同学做不到,因为他们在初中已经形成了在教室里热烈“讨论”的习惯。本人坚持到教室监督了一个月,即在三个时间段本人也按时到教室巡班,如发现学生大声说话,第一次就微笑提醒,第二次严肃警告,第三次则严厉处罚即到讲台前做三十分钟的演讲,因为“能说”啊!这样坚持了将近两个月,教室在自习课和晚自修时就变得很安静了,给学生创造了一个良好的学习环境。

3. 养成整理宿舍内务的好习惯,营造一个好的休息环境。每个宿舍每天都必须有值日生,负责打扫,清洁宿舍的工作,并监督其他同学做好自己的分内工作。本人把每项工作落实到具体的每个同学身上,即把整理床上用品,公共桌子上用品的摆放,鞋子的摆放,洗澡桶的摆放,漱口杯与饭盒的摆放等具体分配给每个同学负责。这样一来,哪个环节出了问题就可以直接找负责的同学了,这样便于宿舍的管理工作。也促使学生形成良好的自觉整理内务的好习惯。

4. 养成自学的好习惯,培养独立思考和解决问题的能力。要求学生们不能再像初中生那样了,一有问题就大声和同学讨论或问老师,要求学生们先根据所学知识去思考,找到解决方法,实在不能解决方可向同学和老师请教。

5. 养成早上按时出操和放晚学后锻炼的好习惯,使自己有充沛的精力应对紧张的学习。要求每个同学每天按时出操,并按体育委员编排的位置站队,各位同学必须记住自己前、后、左、右的同学,这便于本人的检查。同时规定,每个同学的前后左右缺席太多或做操不认真的话,都得接受连带处罚,所以希望同学们相互监督，共同前进。下午的锻炼建议同学们以宿舍为单位进行锻炼，并做好记录。学期结束时，根据具体情况给予适当的奖励。

这几个习惯的培养将近占了整个高一年级阶段。事实证明，这五个习惯的形成对高二、高三的学习生活起了关键的作用，并且本人的班主任工作也得以顺利进行，轻松，有成就感。

二、高二教育工作重点——学法指导

有了好习惯，学习成绩也就有了保证。而高二是奠定优秀高考成绩的最关键时期，如果高二成绩不理想，真正通过高三冲刺上来的优秀学生相对还是很少的。因此，高二主要任务就是使学生的学习效果达到最优化。许多学生学习成绩不佳，往往起因于学习方法不对以及学习效率不高。特别是学习方法不当是造成学习成绩不佳的主要原因。针对这点本人采取了以下几方面的措施：

1.利用主题班会课以及一些讲授各科学法的视频，帮助学生改进一些学习方法。

2.创建“有效学习方法传递”信箱，让同学们把自己认为颇有成效的学习方法写下来投入信箱中，学习委员每周开信箱一次，把同学们的学习方法向全班同学介绍。学期结束时，对投稿多的同学给予一定的奖励。

3.“对症下药”，查找出个别学生学习方法的不足问题，帮助纠正。

4.科学兴趣引导，对于某学科相对差的学生，一般对该学科不感兴趣，本人通过一些办法，并联系该学科老师，使学生对该科的“厌恶”转化为“兴趣”。

5.统筹计划学习，根据学习内容科学地安排作息时间。

通过努力，许多同学的学习方法有了改进，学习成绩也有了进步，自信心也增强了许多，为高三向高考冲刺奠定了基础。

三、高三教育工作重点——心理指导，励志教育

有了好的习惯和好的学习方法，到高三就要向高考冲刺了。由于学生现在所处的年龄阶段以及学习竞争压力，学生容易出现种种心理问题，这就需要班主任及时发现，及时去帮助学生。心伤比外伤更难治疗，因此，本人经常观察和了解学生的学习状态、基础知识较为薄弱的学科学习、家庭状况等，给予及时帮助，让学生摆脱困境。

1. 请各位任课老师帮忙，建立心理咨询热线，让有问题的学生根据自己的实际情况找任课老师倾诉，以获得解决途径。

2. 每次模拟考试后都及时对考试成绩不理想的学生做心理疏导工作，帮助他们从暂时失败的阴影中走出来，迅速重新投入复习备考中。同时，找一些励志视频给学生看，既让他们得到放松，也起到激励作用。

3. 鼓励学生适当发泄自己，并教会他们如何正确发泄，以达到减压的效果，从而以轻松自然的状态投入到备考复习当中，达到最佳复习效果。

总之，对于班级管理工作，高中班主任要从学习、纪律、生活等各个方面不断努力，培养学生良好的行为习惯，耐心细致地做好工作，使学生的综合素质稳步提高。

付出老师的爱，挖掘学生的美

——论情感教育在班集体建设中的作用

蓝荣升

【内容摘要】班集体建设是充满人性与挑战的，值得所有班主任去思考和探索。通过彼此交流、相互合作和共同提高，让学生能感受老师心底的爱，让老师用心去感受学生的美，让情感在师生之间传递，师生共同提高，共同进步，就一定能建设成为一个团结向上的班集体。

【关键词】情感教育　班集体建设

青少年时期是个体发育、发展的最宝贵、最富特色的时期，然而这个时期同时又是人生的“危险期”。随着独立意识和自我意识的增强，学生迫切希望摆脱成人的监护，他们感到或担忧外界无视自己的独立存在。同时他们又需要成人的爱与关心。所以，恰到好处的爱与关心对于这个时期的中学生在人格、心理等方面的发展十分重要。一个班主任，只有让学生感到并且接受老师的爱与关心，他才能带领学生建设一个团结向上的班集体。

一、彼此交流

中学生是渴望理解与交流的。对于一个班主任来说，他可以借助于师生之间的交流来传递老师的爱与关心。但要注意的是，交流应该建立在理解的基础之上。在实际的教育工作中，我进行了初步尝试，效果颇佳。举两个例子来说：

事例一　俞同学父母离异，性格自负并且逆反心理很强，但是成绩很差，经常犯错误。一次，物理老师让他放学后留下来补课，他却因为肚子饿先去吃饭了，饭后他去找物理老师，物理老师已经走了。第二天，物理老师找他进行教育批评，他却不服气，与物理老师发生了争执。了解情况后，我并没有立即将他叫到办公室训斥一番，而是等到放学后，我等在他回宿舍必须经过的那条路上。看到他，我走过去，就好像是偶然遇到一样。我和他边走边聊，从目前的世界杯赛事到家常到学习情况。可能还是因为昨天的事，他一开始并不怎么说话。渐渐地发现我并没有恶意，话终于多了起来。我见时机成熟了，便切入正题，问他昨天究竟是怎么一回事。他一五一十将情况告诉了我。还特别强调他是去过物理老师办公室的，但只是晚了一点。我告诉他我相信他是去的，而且表示理解，因为肚子饿了谁也做不了事情。接着我又问他当时是几点钟，他有点迷惑，不解地说六点左右，我告诉他物理老师的家离学校有半个多小时的路程，就算帮他补习半个小时的课，那么物理老师也得七点钟才能到家吃上晚饭。我又问他，物理老师为什么这么做呢？他沉默了，但我看得出来这小子已经有点想法了。败兵不可穷追，我告诉他我并不要这个问题的答案，心里明白就行。然后拍拍他的肩膀让他去吃饭。第二天，物理老师对我说他收到了一张纸条，上面是这样写的：对不起，老师。

这件事情过后，俞同学各方面的表现确实比先前有了较大的进步。

其实,处于青春期的学生逆反心理较强,尤其是男同学。他们做事情较少考虑后果,容易冲动。事情过后他们也会认识到自己的错误,但由于自尊心强,不肯轻易认错。作为一个班主任,应该用适当的方式方法来教育他们,让他们从教育中认识到自己的错误,体会到老师对他们的爱与关心。有时也要给他们一个台阶下,那么,他们就能真正地从错误中吸取教训。

还有许多同学性格比较内向,他们不愿意与老师面对面地交流,而是习惯于将他们的想法、困惑用文字表达出来。我把这种文字交流叫做"笔谈"。周记就可以看做一种"笔谈"。"笔谈"确实也是一种不容忽视的了解学生,传递老师关爱的教育方式。

事例二　周同学先天残疾,从小受歧视,性格孤僻,不信任他人。一开始,我发现她在班级中少言寡语,对班级活动不很关心,就常找她谈话,询问她的家庭、学习情况,鼓励她不要自卑,投入到集体中去。可每次总是我说得多,她讲得少。几次下来,似乎效果不好。就在我感到困惑的时候,她在周记中写道:"老师,我知道你关心我。可你每次找我谈话的时候,我总是很紧张,我希望我们能够通过周记来交流。"从此以后,我更认真地阅读学生的周记,并且给出详细的批语和回复。通过周记,我确实更多地了解了学生的心理世界。尤其是周同学,她在周记告诉我,从小到大所有的人都看不起她,她也不相信其他人,更不需要其他人的关心。我也在批语中告诉她:并不是所有的人都歧视她,她应该自信,她也不是为其他人活着的,她应该用自己的成绩来回击那些歧视她的人。知道了她的情况,我也让几个女同学经常关心、帮助周同学。一次周同学由于贫血晕倒在课堂上,好几个同学因为照顾她,陪着她等她父亲来接她而没能吃上晚饭。事后,我就在她周记的批语中写道:

"一个人病倒了，却有好几个同学陪伴在她的周围。生活在这样一个集体，是多么幸福的一件事啊！"以后我通过周记告诉她，许多人都希望能帮助她，不要把自己封闭在自己的天地里，放飞自己，让爱流通，生活就会快乐！不知不觉，周同学渐渐地开朗起来，话多了，笑容多了，班级活动中她的身影也多了。

通过适当的交流，让学生体会到老师的关心与爱，是引导学生身心健康发展的关键。作为班主任，更应该在班集体建设中付出自己的关心与爱，让学生实实在在地体会到，感受到。用爱感化所有的学生，所有的学生就会在班集体的建设中奉献出他们的那份爱。

二、相互合作

随着教育要求的改变，班主任工作的要求与作用也发生了改变。班主任不是班级的"老板"，学生也不是班主任的"工人"。如何处理班主任与学生之间的关系，是班集体建设中一个需要好好解决的问题。我认为作为一个班主任，应该在相互合作中体现出平等，体现出爱与关心。

作为一个班主任，班级的日常管理总是一个老大难的问题。就拿班级的劳动卫生来说，经常会有部分同学出工不出力，干活马马虎虎。于是我制订班规，试图用"惩罚"的手段来解决这个问题。开始我觉得问题似乎解决了，可渐渐地情况又不行了，甚至有时还不如从前。我找来几个学生，询问他们为什么劳动任务总是完成不好。尽管说法各异，但最关键的一点还是劳动的时候同学们相互依赖，缺少合作。后来，我与班委商量，终于想出一个办法：把班级的各项劳动任务尽可能公平地分配给每一个人，作为班主任的我也有一份。劳动任务平均分配，每个人包干负责，谁出了问题找谁，想偷懒的同学再不能偷懒了。一到劳动的时候，我和班委先干起活来，看到老师也加入到劳动当中，其他同学也跟着干起来，所有的学生都会自觉地完成自己的任务，整个劳动又快又好地完成了，以前的卫生死角由于有了专人负责，再也不会出问题了。我们班的劳动难题就这样被解决了。

确实，对于一个班主任来说，在班集体的日常管理中，身先士卒显得非常重要。班集体的事情不仅仅是学生的事情，也应该是老师的事情。老师和学生都是班集体的成员，都应该为班级出力，为班级争光。通过师生之间平等的合作，让学生感受到自己在班集体中的重要性，培养学生的集体主义荣誉感，这也是班集体建设中重要的环节。

三、共同提高

一个班级只有有了明确的奋斗目标，才能不断进取。所以，老师总是给学生提出一个又一个目标，让学生不断进步。但是一个班级的进步除了学生的进步还应该包括老师的进步。作为老师，在班集体的建设中感受学生进步的同时，也应该多多向学生学习，提高自己。

一次举行全年级拔河比赛，由于有一点事情我没有去，而是让体育委员组织同学参加比赛。赛后，同学们纷纷跑到办公室告诉我：我们班得了第三名。看着那一张张洒满汗水的笑脸，我心里很开心：这就是我的学生，一群积极向上团结互助的学生。以前，一些同学对班级活动总是漠不关心，但这一次全班同学都积极参加进来，比赛的拼尽全力，加油的喊声震天。正是有了这种凝聚力，才取得了这样的好成绩。事后，他们也说了一点他们的遗憾——我没有去给他们加油。本来我想解释一下，告诉他们我有事才没有能去。可是我心里确实有点惭愧，一直教育学生要热爱集体，积极为班集体争光。学生做到了，可是到头来我这个老师又是怎么做的呢？老师是一个不平凡的职业，他的一言一行直接影响着他的学生，要教育好学生，老师自己就必须要做好分内之事。但更多的时候，老师应当看到学生的长处，找到自己的不足。老师也是一个平凡的人，师不必贤于弟子，弟子不必不如师。能虚心向学生学习，这才是一个好老师。老师自身素质的提高，也会促进学生不断进步，只有这样的老师才能真正教会学生怎样做人。

班集体建设是充满人性与挑战的，值得所有班主任去思考，去探索。让学生能感受老师心底的爱，让老师用心去感受学生的美，让情感在师生之间传递，师生共同提高，共同进步，班集体一定能建设成为一个团结向上的班集体！

谈谈班主任工作的技巧

■黎雪婵

【内容摘要】班主任的工作是平凡的，但也是艰巨而繁琐的。班主任教书育人，工作艰辛而光荣，要想打造一个优秀的班级，需要班主任全面科学地从自身做起，身教重于言传，也要掌握一定的工作技巧。班主任工作千头万绪，教学有法，教无定法。只要勇于探索，办法总比困难多。

【关键词】班主任　班主任工作　技巧

作为一名班主任，工作做得好，首先要有大局合作的意识，要与任课老师、家长、学生配合。要有强烈的责任心、事业心，把爱岗敬业，爱学生当做自己一切工作的出发点和推动力。爱护学生、尊重学生的人格，面向全体，用发展的眼光看学生，与学生建立新型的师生关系。打造优秀班级是每一位班主任努力追求的目标，是要经过教师、学生、家长三个群体共同努力才能达到的，也是和谐班集体产生的基本条件。

班主任是特殊形式的艺术家，他必须根据具体的教育对象、教育情境和教育内容因人而异、因时而异，创造出适宜的教育方法，教育中没有现成的模式可以套用，没有一成不变的方法可以照搬，它需要每一位班主任用自己的聪明才智去工作，在学习、思考、研究和实践中，不断提高水平，提高工作能力。班主任是学校里最重要的师表，是直观的最有效益的模范，是学生最活生生的榜样，是学生身心健康的引路人，要引领学生学会做人，具有良好的道德情操和高尚的思想品质，培养学生形成良好的人生观、世界观、价值观，这需要班主任全面科学地从自身做起，身教重于言传，以下就是我从事班主任工作多年来的一些体会和工作技巧。

一、定下自己的人生目标，克服职业倦怠，产生教育激情

班主任阵地也可以干出一番事业，实现雄伟大志，一个班主任有了高远的人生目标，就会激发前进的动力和勤奋学习的劲头，工作中，自然会克服职业倦怠，产生教育激情、积极性、主动性，产生使命感和责任感。树立了高远的人生目标，就会心无旁骛，一心一意工作，不为琐屑的小事而困扰，不为物欲所困惑。树立了高远的人生目标，就会心中有灯塔，具有追求完美人格的精神和海纳百川的胸襟。

二、机遇与挑战并存

有的班主任，只想带好的班级，多年的班主任工作经验证明，接手差班既是胆识也是智慧，既是挑战又是机遇。每个学生都有故事，每个孩子成长都有轨迹，差班不时有不寻常的故事，会遇到种种挫折，这是严峻的挑战，但是，这何尝不是锻炼能力、增长才智的机遇呢？要坚信劈风斩浪才能磨炼出好水手，险峻山峰才能锻炼出卓越的登山运动员。我认为，接差班是一条快速提升自己素质的捷径，它需要胆识和勇气，要敢于挑战。当经过艰苦奋斗，差班旧貌换新颜时，差生有了巨大的转变，孩子们亲近你，热爱你，你就会觉得柳暗花明，峰回路转，这时你在孩子心目中是值得信赖的老师，在家长心目中是值得信任的老师，在领导心目中，是位能力强、水平高的优秀班主任，你自然会产生成就感，感到幸福和快乐。

三、建立健全班团干部队伍

一个班级有几十个学生，只有形成了核心并发挥核心作用，才能成为有活动能力的集体，而班干、团（队）干是班级的代表，是学生的中坚和先进部分。班干部和积极分子，最关心班集体建设，最有主动精神，好像是柱、梁、檩一样支撑着集体的大厦。得力的学生干部是建设优秀班级的必备条件，也是创建优秀班集体的推动力量。选拔好干部，分工合作，各司其职，这样既体现学生是班级主人，又使得班主任不必事必躬亲，又培养了班团干部的组织和领导能力。

四、形成健康的集体舆论

舆论是群体中占优势的议论或意见，可以说是信息沟通后的一种共鸣。个人在集体生活中遇到一些事物、现象，必然会产生不同的主观反应，并在相互议论中逐渐淘汰异见，趋向统一，最后形成一种相同的看法并传开来，这就是舆论。健康的、进步的舆论能团结互助，伸张正义，扶正祛邪，引人奋发向上；消极的、错误的舆论会是非不分，离心离德，颠倒黑白，使人沉沦倒退。我作为班主任，理直气壮地倡导、扶植健康的集体舆论，制止、转化消极舆论。健康的集体舆论是学生自我教育的重要手段，具有制约与监督作用，引导和鼓励作用往往比班主任的个人影响大得多、有效得多，成为建设优秀班集体的巨大力量之一。在班上，我们形成一种共识，争取六项检查少扣分或不扣分，每次大考小考和校运会，能获奖。争当优秀班级是我们的奋斗目标。

五、课堂是班主任工作的主要阵地

课堂是班主任工作的主要阵地，卓越的教学能力是班主任赢得学生的第一资本。如果你教学上特别出色，没有你的课，学生都会盼望上你的课，上你的课，学生听得如醉如痴，那么，你的班主任工作就会事半功倍。相反，你在班主任工作中有出众的智谋，你在做学生思想工作上有高招，而你的教学水平一塌糊涂，你的班主任工作也会举步维艰，就会事倍功半。

六、学高为师，德高为范

教师可以用德高为范的品德素质，学高为师的业务素质，热爱学生的情感，学富五车的知识魅力，无私贡献的人格魅力吸引学生，而卓越的教学能力是我们的第一资本。它使班主任在学生心目中树立了威信，是班主任的看家本领，拥有这一资本，学生才会心悦诚服地接近你，心甘情愿地接受你的教育。

七、要做学生的好朋友

班主任就如同一个引路者，他是影响学生成长发展的重要人物，也就是说，是学生的知心朋友和心理医生，是学校、家庭、社会沟通的艺术家，是学生行动的榜样。当我们在一个个教学实践中，以尊重和平等的心态去面对学生，宽容理解他们，并给予积极的心理支持的时候，就实现了亦师亦友的角色统一。

八、引领学生达成目标是关键

在班级管理实践中，帮助学生确立并达成自己的学业目标，是一项重要的育人职责。有了目标的指引，前进就有了方向，努力就有了动力，就可以放弃很多诱惑，即使奋斗的过程很苦很累，他们也会以苦为乐，他们就会心无旁骛，无暇顾及窗外的嘈杂，专心做自己的事。而这些学生的上进和努力，会潜移默化影响他们身边的同学，形成良好的班风。帮助学生确立并达成目标可分为以下几步完成：

1. 帮助学生确立合理的目标。目标分为长期目标、中期目标、近期目标。

班级目标，就是全班学生经过团结奋斗达到所期望的理想结果。班级目标有指向作用，能不断地把全班学生引向正确的方向，取得良好的教育效果；调动全班学生的主动性和积极性，为实现班级目标尽心尽力；同时还能衡量学生的进步速度，检测班级的质量高低。

在开学初、学期中间以及各次月考、大大小小模拟考试之前，我都和全班同学一道定出本次考试的奋斗目标，细到每科的总得分，分析各科各大题的得分点，存在问题，提升的空间有多大，都一一落到实处。有严谨的奖励方案，如拔尖奖以及进步奖，使得全班同学人人有机会，从而取得大面积丰收，全班形成你追我赶，谁都不甘心落后的班风、学风。2011 年高考，我所带的班 0817 是文科慢班，学校分配给慢班一本上线任务为 0 人，但我班唐红虹却以 531 分考上了一本线，在同类班级中有且仅有 1 人上一本线，二本上线任务 15 人，结果我所教班级合起来有 40 人，三本我班 75 人中有 60 人上线，超额完成交给的任务，居年级之首。为学校再创高考辉煌成绩作出了贡献。这一切都归功于校领导的正确指导，任课老师的积极配合，还有全班同学的共同努力。

2. 指导学生找到达标途径。帮助学生确立学业目标后，班主任还要继续帮助学生找到实现目标的路径。

3. 指导学生对实现目标的过程进行自我监控。一个学生要实现自己的目标，不仅需要根据自身已有的优势和兴趣爱好去选择自己的主攻方向，同时还要了解实现目标所需要的条件和措施。

4. 指导学生对目标完成情况进行自我总结。学业目标的实现有一个长期的奋斗过程，在这个过程中，既会有成功，也难免有失败，我对学生提出的要求是：自我总结要细致深刻，不仅要弄清成功的经验，正确的原因，体验成功的愉悦，增强自信心和自尊心，而且也要找出不足或失败教训，查明原因，制定补救措施，及时纠正。

九、形成高尚的班容班貌

班容班貌，是一个班的风尚、风采，是班级面貌的人格化，能反映出一个班的精神面貌。如果班容班貌整洁有序，布置精当，就能起到潜移默化，催人奋进的作用。所以，班容班貌是教育的力量，是一个班级的“窗口”，要抓小、抓早、抓好、抓出一定的规格。在教学过程中，励志教育非常重要，榜样的力量是无穷的。

每次大考过后，找出班上每科考得好的同学和总分前几名的同学介绍学习方法，分享他们成功的经验，树立了楷模，树立了榜样。为了让学生多读书，坚持不懈地努力，我注意营造班级竞争气氛，把学生各类作品，给人以激励、启迪的话语张贴在班上显眼的地方，并根据不同的复习时期三易其稿，如“天才就是重复次数最多的人”，“吃苦就是吃补，越苦越补”，“能坚持到底者必成大器”等，激励学生的斗志，让学生感到班级里有独特的文化氛围，整个班级呈现出你追我赶、积极向上的精神面貌，班级凝聚力强，充满活力，充满和谐的氛围。

十、培养学生浓厚的学习兴趣

学习气氛是学生在学习过程中一种占主流的、具有共同特点的心理活动倾向性的表现。因此，学习气氛的好坏是班级建设成败的关键。

总之，班主任工作千头万绪，教学有法，教无定法。只要勇于探索，办法总比困难多。

浅谈高三班主任在高考备考中的作用

梁荣昌

【内容摘要】一个好的学校需要有一个优秀的好校长，一个好的班级也需要有一个负责任的班主任。学校高考成绩的辉煌除了学校的严格管理之外，还需要学校各个班主任认真发挥好作用，养成良好的班风学风，最终形成良好的校风。可以说，一个班级在高考中取得优秀的成绩和班主任的努力管理是分不开的。本人就高考优秀成绩的取得和班级管理之间的关系，在此谈谈多年以来的心得体会。

【关键词】目标　班风学风　意识　团结协作　指导

高考，对广大高三的学生来说，是他们人生上的一次重要的考试，考试的成绩直接决定着他们今后的前途和命运。如何让每个学生发挥出自己最理想的成绩是每个高三班主任都需要思考的问题，班主任工作的方法直接关系到班级每个学生的成绩，关系到每个学生的前途和命运。所以应当发挥班主任的优势，给学生创造一个良好的学习环境和生活环境，调节好每个学生的心理，减轻学生的心理负担。本文就高三备考复习，班主任如何协调管理班级谈谈自己的一些心得体会。

一、在平时的学习生活中培养学生们树立远大的理想

理想是人生的奋斗目标。人生的理想就像梦想一样，因为有了梦想，才会萌发希望，有了希望，才会为之付出行动。每个人都有理想，只不过有的人能够自觉地意识到自己的理想，有些人则不能。对于广大青少年学生们来说，往往会受到各方面环境的影响。作为他们的班主任，在平时的学习生活中就要时常和他们讨论人生的理想，让他们有意识有目的地去落实好行动，让他们明确自己的理想是什么，我该怎么做，怎么做才能和理想更加接近，明白人生的奋斗永无止境。因为有了理想，人就有了奋斗的积极性，因而就会主动去寻求奋斗的途径。这就涉及目标的设立，包括人生目标，长期目标和短期目标。学生们有了明确的理想，那么他们就会对生活和学习充满兴趣，人生就会充满希望。所以说理想是人生的指路灯，无论你走到哪里，它永远在你的头上为你指路。在平时的班级工作中，我会和每一个学生谈论他们的理想，并指出他们现在应该加强的地方。在每一次的月考、模拟考之后，我都会尽量和每一个学生谈心，在指出其不足之处的同时，又希望其不要放弃自己的理想，鼓励他不到最后一刻都不要放弃成功的希望。

二、营造良好的班风学风

班风是一个班级特有的风貌，是班级成员言论、行动和精神状态的一种共同倾向或表现。良好的班风能促进班集体的形成和发展，对班级的每一个成员都产生积极的潜移默化的作用。作为班主任，在如何建设一个具有强大凝聚力、积极向上、团结友爱的班集体，形成良好的班风、学风方面，我做了以下工作：

第一，严于律己，身教言传，给学生当个榜样。车尔尼雪夫斯基说：“教师把学生造成一种什么人，自己就该当是这种人。”班主任的表率作用，就是将自己一丝不苟的工作态度、工作热情和不断进取的精神，勇于克服困难的决心和毅力，逐渐地潜移默化地转移到学生身上。

第二，尊重学生，严格要求学生，加强对学生卫生纪律各方面的管理。尊重学生是教育的前提。学生受到班主任的尊重和信赖，才能充分发挥自己的主动性和积极性，但尊重学生并不意味着放松对学生的要求。相反，不断严格要求学生，对他们提出努力目标，才真正体现了对学生发展的信赖和尊重。比如我发现班里学习气氛不浓，部分学生学习目的不明确，对学习不感兴趣，学习缺乏主动性。针对这种情况，我及时了解学生学习的思想情况，做学生的思想工作，端正学生的学习态度，指导学生改进学习方法，教育他们养成良好的学习习惯。此外，要求他们积极开展学习互助，让基础好的学生带动基础差的学生。比如，邓欢娜等同学就经常在课外帮助基础差的同学强化基础知识，形成一个良好的班级学风。

第三，精心培养班干部，形成坚强的班级领导核心。班干部是班级的骨干，是班主任的得力助手。一个班级教育管理的好坏，与班级干部力量发挥作用的大小有很大关系。我要求班干部做到以身作则，团结同学和乐于为同学服务。当他们犯了错误时，我没有放任不管或袒护，而是及时予以批评帮助，这样才能取得全班同学的信任和支持，增强团结凝聚力。此外，让每个学生树立"班兴我荣，班衰我耻"的自觉意识，把全班学生的积极性调动起来。

第四，严中有爱，动之以情，做好后进生的思想工作。作为班主任，要关心爱护自己的学生，尽量多与学生接触，了解学生的内心世界。对于班里的后进生，不能忽视或弃之不理。他们人数虽然不多，但经常扰乱纪律，具有一定的破坏性，影响良好班风的形成。因此我特别注重对后进生的思想转化工作。针对他们的心理特点和存在的问题,进行深入细致的教育工作。后进生一般自尊心较强,爱面子,对于老师当面的批评和指责,会产生逆反心理和厌烦情绪,因此,对于这类学生,我没有过多地批评和责骂他们,而是从情感上接近他们,"动之以情,晓之以理",经常与他们个别谈心,指出他们自身存在的问题,并帮他们定出努力目标,鼓励他们改正。对于他们在前进过程中出现的反复现象,我也耐心、冷静地帮助他们分析原因,鼓励他们继续进步。后进生的转化工作做好了,班里其他工作的进行自然就轻松了。

三、关心每一个学生,平等对待每一个学生

作为一名班主任,在热爱本职工作的同时,更要爱自己的学生,和他们建立深厚的感情。有一句话"以己之爱,启动心灵",是说教师以对学生的高度责任感,热爱学生、关心学生、信任学生,启迪学生的心灵,让学生茁壮成长。苏霍姆林斯基说:"每个学生都是一个独一无二的世界。"每个学生都是与众不同的,都有自己的特点和长处。因此,就必须对学生的状况有初步的了解,针对某个学生的个性特点,教师要有意识地与学生谈心、聊天,这样学生才会接近你。管理好一个班级,肯定会和学生发生冲突,肯定会和学生发生发生意识形态上的矛盾。这就需要班主任要有广阔的胸襟,去理解学生并做好说教工作,让他们理解你这么做的目的,理解你这样做是为他们着想的。在班级管理工作过程中,很多学生都会有一种心理,认为班主任的心是向着学习成绩好的学生,对学习成绩差的学生就不闻不问。这就需要班主任在工作过程中必须要细致,要向有那种心理的学生讲道理,让他们知道老师的心是一碗水端平的,对每个学生都是一样的。比如,我在 2009 届学生中就会遇到这方面的问题。邓欢娜同学成绩很好,在学习过程中经常遇到一些问题，遇到问题之后她就经常来找我讨论学习上和生活上遇到的问题，就有很多学生说我偏心，说我只喜欢成绩好的同学。发现这个问题后，我及时在班级上说明出现这种情况的原因，让他们知道老师对每一个学生都是平等的。成绩好的学生和老师交流多，是因为他们在学习过程中遇到的问题比较多，所以找老师的次数就多，和老师就会比较熟悉，这不是班主任的偏心问题。所以，在班级工作中，必须要做到学会爱每一个学生，关心他们的生活，关心他们的学习，关心他们的成长。这样有助于他们全身心投入到学习中去，有利学习成绩的提高。

四、培养学生的各种意识

青年学生社会阅历少，高三考试频繁，在考试之后会出现很多问题。遇到问题会出现慌张、六神无主的情况。所以要对学生进行合作意识、竞争意识、细节意识、渐进意识等意识培养。

第一，合作意识的培养。我会把各种学生分成若干个小组，每个小组成员六名。在小组里各有一个学科成绩优秀者，让他们六个同学组成学习小组。让他们在平时的学习中一起学习，优势互补，每个学生之间相互帮助相互提高。通过这样的分组，每个学生的学习目标明确，学习动力有了很大的提高。

第二，竞争意识的培养。为了提高学生们的学习积极性，我在每个小组设一名组长，让各组长设定学习目标。学习目标由各个组现阶段的总名次决定目标的高低。在此基础上形成各个小组之间的竞争。培养一种你追我赶的学习氛围，创造出一个良好的班级学习环境。

第三，细节意识的培养。每次考试之后，我会分析每个学生的试卷，对其所犯的错误进行分析，指出哪些错误是由于基础差造成的，哪些错误是由于粗心大意造成的，哪些错误是下次考试可以避免的,哪些知识点是应该提高的,提出每个学生的努力的方向。通过对每个学生的细节指导,提高学生的学习成绩。

第四,渐进意识的培养。学习是一门艺术,不可能一下子就能取得质的飞跃。质的飞跃需要量的积累。特别是对基础差的学生,我努力培养他们的耐心。让他们知道,要想成绩提高,就必须要辛勤地付出,只有付出辛勤的汗水,才能有收获成功的喜悦;只有不断地积累基础知识,才能有成绩的提高。

五、建立一支团结协作的教师队伍

一个班级高考的成功,除了需要学生们的努力奋斗之外,还需要广大任课老师的埋头苦干实干和团结协作。学生优秀成绩的取得,与老师们的埋头苦干、无私奉献、循循善诱以及深切关怀是密不可分的。在高三阶段,各学科老师响应学校提出的班级管理口号:“班主任带头,任课老师共同参与管理的班级备考方式。”各任课老师密切协作,展开多种形式的交流。讨论班级存在的每一个问题;交流每次大考之后怎样调整学生们的心态;交流怎样提高学生们的学习积极性主动性。平时注意科学安排时间,做到不抢时间,认真落实学校提出的临界生工作。对学科基础薄弱的学生进行针对性的训练。高考的成功,不但凝聚着各任课老师的汗水和心血,更是各任课老师团结协调的结果。

六、加强高考前夕对学生的指导,减轻学生们的思想负担

高考对于广大学生来说,是决定人生命运的战争,是一场看不见硝烟的战争。高考的脚步越近,学生的情绪就会越紧张,这就需要班主任做好学生们的思想工作,深入到他们的生活中去了解他们的想法,为他们排忧解难。在此期间,我只要做以下几方面的工作:

第一,调整他们对高考的认识。临近高考,调整学生们对高考的不正确认识，消除他们的思想顾虑，增强自信，使他们树立高考与以往大大小小的考试并没什么两样，是较为科学、客观和公正的考试的意识。一般来说，只要准备充分，考出好成绩是没有问题的，完全没有必要将其神圣化而为此担心忧虑，整日忧心忡忡。

第二，保持适当的学习动机，学会学习、学会休息。逾接近高考，一般人也许认为，学习动机愈强烈，学习的积极性愈高，学习的效率也愈佳。但事实并非如此。有时学习动机过于强烈，学习效率反而会有所下降。这与人的情绪紧张、焦虑有关。学习活动中低限度的焦虑是必要的，但过度紧张，往往发挥不出正常水平，得不到预期的效果。遇到这种情况，我会在班级当中调整他们的学习动机，调节班级的学习气氛，让班级充满欢声笑语。此外，紧张、繁重的复习难免有时会使人神经紧张、精神压抑。遇到这种情况，我会建议他们最好能暂时丢下书本漫步于户外，看着外面的风景，听蝉鸣鸟啼，置身于大自然的怀抱，从而达到调适紧张心态的目的。

第三，让每个学生明白班主任永远都会和他们一起战斗，并默默地支持他们。在高考期间，很多学生都会觉得很无助，作为班主任就需要时常做到跟班跟点，让学生们明白班主任是跟着他们一起战斗的，是他们背后的强大支持。这样就使他们的心灵有归属感，心里就会觉得踏实。

第四，加强考前的复习指导。高考已经到了冲刺阶段，为使学生的复习达到事半功倍的效果，我着力做到让每个学生从基础抓起，回归教材。每年高考，都有很多学生因基础知识掌握不牢而丢分，所以最后的复习阶段一定要重视抓基础。让每个学生根据不同学科的特点，按照各科教师的要求，调整好复习策略，制订好高考前的复习计划，千万不能让学生们我行我素，想看什么就看什么，漫无目的。

以上几点是我在这几年高三班主任工作中得出的一些体会。个人认为，高三班主任工作必须要用认真的精神、负责的态度去对待。“一切为了学生，为了一切学生”是班主任教育的宗旨。面对今后的教学，我将一如既往地当好班级工作的组织者和领导者，在教育教学中发挥积极的作用。以“一颗红心，两袖清风，在三尺讲台上，四季耕耘”！

【主要参考文献】

1. 张良才：《浅谈赏罚应该注意的几个问题》，载《教育科学》1998 年第 3 期。

2. 尹恺力：《打开心灵之门　激励学生信心——“后进生”转化浅谈》，载《当代教育论坛》2005 年第 16 期。

浅谈普通高中普通班管理策略

梁豪毅

【内容摘要】班主任工作是学校的一个重要组成部分。其工作千头万绪，极其复杂，也是极其艰巨的。笔者针对普通班的特点，从以下三方面入手积极做好普通班班主任工作。第一是普以爱心，树立信心，建立师生的平等关系；第二是创建良好的班风和学风；第三是团结协作，打造教师团队精神。

【关键词】普通班　班主任工作　管理　策略

班主任工作是学校的一个重要组成部分，它就像一条纽带，维系着学校、家庭、教师和学生之间的关系，发挥着极其重要的作用。班主任工作千头万绪，极其复杂，也是极其艰巨的。我在普通高中任教十多年，学校委以重任，多年让我担任平行班（普通班）的班主任，下面浅谈我多年来的一些工作经验。

我县是一个人口大县，因此为了落实科教兴国、人才战略，满足社会和广大家庭的需要，我校每一届学生招收约为 20 个班 1000 多人，根据因材施教原则，我校实行分层教学的教学方法，目的是面向全体学生，为学生的全面发展创造条件，有利于学生全面素质的普遍提高。我校根据中考成绩、入学水平测试的差异，将学生分为不同的层次，比例为 2∶4∶4，即 2 为实验班（特快班），4 为普通快班，另一个 4 为普通班。学校的目的是针对不同层次的学生进行分层，教学上最大限度地开发利用学生的差异，促进全体学生的发展，当然这种分层是动态分层的，高一、高二结束时也进行及时的调整。我长年被安排担任普通班的班主任。

普通班班级学生有如下特点：

1. 各学科的基础较薄弱，学科之间发展不平衡，有的学生短腿科目特别突出：有的是文科方面，语文阅读能力、理解能力和分析能力等薄弱，有的是英语科只有三四十分，连小学生的水平也比不上；有的是理科方面：数理化特差。

2. 学生学习动机不科学，学习后劲不足：这些学生中有部分学习目标不明确，有些是学习态度欠佳、学习方法不当；有些是学习信心不足，有自卑心理，自认为学不如人，在同学面前自惭形秽，在日常生活中做事小心翼翼，不善于交往，课堂上不敢回答老师的提问，总觉得学得来到头有什么用，因此学习上欠缺主动性、自觉性，学习习惯差，具体表现在有迟到、早退现象，迷恋小说、迷恋网络，上课提不起精神、注意力不集中，不能较好地完成老师布置的作业，甚至有欠学旷课、中途辍学的现象。

3. 生源较为复杂：有些来自农村，有些来自小城镇，有些来自官员家庭，有些来自商人家庭；有个别是走关系进来的，家长也不抱着什么大希望，只求让孩子长大一点，找一个高职或大专读就可以了，或者混个高中毕业文凭就满足。

就以上普通班的特点，我做了如下的工作：

一、普以爱心，树立信心，建立师生的平等关系

有位教育先贤说过：教师不是圣人，但是选择了做教师，就是选择了高尚,选择了大爱。担任这些班级班主任伊始,我就开始了解每一位学生的个性特征、兴趣爱好、家庭环境等,通过课堂观察,与学生接触、谈心,也经常到班级和宿舍,深入学生中间,了解他们的各自特点和差异,多发现他们身上的闪光点。在班级管理过程中我尊重每个学生,平等地对待每个学生,平等地对待智力和能力不同的学生,平等地对待学习成绩不同的学生,平等地对待性格特点不同的学生,平等地对待家庭背景不同的学生……只有在这样的环境中,学生才会感受到爱的关怀和尊重,才能乐观自信,勇于提出自己的见解,才会积极主动地学习,才能表现出强烈的求知欲和创造力,才会认为老师是平等的、民主的。对家庭有变故的学生,我经常关心他们,开导他们,让他们尽快脱离阴影,恢复正常的生活和学习状态;对家庭特别困难的学生,我经常过问他们,看看他们的生活费是否到位了,有无病痛等,在带 07 届 13 班时有一个孤儿,我两年下来接济他不少于 2000 元。

二、创建良好的班风和学风

诸多心理学家研究显示,良好的心境、情绪和积极的情感会对人的发展起积极的作用。因此创设良好的班级氛围,可以使学生身上原本具有的欲望以最佳而极其自然的形态发挥出来,从而促进班级和学生个人的发展。为了创建良好的班风和学风,我的做法是:

1. 组建班团干部:班团干部是一个班级的核心,是维系班主任和学生的纽带,绝大部分的班级管理措施需要这些干将去完成,因此我一接手班级就着手精心组建班团干部。我先讲述担任班干部的诸多好处,再让学生报名参加竞选,然后在班会课上进行公开演讲进行竞选,让学生选出自己的班干部。选出后再开会进行具体的分工,落实各个责任的职责。在班干部中我对他们进行培养:培养他们要有全局观念，要有全面意识，要有坚持德智体美劳全面发展的观念。我让班干部半学期进行一次述职，以强化对班干部工作的监督与促进；在班干部中我也引入竞争机制，半学期或一学期进行班干部重选，让班干部队伍成为一注活水，有利于激发学生的参与管理的积极性。

2. 树立榜样。榜样的力量是无穷的。在班级的各项工作中（如尊师守纪方面、遵守公德方面、助人为乐方面、学习方面、良好的生活习惯方面、积极健身方面等等），我深入学生当中，发现他们身上的闪光点，树立正面的典型，及时表扬和鼓励。我也定期开展一些民间的评选活动，“勤奋学习标兵”“感动班级人物”“我身边的好同学”等，让学生选出心目中的优秀代表。总之，我想方设法，宣传班级的好现象、好习惯、好学生，让好风气占据绝对的主流。

3. 让兵教兵。由于在普通班中各人的各学科基础不同，我让学生成立各学科的辅导小组，让学生教学生，也对一些学生进行捆绑，让某学生某学科基础好的，捆绑几个该学科基础差的，落实责任，实行承包制，对做得好，有了进步的小组，及时表扬、鼓励和奖励，使学生的短腿科目在一定的时间内提高到一定的层次。通过兵教兵，减少了班主任和任课老师的负担，学生也很乐意接受这种比较灵活的方法。

4. 开展丰富多彩的班级活动。我经常让班干部组织学生开展各种球类比赛和文艺晚会，也积极为学校的校运会、元旦晚会等做准备。这些活动的开展，不仅能强身壮体，还锻炼了学生的各种活动能力，更重要的是能展示班级的风貌，更能够增强班级的凝聚力和战斗力，塑造学生的人格和精神，从而迁移到班级建设的各个方面。在带 07 届 13 班时，我班参加校田径运动会，一举获得全校总分第一名，并取得 20 个冠军中的 5 个，同时打破两项校运动会记录，总分比第二名多了五十几分，这次运动会极大激励着学生们的热情。在这个时候我及时地提出学习的目标，跻身学习上同类班级的三甲，有了目标，学生们学习干劲十足，都表示要全力以赴，去争取进步。到期考成绩揭晓，07 届 13 班考试成绩实现了飞跃，在平行班中列第二。

三、团结协作，打造教师团队精神

一个班级成绩的取得并不是班主任一个人的功劳，而是这个班级所有科目教师通力合作的结晶。班主任一个人的能力是有限的，加上受学科知识的限制，不可能在管理方面、知识方面能面面俱到，因此我组织我班的任课老师参与班级的管理，共同分享成功的喜悦，分担奋斗中的责任。我先将全班几十人按各科成绩薄弱的分为十份八份，分给每人一份，让每个任课老师都有任务，都有对象，利用辅导时间、课间时间、空余时间和这些学生谈心，了解他们的情况，指导他们的学习。通过这些举措，提高了他们短腿科目的成绩，短腿科目成绩的提高，大大增强了学生的竞争力，也提高他们的学习兴趣和热情。我带的班级在高考中年年超额完成学校分配的任务，07 届 13 班在 2010 年高考中完成学校分配任务的 210%；08 届 10 班在 2011 年高考中完成学校分配任务的 220%；09 届 07 班在 2012 年高考中完成学校分配任务的 170%；10 届 24 班在 2013 年高考中完成学校分配任务的 136%。成绩的取得是大家的功劳，离不开和我共同战斗的团队，我也非常感谢他们的辛勤的汗水和无私的奉献。

班主任工作是一门科学，也是一门艺术，我将活到老，学到老，打造贤人七十二以上，弟子越三千。

【主要参考文献】

1. 罗五金:《班主任之友》(2012 年 1—12 期),湖北,班主任之友杂志社,2013。

2. 周湖北:《新时期做好班主任工作的十大举措》,陕西,陕西师范大学出版社,2010。

附　　录

传统思想与现代理念有机融合，外部教化与内部转化相得益彰

——构建和谐育人的校园文化

■范永荣

所谓“校园文化”，是指师生在改造校园环境、协调人际关系、把握自身存在意义的过程中所体现出来的校园样式、风格及行为。是以学生为主体，以课外文化活动为主要内容，以校园为主要空间，以校园精神为主要特征的一种群体文化。它一般由校园物质、制度、精神及行为四个层面的文化组成。作为百年老校的广西藤县中学，我校发展到今天，在校生已经达到5千多人，高考成绩更是连创佳绩，成为广西颇具影响力的一间县级重点高中。充分挖掘、继承、发展我校的传统文化，让传统与现代紧密结合起来，以育人的根本——精神培养为抓手，以丰富多彩的文化活动为载体，创建和谐育人的校园文化，建立全校的精神家园，是我们成功的法宝。

一、强化精神思想文化教育，让思想引领行动，增加内驱力

精神文化是师生在校园生活中形成并自觉认同的群体心理和

意识，是校园文化的核心和灵魂。建设好强大的精神思想，可以给师生以积极的内心暗示，产生出一种无意识的力量，生出强大的内驱力，催人不断前进。

1. 让藤中魂在师生心中萌芽、生根，入心入脑，鞭策一生。在我校高三教学区，有一面很大的墙，上面书写着大大的"腾飞"两个草书，两边则是自我校 1913 年成立起老一辈确立下来的校训——"德以立身、学以立业"，这可以说就是我校的灵魂。古人云："百行以德为首。"人无德不立，国无德不兴。道德建设的好坏，体现着一个民族一个国家的精神状态，影响着一个民族事业的兴亡盛衰。可以说，道德兴，国家兴；道德兴，民族兴。学校是教育人、培养人的场所，我校老一辈教育者把校训确立为"德以立身、学以立业"真真是高瞻远瞩，我们所要做的，就是把他们的这么一种理念很好地贯彻下去，让"一个人，首先要学会做人，然后才是学会求知；首先要成为一个真正的'人'，然后才能建功立业"这样的声音永远传承下去。当然，随着时间的推移，我校也适时地确立了"让每个学生充分和谐地发展"的办学理念，把构建和谐校园作为我们的工作目标，把培育国家栋梁当做我们的神圣职责。学生的发展要做到"充分而又和谐"，顺应了时代的要求，体现着我们培育人才的战略眼光：和谐育人，育人和谐！

2. 改进工作作风，让作风指引工作，领导要以身作则，把学校工作落到实处，树立楷模，抓出成效。学校管理的最高境界是文化内涵的传承、发展和创新。而要把这种文化传承下去，领导的作用无疑是非常之大的，俗话说"火车跑得快，全靠车头带"，学校领导应该成为学校文化的"布道者"，学校应该有一个坚强有力的领导班子，为此，我校在领导班子中特别重视强调"五种风气"：团结之风，始终坚持和谐团结，保持强大的内聚力；进取之风，始终发扬不服输的精神,艰苦奋斗,不断进取;求是之风,秉承“德以立身,学以立业”的校训,严格要求,求真务实;爱才之风,做到“求贤若渴”,坚持把校管人才落实到人才集聚和团队建设上来;廉政之风,认真落实党风廉政建设责任制,自觉接受师生监督。让作风指引大家开展日常工作,确保学校的各方面工作精神自上而下得到贯彻执行,从领导做起,树立榜样,抓出成效。

3. 调整工作方针,让方针引领老师们开拓前进。胡锦涛同志在《在庆祝清华大学建校100周年大会上的讲话》中指出:教育大计,教师为本。广大教师和教育工作者是推动教育事业科学发展的生力军。教师要切实肩负起立德树人、教书育人的光荣职责,关爱学生,严谨笃学,淡泊名利,自尊自律,加强师德建设,弘扬优良教风,提高业务水平,以高尚师德、人格魅力、学识风范教育感染学生,做学生健康成长的指导者和引路人。可见教师工作的重要和伟大。我校对教师的工作方针顺应着时代发展的要求,做了修订和改进,我校原来的工作方针可以概括为“勤、细、严、爱”四字方针,现在在这个基础上加入了新的内容,并赋予了更为全面更带上时代特征的新内涵,发展为“爱、励、勤、严、实”五字方针。“爱”就是要爱岗、爱生、爱事业,“爱”是教育的灵魂,没有爱一切都无从谈起,因此,我们的工作理应把“爱”放在首位。“励”就是对学生在学习和生活上进行鼓励、勉励、激励,“励”是点燃希望之火,可以使学生对学习和生活充满信心,敢于面对困难,挑战困难,战胜困难。让学生的学习成为一种自觉行为,从“要我学”变为“我要学”,认识到学习是为自己而学,为家庭而学,为社会而学。“勤”就是要勤到班,勤到宿舍,勤过问学生,勤了解学生,勤做记录,勤做学生的思想工作,勤总结。勤奋可以出真知。“严”就是要对学生严格要求,要求其言行符合中学生日常行为规范,不能让学生在学习和生活上放纵自己，要约束自己，管理好自己，以利于身心健康和学习。严格管理之下学生更容易成材成器，所谓“严师出高徒”的道理便出于此。“实”就是要务实，有实干精神，还要对所布置的工作落到实处。天下大事必作于细，古今事业必成于实。实干就是能力，落实才是水平。

二、日益完善制度文化，责任职责分明，做规范文明人，增强战斗力

制度文化是指用以规范师生行为的各种政策、守则，是校园文化的纽带。“不依规矩，不成方圆”，一所学校，须有一套完整的制度。制度是铁的，是不容置疑的，但是，制度也应是活的，是能够顺应时代发展需要的，当然，如果能够赋予制度以文化色彩，使制度“文化”化，让制度既具有灵活性又有灵性，把理想信念、奋斗方向、做人准则等精神要求与具体规定有机结合起来，那就更能发挥出它的绵绵不断的力量，使整个校园充满人性，师生具备难以估量的战斗力。

1. 实行层次化管理制度，目标明确，职责分明，一贯到底。国有国法，家有家规。整个学校就是一个大家庭，为学校荣誉、为高考、为个人前程拧成一股绳，就能具备强大的凝聚力与向心力。我校各项制度齐备完整，各人分工明确，从校长起，各领导职责到班，实行“挂钩”式管理，具体由班主任把学校各项精神，各项工作落实贯彻好。学校制定了《藤县中学高考奖励方案》《藤县中学日常行为管理规范》《藤县中学学生奖惩条例》“十准”“十不准”等一系列规章制度。总之，我校实施的就是“有问题，就解决”的灵活制度，同时，实行“拿来主义”，通过“走出去，请进来”的方法，学习吸收各兄弟学校的好理念好做法，取长补短，不断修订完善学校的规章制度。

2. 实行教师值日制度。每天由一个行政领导担任组长，带领10多位教师从早上起床到晚上休息进行全方位的管理，监督检查学生的学习和生活情况，及时处理问题，并把每天的值日情况反馈给班主任，各班主任再根据本班学生情况有针对性地进行教育和疏导。

3. 让思想成为一种无形的“墙”，犹如制度让师生共同自觉维护。经常展开对校训“德以立身、学以立业”、校风“严谨、求实、团结、进取”和学风“尊师、守纪、勤奋、善学”的学习教育，让这些藤中精髓在师生中烙下深刻印记，让思想上升为一种自觉行为，让文明规范成为一种习惯、一种常态。

三、加大物质文化投入，逐步改善办学条件，营造良好育人环境，凝聚向心力

物质文化是校园文化建设的重要组成部分和有力支撑，是推进校园文化建设的必要前提，它是看得见摸得着的东西，是校园文化的硬件。苏霍姆林斯基认为“创建良好的校园环境是教育过程中最微妙的领域之一”，同时他也说道：“只有创造一个教育人的环境，教育才能收到预期的效果。”环境不仅是学生生活的空间，也是培养学生文明素质的载体，陶行知先生就曾说“一草一木皆关情”，可见环境对人的成长是多么的重要，“孟母三迁”的历史典故就很好地说明了环境对人的影响。因此，加大物质文化投入，改善办学条件，营造良好的育人环境，让学生生活在充满着健康的、蓬勃向上的文化氛围之中，心灵自然荡涤，思想必然升华。可以说加大投入不仅是必要的，而且是非常重要的，是事关学校兴衰的大事。

1. 建立较强大的物质激励文化。我们制订了《藤县中学奖学金实施方案》，设置了比较丰厚的奖学金奖励品学兼优的学生。比如我们对每个考上北大清华的考生的奖励都不会少于8万元，考上十大名校的学生奖励不低于一万元，优秀初中毕业生就读我校奖励三千多元，平时考试成绩优异者都有相应的制度化的优厚奖励，特别是我们把助学和奖学结合，激励学生通过发奋学习赢得更丰厚的奖学金，使自己的学习更有动力，更有成就感和幸福感。每年我们都要组织召开助学奖学晚会，一方面调动社会力量为奖学金方案的实施筹集资金，一方面现场颁奖，让获奖的学生感受成功的光荣与幸福，让其他同学看到学习的榜样，从而更加努力地学习，潜移默化地营造了勤奋学习光荣、成绩进步光彩的良好氛围。

2. 抓好校园景观建设，绿化、美化校园。购置名人雕塑，设置“名人园”，譬如雕塑陶行知下面的石碑刻着：处处是创造之地，天天是创造之时，人人是创造之人。这是一种无声的课堂，同学们只要在这里停留过，看过，不知不觉中就会受到熏陶。安放刻有诸如“人生能有几回搏”的“灵性”石头，让石头也会说话。班级自筹资金，领种“爱校树”，种上香飘八桂的桂花树，让学生亲身参与到校园环境的建设中来，既表达了对母校的一片深情，也是培养崇高道德的重要途径，是陶冶性情的生动教育课。

3. 建设好“墙体文化”，让墙壁也会说话，也成为一种文化。在我校，凡是可以利用到的教室墙体，我们都会充分利用。“爱是教育的灵魂”“励是点燃希望之火”“勤奋出真知”“严师出高徒”“实干就是能力，落实才是水平”“以欣赏的眼光看学生，以尊重的态度待老师”“学生的健康成长和未来发展高于一切”……一面面墙，一句句醒目的话语，倾注着藤中人的思想和智慧，潜移默化地影响着在这生活学习的藤中莘莘学子。

4. 搞好“通道文化”。在校园里，无论是宽阔的校道，还是教室走廊，凡是肉眼可以清晰地看到，学生常走的地方，我们也都会让它们也活起来。比如在公寓楼到教室的通道中，我们在旁边矗立着大大的“现代优秀中学生应具有的品质”宣传牌，标示着品德、责任、胸怀、意志、学风、交往、言行、礼仪八个方面的要求；学校主校道中“藤中学子多奇志，求学不惧风雨霜！人人奋勇精力健，日日攻坚斗志高！为自我，为未来，不言辛劳；比学业，比品德，要做好汉！发愤图强，艰难过程添壮笔；乘风破浪，青春岁月著华章！”“不逼一下自己，怎知自己有多优秀！美好前程要靠拼，精彩人生搏得来！”的宣传标语赫然入目；教室走廊之间“学问可以改善人心，培养文雅和仁爱的品质——马克·吐温”“昨天已成为历史，明天还是个未知数，把昨天和明天联系起来就是今天。同学们，好好把握今天吧！”的“镜框文化”比比皆是。

5.弄好“示牌文化”。在校园显要位置安放全国各名校的简介示牌，让学生树立奋斗目标；在花草树木之中制作有“手边留情花似锦，脚下留情草如茵”的“温馨提示”，润物无声。

6.精心布置“橱窗文化”。或以黑板报的形式在不同时段展示学生自己设计自己创造的作品，如“雷锋月”“蜡烛颂”“庆国庆”等专题；或以喜讯的形式把“藤中英才榜”进行补充，把近几届的“录取金榜”予以公布，把段期考的“学习明星”给予表彰，把一年工作成绩“十件大事”作出宣示。

7.特色制作“班级文化”。各班根据班级理念、奋斗目标、班级口号，有特色地制作出各班的班级文化，凝聚人心，展现班级风采，激发斗志。譬如“梦追中大武大浙大科大北大，明择南京西交上交复旦清华！”“东风吹，战鼓擂，今年高考舍我其谁！”“三年磨一剑，勇于攀登，耐辛苦，耐寂寞，精打细算，持之以恒，不虚度光阴”“六月上战场，满怀信心，不犹豫，不彷徨，卧薪尝胆，破釜沉舟，铸我新辉煌”等对联或标语把同学们迎考的精神风貌展露无遗，营造了良好的教室学习氛围。

8.增补图书，增设学生“诚信”图书馆，让书真正发挥其无声胜有声的作用，让书真正成为“人类进步的阶梯”。

四、开展丰富多彩的行为文化，让整个校园充满生命力

行为文化是指师生的具体行为展示，是校园文化的载体。开展生动活泼的各类文化活动，不仅能很好地促进学生的全面、健康发展，而且能让学生在求知、求美、求乐中受启迪和教化，增进情谊，融洽关系，和谐共处，让校园永远保持活力，永远充满勃勃生机。

1.利用好学校网站与广播站，及时报道学校的新人、新事、新面貌，传达学校教学思想，以正确的舆论引导人、以先进的事迹鼓舞人。

2.充分发挥学生会作用。让学生会利用好各社团，开展形式多样、内容丰富的各项活动，活跃校园，活跃身心。文学社每逢各种重大节日举办各类征文比赛，弘华书协定期举办书法讲座，学生会文艺部每年都举办“十大校园歌手争霸赛”，每年还可以搞一次“跳蚤市场”活动，各班每年都可以利用学校场地及设备举办一次班庆晚会……只要目标明确，健康向上，经学校批示了就可以搞。

3.充分利用校园电视。每天19:00播放《新闻联播》，关注国内外大事，了解世界，永远跟党走；每年收看“感动中国”颁奖晚会，感于先进，学习先进；对每届新生播放中央电视台“共同关注”2006年录制的《沉重的翅膀》，适时播放中国网络电视台《流行无限——无腿歌手陈州的传奇故事》及《士兵突击》等励志故事，解读人生意义，树立起正确的价值观、人生观，内化于心而外化于行。

4.利用好每周一的“国旗下的讲话”及“班主任例会”，上传下达，形成共识。每周设定好一个主题，由学生代表作演讲发言，上一周值周领导作总结发言，进行礼仪、文明教化，让规范文明做人成为一种光荣，让“老师好！”成为校园最为流行的语言。

5. 每年举办高一军训。用严格的军训来养成尊师守纪的良好纪律性；用严格的军训来培养团结协作的团队精神，增强班级凝聚力与向心力；用严格的军队内务要求来养成严谨细致的作风，用它成为一种很好的养成教育。

6. 举办好各类专题讲座及励志报告会。每年邀请心理专家对高三学生进行高考心理调适讲座，通过心理调适，让昂扬的斗志成为学校主旋律，让良好的心态成为高考成功的法宝；邀请独臂激励大师黄友来校开展感恩励志演讲，让学生心灵接受洗礼，让感恩意识在心里扎根！

总之，“一草一木皆关情”，只要热爱我们的学校，倾注自己的心，那学校的一切都会融进你的情，让学校的一切都有了灵性，一切都变成了你的“文化阵地”，有教育、启迪人的作用，这样，整个校园就是活的，是和谐的，是可以达成师生共同追求的“千教万教教人求真，千学万学学做真人”的愿景的！

（此文发表于 2012 年 12 月《语文建设》）

激流敢勇进，扬帆为远航

——藤县中学语文教改侧记

■范永荣

2004年，新课程改革的浪潮在全国轰轰烈烈地铺开，几年之后，全国大部分省份相继步入，广西步伐较慢，没有开始施行新课改。是跟上全国的形势进行课改，还是按照我们的老路子去走？我们的出路究竟何在？这问题一直困扰着我，2007年我出任藤县中学校长之后，面对日益激烈的高考竞争，我心一横：广西没搞我们搞，改革才是唯一出路！

几年的坎坎坷坷，几年的风雨兼程，我们一路走过，失败与成功交织，困难与收获同在。通过改革，藤县中学面貌一新，呈现出蓬勃生机，高考成绩连创佳绩，以一本为例：2008年上线人数为242人，2009年是259人，2010年为303人，2011年突破到415人，名列梧州市一本、二本上线人数等八个指标的第一，2012年继续递增，为437人，逐步确立了广西名校的地位。

回首几年的语文教改，我认为以下几个方面我们做得较好，在这摆出来与大家共勉，还望各位不吝赐教。

一、思想引领行动，迈出语文教改新路子

我国《全日制义务教育语文课程标准》中明确指出："语文是最重要的交际工具，是人类文化的重要组成部分。工具性与人文性的统一是语文课程的基本特点。"语文的工具性我比较赞同有人提出的"语文就是语用教学"的说法，这是语文教学的本质所在。而何为"语文的人文性"？新课标强调："培养学生高尚的道德情操和健康的审美情趣，形成正确的价值观和积极的人生态度，是语文教学的重要内容，不应把它们当做外在的附加任务，应该把这些内容贯穿于日常的教学过程之中。"由此可见，新课程标准对语文课提出了明确的新要求，我的理解就是语文课不只是语言文字、语言文学的教学，同时它也应该是人文教育，是讲究教文育人的一个有机结合的整体。我校的语文教改，就是要很好地体现这两者的紧密结合。工具性是语用教学，跟以前没什么大不同，下面主要就如何体现语文的人文性谈谈我们的做法：

1. 前途教育。作为一个农村高中，我校超过80%的同学来自农村，农村的孩子出路在哪，读书的目的又是什么，这些都是摆在大部分同学面前的现实问题，解决好这些问题，同学们才有前进的方向，才有前进的动力。我们常常教育他们说，一个人必须有一技之长才能学会生存，而要有一技之长就必须好好念书，让知识改变命运，让读书改变人生，通过读书考大学，掌握一技之长，进而找到满意的工作是农村孩子最好的出路。因此，每一届新生开学之时，我们都会播放中央电视台"共同关注"2006年录制的《沉重的翅膀》，因为我们很多学子与都安高中的学生一样，都是山区里的孩子，用都安高中学生的情况来现身说法，说明只有通过读书才能改变自己的前途，改变命运的道理，坚持读书信念。

2. 励志教育。杨振宁曾说过："中学时代，最重要的教育是励

志教育。”我校有五字工作方针：爱、励、勤、严、实。这其中，语文的教学与“励”密切相关，我们定义“励”是点燃希望之火，“励”就是要对学生在学习和生活上进行鼓励、勉励、激励，使其对学习和生活充满信心，敢于面对困难，挑战困难，战胜困难。让学生的学习成为一种自觉行为，从“要我学”变为“我要学”，认识到学习是为自己而学，为家庭而学，为社会而学。由此我们通过悬挂横幅，悬挂名人名言，播放《士兵突击》《冲出亚马逊》等电视电影，加强校园文化建设来激励同学；以校友或社会成功人士作为典型例子，树立榜样去激发学生也渴望成功，努力成才；每年通过召开助学奖学晚会，加大奖励力度去鼓舞学生的学习斗志。比如我们对每个考上北大清华的考生的奖励都不会少于 8 万元，对尖子生、优秀生、学习进步生我们也都设置出相应的奖励方案，让学生尝到学习的甜头，感受成功的幸福，从而更加专心投入。

3. 感恩教育。感恩教育是一种由内而外的“内化”教育，它从人性本善出发，以真唤真，以善扬善，唤醒人们麻木的心灵，深挖真善人性中的原动力，以此治心扶志，点燃心中激情，激发人本潜能，树立成功信念，铭记报效责任，从而促进道德认同、人本理解和个性发展，实现“人要我学好”到“我要我做好”的自主性转变，这跟新课标理念是完全吻合的。我们每年都会收看《感动中国》人物颁奖晚会现场直播节目，把它当做感恩教育的一个鲜活例子，让学生有感于其中的人和事而自发体现在日常学习生活行动。

以上三种教育，在我校是要求自始至终去贯彻实施的，串联于语文教学活动当中。转变学生思想，既教书又育人，让思想做领航，由外在教育直接转化到内化教育，充分发挥学生的主观能动性。由“要我学”到“我要学”，实现人生境界的新跨越，很好地践行着著名教育家陶行知先生“千教万教教人求真，千学万学学做真人"的至理名言，让我们的教育向着实现"教人求真、学做真人"的伟大目标迈进。

二、严管抓出效率，开创语文教育教学新局面

人文性教学倡导民主课堂，要求教师营造充满人文气息的教学氛围，鼓励学生的独特自主体验，认可学生对语文素材的多元化反应。但这并不等于说就是放任自由，俗话说"不以规矩，不成方圆"，在强调学生的主体作用的同时也一定不能忽略了教师的主导作用，而应该是两者相互协调、相互促进、相得益彰，起良好的化学反应。因此，我们对语文课堂的管理是非常之严格的，是跟学校的整体管理相一致的。我们的管理是严格、精细、科学的管理，是"严"字方针，是严师出高徒。

1. 整体规划层次分明，工作落实有条不紊。虽然新课标是一次重大改革，有许多新的东西，但不变的是高考制度，选拔人才的方式方法并没有变。因此，我们的教育教学需要强调加强培养学生的语文素养，但素养的培养也有规律，也应遵循着高考的特点去进行有针对性的训练，这个大方向不能动摇，我们一般的规划重点是：高一侧重于培养文言以及诗词的阅读能力，高二加强对散文的阅读，高三是写作与做题的强化训练，要学生明确写作及做题解题思路，形成切实可行的答题模式。又比如我们抓练字，高一主要训练字的偏旁部首，以独立的单个字为主；高二结合高考必背篇目训练，一举两得；高三拿高考优秀作文做练字内容，并且对书写卷面与书写速度作出明确要求。

2. 规范上课课型，形成高效课堂。改变以往教师作为命令者、灌输者的角色，我们明确规定老师上课（应该叫组织引领）时间不能超过 30 分钟，要把课堂主动权交还给学生。形成"课头 5 分钟—引导学习 30 分钟—消化学习 10 分钟"的语文课堂模式。"课头5分钟”由学生自由发挥，轮流或抽签上讲台开展活动，可以讲故事、即兴演说、展现才艺……形式多种多样，不一而足；“引导学习30分钟”算作主课，师生共同探讨学习教材内容；“消化学习10分钟”由学生把本节课的内容进行疏理消化或者是延伸探究，深化学习，加强记忆与理解。这样的每一节课让老师要求学生掌握的内容得到落实到位，提高效率，形成高效课堂。

三、科研变革教学，谱写语文教学新篇章

教育教学质量是学校的生命线，提高教育教学质量的途径是科研，科研工作的主体是老师，老师是学校发展的关键，师资好，则学校强。这些都是一环紧扣一环的，哪一个环节出问题了，都会让学校陷于被动，丧失生机。

1. 实施“以老带新”的结对子工程，打造技术过硬、能征善战、和谐奋进的语文团队。“团结就是力量”“众人拾柴火焰高”都很好地说明了团队的作用，通过结对子工程，帮扶青年教师的成长，新老教师都有了共同的任务，形成上下一心的团队精神，营造出浓浓的学术氛围，让很多青年教师迅速成长起来，顺利接班。

2. 实施“走出去、请进来”策略，承接课题研究，拓宽视野、提高业务水平。为提高教师业务水平，学校每年都要有目的有意识地选送大批优秀教师到外地考察或参加省级教师培训，开阔老师的视野，把握教育教学时代脉搏。通过广西师范大学黄麟生教授，我们申请到全国语文实验学校，参与全国教育科学“十一五”规划教育部重点课题“在读写结合中转变学生学习方式的研究”的科研工作。结合本校实际，结合高考，师生同心，目标一致，轰轰烈烈地展开了语文教育教学实验活动，掀起了一股学习语文的新高潮。经过几年的探索实践，收获累累硕果。以最近五年语文单科上一本线人数为例，2008年228人，2009年276人，2010年429人，2011

年 460 人，2012 年 469 人，逐年攀升，效果显著。

3. 加强学习，形成自己模式。《中学语文教学参考》《语文建设》《语文报》《作文评点报》……在语文组里，我们可以看到很多这样的书报杂志，这些都是我们加强业务学习的很好素材，我们语文老师也会经常开展对于漪老师“新”“趣”“情”“思”四字育人方针、魏书生老师“定向—自学—讨论—答疑—自测—自结”“六步教学法”的学习，同时，语文组形成了“集体备课（设有主讲人）—上公开课—教学反思”的本组备课上课固有教研模式，集思广益，相互交流，统一内容，步调一致。

四、环境造就人才，开拓语文育人新理念

美国心理学家诺尔蒂曾经就环境对人的影响作过很好的阐述。学习语文也是一样，它不是一天两天的事，必须通过经年累月的积累才能把语文学好，因此，我们特别强调营造一个良好的语文环境。

1. 收看《新闻联播》。每晚 7 点的《新闻联播》是学生了解国家、了解世界的窗口，是党的方针政策、党的思想传播工具。学习语文不能忽略收看《新闻联播》，我们认为有几个方面可以让同学从中学习：字音的规范，语言运用的落实，保持与时俱进的积极心态，提升作文的思想深度与高度。

2. 开展丰富多彩的语文活动。“朗诵比赛”“书法比赛”“演讲比赛”“辩论赛”“征文比赛”……有老师组织的，有学生自发的，但不管是什么形式都好，凡有利于学习、是积极向上的我们都支持。

3. 提供便利条件，倡导个性发展。我们的学生会工作做得很出色，他们想同学所想，为大部分来自农村的同学所想，每年都会收集毕业生无私捐献的“爱心图书”，为此，学校腾出一间教室给学生设立“诚信图书室”，由同学自主管理，供同学自觉学习。学校另设“弘华书协”“雨花文学社”等社团，供学生自由发展自己的兴趣爱好，展现个人风采，颇见成效。2012年全广西仅评出28篇满分作文，我校占2篇，对只是县级重点的一所高中来说，实属难能可贵。

总而言之，陶行知先生说过“生活即教育，社会即学校”。语文就是这样，语文的外延就是生活的外延。而要学好语文，北大孔庆东老师说：“语文就是思想，语文就是生活，语文就是你这个人。学习语文，就是在塑造自己的灵魂。你要明白了这个道理，语文很快就学好了。”虽然说得有点过，但还是很有道理的。我们要把“处处是创造之地，天天是创造之时，人人是创造之人”的理念根植于每位语文老师的心中。思想可以引领我们的行动，思想可以激发我们奋进，催生源源不断的动力，有了动力就会产生无穷的兴趣，而兴趣是最好的老师。孔子说：“知之者不如好知者，好知者不如乐知者。”当我们把学习当做是一种享受时，不学好都难了！当我们在竞争激烈的高考大潮中拥有了奋进的信念，拥有了实事求是地改进教育教学的方式方法，找到一条适合于自己的阳光大道，那么，我们一定可以收获到丰盛硕果，藤县中学也必将创造属于全体藤中人的一个又一个辉煌！

锐意进取开创学校发展新篇，克难攻坚铸就教育辉煌成果

■陈祖松

七月的藤县中学，到处一派生机盎然，在2012年高考中，该校喜讯频传：

——全校2350名考生中，600分以上有34人；

——达到一本线的有437人，比去年增加22人，一本上线率为18.64%，比去年提升了0.9个百分点；

——达到二本线以上的有1629人，比去年增加37人，二本上线率69.50%，比去年提升了1.1个百分点；

——达到三本线以上的有2195人，比去年增加40人，三本上线率93.64%，比去年提升了1个百分点；

——黄博浩获得清华大学自主招生加10分的奖励，这是梧州市在清华大学2012年自主招生面试中唯一获得加分奖励的学生。这次高考，他以676分的优异成绩，被清华大学录取。

在成绩面前，校长范永荣显得十分谦虚。成绩已成过去，他考虑得更多的是藤县中学未来的发展："办好群众满意的教育，是藤县中学实现今日辉煌，描绘未来蓝图的动力和源泉！"

临危受命打造教育新形象，大胆变革展现校园新风采

回首历史，藤县高中也曾有过引人注目的辉煌：这所有着近百年历史的学校，产生过多名才华横溢的状元，在 20 世纪八九十年代，藤县中学在桂东地区乃至全区都拥有良好的声誉，藤县学生以能进入藤中学习而自豪，许多外地的学生也慕名来该校就读。然而这一切在 21 世纪发生变化，由于种种原因，藤县中学的学校管理陷入了混乱，教学质量不断下滑，学校内外环境迅速恶化，学校声誉严重受损，县优秀初中毕业生开始大量外流。“好好的一所高中，就这么差下去了，悲哀”等诸如此类的凄凉话语带着这所学校走入了寒冷的冬天。

为了重铸藤县中学的辉煌，县委、县政府大胆变革，通过公开竞聘的方式选拔校长。在激烈的竞争中，曾任苍梧县教育局局长的范永荣同志凭借过硬的素质，凭着对学校情况的深入调研，以压倒性优势胜出，担任新一任藤县中学校长。就职会上一段“快速提高学校的办学质量，重振百年名校雄风，再造一所让藤县人民放心、让藤县人民自豪的藤县中学”的铿锵演说不仅点燃了所有教师的激情，从此更开启了藤县中学再创辉煌的新篇章。

重建之初的主要担子，范永荣校长交给了藤县中学新一届的领导班子。他鼓励领导班子励精图治，锐意创新，要求他们以身作则，正风正己。在工作中，范永荣校长强调领导班子要保持“五种风气”：团结之风，始终坚持和谐团结，保持强大的内聚力；进取之风，始终发扬不服输的精神，艰苦奋斗，不断进取；求是之风，秉承“德以立身，学以立业”的校训，严格要求，求真务实；爱才之风，做到“求贤若渴”，坚持把校管人才落实到人才集聚和团队建设上来；廉政之风，认真落实党风廉政建设责任制，自觉接受师生监督，加强对招生、基建、教材、设备物资采购、干部选任等敏感工作的监

督,大宗物资采购全部采用公开招标的办法确定供应商。

在“五种风气”的引领下,藤县中学的领导班子开始对学校管理、教学工作进行了大刀阔斧的改革。学校安排大量中层以上的领导当班主任,特别是高三年级的班主任。黄蔚玲副校长,颜浩明、覃展华副校长,江壮生、陈先观、戴国光、李象标、王诗华、周军莲副主任等一如既往既要肩负繁多的行政工作,又担任高三毕业班班主任,一如既往没有怨言,勇于担当,积极发挥带头示范作用。领导带头奋斗在教学、管理的一线,极大地激发和调动了全体教职工的积极性和创造力,使全校上下形成了“团结向上、锐意进取”的良好风气。“藤中的领导班子是敢于担当的集体!”这是社会对藤中工作的肯定与赞美。

教师为本奠基藤中发展基础,科学统筹领航教师专业成长

教育大计,教师为本,藤中的发展的辉煌主要靠两支队伍打天下:一是领导班子管理队伍,二是师资队伍。藤中深刻认识到师资队伍建设是一所学校的灵魂工程,在以范永荣校长为首的领导班子的领导下,学校对教师方面的各项工作做了细致的部署,并大胆创新,为藤中教师搭建了有力的发展平台。

为调动教师的工作积极性,学校制定了《藤县中学高考奖励方案》,并创造性地提出了“捆绑式”的评价制度,促使教学科目之间、科组成员之间团结协作,互相帮助,共同提高教学水平,使全校教师凝聚成了一个共同进退、荣辱与共的群体。

学校重视青年教师成长,实施了“以老带新”的结对子工程。经过多年的精心培养,一大批优秀的青年教师脱颖而出。该校的纪焕容老师在老教师的帮助和自身不断努力下,教学水平突飞猛进,很快成长为学校的骨干教师,在2008年全国中小学英语技能大赛中,她获得了一等奖。

“走出去、请进来”，是范永荣校长制定的一套帮助教师拓宽视野、提高业务水平的策略。上任后，范永荣校长有意识地选送大批优秀教师到外地考察，让有能力的教师参加省级教师培训，参加研究生课程选修等。此外，还有计划、有目的地引进高学历的研究生到校任教，邀请区内外的专家学者给教师讲课，为本校教师的课堂教学把脉，使教师的专业水平得到了全面的提高。

在抓好教师业务水平提升的同时，藤县中学还着力解决教师生活上的后顾之忧。2010 年以来，藤县中学帮助近 200 位教师解决了住房问题。2011 年“五四”青年节，学校还为 6 对新人举办了盛大隆重的集体婚礼。

良好的制度保障，使全校的教师都能全身心投入到教学工作中去。该校的物理组长李祖南老师，已经临近退休，但仍坚持长期伏案工作，两个班的学生当晚下自修交上来的试卷，他坚持熬夜批改，第二天一早就返还给学生，并及时讲解；李秉宽、李诗雄两位年轻的班主任，下午 5 点 10 分下课，6 点 20 分就会来到教室进行辅导，几乎天天如此，从不懈怠；陆春圆老师，中途接手了“问题班级”，但她毫无怨言，花了大量的精力了解学生状况，寻找“短、平、快”的解决方法，一年下来，她所带的班级纪律和成绩迅速好转，高考成绩更是令人刮目相看。同时，全校还形成了良好的教学科研氛围，该校目前在研或完成省级以上项目 4 个，市级 4 个，县级 6 个，其中 3 个已通过省级专家鉴定验收。近年来，该校教师在各级报刊上发表论文 1000 多篇，并有一批优秀论文获奖，其中获国家级奖有 100 多篇，省级奖 520 篇，市级奖 490 篇，科研迈上了新台阶。

严抓学风营造良好学习氛围，砥砺耕耘收获四季桃李芬芳

在藤中教育低迷的时期，学校管理瘫痪松散，学生犹如一盘散沙，逃课、打架屡见不鲜。直至范永荣校长上任，藤中的学风才发生了翻天覆地的变化。

藤县中学成立了德育领导小组，全面加强学风整治力度。把《藤县中学日常行为管理规范》和《藤县中学学生奖惩条例》贯彻落实到位，制定每周一节的学校德育工作例会制度，研讨德育教育中出现的问题。不仅如此，藤县中学还实行了教师值日制度，全方位监督检查学生的学习和生活情况。

正是这样雷厉风行的作风，使得学校的校风很快好转，学生越来越愿意在教师的帮助下，认真学习知识，提高自己的综合素质。也正因如此，藤县中学走出了低谷，走向了辉煌。

2008 年高考，在外界普遍不看好的情况下，藤县中学以一本上线 242 人，二本以上 913 人的好成绩止住了下滑势头。从 2009 年起，在广西高考一本、二本上本人数没有明显增加的情况下，藤县中学连续三年高考实现“大步跳”，2011 年，更是大踏步前进，名列梧州市一本、二本上线人数等八个指标的第一。因高考成绩突出，藤县中学被指定为自治区 2011 年高考总结会经验介绍学校。2010 年，藤县中学荣获国家外语基础教育中心“全国优秀学校”荣誉称号，学校团委荣获团中央“全国五四红旗团委”荣誉称号，学校被中国地质大学（武汉）确定为生源基地学校。2011 年，藤县中学荣获全国教育科学“十一五”规划教育部重点课题组“语文实验优秀学校”荣誉称号。

因为工作成绩突出，范永荣校长也先后获得藤县中小学“十佳校长”称号、梧州市优秀校长、国家基础教育实验中心外语教育研究中心 2009～2010 年度全国外语实验学校优秀校长、教育部课题语文实验学校优秀校长，藤县人民政府记三等功等荣誉。

春华秋实，桃李芬芳。奋斗的藤县中学充满着激情与活力，改革的藤县中学满怀着希望与梦想，腾飞的藤县中学满溢着芬芳与光芒。挥别2012年的精彩与辉煌，藤中师生们已经整装待发，承载着百年的深厚文化底蕴与历代藤中教育者的宏伟梦想，乘风破浪，扬帆远航！

（发表于《语文建设》2012年第8期）

实干才显真能力，落实方见高水平

——藤县中学创建“梧州市优秀学校”工作综述

■陈祖松

“以创建市优秀学校为契机，彻底扭转学校建设曾经的被动落后局面，全面提升学校的素质，快速提高学校的办学质量，重振百年名校的雄风，再造一间让藤县人民放心、让藤县人民自豪的藤县中学！”

“给藤县人民建设一间让他们放心地把子女送来培养的中学，把更多的学子培养成栋梁之才，是落实科学发展观的具体表现，是最大的以人为本。藤县九十多万人口，能把子女送到外地读高中的毕竟是少数，藤县没有一间优质高中，藤县的很多学子将失去接受优质教育的机会，他们的成长和发展就会缓慢曲折很多。我们全体藤中人应该清楚我们肩上的责任。”

“不要沉湎于历史纠缠于历史，过去的光荣已是过去，曾经的曲折也不可能从头再来，我们只能面对现实，从今天开始从我们开始。有县委县政府的正确领导和社会各界的大力支持，我们埋头苦干奋起直追，一定能摆脱落后创造卓越！”

"脚踏实地,真抓实干;拼搏进取,埋头苦干。只要我们苦干实干,我们一定能创造奇迹。实干就是能力,落实才是水平。一个教师水平是否高,不能只看他的文凭和学识,更要看他为学生付出多少时间多少汗水多少爱。一个不愿意为学生付出的高学历高职称的教师,我认为他的水平比不上一个多付出的低学历低职称的教师。一个挂在墙上的制度再完善再漂亮,无人落实也只是一个摆设。我们要少说空话少发高论,多做真事实事,把工作做到细处实处,天天把工作做到位,人人把工作做到位,我们要用我们的心血和汗水,浇开绚烂的胜利之花!"

在创建梧州市优秀学校工作会议上,藤县中学范永荣校长以简明扼要、铿锵有力的语言吹响了创建的号角。

班子建设:以科学发展观统领全局

群雁高飞头雁带。藤县中学的发展,必须要有一个思想正、作风好、水平高的领导班子。优秀学校的创建,首先从班子建设开始,班子建设首先从作风建设开始。藤中的班子特别强调"五种风气":

——团结之风,始终坚持和谐团结,保持强大的内聚力;

——进取之风,始终发扬不服输的精神,艰苦奋斗,不断进取;

——求是之风,秉承"德以立身,学以立业"的校训,严格要求,求真务实;

——爱才之风,做到"求贤若渴",坚持把校管人才落实到人才集聚和团队建设上来;

——廉政之风,认真落实党风廉政建设责任制,自觉接受师生监督,加强对招生、基建、教材、设备物资采购、干部选任等敏感工作的监督,大宗物资采购全部采用公开招标的办法确定供应商。

在抓好作风建设的同时,藤中的班子自觉地以科学发展观为指导，民主决策科学决策，把握好学校的发展方向。

在学校发展的关键时期，藤县中学的领导班子通过召开党代会、教代会等，科学谋划学校的发展，提出了“育人为本、质量为先、结构合理、特色鲜明”的发展方针，制定了“特色强校、人才强校、成果强校、创新强校、质量强校”的发展战略，明确了“三步走”的发展步骤。

“学校领导班子对这些重大问题的谋划和决策，凸显了科学发展的战略构想，为不断提升学校的教育教学质量、科技创新水平、服务社会能力、推进学校可持续发展奠定了坚实的思想基础。”曾获得县级“优秀共产党员”“优秀教育工作者”中小学“十佳校长”等称号的范永荣，这样总结藤县中学领导班子在学校发展过程中所起的作用。

学校管理：严格精细　以人为本

教书育人，品德为先，这是藤县中学对学生教育的一个原则。为此，该校坚持每周一上午举行升国旗仪式，坚持国旗下讲话，对学生进行爱国主义教育。同时，又以校园板报、班级板报、校广播站等为宣传阵地，加强思想品德教育，培育品德高尚的新时代高中生。

在加强学生思想工作的同时，藤中根据当代学生的特点狠抓管理严格管理精细管理，用严格的管理精细的管理来教育人培养人。藤县中学的管理虽然严格，但依然是以人为本，充分考虑中学生的文化需求和生理特点。针对新时期学生特点，藤县中学加强了学生心理的研究，探索不同年龄、不同类型学生的心理特点，全面安排德育工作内容，建立更有时效性、针对性、科学性的工作机制，从而使教师工作更具成效性。该校坚持把政治思想教育、社会主义荣辱观教育和行为规范教育，培育优良校风作为德育工作的重点，建立起学校、家庭、社会三位一体的德育网络，有效地对学生进行品德教育。

此外，藤县中学不断为学生们搭建展现自我的舞台，让学生们在研究中学习，在合作中成长。该校为学生开辟了自主学习、活动的广阔空间，建立了若干学科兴趣小组，组织了雨花文学社、学生记者团、弘华书协、英语角、校园之声广播站等社团，创办《雨花石》《弘华书协》等报刊，彰显学校“让每个学生充分和谐地发展”的办学理念。该校先后举办了写作、书法、诗歌朗诵等比赛，及“爱我家园建筑模型展”“水火箭比赛”等一系列活动。这些比赛和活动，从策划到实施，都由团委、学生会组织同学独立完成，使学生在组织策划活动过程中，认识到团结协作的重要性，以及对同学对社会的责任感，从而受益终身。

而为了能使贫困学生也能完成学业，成为国家栋梁之材，藤县中学大力弘扬捐资助学、扶贫济困的精神，帮助全校的贫困学生走出困境，用爱心为他们铺就一条成功之路。其中，在有关部门的牵线搭桥下，香港培苗行动有限公司资助了该校 400 多名贫困学生，帮助他们完成学业。

严格而又充满人性化的管理，使学生的综合素质得到有效提高。据不完全统计，近年来，藤县中学的学生参加市级以上各学科竞赛获奖累计达 1600 人次。其中，参加全国高中数学联赛获全国二等奖 1 人，参加全国高中学生化学竞赛获全国一等奖 1 人，参加全国中学生英语能力竞赛获全国一等奖 10 人，显著的教学成绩为新世纪的藤县中学谱写了新的篇章，赢得了社会各界人士的好评。

教师队伍：乐当学生成长的人梯

俗话说：没有教不好的学生，只有不会教的老师。藤县中学非常注重教师队伍的建设，始终把教师队伍建设摆在重要的位置，在教师中大力弘扬“不计得失的牺牲精神，不甘落后的拼搏精神，爱生如子的园丁精神，认真执教的敬业精神，终身从教的献身精神”这五种精神。

虽然学校已经拥有特级教师 2 人，高级教师 33 人，全国模范教师 1 人，21 世纪园丁工程培养对象 12 人，梧州市学科带头人 12 人，市优秀教师 56 人，县优秀科技人才 6 人，是一支学历高、素质过硬、具有奉献精神的教师队伍，但藤县中学领导班子依然千方百计提升教师的综合水平。

学校特地聘请了原梧州市教研室主任，资深教研员梁信尧对教师进行现代教育观念，开展包括如何听课评课、如何提高课堂教学效果等方面的专题培训。同时，学校还举办各种比赛活动，选出“十佳青年教师”“教坛新秀”“教学能手”和“教学骨干”等。为了促进教师的业务水平的提高，藤县中学每年对在校从教未满五年的年轻教师进行业务考核，并让经验丰富的教师做导师，以老带新，结成对子，互相促进，共同提高。在此基础上，学校每学期派出各科组教师到其他先进名校学习先进的教学理念和教学方法。

此外，藤县中学还在全校推广“高效课堂”教学，采用“先学后教，当堂训练”为核心的课堂教学模式，向课堂 45 分钟要质量，大大提高了教师的教学水平和教学质量。同时，藤县中学敢于奖励教师中杰出的人才，而且还建立完善了一系列的奖励机制，激励教师在教学工作中不断推陈出新、注重创新，提升教学水平。

藤县中学对教师队伍建设的重视，促使教师也注重提升自身素质。他们在繁忙的教学中潜心进行课改，探寻传授知识的钥匙，巧作有米之炊。他们肩负着教学、教研、教改三副重担，坚强地向前跋涉，洒下了一路心血，留下了一串硕果：

——在全国、全区各类中学优质课竞赛中，藤县中学先后有十多位教师荣获区一、二、三等奖；

——藤县中学的青年教师纪焕蓉，获全国中小学英语教师教学技能大赛一等奖；

——近年来，学校的教师承担或完成区级以上教育教学科研课题 4 个，市级科研课题 4 个，以及 6 个县级教育教学科研课题，并取得相应的研究成果，有三个课题已通过了自治区专家的鉴定验收；

——学校教师近几年来撰写论文 1078 篇，其中获全国奖的有 68 篇，省区级奖的有 520 多篇，市级奖的有 490 多篇。2009 年 12 月，全区中小学教育科研经验会在柳州召开，藤县中学的科研工作经验被作为大会典型经验工作交流。

藤中教师最突出的是他们的苦干精神和奉献精神。为了学生的成长和进步，从天亮工作到天黑，从天黑工作到夜深，从生活到学习，给学生以无微不至的照顾和帮助成为广大教师的自觉。许多从外校转来的同学对藤中感受最深的一点就是藤中的教师随时都陪伴在他们身边，他们随时都可以从老师那里得到支持得到指导得到帮助。

一分耕耘一分收获。在全校师生的共同努力下，优秀学校的创建工作进展神速，不断收获丰硕的果实：

——新东校门建成；

——校内中心小广场改造美化工程完成；

——西教学区大码头改建工程完成；

——学生公寓楼加大流量供水工程完成；

——校园电视网络工程完成；

——教室门窗改造工程完成；

——教室配备多媒体教学设备工程完成；

——室内体育馆工程完成；

……

近几年的高考，更是在生源条件不利的条件下，连创新高：

——2008 年，一本上线 242 人，二本以上上线 913 人，三本以上上线 1543 人；

——2009 年一本上线 259 人，二本以上上线 1020 人，三本以上上线 1445 人；

——2010 年一本上线 303 人，二本以上上线 1269 人，三本以上上线 1940 人。

回顾创建工作走过的历程，藤中人信心百倍豪情满怀，他们坚信：

藤中一定能成为一间优秀学校，八桂名校！

藤中的明天一定会更加美好！

（此文发表于 2010 年 7 月 8 日《梧州日报》）

勇立潮头竞风流，百年名校写新篇

陈祖松

六月下旬，一条喜讯横空出世，迅速传遍藤县南北：2009年高考，藤县中学一本上线259人，二本以上上线1020人，三本以上上线1445人，上线人数均居梧州市各高中首位！邓欢娜同学611分获梧州市文科第一名！周志平同学635分获藤县理科第一名！杨强文同学专业术科99分获梧州市体育考生专业成绩第一名！人们奔走相告，议论纷纷。关心藤县中学的藤县人民，知道这将对他们有着特殊意义，他们有着特殊情结的称之为藤县最高学府的学校，终于走出了近几年的彷徨，重新焕发昔日的雄风，步入发展的快车道，开始书写新的辉煌！

由前几年的直线下滑到去年的止跌回升再到今年的大幅度跃进，藤县中学变化之大发展之快，只能用“奇迹”二字来形容。让我们走进藤县中学，看看奇迹是怎样产生的。

一、辉煌的历史和曾经的困境

藤县中学是一所有着百年历史的学校，她见证了中国现代基础教育的发展历程，更经受了新世纪中国教育改革的洗礼，在藤县各界人士和薪尽火传的师长们的心血浇灌下发展壮大。她一直是一代又一代藤县莘莘学子放飞梦想的摇篮，藤县人民充满感情地把她称为藤县的最高学府。历年来，藤中培养出过理科广西状元唐宏明，数学单科广西状元刘志安，化学单科状元区影林等骄子，把14位杰出学子送进清华北大，把数万的优秀学子送进大学深造，成长为祖国建设的栋梁。藤中曾有20多名同学代表广西赴京参加全中学生物理、化学大赛，取得了优异成绩，被中国少年科学院定为全国青少年物理、化学基地。同时又被国家基础教育实验中心外语教育研究中心吸收为“英语实验学校”。2006年学校通过了全区示范性普通高中的验收。学校曾获得“自治区文明单位”“自治区爱国卫生先进单位”“文明学校”“全区中小学校校园文化建设先进单位”“全区中小学德育工作先进集体”“全区《学校体育工作条例》优秀学校”等荣誉称号。在20世纪八九十年代，藤县中学在桂东地区以至在全区拥有了良好的声誉，藤县学子为能进入藤中学习自豪，许多外地的学子也慕名到藤中学习。但进入21世纪后，由于各方面的原因，学校的发展出现了波折。管理混乱，教学质量下降，学校内外环境迅速恶化，声誉大幅下滑，优质生源大量流失，学校的发展陷入了困境。

二、县委县政府果断决策为藤县中学再造生机

对藤县中学的困境，新一届县委县政府高度重视。在深入研究藤中的现状和多方面听取意见后，县委县政府果断决策，调整藤中的领导班子，采取公开竞聘的办法，在众多的竞争者中，经过激烈的角逐，范永荣同志以压倒一切的成绩优势，出任新一任藤县中学校长。事实证明，这一决策成了藤中发展新的转折点。县委张书记、县政府何县长等县领导非常关心藤县中学，经常到藤县中学检查指导工作，出台各种措施支持藤中的发展。县委县政府的正确领导和大力支持，使藤县中学摆脱困境走向新生。

三、一个好校长就是一间好学校

范永荣校长到任时，藤县中学这所具有光荣历史的学校正陷入内外交困之中，干群关系紧张，人心涣散，教学质量滑坡，家长对学校的信任度大幅下降，优秀生源大量流失。许多人对范校长能否扭转局势持怀疑观望的态度。范校长到任后，以其六年教育局长的经历，以其对教育的理解和积淀，以其先进的理念，非凡的魄力，新颖的思路和超强的领导能力，大刀阔斧地展开工作。他以“内强素质，外树形象”的思路，严抓管理、科学管理，更以强烈的使命感和只要我们努力什么人间奇迹都可以创造出来的坚定信念，以及他以校为家拼命三郎式的巨大付出，赢得了全校师生的信任和支持，很快打开了局面。

在学校管理上，范校长针对学校当时管理松散的现状，以严抓管理为突破口，采取有力措施整顿纪律，整顿校风学风。一方面严明校园纪律、教室纪律、宿舍纪律、休息纪律、学习纪律，高标准严要求；一方面加强对学生理想前途的教育，提高他们的思想认识，让他们理解学校的严格管理、接受学校的严格管理，自觉学习、刻苦学习；一方面实行高强度的教师值日制度，每天由一个行政领导担任组长，带领十多位教师从早上起床到晚上休息进行全方位的管理，监督检查学生学习，生活的情况，及时处理问题，并把每天的值日情况反馈给班主任。各班主任根据本班学生情况有针对性进行教育、疏导。在管理上范校长率先垂范冲锋在前，抓细节、抓落实，常抓不懈，坚持原则，铁面无私，不怕得罪人。在范校长的有力管理下，学校的校风学风迅速好转。几千人的学校，学习有劲、生活有序、环境整洁，焕发出勃勃生机。

范校长在对学校严格管理的同时，严到位爱也到位。他关心教职工的生活，想方设法为教职工改善工作条件与生活条件，为他们提供学习提高的机会，为他们解决生活中的困难。范校长非常关心爱护学生。他一到任，为了帮助品学兼优而又家庭贫困的学生完成其求学梦想，借助社会力量成立了“春风助学奖学协会”，举办藤县中学2008年爱心助学元旦文艺晚会筹集助学资金。他的努力得到社会各界的大力支持。助学晚会筹集到助学款30多万元，至今为协会筹到助学款80多万元，资助贫困学生511人。该校出台了《藤县中学科学竞赛奖励办法》，激励学生参加全区、全国的各项学科竞赛，凡获得一、二、三等以上的学校颁发奖金。还专门设立了“学科总成绩前三十名奖”“择校生进步奖”，对符合奖励条件的，分别给予免收学费或择校生专用的奖励。目前已给613名品学兼优学生发放奖学金，给1055名各学科竞赛获奖者发放了奖学金。这些措施的制订与落实大大调动了学生的学习积极性，激发了他们的学习斗志，为他们放飞梦想搭建了广阔舞台。目前，学生你追我赶，奋发向上，善学乐学，文明礼貌的风气弥漫了整个校园。

在抓好校风学风的基础上，范校长还狠抓教学质量。他在全校推行“先学后教，当堂训练”的教学模式，摒弃了“满堂灌”“填鸭子”“照本宣科”的传统课堂教学模式，要求老师提高课堂教学效率，打造高效课堂。这种教学模式体现了“以学生为主体，老师为主导，能力为核心”的新理念。这既激发了学生的学习主动性、积极性，也对教师提出了更高的要求，大大提高了课堂教学效率，有效地促进了学生思维能力的发展，为学生成材打下了良好基础。

为了使学生能圆大学梦，范校长还和班子成员一起，加强教学教研，狠抓高考备考工作，成立高考备课组，专门研究近年来高考试题，加强训练。还请广西师范大学教授陈玉秋来校专门做高考应试策略的讲授，提高学生迎考心理素质和考试能力。邀请广州社会科学院副院长朱名宏博士到学校讲学，激励师生奋发向上的精神。召开临界生会议，激起他们的信心和士气，开设弱科辅导班，帮扶带学，促进临界生科目平衡发展，提高上线率，尽可能让每一位学生都考上自己理想的高校。

四、打造一流教师队伍，加强教学考研

教者师为先，只有高素质的教师队伍才能培养出高素质的学生。藤县中学领导班子认识到了这一点，也努力做到了这一点。因此，该校把教师队伍建设作为一项长期的重点工程来抓，出台有关方案。逐步实施以提高全体教师思想业务素质为核心，以培养一批优秀青年教师和校级骨干教师龙头为重点，以培养一支优秀的学校德育工作队伍、造就市级以上骨干教师、学科带头人为目标的工程。同时还建立管理、考核、竞争、激励、保障和领导、协作的机制，使教师队伍整体素质得到不断提高，确保教学质量逐年稳步提升。

为了用科学的评价机制来激励教师的积极性，学校出台了《藤县中学高考奖励方案》，以完成班级、学科各项高考指标作为基准进行奖励，这就促使了教学科目之间、科组成员之间团结协作、互相帮助，使教学水平和质量得到共同提高。科组有个别教师业务能力跟不上，则群起而助之。集体备课，上公开课、研究课贯穿学期工作的始终；教学资源共享，教学经验互相交流。对学生的思想问题教师人人关心，步调一致。这种“捆绑式”的评价制度，把教师凝聚成了共同进退、荣辱与共的群体。在互助的良好气氛下，教师的业务能力得到整体的提高，新教师很快站稳了讲台，有的成了学科教学的骨干。

对新进门的年轻教师，学校又采取“以老带新，结对子”的措施，让经验丰富的教师做他们的导师。年轻教师、导师与学校签订合同，规定彼此互教的内容，规定彼此听课评课时间及详细要求，这不但促进了年轻教师迅速成长，还使教师之间形成互相听课、共同交流教学心得的良好风气。

此外，为了提高教师业务素质，学校举办各种比赛活动，评选"十佳青年教师""教坛新秀""教学能手"等，同时，该校把握机遇，把青年教师推上省、市、县优质课评比及其他教学技能大赛的舞台，这些举措，极大地调动了青年教师的积极性，促进了他们的快速成长。如 2007 年竞聘到校的青年教师纪焕容，不到一年时间就成了业务骨干，而且在 2008 年全国中小学英语技能大赛中获得了一等奖。

教研教改是不断提高教学质量的基石，也是提高教师业务素质的重要途径。因此，藤县中学坚持深化教育改革，实践可持续发展的教育模式，大胆尝试，更新观念，勇于创新，打造具有自身办学特色的教育教学风格。发动教师与时俱进，在繁忙的教务之中潜心进行课改，探寻传授知识的钥匙，作有米之炊。并撰写学术论文，由学校结集出版《校园论文集》，并组织教师承担或完成区以上教学教育科研项目。目前在研或完成省以上科研项目 4 个，市级 4 个，县级 6 个，其中 3 个已通过省级专家鉴定验收。近年来，该校教师撰写的 1000 多篇论文在各级报刊发表，并有一批优秀论文获得大奖，其中获国家级奖有 68 篇，省级奖 520 篇，市级奖 490 篇，在市级报刊上发表的有 280 篇。

学校还选送优秀教师到外地考察，拓宽他们视野，提高业务水平。同时，还让有能力的教师参加省级教师培训，参加研究生课程选修。此外，还有计划、有目的地引进高学历的研究生到校任教，多管齐下，打造出一支与全国名校相适应的一流师资队伍。

目前，藤县中学已拥有一批学高身正、乐于奉献、在区内有一定知名度的优秀教师。他们牢记使命，信念坚定，廉洁从教，为人师表，热爱学生，业务精湛，严谨笃学，读书乐教，严于自律，实践躬行。以高尚的师德，高强的能力，高深的学识，高雅的言行引领、影响学生成长，更以他们远远超出常人的付出使更多的学生成材。

五、优化校园环境，为学生创造成材之路

造就优雅校园环境，建立和谐师生关系，是促进学生健康成长的有效途径。基于这个认识，藤县中学领导在抓教研、教学工作的同时，千方百计筹集资金，积极改善办学条件。在食堂增设领餐窗口，解决了学生领餐难的问题，保证了学生的正常作息，提高了学习效率；投入资金，扩大学生公寓用水管道容量，解决用水高峰期用水困难问题；修建藤县北门至党校校道，加强校园的安全与管理；翻新装修旧教学楼，硬化校地，绿化、美化校园，使之成为人文与自然结合的花园式良好育人环境；积极筹备教师宿舍楼的建设，为教师解决后顾之忧；建造东校门，加强学校完整性，提高学校品位。

加大校园文化建设的力度，在校园内树立全国名牌高校的简介，并列出历年考上各名校的学生的名单，同时张贴高考录取金榜等，在学校营造出比学赶帮、奋发向上的浓厚学习氛围。学校环境优化，激发了师生团结向上、奋勇争先的精神，形成了人人奋发向上，个个拼搏进取的良好风气。

六、采取强有力的措施，打造素质教育品牌

品牌是一所学校最有力的竞争武器。近年来藤县中学一直把建设高质量、现代化、有特色的国内名校作为自己办学的宗旨，努力打造教育品牌，培养学校精神，鼓励师生创造奇迹。经过藤中人的努力实践，学校创造出了具有自己特色的办学经验和文化底蕴，拥有了自己经历风雨却始终屹立不倒不断发展壮大的精神支柱，那就是“德以立身，学以立业，奋勇拼搏，追求卓越”的藤中精神。它包含了自主、自强、为国争光的志气，锲而不舍、勇于进取、勇攀高峰的精神，实际上是一种敢于为人先，敢于争第一，敢于创一流的精神。这种精神是藤中人勇夺金牌，不断创造教育奇迹的不竭动力。

为了使学校精神发扬光大，该校对在国内外科学竞赛、体育竞赛中，过关斩将、勇夺奖牌的师生给予重奖，并通过各种渠道、各种措施宣传他们的先进事迹，调动了师生摘金夺银的积极性，促进了“敢为人先，争创一流”的学习氛围，促进了学校教育质量全面提高。

藤县中学采取各种措施，大胆打破传统教育模式，推行“以教师为主导，学生为主体，思维为核心，发展学生个性特长”的教育方式，对在某方面有特长的学生，学校根据这些学生的发展潜质和发展要求，为他们独立编班，单独安排教育内容和教学进度，并在教学中适当渗透超出教材的竞赛内容，以拓宽学生的视野。学校还建立校外辅导员制度，邀请专家、学者为特色学生作辅导，目前该校开设文科、理科重点班和文体兴趣班，极大满足了特长生的发展需要。

由于藤县中学推行“面向全体学生，促进全面发展，培养特长个性”的办学理念，赢得了学生认可，同行的认可，上级的肯定。藤县中学已被国家外语教育研究中心吸收为“英语实验学校”，还被中国少年科学院定为全国青少年物理、化学基地。在今年高考中杨强文同学体育科术科 99 分，名列梧州市体育专业考生第一名。学校的一些小发明、小创造也在国内省内展览会获奖。

走进藤县中学，才知道什么是“没有人能随随便便成功”！什么是真正的“珍惜生命的每一分钟”！什么是“勤能补拙是良训，一分辛苦一分才”！深知个中三味的藤中人，是如此向全县人民汇报的：

喜报

2009年高考成绩揭晓，我校捷报频传——

我校一本上线259人，上线人数居梧州市各高中首位！

我校二本以上上线1020人，上线人数居梧州市各高中首位！

我校三本以上上线1445人，上线人数居梧州市各高中首位！

我校邓欢娜同学考出611分的高分，梧州市文科第一名！

我校杨强文同学体育术科99分，梧州市体育考生专业成绩第一名！

优异的成绩，是我校师生艰苦拼搏拼出来的！2006年中考前10名优秀生只有一名到我校就读，前50名只有10名到我校就读，前100名只有36名到我校就读，上我校当年公费生线的有100多人流失到其他学校。大量优秀生源的流失使我校在和其他学校的竞争中处于极为被动的境地。面对困难，我校在县委、县政府的正确领导和大力支持下，社会各界的关心爱护下，严抓学校管理，严抓校风学风，全校师生艰苦奋斗，努力拼搏，科学备考，用远远超出常人的付出奋起直追。天道酬勤，付出就有回报，我校又一次用辉煌的胜利证明了自己！

2009年高考，我们胜利了！我们要在2010年高考中夺取更大的胜利！

特向全县人民报喜！

藤县中学

2009-6-24

奇迹是藤中人这样创造出来的！祝贺藤中！祝福藤中的明天更加辉煌！

（此文发表于 2009 年 7 月 5 日《梧州日报》）

奇迹从这里诞生，精彩在这里延续

■江壮生

关于“奇迹”一词，《现代汉语词典》的解释是“想象不到的不平凡的事情”。我们赞叹自然界的奇迹，大自然的鬼斧神工往往令人叹为观止，我们更期待与欣赏教育界的奇迹，因为这意味着更多的孩子将开启通向幸福人生的大门。教育奇迹的创造与诞生，需要教育人的艰辛付出和智慧磨砺，也离不开各方力量的鼎力相助。将目光投向人杰地灵的藤县大地，一个教育奇迹伴随着 2011 年高考成绩的出炉而点亮了人们的视野：

2011 年高考，藤县中学一本上线 415 人，比 2010 年增加 112 人，首次突破 400 人大关！二本以上上线 1592 人，比 2010 年增加 323 人，首次突破 1500 人大关！三本以上上线 2155 人，比 2010 年增加 217 人，首次突破 2100 人大关！各项上线率均大幅度提升！

学校尖子生表现突出：全校 550 分以上 110 人，张东兰同学以 621 分列广西 2011 年高考文科文化分（不含加分）第七名，被北京大学录取；黄成源以 608 分列广西 2011 年高考文科第 49 名，被中国人民大学录取。此外，还有一大批优秀学子被南京大学、西安交通大学、哈尔滨工业大学、武汉大学、中央财经大学、华中科技大学、华南理工大学、中山大学、北京邮电大学、北京体育大学、西南财经大学、中南财经政法大学等全国名牌大学录取。

三年来，藤县中学的高考成绩一直保持着迅猛上升的势头：2009年高考，一本上线259人，二本上线1020人，三本上线1445人；2010年高考，一本上线303人，二本以上上线1269人，三本以上上线1938人。今年，更是大踏步前进，一本上线率达到17.8%，二本以上上线率达到68.4%，三本以上上线率更是达到92.6%，创造了藤县中学高考成绩的新辉煌。藤县中学是今年广西高考进步幅度最大的学校，被确定为今年广西高考总结分析会指定介绍经验学校！

在大幅扩招学生水平参差不齐、优秀生源流失严重、生源质量并不理想的情况下，藤县中学不但迅速走出低谷，而且在高考中连续三年呈快速上升势头，不能不说是一个奇迹！奇迹因何而来，奇迹缘何而生？让我们一起来探寻奇迹背后的动人故事。

上级领导大力支持——营造教育发展的良好氛围

如果把藤县中学比作一艘航行于无垠的教育海洋上的巨轮，那么，上级领导的关怀与支持就像是灯塔与劲风，引领着学校向着正确的目标乘风破浪，扬帆远航。藤县县委、县政府始终坚持“科教兴县”战略，积极践行“办好人民满意的教育”的承诺，为教育发展营造了良好的氛围。为了激励高三全体师生在高考中争创优异成绩，县委、县政府实施了奖励措施，安排专项资金奖励在备考、高考中作出突出贡献的师生，切实落实教育优先发展的战略。县四家班子领导密切关注高中教育的发展及高考备考工作，原县委书记何棠、县长黄东明、副县长古伟东等领导经常深入藤县中学调研及指导备考工作。

对于高中发展尤其是如何做好高考工作，梧州市、藤县两级教育部门的领导更是做到科学部署、统筹推进，多次到藤县中学检查指导，市县两级教研室的教研员也经常到藤县中学具体指导备考工作。

各级领导高度重视高考工作，以科学的精神来规划和指导备考，形成了上下联动、齐心协力的良好的备考局面，鼓舞和鞭策了藤县中学全体高三师生满怀热情的做好高考工作。

领导班子勇于担当——不负成绩提升的历史使命

常言道，火车跑得快，全靠车头带。在藤县中学，就有这样一个以范永荣校长为核心的优秀领导集体。他们坚定地扛起了教育改革发展的旗帜，身先士卒，率先垂范，以优质的高中教育和优异的高考成绩，回报上级领导的重托和人民的厚望。

范永荣校长把高三教育教学工作摆在各项工作的首位，并明确提出：全校教职员工要把抓好高考与推动学校的发展紧密联系起来，做好高三年级的教育教学工作。今年元旦，范永荣更信心百倍地亮出藤县中学 2011 年高考的目标："清华北大会有的，十大名校何其多，一本超四百，二本千五不是梦。"为了达到这个目标，范永荣校长身体力行，经常深入课堂，了解教学各方面的情况，时常到一些科组参加教研活动，密切关注各类学生的动态，尤其是尖子生的培养和临界生的辅导。不仅如此，范永荣还亲自从各种渠道搜集了很多名校的优质资料，帮助高三学生积极备考。

"藤中的领导班子是敢于担当的集体！"这是社会对藤县中学领导班子的评价。这个评价是恰如其分的，这在高三年级的领导身上体现得尤为明显。高三年级的领导，多数是身兼数职。如主管安全、政教工作的副校长黄蔚玲，同时还身兼高三年级长、语文老师、班主任的职务。今年，黄蔚玲的女儿也要参加高考，但她始终统筹兼顾，日常教学、备考辅导都安排得有条不紊，且极具科学性和针对性。今年被北京大学录取的张东兰同学就出自她担任班主任的班级，不仅如此，她所教的班级有59人考上重点，全班学生的成绩都达到二本以上。还有颜浩明、覃展华主任，江壮生、陈先观、农绍业、王诗华、周军连副主任，他们既要肩负着繁杂的行政工作，又要担任高三毕业班班主任。任务非常重，但他们丝毫没有怨言，而是勇挑重担，在任何一方面都力争起到模范带头作用。

教师团队爱岗敬业——挺起藤中前行的坚强脊梁

百年大计，教育为本；教育大计，教师为本。一流的教育必须有一流的教师做支撑。在人们眼中，藤县中学的教师，是怎样一个群体呢？

"藤中的老师是好样的！"这是社会的普遍评价。

"藤中的教师是最敬业的！"这是李阳疯狂英语创始人李阳对藤中教师的由衷赞叹。

学校虽然不强调教师坐班，但藤县中学老师们的上班时间几乎都是在办公室、教室、辅导室度过的。备课、批改作业、讨论研究、查阅资料、辅导学生、教学反思、找学生谈心……老师们整天忙个不停，有时甚至要忙碌到深夜。

物理组长李祖南老师，五十好几的人了，仍坚持长期伏案工作。两个班的学生当晚下自修交上来的试卷，他都是熬夜批改。李秉宽、李诗雄两位年轻的班主任，下午5点10分下课，6点20分就已经来到教室找学生辅导或谈心了，几乎天天如此。陆春圆老师中途接手了问题成堆的班级，但她毫无怨言，花了大量的精力了解学生状况、找学生谈心，思考"短、平、快"的解决方法。一年下来，这个班级无论是高考成绩还是平时的纪律，都取得了令人刮目相看的进步。

藤中有一支素质过硬的教师队伍，这来源于学校一向优良的教风，也得益于学校科学的人才培养与关爱机制。

针对学校年轻教师多的特点，藤县中学非常关心青年教师的成长，专门出台了一整套青年教师培训和帮扶措施。如实施“以老带新”的结对子工程，开展高效课堂、评教、外出访问交流等形式多样的教研活动，目的就是让青年教师迅速成长，能够胜任任何年级、任何班级的教学管理工作。经过几年的培养，一大批优秀的青年教师迅速成长起来。与此同时，学校还十分关心教师的生活。去年以来，藤县中学建造了青年楼，并且努力为教师联系到160套团购房，解决教师的住房问题。今年“五四”青年节，学校为六对新人举办了盛大隆重的集体婚礼，人生的幸福与对学校的感激之情洋溢在每位新人灿烂的笑靥里。

投之以桃，报之以李。学校关爱年轻教师，年轻教师学习和工作的热情十分高涨，努力工作、快出成绩、出好成绩也就成了自然而然的事情。今年，李秉宽、李诗雄、陈燕红、曾子桃等一批教师第一次担任高三的教学管理工作，就带领这些班级出色地完成了高考任务。

有人说，教师的力量在高考备考中起着举足轻重的作用。而藤中教师——这个不断追求卓越的团队，以自己的敬业与能力，为这句话作出了最好的注解。

学生群体积极进取——突显藤中教育的丰硕成果

学生永远是学校工作的核心，学生的学习生活如何，直接影响学习的结果。藤县中学对此有充分的认识，注重从各方面给予学生无微不至的关怀，让他们以乐观的心态、昂扬的斗志和过硬的综合素质去笑对高考，去迎接未来！

学校经常利用升旗仪式、讲座、专家演讲、班会等形式对学生进行励志教育、学法指导和心理辅导，让学生学会正确认识高考的压力，掌握正确的学习方法，始终保持昂扬的斗志。同时，学校大力推行奖学助学政策，对成绩优秀的学生和进步大的学生，都给予精神和物质的奖励。对生活困难的学生，学校利用春风助学基金、香港培苗行动、彩票基金等，大力帮助他们，为他们解决后顾之忧，使其能专心致志地把学习搞好。

在新课程改革的时代背景下，藤县中学注重引导学生成为学习的主人，倡导“自主、合作、探究”的新型学习方式。而事实上，藤中学生的表现也不负众望。无论你什么时候来到藤县中学，都能感受到一股浓浓的学习氛围，都会被藤中学子积极进取、顽强拼搏的优良学风所感染。

得益于学校扎实有效的德育工作，藤中学子养成了良好的学习和生活习惯。每天，迎来朝霞，送走晚霞，在学习、锻炼、休息的有序安排中，他们度过了充实、忙碌而愉快的一天。沉迷游戏、流连网吧等不良嗜好绝对与藤中学生无缘。

在狠抓教学质量和学生成绩的同时，藤中全面实施素质教育。学生严守纪律又活泼独立，团结互助又充满竞争，热爱学习又全面发展。藤县中学有很多学生社团组织，涵盖了学习、生活、体育、文艺等多个方面。高一、高二的时候，多数品学兼优的学生都加入到社团中来，为个性的张扬和特长的发挥找到了良好平台。藤中学生参加县市的体育比赛，成绩都名列前茅。这些综合素质的发展，又很好地反作用于学生的学科学习，为他们在高考中取得优异成绩助了一臂之力。例如，张东兰同学就曾经是学生会学习部的部长。洋溢团结、进取、和谐之风的校园，培育出了出色的学生。藤中学子，一群不断追求完美的青年，一群极具拼搏精神的矢志不移的追梦者。正是有了他们，藤县中学才能不断诞生奇迹。他们是奇迹的见证者，更是奇迹的创造者！

这是一个收获的季节。藤中人将又一批优秀学子送进了知名高校的大门，助他们满怀信心地踏上了幸福的人生旅程。藤中人的心中，有不舍与留恋，更有欣慰和自豪。一代又一代的藤中人就这样坚守着“德以立身，学以立业”的校训，不断缔造着教育的传奇，书写着百年藤中的壮丽诗篇。奇迹仍在上演，让我们共同期待更大的惊喜与辉煌！

（此文发表于 2011 年 7 月 6 日《梧州日报》）